再生与制序

——基于综合生态观的历史街区复兴

胡长涓 官 聪 著

·南京·

内容提要

本书以生态视角探究历史街区复兴，提出了三个方面的现实问题：历史街区综合空间环境的失落，历史街区与历史城市文脉的断裂，历史街区与城市生态发展的割裂。结合中国古代生态理念与营建技法和现代生态理念和实施技术，通过四个基本问题"生态时空论""生态本体论""生态工夫论""生态境界论"进行阐释，以探究传统与现代双重背景下的综合生态观的形成及其对历史街区复兴的启示。从解决问题出发，基于多尺度不同时期生态理念，以多学科交叉、多时空维度综合构建以历史街区为研究本体的"综合生态观"理论体系。在应用整体营造时空维度的五种法则对现有案例进行分析的基础上，构建历史街区营造的整体框架和图景。从历史街区生态格局、生态循环与生态支撑三个方面全面构建"综合生态观"下的历史街区复兴策略。"生态格局"通过定性、定容、定形、定围实现；"生态循环"运用理水、理韵、理气的方法在多时空维度整体营建实现；"生态支撑"阐释了历史街区空间表征背后的深层结构。本书突破传统历史街区保护理念与实践中时间与空间维度的局限，发掘其内裹的生态性，提出了历史街区保护与发展新途径，并在历史街区中营造一种耦合生态发展政策、契合城市发展方向、符合居民现代生产生活需求的新秩序。

图书在版编目（CIP）数据

再生与制序：基于综合生态观的历史街区复兴 / 胡长涓, 宫聪著. --南京：东南大学出版社，2023.12
　　ISBN 978-7-5766-1177-9

Ⅰ.①再… Ⅱ.①胡… ②宫… Ⅲ.①城市道路-研究-中国 Ⅳ.①K92

中国国家版本馆CIP数据核字（2023）第251912号

再生与制序——基于综合生态观的历史街区复兴
Zaisheng Yu Zhixu——Jiyu Zonghe Shengtaiguan De Lishi Jiequ Fuxing

---

著　　者：	胡长涓　宫　聪
责任编辑：	戴　丽
责任校对：	张万莹
封面设计：	胡长涓　宫　聪
责任印制：	周荣虎
出版发行：	东南大学出版社
出 版 人：	白云飞
社　　址：	南京市四牌楼2号　邮编：210096　电话：025-83793330
网　　址：	http://www.seupress.com
电子邮件：	press@seupress.com
经　　销：	全国各地新华书店
印　　刷：	苏州市古得堡数码印刷有限公司
开　　本：	889mm×1194mm 1/20
印　　张：	20
字　　数：	520千字
版　　次：	2023年12月第1版
印　　次：	2023年12月第1次印刷
书　　号：	ISBN 978-7-5766-1177-9
定　　价：	99.00元

本社图书若有印装质量问题，请直接与营销部调换。电话：025-83791830

序

　　中国正从"千城一面"的城市形态、逐步丧失的传统街区格局、逐步消亡的城市文化个性中反省自身。在之前的四十年中，城镇化的进程达到前所未有的尺度、速度和范围，城市历史街区的改造出现了"大拆大建""拆了东墙补西墙"等不良倾向。发展经济与保护环境的博弈交织在进退两难的困境中。环境恶化的城市病与城市的快速增长相伴而生，进一步侵蚀着市民的生活。近年来，人们对历史街区保护的关注不断提高，社会监督力度逐渐加强，这方面的公共政策日渐突出。2006 年 10 月，南京老城南的拆迁改造引起社会各界争议，19 位专家学者联名上书，向国务院递交了《关于保留南京历史旧城区的紧急呼吁》，吁请停止对南京老城南的最后拆除。建设部、国家文物局等中央部委和省市政府部门均进行了批示，拆除工作一度告停。2009 年 4 月，29 位专家学者就老城南规模空前的"危改"拆迁改造问题联名签署题为《南京历史文化名城保护告急》的信函，再次上书呼吁，提出历史街区和棚户区有着本质不同，既要逐步通过危旧房改造切实改善民生，又要兼顾文化遗产的"整体保护""活态保护"，要求城市政府通过遗产保护、物权保护和社会保障等方面的制度创新，建立起更加全面、协调、可持续的城市公共政策。

　　现如今，中国城镇化已由高速发展转变成"严控增量，盘活存量"，以提升质量为主的转型发展新阶段。国家文化自信的价值认同、生态文明建设的战略决策、城市生态政策的激励、生态街区的理念与实践、整体系统性发展的诉求、人们对宜居环境的向往，都推进了历史街区生态复兴的步伐。

　　胡长涓和宫聪所著的《再生与制序——基于综合生态观的历史街区复兴》一书正是对历史街区复兴与生态建设相关复杂性问题的回应。该书将不同尺度的生态理念与生态技术引入历史街区中，作者以生态视角重新审视与探究历史街区复兴，从提出的三个方面的现实问题出发，溯本回源中国古代的生态观，以古代生态观结合现代生态理念与技术，根据整体系统分析，多时空维度、多学科交叉研究，运用社会调研、量化研究和实证比较分析等研究方法构建以历史街区为研究本体的"综合生态观"理论体系，并以此指导历史街区复兴策略的探究。

  作者在东南大学建筑研究所硕博连读期间，参与了许多历史街区复兴与历史城市更新与改造的实践，对实践项目的重新思考与梳理奠定了本书重要的实践基础。再者，作者积极参与了国家自然科学基金"宜居环境的整体建筑学研究"的相关工作，协助整理编写"十二五"国家重点图书出版规划项目"宜居环境整体建筑学"系列丛书第二本《大城市的生机与矛盾》与第三本《城市绿地生态技术》，并编写了"十三五"国家重点图书规划项目《绿色基础设施导向的生态城市公共空间》。这些实践和理论经验的积累都为启动本书的研究奠定了重要的基础，形成了对历史街区生态复兴研究的出发点。

  本书的研究有以下几个特点：首先，建构了"综合生态观"理论。整合中国古代生态智慧与营造技法和现代生态理念与科学技术，多学科支撑，多尺度建构，从更系统整体的视角认知历史街区复兴的理论。再结合已有的理念、规划与实践协调发展，全面营建。再者，提出了多时空维度的空间研究新方法。突破传统历史街区保护理念与实践中时间与空间维度的局限，从宏观历史城市、现代城市到中观历史街区及周边街区间流动、循环与反馈，再到中微观生态措施的实践运用，整体建构古代与现代生态理念、技术与实践的新空间法则和空间秩序。最后，提出了历史街区保护与发展新途径。建构了一个基于综合生态观的系统整体、循环协调、自主更新的历史街区复兴原则、实践策略与操作方法，并在历史街区中营造一种耦合国家生态发展政策的，契合城市发展方向的，符合居民现代生产生活需求的，整合自然、文化、社会、宜居和经济五位一体的新秩序。

2022 年 10 月 25 日

目录

序
第 1 章　绪论 ……………………………………………………… 1
  1.1　研究缘起 …………………………………………………… 3
    1.1.1　实践的出发点：整体系统性保护与联动发展的诉求 ……… 3
    1.1.2　理论的出发点：生态理论的兴起与可持续发展的历史街区 …………………………………………………………… 4
    1.1.3　国家与城市政策对历史街区生态复兴的激励 …………… 6
  1.2　研究目的和意义 …………………………………………… 10
  1.3　相关概念与研究的边界 …………………………………… 11
    1.3.1　相关概念 ………………………………………………… 11
    1.3.2　研究边界 ………………………………………………… 15
  1.4　既有研究综述 ……………………………………………… 15
    1.4.1　历史街区保护与更新国内外研究进展 …………………… 15
    1.4.2　现代生态理念的形成、流变与类别 …………………… 22
  1.5　研究内容与框架 …………………………………………… 35
    1.5.1　研究内容 ………………………………………………… 35
    1.5.2　研究框架 ………………………………………………… 36
    1.5.3　研究方法 ………………………………………………… 37

第 2 章　现实问题——历史街区复兴面临的现状问题与矛盾 ………… 39
  2.1　历史街区综合空间环境的失落 …………………………… 42
    2.1.1　内禀生态性的失落 ……………………………………… 42
    2.1.2　街区形态与功能的失落 ………………………………… 42
    2.1.3　公平共享的失落 ………………………………………… 43
    2.1.4　交通系统不完整 ………………………………………… 44

    2.1.5 密度和绿量的失落 ·· 44
    2.1.6 边界的失落 ·· 45
  2.2 历史与现代城市街区呈现的文化特质断裂 ··································· 46
    2.2.1 保护与发展过程中整体性缺失的困境 ································ 46
    2.2.2 价值观的改变导致历史街区保护话语的改变 ······················· 47
    2.2.3 山水脉络的断裂，地域性文脉的断裂 ································ 48
  2.3 历史街区与城市生态发展的割裂 ··· 49
    2.3.1 古代生态理念与现代生态理论不够契合而导致的空间割裂
       ·· 49
    2.3.2 历史街区保护与城市生态发展的割裂 ································ 49
    2.3.3 城市基础设施在历史街区中的进退两难 ···························· 50
  2.4 本章小结 ··· 52

第 3 章 生态智慧——中国古代生态智慧与现代生态智慧耦合下历史街区的形成与发展 ··· 53
  3.1 历史街区的生态营建溯本回源——中国生态空间哲学观与范式
    ·· 55
    3.1.1 生态时空论 ·· 56
    3.1.2 生态本体论 ·· 59
    3.1.3 生态工夫论 ·· 61
    3.1.4 生态境界论 ·· 63
  3.2 历史街区传统的生态营建理念与方法 ······································ 65
    3.2.1 风水中山水形胜的生态观 ··· 65
    3.2.2 择址的生态方法 ··· 70
    3.2.3 城市与街区营建的生态措施 ·· 72
    3.2.4 建筑营建中的生态方法 ··· 74
  3.3 现代生态理念对复兴历史街区的启示 ·· 75
    3.3.1 现代生态理论对历史街区复兴的推进 ······························· 75
    3.3.2 街区层级的生态理论对历史街区复兴的影响 ······················ 93
  3.4 中国古代生态智慧与现代生态智慧的耦合 ································ 103
  3.5 本章小结 ·· 104

第4章 理论构建——综合生态观下的历史街区整体构建 ………… 105
　4.1 以历史街区为研究本体的综合生态观理论构建 ………… 107
　　4.1.1 生态理念下的历史街区保护 ………… 107
　　4.1.2 历史街区现有的内禀生态性 ………… 115
　　4.1.3 综合生态观构建的可行性分析 ………… 122
　　4.1.4 综合生态观理论的构架原则 ………… 130
　　4.1.5 以历史街区为研究对象的"综合生态观" ………… 132
　4.2 综合生态观下的历史街区整体营造的动力机制及影响因素 …… 137
　　4.2.1 文脉传承，地域性因素 ………… 137
　　4.2.2 宜居环境，核心价值因素 ………… 138
　　4.2.3 经济发展，效率性因素 ………… 140
　　4.2.4 社会政策，公平性因素 ………… 141
　　4.2.5 自然环境，支撑性因素 ………… 142
　4.3 综合生态观下的历史街区整体营造的基本规律 ………… 143
　　4.3.1 整体系统，有机复合 ………… 143
　　4.3.2 自主更新，共同生长 ………… 144
　　4.3.3 循环流动，生生不息 ………… 146
　　4.3.4 协调均和，公平共享 ………… 147
　　4.3.5 嬗变织补，生态整合 ………… 147
　4.4 综合生态观下的历史街区整体营造的维度与框架 ………… 148
　　4.4.1 整体营造的维度：时间与空间 ………… 148
　　4.4.2 整体营造的框架：全面的图景 ………… 152
　4.5 本章小结 ………… 153

第5章 生态格局——综合生态观下的历史街区镶嵌体格局与功能 ……… 155
　5.1 定性：生态复合的土地利用 ………… 157
　　5.1.1 历史街区的镶嵌体格局和功能 ………… 157
　　5.1.2 生态复合的历史街区土地利用 ………… 163
　5.2 定容：生态适宜的容量密度 ………… 169
　　5.2.1 合理人口密度和居民保有率 ………… 169
　　5.2.2 合理街区密度与容积率 ………… 172

    5.2.3 综合生态观下的历史街区的绿地现状与类型 …… 176
    5.2.4 适宜绿量的历史街区 …… 179
  5.3 定形：生态宜人的街区形态 …… 193
    5.3.1 综合生态观中历史街区空间形态的构建 …… 193
    5.3.2 适宜微气候的街区形态 …… 200
    5.3.3 弹性的小尺度历史街区 …… 204
    5.3.4 宜人的历史街区空间尺度 …… 207
  5.4 定围：生态合理的边界边缘 …… 211
    5.4.1 传统的历史城市与历史街区的边界 …… 211
    5.4.2 综合生态观下历史街区边界空间的发展与控制 …… 219
  5.5 本章总结 …… 230

第6章 生态循环——综合生态观下的历史街区镶嵌体间的流动、循环与反馈 …… 233
  6.1 应序：综合生态观下的历史街区与历史城市整体营建 …… 237
    6.1.1 生态择址与象天法地 …… 237
    6.1.2 城市嬗变与山水形胜 …… 243
    6.1.3 生态营建中的空间尺度推释 …… 248
  6.2 制序：综合生态观下的历史街区生态基础设施营建 …… 250
    6.2.1 综合生态观下的生态基础设施 …… 250
    6.2.2 综合生态观下历史城市的生态基础设施规划 …… 252
    6.2.3 综合生态观下历史街区的适应性灰色基础设施 …… 255
  6.3 理水：综合生态观下历史街区的灾异调适与水管理 …… 257
    6.3.1 综合生态观下历史城市的水网调适与气韵流动 …… 258
    6.3.2 海绵城市技术在历史城市中的应用 …… 261
    6.3.3 历史街区的绿色基础设施营建 …… 264
    6.3.4 历史街区微观尺度的生境营造 …… 272
  6.4 理韵：综合生态观下历史街区的交通系统与公共空间营造 …… 275
    6.4.1 营造宜居友好的步行体系 …… 276
    6.4.2 营造安全舒适的自行车网络 …… 282
    6.4.3 营造复兴发展的公共交通 …… 284

   6.4.4 营造生态可达的公共空间 ·············· 288
 6.5 理气：综合生态观下的历史街区微气候营造 ·············· 294
   6.5.1 营造舒适的街区微气候环境 ·············· 295
   6.5.2 营建节能高效的街区能源系统 ·············· 300
 6.6 本章小结 ·············· 303

第7章 生态支撑——多元协作下的历史街区文化保护与整体风貌营造 ··· 305
 7.1 整体协调的自然和城市管理 ·············· 308
   7.1.1 均和协调的人工自然系统管理 ·············· 308
   7.1.2 综合生态观下整体营造和生态调适实践 ·············· 312
 7.2 推理酌情的街区治理 ·············· 321
   7.2.1 政策激励的历史街区复兴 ·············· 321
   7.2.2 契合城市发展的历史街区复兴实践 ·············· 323
 7.3 多元协同的街区复兴 ·············· 330
   7.3.1 居住型历史街区公众参与的现状问题 ·············· 331
   7.3.2 引导公众参与的多元合作模式探究 ·············· 333
   7.3.3 多维多样的历史街区 ·············· 340
 7.4 人文化育与生态成境 ·············· 345
   7.4.1 山水脉络与人文化育 ·············· 345
   7.4.2 整体胜境与生命秩序 ·············· 351
 7.5 本章总结 ·············· 354

第8章 基于综合生态制序的历史街区再生 ·············· 357
 8.1 研究成果与结论 ·············· 359
 8.2 研究主要创新点 ·············· 364
 8.3 研究不足与展望 ·············· 365

参考文献 ·············· 367
附录1 历史街区问卷调查 ·············· 381
附录2 历史街区与生态街区绿量计算与数据汇总 ·············· 386

第 1 章 绪论

1.1　研究缘起

1.2　研究目的和意义

1.3　相关概念与研究的边界

1.4　既有研究综述

1.5　研究内容与框架

1.1　研究缘起

1.1.1　实践的出发点：整体系统性保护与联动发展的诉求

从中国城镇化进程来看，中国的城市更新运动已经经历了经济快速增长、社会快速发展、城市更新转型等阶段，城市更新运动已经从最初的"拆旧建新""棚户区改造""道路规划"，发展到强调通盘考虑就业、教育、社会公平等多种社会因素的综合性规划。对城市的更新改造，也不再一味地拆除重建，而是注重对其存量建筑质量、环境质量及人民生活质量的提升，涉及就业、教育、社会公平等方方面面。近年来，西方发达国家的城市更新运动又与日渐兴起的可持续发展思潮相融合，出现了更加注重人居环境、生态环境和社区可持续性发展等新型政策取向。而当年不合适的"拆旧建新"所带来的教训与后果也映射在中国城市的各个街区中，其中历史街区保护工作也出现了许多矛盾与困境。

近年来，人们对历史街区保护的关注不断提高，社会监督力度逐渐加强，这方面的公共政策日渐突出。2006年10月，南京老城南的拆迁改造引起社会各界争议，19位专家学者联名上书，向国务院递交了《关于保留南京历史旧城区的紧急呼吁》，吁请停止对南京老城南的最后拆除。建设部、国家文物局等中央部委和省市政府部门均进行了批示，拆除工作一度告停。2009年4月，29位专家学者就老城南规模空前的"危改"拆迁改造问题联名签署题为《南京历史文化名城保护告急》的信函，再次上书呼吁，提出历史街区和棚户区有着本质不同，既要逐步通过危旧房改造切实改善民生，又要兼顾文化遗产的"整体保护""活态保护"，要求城市政府通过遗产保护、物权保护和社会保障等方面的制度创新，建立起更加全面、协调、可持续的城市公共政策[1]。

东南大学建筑研究所历年来众多的历史街区与历史城市的更新与改造实践工作的积累及笔者对实践项目的重新思考与梳理，为启动本书的研究奠定了重要的实践基础，形成了对历史街区保护与发展研究的出发点。

1　阳建强. 新型城镇化背景下的南京历史文化名城保护[J]. 西部人居环境学刊，2015，30（1）：7-10.

1.1.2 理论的出发点：生态理论的兴起与可持续发展的历史街区

（1）理论研究的出发点及生态理论的兴起

城市代表着全球生活的未来。2022 年，世界人口达到 80 亿，其中一半以上居住在城市。预计 2050 年将会有接近全球总人口的 70% 居住在城市。但是，城市还未对快速城镇化做好相应准备，城市人口膨胀不仅对城市生态环境、基础设施和公众健康造成了巨大的压力，也对城市居民的社会生活和城市文化结构的稳定性造成了威胁。城市的占地面积仅为大陆面积的 3%，却承载着全球 60%~80% 的能源消耗和 75% 的碳排放量。全球 95% 的城市将会因人口的急剧增长而向外扩张。目前约有 11 亿人生活在城市贫民窟或类似贫民窟的环境下，预计未来 30 年还将增加 20 亿人[1]。

中国科学院院士齐康先生在《思路与反思：齐康规划建筑文选》中提到，城市生态平衡是检验城市形态合理性的重要标志，是以人为活动的核心，在平衡中求得生存与发展[2]。城市在平衡与发展的循环中螺旋攀升，对老城区和历史城市保护、改造、创新与转化，以对人口和土地的控制为手段，形成更稳定的、循序渐进的城市发展。

基于参与齐康院士自然科学基金"宜居环境的整体建筑学研究"的研究工作，笔者协助整理编写"十二五"国家重点图书出版规划项目"宜居环境整体建筑学"系列丛书第二本《大城市的生机与矛盾》与第三本《城市绿地生态技术》，并参与编写了"十三五"国家重点图书规划项目《绿色基础设施导向的生态城市公共空间》，这为启动本书的研究奠定了重要的理论基础。从"宜居环境的整体建筑学研究"与系所历史街区实践中受到启发，形成了对历史街区生态复兴研究的出发点。

齐康院士在其《宜居环境整体建筑学构架研究》等书中提到："英文 Human Settlement，可译为人居、宜居、宜聚或易聚。宜居即适合于人类生存、生活、工作、休憩的地方。促进人类的发展和生存，必定要有一个环境是宜居的，它和环境有关。"齐先生还提到："人类在宜居的条件下讲究'环境'，这环境又是自然和社会的环境，统称'宜居环境'。建筑形态、城市形态和景园形态是缺一不可的整体，它们是宜居的基本要素。宜居环境整体建筑学是一门整

---

1 数据源自：联合国可持续发展数据统计，https://www.un.org/sustainabledevelopment/cities/.
2 齐康. 思路与反思：齐康规划建筑文选[M]. 北京：科学出版社，2012.

体的、全面的、系统的、讲生态、讲可持续的学科。"[1, 2] 齐先生在阐述中表达出人类聚居于城市对宜居环境的渴求。中国快速城镇化的空间尺度巨大，时间空间急剧压缩，在自然系统、城市发展、产业结构及社会重组交错复杂的关系与情景中，宜居环境是人类对栖居的诉求，生态城市发展也是人类文明发展的必然趋势。在城市与自然的博弈中，城市变得十分脆弱。

城市已将大自然破坏性的动态内在化，而尚未学习如何调节此类动态。中国的城市经过30余年的快速发展，已经由高速增长转变到"严控增量，盘活存量"、以提升质量为主的转型发展新阶段。城市更新在注重内涵发展、提升城市品质、促进产业转型、加强土地集约利用的趋势下逐渐受到重视。"生态城市"渐渐成为城市建设的新风向标。截至2014年底，中国共有661个城市，287个地级以上城市中，153个城市已被纳入低碳生态城市版图，正在规划建设中，占地级以上城市的53%。在2021年的全国两会上，"碳达峰"与"碳中和"首次被写入政府工作报告中。"碳排放"已经成为人类面临的全球性问题[3]。

（2）基于可持续发展的历史街区更新研究

"可持续发展"思想是1987年在联合国发表的题为《我们共同的未来》的调查报告提出的。报告指出："我们的发展要保持公平性、持续性和共同性。"作为21世纪最为重要的战略思想，"可持续发展"目前已经为全世界所普遍接受，并上升为各个国家的行动准则。我国政府也已将可持续发展确定为我国经济社会发展的基本战略之一，于1994年通过了《中国21世纪议程：中国21世纪人口、环境与发展白皮书》，明确了可持续发展的总体战略框架和目标，随后提出了科学发展观、生态文明建设等可持续发展指导思想。在2015年召开的联合国可持续发展峰会上，193个联合国成员国达成了共同的成果文件，即《2030年可持续发展议程》(*The 2030 Agenda for Sustainable Development*)，文件提出了17个目标，由此拉开了世界范围内的可持续发展序幕，为人类命运共同体的目标奠定基石。

在历史街区的发展更新中，可持续发展思想也渐渐被作为最重要的理论依据之一。

---

[1] 齐康.宜居环境整体建筑学构架研究[M].南京：东南大学出版社，2013.
[2] 赵茜.自然的应答，文化的重构：当代中国风景建筑的地域性研究[D].南京：东南大学，2015.
[3] 曹双全，朱俊峰.20世纪后城市规划理论中自然生态概念演进[C]// 中国城市规划学会.2021中国城市规划年会论文集.北京：中国建筑工业出版社，2021：14-23.

"可持续发展"是"弱的人类中心主义",而它的两个更为关键的概念是"需要"和"限制"。①"需要":应放在优先位置考虑的是世界贫困人口的基本需要,这也显示出社会平等公正的需求。②"限制":科技与社会组织的当下状态,对环境满足眼前和未来需要的能力所产生的限制。从"可持续发展"概念发展出了"可持续城市""可持续建筑"等概念。"可持续城市"是指既能满足当代人的需要又不对后代人满足其需要的能力构成危害的城市。

从 2000 年开始,国内学者就逐步开始探究可持续更新对历史街区的指导意义。如吴良镛院士在《北京旧城与菊儿胡同》一书中提出的"有机更新"中叙述到:"采用适当规模、合适尺度,依据改造的内容与要求,妥善处理目前与将来的关系,不断提高规划设计质量,使每一片的发展达到相对的完整性,这样集无数相对完整性之和,即能促进北京旧城的整体环境得到改善,达到有机更新的目的。"笔者看来,这正是对可持续发展战略的响应。可持续发展"水桶效应"原则指出,实现综合高效的基本是促进系统内各个子系统协调运行,即功能空间必须整合成相对完整的一个物质空间实体才能发挥具体的功能作用,如果存在短板,则可能使系统完整性崩塌。

因为"可持续"概念的宽泛性,通过文献搜索发现,对可持续战略在历史街区更新上的讨论主要集中在两个范畴:①可持续战略公平性、持续性、共同性原则对历史街区保护原则的指导性。②对历史街区更新影响因素(经济、社会、历史)的可持续性发展的探讨。而这两方面大都停留在理论层面的讨论和分析上,还没有政策性与技术性的支撑文件和具体的实践项目出现。

1.1.3 国家与城市政策对历史街区生态复兴的激励

(1)革故鼎新,正本清源

党的十八大以来,中央高度关注历史街区保护利用工作。截至 2021 年底,住房和城乡建设部会同国家文物局公布了中国历史文化名镇 312 个,共划定历史文化街区 1 247 片,比 2016 年的数量翻了一番[1]。2021 年中共中央办公厅、国务院办公厅印发《关于在城乡建设中加强历史文化保护传承的意见》,其中包含系统保护、坚持合理利用、传承发展、推动城乡建设高质量发展等要求。

中国城市快速发展三十年,城市逐渐背离了人文和生态的本质,而成为一个不断扩张的增长机器。中央要求城市发展必须回归本源,城市工作的价

---

1 王建国.中国城镇建筑遗产多尺度保护的几个科学问题[J].城市规划,2022,46(6):7-24.

值导向应该是使城市成为市民生活的幸福家园，成为人类文明的恒久载体，成为创新驱动的强大引擎。要把创造优良人居环境作为今后城市工作的中心目标。这种回归不仅是价值观的回归，更是地域性的回归，"严控增量，盘活存量"是回归历史城市复兴、旧城改造的原始驱动力。历史城市更新在注重城市内涵发展、提升城市品质、促进产业转型、加强土地集约利用的趋势下逐渐受到重视。

国家现行政策与发展方向为历史街区保护与复兴及生态城市建设提供了堡垒与契机。习近平总书记指出，把生态文明建设摆在改革发展和现代化建设全局位置，绿水青山就是金山银山。《习近平新时代中国特色社会主义思想三十讲》指出，在生态文明建设中应做到坚持人与自然和谐共生，推动形成绿色发展方式和生活方式，统筹山水林田湖草系统治理，实行最严格的生态环境保护制度。国务院于2013年和2014年相继出台《国务院关于加快棚户区改造工作的意见》和《国务院办公厅关于推进城区老工业区搬迁改造的指导意见》重要文件。2014年政府工作报告提出"三个一亿人"的城镇化计划，其中一个亿的城市内部的人口安置针对的就是城中村、棚户区以及旧建筑的改造。2014年，国土资源部出台《节约集约利用土地规定》，明确提出"严控增量，盘活存量"，提高土地利用效率将是未来土地建设的方向，并于2016年发布《关于深入推进城镇低效用地再开发的指导意见（试行）》的通知。2017年3月6日，住房和城乡建设部出台《关于加强生态修复城市修补工作的指导意见》[1]，从三亚开始，58个城市已经展开试点工作，"城市双修"运动的展开适时地回应了当前人民日益增长的美好生活需要和不平衡不充分的发展之间的社会主要矛盾。"城市双修"这种系统的、因地制宜、多专业协同且多尺度规划层级的合作重新塑造了自然生境、经济活力、社会治理、文化认同、空间场所及优质设施。

（2）文化繁荣，生态智慧

党的二十大以来，我国城镇化发展开始进入"下半场"，中国的"城市更新"已进入对品质提升与活力增强的小尺度存量资源的更新阶段。据初步统计，截至2021年底，全国共划定历史文化街区超过1 200片，确定历史建筑约5.75万处。到2025年，多层级多要素的城乡历史文化保护传承体系将初步构建。2018年，中共中央办公厅、国务院办公厅印发的《关于加强文物保护利用改

---

[1] 阳建强. 走向持续的城市更新：基于价值取向与复杂系统的理性思考[J]. 城市规划，2018，42（6）：68-78.

革的若干意见》要求"统筹推进文物保护利用传承,切实增强中华优秀传统文化的生命力影响力,更好促进经济社会发展,不断满足人民日益增长的美好生活需要",即在保护的同时进行开拓创新。习近平总书记指出,在改造老城、开发新城过程中,要保护好城市历史文化遗存,延续城市文脉,使历史与当代相得益彰[1]。2021年,中共中央办公厅、国务院办公厅印发的《关于在城乡建设中加强历史文化保护传承的意见》标志着从国家层面把历史文化保护与传承作为促进政治、经济、社会、文化、生态整体发展的重要推动力量,把历史文化的保护传承与国家战略布局结合在一起。

党的二十大报告中,延续十九大报告中习近平总书记提出的"我们要建设的现代化是人与自然和谐共生的现代化,既要创造更多物质财富和精神财富以满足人民日益增长的美好生活需要,也要提供更多优质生态产品以满足人民日益增长的优美生态环境需要"的报告精神,习近平总书记进一步提出"推进文化自信自强,铸就社会主义文化新辉煌",也提出了"生态文明制度体系更加健全"的理念与实践精神。

追本溯源,先人的生态智慧与文化自信在总书记发言中被一并提及,习近平总书记在《习近平新时代中国特色社会主义思想三十讲》中提出,文化自信是最基本、最深沉、最持久的力量,并倡导推动中华优秀传统文化创造性转化、创新性发展。肯定了先人的发展智慧与生态智慧为我们现代生活提供的物质力量与精神支撑。强调推动传统文化与现实文化相融相通,给予了历史城市与历史街区的复兴与再生以政策的支持。

(3)城市修补,生态修复

城市修补,就是围绕着让"人民群众在城市生活得更方便、更舒心、更美好"的目标,采用好的设计理念与城市规划方法,以系统的、渐进的、有针对性的方式,不断改善城市公共服务质量,改进市政基础设施条件,发掘和保护城市历史文化和社会网络,使城市功能体系及其承载的空间场所得到全面系统的修复、弥补和完善,使城市更加宜居,更具活力。

城市生态修复按照生态系统的整体性、系统性和内在规律,统筹考虑生态各要素及其相互关系,进行整体保护、系统修复、综合治理。修复工作从系统入手,通过构建城市生态绿地系统构架,保护修复城市重点生态节点,

---

[1] 丁怡婷,刘新吾,苏滨,等.城市更新,让人民生活更美好[N].人民日报,2023-02-08(001).

建立城市生态廊道，串联城市绿地空间等方式保护城市生态过程及其服务功能，满足城市发展的需求。

城市双修以"重整自然生境、重振经济活力、重理社会善治、重铸文化认同、重塑空间场所、重建优质设施"为原则。城市修补利用城市设计手段从宏观、中观、微观层面，从形态、感知、视觉、社会、功能、时间维度，通过长效管理手段和相关制度保障来实现城市空间的修补。

现行政策与国家发展方向为历史城市与历史街区的保护与复兴、城市生态的建设提供了壁垒与契机，城市"双修"是内外兼修，既是物质空间环境的修复修补，也是社会文化、公共服务的修补，生态修复是整体性和系统性地修复城市生态要素。生态修复和城市修补是治理"城市病"、改善人居环境的重要行动，也是城市转变发展方式的重要标志。而转变城市发展方式，治理"城市病"，目的是提升城市治理能力，打造和谐宜居、富有活力、各具特色的现代化城市。

（4）美丽中国，低碳行动

联合国秘书长古特雷斯在2020年4月"世界地球日"提出绿色高质量复苏的倡议，号召世界各国确保气候行动处于经济复苏举措的核心。截至2021年12月底，全球已有136个国家制定了碳中和目标。2015年，中国提出了2030年左右碳排放达到峰值并尽早达到峰值。新中国成立100年时，全面实现交通运输治理体系和治理能力现代化，集约低碳的综合运输结构和便捷优质的绿色出行体系全面形成（图1-1）。公交分担率在大型城市达到65%，中型城市达到55%，小城市达到40%。轨道交通运营里程达到12 500 km，共享出行比例达到50%，共享单车日均使用量8 000万人次。坚持绿色低碳，推动能源基础设施发展，有效支撑美丽中国建设。根据2017年碳足迹数据，中国居民生活方式中交通约占生活碳足迹的1/4，人均每年移动6 000 km（包括步行），贡献了1 090 kg 二氧化碳，其中一半以上是汽车所致，虽然公共交通的使用率达到了31%～49%，但其碳排放远低于使用率为20%的摩托车。中国的碳足迹已经超过2030年的目标，这意味着我国交通系统迫切需要低碳转变。

历史街区作为提供慢行交通的街区，其特有的窄路密网的街区形态为低碳行动提供了优质的基础，其保护政策中对拓宽道路的严格限制基本决定了历史街区中居民的交通方式，抑制了机动车的行驶。若再附以更加完善的街区设施及完整的街道权力与安全性，将更大力度地提升公共交通的使用率、

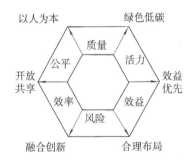

图1-1 能源基础设施转型发展总体思路［资料来源：中国长期低碳发展战略与转型路径研究课题组，清华大学气候变化与可持续发展研究院. 读懂碳中和：中国2020—2050年低碳发展行动路线图［M］. 北京：中信出版社，2021.］

慢行出行和共享出行的比例和街区公共交通设施的便捷程度，这些生态行动与历史街区自身的生态性将最大限度地助力中国的低碳行动。

1.2 研究目的和意义

古人的生态智慧是基于对天、地、生、人系统的整体认知，对地理环境与气候的回应、对地域文化与社会生活的理解以及对资源有节制的消费模式，运用规划与建造活动中所获得的生态经验，经过长期的调适与实践形成的一套高适应性、低技术、低能耗的规划方式、技术体系与营建机制。中国古代"里坊制"到"街坊制"时期完成了有层次、有秩序的街区演化过程，古代城市具有家国同构、肌理分明、灵活演化、生产多变、功能复合、职住一体的历时性的肌理特征。而现代以来，大规模的拆建后遗症和滞后的历史城市规划，使现代城市演化过程呈现出东拼西凑、斑驳淋漓的失序现状，未来城市发展要求将越来越复杂、多元、包容。若在此过程中继续忽视城市发展政策对历史街区发展和复兴的影响，忽略历史街区与周边其他镶嵌体的生态整合和层次秩序，城市发展将很难达到国家生态文明建设的整体目标，世界将很难达成和平、发展、合作、共赢的共同目标，及"人类命运共同体"的宏愿[1]。从世界—国家—城市—街区—建筑，大家秉持着同样一颗生态共和的初心，从世界"人类命运共同体"宏愿到国家"生态文明"的必然趋势，到"城市双修"和生态城市发展政策，到城市修补旧城更新，我们不能再遗漏历史街区发展和生态复兴的诉求，应将它串联到整个经济—社会—政治—文化—自然的复合生态的目标体系中。

本书的目的是构建适宜历史街区生态复兴的方法论，通过理清国内外理论研究趋势和我国历史街区复兴面临的现状问题与矛盾，结合多层次、多维度、适宜性的现代生态理念、实践及技术，发掘传统营建中的生态智慧与经验，运用多学科的集成成果加以控制，从多学科交叉、多重时间与空间层级上建构以历史街区复兴为对象的综合生态观，并在此基础上探究一个系统整体、循环协调、自主更新的历史街区生态复兴原则、实践策略与操作方法，从而营造一个内禀生态历久弥新的、生态整合格局与功能的、生态宜居空间形态

---

[1] 习近平. 高举中国特色社会主义伟大旗帜　为全面建设社会主义现代化国家而团结奋斗——在中国共产党第二十次全国代表大会上的报告 [EB/OL]. （2020-10-25）[2021-01-20]. http://www.mofcom.gov.cn/article/2t_20thCPC/toutiao/202211/20221103366898.shtml.

与容量的、生态完整道路网络与慢行系统的、生态弥合灰绿基础设施的、生态公平多元协作的、生态成境人文化育的历史街区。基于综合生态观，历史街区在时空演替过程中构建一种耦合国家政策，符合城市发展方向，整合自然、文化、社会、宜居和经济五位一体的新秩序。

研究意义可从以下三个方面概括：

（1）一次溯源：不仅是对中国古代生态智慧的溯源，也是对现代生态理念与技术的溯源。古代生态智慧造就了古代城市，古代城市演化形成了现在的城市，古代城市与现代城市一脉相承，现代的生态智慧和技术在欧美城市化进程中大大助力了现代生态城市和生态街区的形成。

（2）三种结合：中国古代生态智慧与现代生态智慧耦合；城市生态文明发展方向引导历史街区生态复兴，历史街区生态复兴反馈城市发展策略和新建的生态城市，引导历史街区与生态街区的联动发展，从而引发新旧城市联动发展；中国历史街区的保护与发展借鉴已完成生态实践的外国历史街区的经验与教训，以中国历史街区为本体，结合外国普遍使用和不断动态更新的街区生态理念及实践，从而发展出适宜中国历史街区复兴的生态理念。

（3）两种新秩序的建立：契合城市生态发展方向、居民现代宜居生态生活需求建立历史街区新秩序；中国古代生态秩序契合人类命运共同体发展愿望，建立新秩序。

1.3 相关概念与研究的边界

1.3.1 相关概念

（1）城市生态学

一般认为，我国城市生态学的研究内容主要包括城市居民变动及其空间分布特征，城市物质和能量代谢功能及其与城市环境质量之间的关系（城市物质流、能量流及其经济特征），城市自然系统的变化对城市环境的影响，城市生态的管理方法和有关交通、供水、废物处理等，城市自然生态的指标及其合理容量等。可见，我国城市生态学不只是研究城市生态系统中的各种关系，还要为把城市建设成为一个有益于居民生活的生态系统寻求良策[1]。

---

[1] 匡卫红. 我国城市生态学的发展趋势[J]. 城市学刊，2015，36（4）：95-100.

（2）生态城市

生态城市的概念由于城市生态系统的演进式、动态化发展而一直难以定义。20世纪70年代，联合国教科文组织发起的"人与生物圈计划"（The Man and the Biosphere Programme，MAB计划）研究过程中首次提出生态城市的概念：生态城市是一个理想化的人类栖居地。1984年，苏联生态学家亚尼茨基（Yanitsy）提出了生态城市的理想模型，初步界定了生态城市的定义，即"旨在建立一种人与自然高度和谐，紧凑而充满活力，物质、能量、信息被高效利用，生态良性循环的理想栖境"。美国生态学家理查德·瑞杰斯特（Richard Register）提出了初步的生态城市建设原则，1987年在其出版的《生态城市伯克利：为一个健康的未来建设城市》中给出了生态城市一个高度概括的定义，即生态城市追求的是人类和自然的健康与活力。1997年，黄光宇教授从生态经济学、生态社会学、城市生态学、城市规划学、地理空间的角度阐述了生态城市的含义：生态城市是根据生态学原理，综合研究"社会—经济—自然"复合生态系统，并应用生态工程、社会工程、系统工程等现代科学与技术手段而建设的社会、经济、自然可持续发展，居民满意，经济高效，生态良性循环的人类住区。2004年，黄光宇教授较全面地定义了生态城市[1]：生态城市是在城市发展与自然演进动态平衡的基础上发展起来的城市，也是生态健康的城市；也可以称为"天人合一"的城市，即人与自然高度和谐、技术与自然高度融合的人类社区发展的最高形式；也是城市物质文明与精神文明高度发达的标志，是现代城市走向生态文明、实现可持续发展的必然趋势。

（3）低碳生态城市

低碳生态城市是以国家2020—2060年低碳发展行动的"碳中和"为目标，将碳中和目标与生态理念相融合，实现"人—城市—自然环境"和谐共生的复合人居系统。"低碳生态城市"作为一个复合概念，也可认为是"低碳型生态城市"的简称，其既具有低碳城市的特征，也具有生态城市的特征。具体而言，前者主要体现在低污染、低排放、低能耗、高效能、高效率、高效益为特征的新型城市发展模式，后者则主要体现在资源节约、环境友好、居住

1　黄光宇. 生态城市研究回顾与展望[J]. 城市发展研究，2004，11（6）：41-48.

适宜、运行安全、经济健康发展和民生持续改善等方面[1]。

（4）内禀生态性

本书所述的内禀生态性是指能促使城市—街区生态系统成为保育多样性环境、功能相对稳定、受外部干扰后可迅速恢复的健康生态系统的特征属性。其表征了研究对象自身本体所呈现的内禀生命力、资源承载力、系统协调力和环境应变力。①内禀生命力（拉动系统快速增长）：竞争力、科技推动力、消费力、政策激励力、优势度等培育新兴优势组分的能力；②资源承载力（稳定系统）：自然环境承载能力、技术水平、文脉资源、社会关系、政策空间、管理制度等；③系统协调力（解决问题）：技术、政策、自然、文化层次上的生态整合，需要循环反馈的闭合能力、内外联动的整合能力以及时空协同的调和能力；④环境应变力（对干扰的抵抗力）：适应力、多样性、抗变力、恢复力、生态位宽度等。拥有四个特征属性的生态系统在开拓、适应、反馈、整合的生态过程中遵循自生、竞生、共生、再生的生态规律，从而达到"四生合一"的生态文明。

（5）历史街区

本书的研究对象"历史街区"的概念涵盖范围较广，不仅包含已被政府法定公布的居住型的历史文化街区和历史地段，也可指已进行规划或尚未列入、准备列入法定历史文化街区的历史遗存集中、风貌较为完整的居住型城市街区。该"历史街区"概念侧重从街区居民生活和发展所需出发，侧重表达生活的延续性和对现代生活的适应性，具有一定的面积和人口规模。研究该"历史街区"所选取的实践案例所属的城市均属于历史城市范畴，以便从更大的时间和空间尺度上研究历史街区的形成与发展，建立历史街区与城市整体与系统性的相关性。

（6）历史城市

本书所述"历史城市"的概念包含国务院颁布的历史文化名城名录（截至 2021 年 11 月 7 日，共 138 座），也包含尚未列入、准备列入法定历史文化名城的保存文物特别丰富并且具有重大历史价值或者革命纪念意义的城市（表 1-1）。

---

[1] 沈清基, 安超, 刘昌寿. 低碳生态城市的内涵、特征及规划建设的基本原理探讨 [J]. 城市规划学刊, 2010（5）: 48-57.

表 1-1　现有的历史街区相关的法定名词（资料来源：根据多种文献汇编）

名称	英文	定义	出处
历史文化名城	historic city	经国务院、省级人民政府批准公布的保存文物特别丰富并且具有重大历史价值或者革命纪念意义的城市。至2021年11月7日，中国已有138座历史文化名城（本书所述历史城市包含该范畴）	《历史文化名城保护规划标准》（GB/T 50357—2018）
历史城区	historic urban area	This charter concerns historic urban areas, large and small, including cities, towns and historic centres or quarters, together with their natural and man-made environments	《保护历史城镇与城区宪章》（国际古迹遗址理事会，1987年）
历史城区	historic urban area	城镇中能体现其历史发展过程或某一发展时期风貌的地区，涵盖一般通称的古城区和老城区。本标准特指历史范围清楚、格局和风貌保存较为完整、需要保护的地区	《历史文化名城保护规划标准》（GB/T 50357—2018）
历史地段	historic area	It is possible to distinguish the following in particular: prehistoric sites, historic towns, old urban quarters, villages and hamlets as well as homogeneous monumental groups	《内罗毕建议》（联合国教科文组织，1976年）
历史地段	historic site	城市中文物古迹比较集中连片，或能完整地体现一定历史时期的传统风貌和民族地方特色的街区或地段	《城市规划基本术语标准》（GB/T 50280—98）
历史地段	historic area	能够真实地反映一定历史时期传统风貌和民族、地方特色的地区	《历史文化名城保护规划标准》（GB/T 50357—2018）
历史文化街区	historic conservation area	经省、自治区、直辖市人民政府核定公布的保存文物特别丰富、历史建筑集中成片、能够较完整和真实地体现传统格局和历史风貌，并具有一定规模的历史地段	《历史文化名城保护规划标准》（GB/T 50357—2018）
历史文化街区	famous neighborhood of historical and cultural value	保存文物特别丰富并且具有重大历史价值或者革命纪念意义的城镇、街道、村庄，由省、自治区、直辖市人民政府核定公布为历史文化街区、村镇，并报国务院备案	《中华人民共和国文物保护法（2017年）》
历史文化街区	—	经省、自治区、直辖市人民政府核定公布的保留文物古迹、历史建筑、近代和现代史迹比较集中，能够较完整、真实地体现传统格局和历史风貌，并具有一定规模的地区	《历史文化名城名镇名村保护条例（2008年）》

1.3.2 研究边界

（1）时间维度

从历史街区的角度上，文脉时间从起源到如今跨越几千年，就文化层面的时间边界似乎是不存在的，但历史街区本身固化的实体存在各种意义上的"过时"。为了延续其时间维度上的使用价值而不发生规律性的折旧，物质环境及经济生活上的持续性的维护与更新毋庸置疑。从生态角度上，连续时间维度上对街区的择址、营建与自然环境议题始于城市关系下的决策与规划，其项目在生命周期内将呈现建造阶段、运行阶段、循环利用阶段与拆除阶段，时间维度上终止于建成环境后影响的阶段。即是说，历史街区在文脉意义上永远持续，在固化实体上，真正意义上的延续是指持续循环自主更新，延长项目生命周期。

（2）空间维度

在历史街区的层面上，笔者所探讨的历史街区是包括历史地段和历史文化街区的居住型历史街区，这些研究所涉及的历史街区所在的城市均属于历史文化名城范畴，且地理位置上应大概率留存于历史城市中心区或现代城市中心区一个山水环境较好的区域。其本体实域仅属于城市层级中的中观层级，但其振兴与发展与城市决策、经济、社会、自然、文化关系密切，历史城市与历史街区形成继承与发展关系，现代城市与历史街区整体协调一致。所以笔者选取的研究区域层级为城市—街区—地块（建筑）层级。从生态层面上，人与物流、水、气、能源在街区镶嵌体本身、镶嵌体之间、城市与街区镶嵌体之间甚至城市与城市之间流动，生生不息。本书剖析的是一个物质能量流动相对完整的城市区域，向下着重研究历史街区在这个城市区域的生态位及其内禀的生态可持续。

1.4 既有研究综述

1.4.1 历史街区保护与更新国内外研究进展

（1）历史街区保护与更新国外研究进展

西方国家对"原真性"的价值观使世代相传的人们能从其历史文化的物质环境中获得一种连续感和稳定感。不过，在城市的逐渐发展演进中，也出现过两次大破坏的情况。第一次是产生于19世纪和20世纪初的工业革命，另一次是第二次世界大战后的欧洲和美国城市中现代主义者对工业革命的反应，从而造成城市拆除与更新周期的频率与规模都急剧加速。

西方国家工业革命后一段时间内，人们暂时无法认知古建筑及历史古城的保护问题。刚刚兴起的近代建筑学派也极力反对建筑的复古主义和形式主义，蔑视因袭传统，虽然这在当时具有进步意义，但历史虚无主义的思想却助长了对历史城市的破坏。

现代主义从机械化大生产的新时代中获得灵感和力量，现代主义者憧憬于应对新时代的挑战，而他们对时代的热情出自对19世纪历史主义的反感。就如米德尔顿所阐释的那样："亨利·福特所信奉的名言是'历史就是垃圾'，格罗皮乌斯在包豪斯也曾表达过类似的观点……但这种对历史粗鲁的排斥态度更像是一种辞令而非现实，更像一种辩论而非实践。"突飞猛进的技术进步需要在19世纪的建筑与变化着的建造技术之间架起一道桥梁，吉迪恩后来甚至用"决裂"一词形容二者之间的关系。1933年，由勒·柯布西耶领导的国际现代建筑协会（Congrès International d'Architecture Modern，CIAM）举办了建筑论坛，《雅典宪章》是其会议报告，会议的主题是"功能城市"，其可行性与机动车的优越性密不可分。

第二次世界大战后的重建为现代主义的城市实践提供了最好的舞台。城市处处彰显着重大的物质改善的气息。大规模的贫民窟清除计划、大规模的综合性开发与道路建设计划、大片停车场的建立实现合理功能分区的城市计划。然而这种有意识和有计划的城市功能分区使土地使用模式简单化，小型商业企业遭受严重破坏，社会活动的"角落"与"缝隙场所"也被清除，从而瓦解了人们生活、交往的历史模式，使城市活力逐渐丧失。就如阿什沃斯和特布里奇所述："一代人对新住宅、新工业和新基础设施几乎压倒一切的需要，突然中断了长久以来连续不断的城市物质结构的演变过程。为了一个'伟大的新世界'，人们抛弃了历史及其价值，为了创造这个新世界，就需要毁灭以前所有的建筑成果。"

柯林·罗与弗瑞德·科特是第一批对现代主义城市空间理论进行批判的人，在《拼贴城市》中，他们把现代主义城市的空间问题阐释为"实体"与"肌理"的相互分离。他们认为实体与空间应是一对辩证关系，"建筑与空间在一场持续的争论中平等共存""传统城市具有明显的优点：有力而持续的空间基质或肌理为互惠的环境与特殊空间提供活力，为保证持续不断的广场和街道提供某种清晰的结构"。

自20世纪60年代初期起,欧洲与美国的社会分裂开始引发反思。如简·雅各布斯（Jane Jacobs）撰写的《美国大城市的死与生》的副标题"城镇规划的失败"就是告诫实践者应更加注意多样的更小规模的街区建设、领会邻里组织的迷人及其功能的合理性,并强调不同类型与时代背景建筑混合的重要性。1973年的石油危机,让人们更加注重资源管理,于是郊区化扩展的步伐受到控制,持续高涨的环境保护主义的社会思潮促使政府停止将综合性再开发继续作为城市规划政策的决定。人们逐渐开始重视城市历史街区的优良品质并重新给予评价。

这种理论期初是保守的,而后由于综合开发出现了公众支持的、对历史环境进行整体保护的尝试,政府与学者共同积极支持促进了对历史建筑和街区的保护。保护思想的抬头与现代主义运动的衰落密切相关。

基于街区的保护政策、法案与宪章于20世纪60年代出现在大部分发达国家,它代表的是当时人们对历史街区的归属感和自豪感,从中可以看到历史街区保护更新的发展历程：战后大拆大建与大规模综合性开发—博物馆式的个体文物和历史街区的保护—保护周边环境—对包括物质环境、人文环境、自然特色等的综合保护—历史街区结合当代社会生活需求的更新—历史街区更新与城市的文化、经济、社会紧密的联系。保护政策与法案不仅限制了大拆大建,而且对之后的物质环境振兴的资金来源提供了一定的保障,为"过时"的历史街区提供自信,为之后街区真正意义上的经济振兴提供基础（表1-2）。

越来越多的城市被各个国家和国际组织列入历史文化遗产城市,这些历史城市中,越来越多的旧街区被列入历史街区。例如,纽约市从1965年开始就成立了地标保护委员会（Landmarks Preservation Commission,LPC）,意在审查并命名新的历史街区并资助其建设。截至2016年3月,被列入历史街区名录的已有115个历史街区、23个历史地段、1 355个文物保护单位。但这仅占这个历史城市3.4%的街区比例和4.4%的城市总面积,每一年,LPC都会新增至少3个历史街区,其中绝大多数街区都是居住型的历史街区。这些现存和未来的历史街区的振兴与发展将是一个很大的议题。

表1-2　历史街区保护与发展的重要宪章及文件（资料来源：根据多种宪章及文献汇编）

宪章/法案/文件	时间/组织	内容	重要性
《威尼斯宪章》（《国际古迹保护与修复宪章》）	1964年，威尼斯国际文物工作者理事会（ICOM）	不仅包括个体建筑本身，也包括能够见证某种文明、某种特定的发展或某种历史事件的城乡环境	重申了保护历史文物的重要性，扩大了历史文物的概念
《文化遗址及自然遗产保护的国际建议》	1972年，巴黎联合国教科文组织（UNESCO）第17次全会	前言：在生活条件迅速变化的今天，对历史环境的保护已成为人类生活均衡发展不可缺少的因素	使历史文化遗产的保护走出了博物馆式的保护，迈向保护发展综合治理的新境界。历史地段概念的认识正是在历史文化遗产保护由片面走向全面、由局部走向整体的过程中孕育产生的
《内罗毕建议》（"历史性地区的保全及其在现代的作用"的国际建议）	1976年，内罗毕联合国教科文组织（UNESCO）第19次全会	历史性地区（或称历史地段）是指在城市环境或乡村环境居住区的建筑物、构筑物及建筑群体，从考古、建筑历史、美术或社会文化的观点看，被确认为是统一而有价值的东西。定义中的"环境"：它们或与社会、经济、文化因素密切结合，或与这些地区在空间上直接结合，并给予该地区的认识以静态或动态性的影响	强调历史地段的现实意义在于历史地段及其环境应被当作全人类不可替代的珍贵遗产，保护它们并使它们成为我们时代社会生活的一部分，是所属国家、公民和政府的责任
《佛罗伦萨宪章》（"关于保护古迹园林"的宪章）	1981年，佛罗伦萨，国际古迹遗址理事会（ICOMOS）与国际历史园林委员会	历史地段是特殊的景观，它关系到值得记忆的一幕，例如，一件重大的历史事件、一则广泛传诵的神话故事、一场悲壮的战斗或者一幅名画的题材等	针对古迹园林的保护提出了观点和建议，其中从景观的角度谈到了历史地段的重要性
《华盛顿宪章》（《保护城镇历史地区的法规》）	1987年，华盛顿国际文物建筑与历史地段工作者协会（ICOMOS）第8次会议	一切城市，无论是逐步发展形成的，还是特定建造的，都是历史上不同社会的一种反映，历史地区是城镇中具有历史意义的大小地区，包括城镇的古老中心区或其他保存着历史风貌的地区，它们不仅可视为历史的见证，而且体现了城镇传统文化的价值。在历史地区中，不仅要保护历史建筑的面貌，还要保护其整体空间环境，如街道的式样、建筑的绿化、广场与空地的关系，以及该地区的功能作用	再次强调了历史地段在现实生活中的重要意义，认为"保护历史城镇必须是经济和社会发展政策与城镇各级计划不可分割的一部分""要使这些地区适应现代生活"，把对历史地段的保护提到了经济和社会发展的高度，并且首次提出居民参与历史地段保护的建议："特别是要鼓励当地居民积极参加……因为保护城镇历史地区首先和当地居民有关。"自此以后，社会生活与街区经济振兴成为历史街区更新的一个核心点

（续表）

宪章/法案/文件	时间/组织	内容	重要性
《会安草案》（《会安关于保护亚洲历史性地区的宣言》）	2001/2003年，越南会安，考古、建筑、市镇规划及遗产地管理等领域的保护专家	我们的历史城区资源正在经济发展和演变的威胁下快速地消失。保护历史街区真实性方法：制定保护更新规章制度；制订地域性整理管理计划；保护现有居民合理的持续居住利用；保证多时期建筑混合明朗化；不应使其成为商业中心；维持传统贸易行业活力；不提倡复制品；合力组织的决策机构；旅游保护规划应以居住功能为主；基础设施或开发项目在实施前应进行文化影响评估	建立和颁布最佳保护范例的区域性标准，以确保亚洲遗产地的内在价值得到应有的保护，具体是指使其真实性受到保护并如实地在其保护、修复、恢复和随后的维及使用过程中得到阐明。具体分析解决了亚洲现存的问题及不同宗教民俗历史街区保护中应注意的问题
《中国文物古迹保护准则》	2000/2015年，中国国家文物局，美国盖蒂中心、澳大利亚遗产委员会	社会价值包含了记忆、情感、教育等内容，文化价值包含了文化多样性、文化传统的延续及非物质文化遗产要素等相关内容。文化景观、文化线路、遗产运河等文物古迹还可能涉及相关自然要素的价值。关于文物保护基本原则；进一步强调了真实性、完整性、保护文化传统等保护原则；应根据文物古迹的价值、特征、保存状况、环境条件，综合考虑研究、展示、延续原有功能和赋予文物古迹适宜的当代功能的各种利用方式，强调利用的公益性和可持续性，反对和避免过度利用	①价值认知上在原有的历史价值、艺术价值、科学价值基础上进一步提出了文物的社会价值和文化价值 ②完整性原则强调要从空间、时间两个维度，把文化遗产的相关要素，包括体现文物价值的相关文物环境要素等加以完整保护 ③从功能延续和赋予新功能等角度，阐述了合理利用的原则和方法。 ④在文物遗产价值认知、保护原则、新型文化遗产保护、合理利用等方面为下一阶段中国遗产保护工作提供了理论指导

（2）历史街区保护与更新国内研究进展

历史街区是老城区的一个特殊部分，历史街区的保护与历史城市更新改造有着密不可分的关系。

中华人民共和国成立初期直至1970年代，我国实行社会主义计划经济，城市建设在"变消费城市为生产城市"方针指导下，一直以生产性建设为主，建设重点在于发展工业生产，项目集中于城市新区。由于当时旧中国遗留下来的城市问题太多，而且能力十分有限，对包括历史街区在内的旧城只能采取"充分利用，逐步改造"的政策。所谓旧城改造主要是着眼于改造棚户和危陋平房，同时增添一些最基本的市政设施，以解决居民的卫生、安全、合理分居等最基本的生活问题。旧城区整体上维持现状，未进行实质性的更新改造，但为历史街区重要性在远没有被众人意识到的时代得以留存创造了外在环境[1]。

1970年代后期，政府开始重视修建居民住宅以弥补城市职工住房短缺这个突出的社会问题。那时候主要在城市新区中划拨建设用地，旧城区用来填空补实。当时由于管理体制和经济条件的限制，以及保护城市历史文化环境观念淡薄，建设项目存在很多问题，如建设水平低、配套设施不全、绿地非法侵占、历史文化古迹遭破坏等。同时"文化大革命"对城市的很多历史文化遗迹造成了毁灭性的打击。

改革开放以后，经济迅猛发展，城市建设速度大大加快，城市更新改造以空前规模和速度展开，进入了一个新的历史阶段。这是一种"内因"与"外因"联合作用下的结果：旧城区落后的建筑质量和环境质量及基础设施的状态难以适应城市经济发展和居民生活水平日益提高的要求，同时，随着我国社会主义市场经济体制的逐步建立和完善、土地的有偿使用、商品房的蓬勃发展、第三产业的兴起等，城市新区可供开发的用地越来越少。在这些条件下，旧城区获得了新的改造动力和契机，从而推进城市更新改造的活动[2]。

大规模的城市更新改造活动对于改善居民生活环境、复苏城市旧区、提高城市竞争力具有重要的作用。但大规模的旧城更新带来了很多问题，这种综合性大开发似乎是20世纪工业革命后西方大规模开发的重演，但规模更大，发展速度更快，更难以控制。2006年10月，南京老城南拆迁改造，引起社会各界争议，19位专家学者联名上书，向国务院递交了《关于保留南京历史旧城区的紧急呼吁》，吁请停止对南京老城南的最后拆除[3]。2013年6月，广州历史厂区诗书路金陵台、妙高台的三栋民国建筑被开发商野蛮拆除。这些新闻引发了保护老建筑的公共事件。城市管理机制不足，历史建筑名录与保护制度成为历史街区的唯一保障，但却经常未及时公布，缺乏整体意识，开发商试图打擦边球，无视城市肌理和文化传承，从而造成旧区形态结构的破坏。历史保护进程正在"拆"与"留"的矛盾中艰难前行。政府部门、学术机构、民间团体、开发商、业主、市民各方力量皆主动或被动地卷入这些公共事件。

在大规模旧城更新改造不断地对城市历史文化遗产构成威胁时，人们也渐渐地意识到历史文化遗产保护的重要性，并开始逐步地深入其保护与更新

1　阳建强. 中国城市更新的现况、特征及趋向 [J]. 城市规划，2000，24（4）：53-55+63-64.
2　王凌曦. 中国城市更新的现状、特征及问题分析 [J]. 理论导报，2009（9）：32-35.
3　阳建强. 新型城镇化背景下的南京历史文化名城保护 [J]. 西部人居环境学刊，2015，30（1）：7-10.

的实践中。

中央层面与地方层面政府保护部门也相继逐步完善和推行各种历史街区的保护法案。

1982年,国家颁布第一部《中华人民共和国文物保护法》,正式建立我国历史文化名城保护制度,公布了第一批24个历史文化名城、第二批62处全国重点文物保护单位,我国文化遗产保护在"文化大革命"以后迎来崭新的开始。1995—2002年,随着历史文化名城保护的发展,人们越来越认识到历史街区是历史文化名城保护的重要层次。1996年,在黄山召开的历史街区保护研讨会和1997年建设部转发的《黄山市屯溪老街区历史文化保护区保护管理暂行办法》,明确了历史文化街区的重要地位和保护原则方法。1997年,国家又设立历史文化名城专项保护基金,对16个历史文化街区进行资助。2002年,新修订的《中华人民共和国文物保护法》(后于2017年修订)正式建立历史文化街区保护制度,我国历史文化遗产保护逐步走向成熟与完善,江苏、浙江、广州、昆明等地方历史文化名城名镇保护法规也相继出台。同时,历史文化名城数量增至101座,平遥和丽江两座历史文化名城于1997年、皖南古村落(宏村、西递)于2000年先后被列为世界文化遗产[1]。2005年建设部制定了《历史文化名城保护规划标准》;住房和城乡建设部于2018年颁布修订版,从标准上更明确定义了与历史街区相关的概念,并指出了其保护范围、保护方法等等。2015年,《中国文物古迹保护准则》是继2000年版中国国家文物局、美国盖蒂中心、澳大利亚遗产委员会合作编制的《中国文物古迹保护准则》(2000年)后,结合中国近年来的大事件和遗产保护工作进展,在文物遗产价值认知、保护原则、新型文化遗产保护、合理利用等方面为下一阶段中国遗产保护工作提供的理论指导。1996—2001年,国务院公布第四、五批全国重点文物保护单位,总数增至1 276处。历史文化村镇保护工作在地方政府率先展开,周庄、同里、乌镇等一批古镇被列为省级历史文化名镇。这一时期,学者们开展了对历史街区概念方法、保护规划、建筑保护更新以及历史文化名城类型特点和保护实践的研究,有关历史文化村镇保护的研究则集中在聚落景观、价值特色以及保护规划等方面。根据第三次全国文物普查和《人民日报》刊登数据,截至2019年末,我国国家级历史文化名城已有134个,省

---

1 赵勇,唐渭荣,龙丽民,等. 我国历史文化名城名镇名村保护的回顾和展望[J]. 建筑学报,2012(6):12-17.

级 182 个。除 2015 年 4 月国家住房和城乡建设部、国家文物局对外公布的第一批 30 个中国历史文化街区外，截至 2021 年底全国共划定历史文化街区超过 1 200 个，确定历史建筑约 5.75 万处。

1.4.2 现代生态理念的形成、流变与类别

从中国的生态智慧可见生态并不是一个全新的话题，其背后的环境思想一直蕴含在人类发展史中。人类与自然的关系经历了畏惧与顺从自然、征服与利用自然、保护自然、与自然共生四个阶段。人类的生产生活主要依赖于自然界可再生和不可再生的资源。随着工业化和城市化的进程，人类对自然资源的开发和利用及消耗速度，无论从规模上还是强度上都远远超过了自然更新的程度，而产生的废弃物也超过自然吸收、降解的能力，环境污染和自然资源耗竭逐渐演变成威胁到人类自身生存的重大问题[1]。西方也逐渐从人与自然二元对立和人类中心主义思想逐渐发展到从可变的、系统的、有条件的、整体的观点看待人与自然的关系。人们应该找到适宜自然环境的技术与人工环境，因地制宜地对自然环境加以利用，从而达到城市发展与自然环境和谐相融。人类依靠自然力量平衡自然环境、人工环境、人类活动这三者之间的生态关系。

（1）国外从传统到现代生态理念的研究动态

总的来看，国外生态学发展历程主要分为五个时期：①公元前 4 世纪—公元 16 世纪；②工业革命至 20 世纪 60 年代（环境运动）；③环境运动至 20 世纪 80 年代；④20 世纪 80 年代至 20 世纪末；⑤21 世纪至今。每个时期都有各自的特点，各种生态理论与实践也逐渐走向成熟。

①第一时期：西方生态学萌芽

公元前 4 世纪—公元 16 世纪是西方生态学的萌芽时期，在与自然的相处中，人类已逐渐认识到环境对生物的影响以及生物之间的关系的重要性。古希腊哲学体系中，亚里士多德在《诗学》中对动物之间关系的描述，动物不同类型栖息地的描述及蝗灾、鼠害的成因，就促进了人类对生物资源的需求，从而引发了生态学知识的积累与储备。20 世纪兴起的生态观改变了西方社会长期以来二元对立的自然观。现代生态学的思想就此萌生。

②第二时期：改善城市环境，促进人工与自然环境的融合

工业革命引起的环境污染问题开始并未达成共识，一些先进分子在英国

---

1 蔡志昶. 基于环境系统思维的生态城市整体规划设计研究 [D]. 南京：东南大学，2011.

城市化和爆发严重环境问题之后，提出了改善城市环境的理论和方案，促使了生态规划思想的发展。

1898年，英国社会学家埃比尼泽·霍华德（Ebenezer Howard）的著作《明日：一条通往真正改革的和平道路》奠定了最早的生态城市规划，着眼于梳理城市与乡村各自的优点，以西方田园思想为图景，创造出居住与工农合作为一体的"花园城"（图1-2）。城市与乡村的融合是城市发展核心思想，这种融合包括了工业生产、农业生产以及社会生活的融合，而不仅是城市空间与自然环境的融合。建立一个没有污染、没有贫民窟的"社会城市"群，其中花园城市是中心城外外围城市群中的一个。基本原则是：①人口与分区。面积2 400 ha左右，以3万人为主、5万人为极限，6条主要街道将城分为6个区。②自然生态。城中心为中心公园，四周有绿带环绕。③社会生态。土地公有，有良好的社会服务体系。这样功能复合、城市自循环的实践在1903年的"莱奇沃斯"（Letchworth）、1920年的"韦林"（Welwyn）花园城中得以实现，虽然后来被苏联人评判为资产阶级知识分子的空想，但其创办的期刊《花园城》（现改称《城市规划》）与城市规划组织也将其思想延续至今，且奠定了其在规划界的地位。

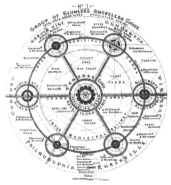

图1-2 花园城的功能与尺度（资料来源：http://urbanplanning.library.cornell.edu/DOCS/howard.htm）

1934年，伊利尔·沙里宁（Eliel Saarinen）在著作《城市：它的发展、衰败与未来》中提出"有机疏散"理论，其中体现生态城市思想观的部分包括：①城区有机分散发展模式有利于缩小城市与自然的距离。②连接城市各部分的快车道设置在绿带中，避免穿越住宅区。③城市是一个有机体，用生物与人的认知来研究城市；城市不再以单中心布局，而是分散又联系的有机体。后来的卫星城镇理论及美国新城运动都受这些理论的影响。

科技发展与工业化推动了现代主义的发展，社会责任感与理性精神促使强调功能与技术的精英们探索城市与自然、建筑的关系，使城市具有高效率，建筑充满阳光、绿色与新鲜空气。1933年，《雅典宪章》由国际现代建筑学会（CIAM）拟定，"功能城市"的会议主题规定了城市规划是为了满足人们居住、工作、休憩与交通四大活动的正常进行。

勒·柯布西耶的"光辉城市"与赖特的"广亩城市"这两种截然不同的规划模型对后来不同的生态城市模式产生了重要的影响。"光辉城市"理念通过提高建筑高度和创造多层次的交通系统来解决城市拥挤问题，提高城市效率。它体现了多种生态理念：①建筑空间的功能复合和灵活性；②减少土地资源消耗；③体现地域特点满足当地气候。"广亩城市"强调将城市消融在乡村中，其本质是否定城市，从而建议一种完全分散的、低密度的、自给自足的城市。随着汽车工业的发展，该理论在逐步实现中也导致了美国毫无控制的城市郊区化与城市蔓延。在"汽车—城市蔓延—高速公路—石油系统"的恶性循环中，美国城市格局大量消耗资源，造成环境污染。

③ 第三时期：现代生态理论起始与发展

第二次世界大战后，西方的城市化发展达到高峰，城市蔓延与对汽车的过度依赖导致生态系统遭到破坏，人类的生存和延续受到威胁。人口爆炸、生化污染和能源危机导致严重的生态危机，给人们敲响警钟，促使人类发展与地球协调均和，生态意识终于觉醒。

1962年，蕾切尔·卡森（Rachel Carson）的著作《寂静的春天》出版，震惊了当时的美国。20世纪70年代罗马俱乐部的《增长的极限》和英国人戈德史密斯（GoldSmith）的《生命的蓝图》都揭示了经济与技术无限制地片面增长对人类生存环境的暗杀性破坏（DDT事件），但并没有直接的改善措施。

1969年，美国景观建筑学家伊恩·伦诺克斯·麦克哈格（Ian Lennox McHarg）出版了《设计结合自然》，其重点在于在城市建设中适用自然生态研究的相关成果，创造了生态的城市规划法。其强调土地利用规划应遵从自然固有的价值和自然过程，即土地的适宜性，并完善了其首创的地理信息系统（Geographic Information System，GIS）为辅助的"因子分层分析"和"透明地图叠加法"（千层饼模式）[1]，其"斑块（patch）—廊道（corridor）—基质（matrix）"基本模式逐渐成为宏观层面上城市景观生态基本模式。但其"千层饼模式"也存在缺陷，过于强调自然决定论和只强调了垂直自然过程而忽略了水平生态过程。现代景观强调多个生态系统之间的空间格局及相互之间的生态过程。

1969年，意大利建筑师保罗·索勒瑞（Paola Soleri）出版了《生态建筑学：人类想象中的城市》，将生态学和建筑学合并成"Arcology"，提出"生态建筑学"的新理念，并在雅高山地（Arcosanti）完成了一个探索实例。该项目将环境、建筑和人交互整合在一起，利用地域性的适宜技术，从而达到建筑的社会、自然和经济环境效益的互利共生。

1971年，"人与生物圈计划"由联合国教科文组织发起，首次提出了"生态城市"这一概念。MAB计划的第57集报告提出"生态城市规划就是从自

---

1 宫聪．绿色基础设施导向的城市公共空间系统规划研究[D]．南京：东南大学，2018．

然生态和社会心理两方面创造充分融合技术和自然的最佳人类活动环境，诱导人的创造力和生产力，提供高水平的物质及生活方式"。这是城市生态学理论研究和实践方法探索的真正开端。1984 年 MAB 的报告提出生态城市的五个基本原则：①生态保护策略，包括自然保护及资源保护，防治污染。②生态基础设施，包括自然景观对城市持续支持的能力。③文化历史保护。④居民的生活标准。⑤将自然融入城市。

1980 年代，詹姆斯·拉乌洛克（James Lovelock）完成了《盖娅：地球生命的新视点》，该著作将地球和各生命系统视为具备有机生命特征和自持续特点的实体，就像古希腊大地女神盖娅，人类是盖娅的有机组成部分，而不是自然的统治者。盖娅式的建筑是舒适和健康的场所，人类和所有生命都处于和谐之中。这些概念也阐释了生生不息的自然观念和思想[1]。

1984 年，苏联生物学家亚尼茨基提出了生态城市的理想模型，初步界定了生态城市的定义，即"生态城市旨在建立一种人与自然高度和谐，紧凑而充满活力，物质、信息、能量被高效利用，生态良性循环的理想栖境"。美国生态学家理查德·瑞杰斯特阐释了生态城市初步建设原则，1987 年，其著作《生态城市伯克利：为一个健康的未来建设城市》论述了"生态城市"的定义，即生态城市追求的是人类和自然的健康与活力。1990 年，瑞杰斯特提出了"生态结构革命"的倡议，并提出了 3 个主要的环境先决条件：保护、循环和保护生物多样性，并提出了生态城市建设 10 项计划：①普及并提高人们的生态意识；②着力于疏浚城市内部、外部物质和能量循环研究，减少不可再生资源消耗，保护和充分利用可再生的资源；③设立生态城市建设管理部门并完善体制；④对城市进行生态重建；⑤恢复适宜农业的用地，建立和恢复野生生物的廊道；⑥建立和完善城市生态经济结构；⑦加强旧城、城市废弃土地的生态恢复；⑧建立完善的公共交通系统；⑨取消汽车补贴政策；⑩制定政策，鼓励群众参与建设。1993 年国际生态大会中，他还主持提出了"生态城市设计原则"：①恢复退化的土地；②与当地生态条件相适宜；③平衡发展；④制止城市蔓延；⑤优化能源；⑥发展经济；⑦提供健康和安全；⑧鼓励共享；⑨促进社会公平；⑩尊重历史；⑪ 丰富文化景观；⑫ 修复生态圈[2]。

1973 年，英国经济学者 E. F. 舒马赫（E. F. Schumacher）在其出版的《小

---

1 杨柳. 风水思想与古代山水城市营建研究 [D]. 重庆：重庆大学，2005.
2 陈彩虹. 生态城市空间生长机理研究 [D]. 南京：中国科学院南京地理与湖泊研究所，2005.

的是美好的》一书中阐释道：对"大"的追求是以资源的大量消耗、浪费和环境的破坏为代价的。他的重要贡献在于基于西方工业文明的批判提出了适合发展中国家发展的"适用/中间技术"。"中间技术"是指服务于大众生产的技术，最大可能地利用当代知识和经验的技术，促使分散化的技术，符合生态学原理的技术，有序使用稀缺资源的技术，以及服务于人类个体而非让人类成为技术奴隶的技术。而"适用技术"指应该与本地条件相匹配的技术（可更新技术、被动式技术）。"适用技术"运动的主旨是增强居民自我依赖本地资源的能力。其方式包括：①降低资源适用及资源回收利用；②可再生资源优先性；③注重环境和谐；④注重小规模工业；⑤高度的社会凝聚力和社区获得感[1]。

在20世纪机械时代向21世纪生命时代的转换中，"新陈代谢"（metabolism）作为表述生命原理的词汇，标示着生命时代将从二元对立转向共生、代谢和循环。黑川纪章的"共生"思想标志着时间轴与空间轴上的多样性[2]。向前与向后看的时间轴并至也暗示着历史象征，历史形态中所存在着的看不见的思想、审美意识、生活方式、历史记忆、心象风景等。

1960年，丹下健三事务所成员桢文彦、黑川纪章等，在目睹建筑与城市面貌不停演变后提出"新陈代谢"学说，强调建筑与城市的成长、变化、衰败的周期，认为它们是在不停运动、改进与发展的，这是社会成长相互关联的重要过程。社会是具有生命的有机组织，生活生产设施要不断改进以符合技术个性带来的转变。另外，在"新陈代谢"学说的实践中，以山梨县文化会馆为例，丹下也总想用日本固有的艺术和技术结合新时代要求，把传统遗产当作激励和促进创作的催化剂[3]。

20世纪80年代以后，如瑞典"生态循环城"等各种类型的生态建设与实践活动在世界各地如雨后春笋般地开展起来。

④ 第四时期：可持续发展思想的兴起

城市发展与生态平衡之间存在着内在有机联系。"可持续发展"最早出现于1980年由国际自然保护联盟（International Union for Conservation of Nature，IUCN）发布的《世界自然保护大纲》。1987年在报告《我们共同的未来》

1　蔡志昶. 基于环境系统思维的生态城市整体规划设计研究 [D]. 南京：东南大学，2011.
2　黑川纪章. 新共生思想 [M]. 谭力，译. 北京：中国建筑工业出版社，2009.
3　童寯. 新建筑与流派 [M]. 北京：中国建筑工业出版社，1980.

中，可持续发展的概念被广泛接受，即满足当代人的需要，又不对后代人满足其需要的能力构成危害的发展。从环境伦理看，"可持续发展"是"弱的人类中心主义"，而它的两个更为关键的概念是"需要"和"限制"。①"需要"：应放在优先位置考虑的是世界贫困人口的基本需要，这也显示出社会平等公正的需求。②"限制"：科技与社会组织的当下状态对环境满足眼前和未来需要的能力所产生的限制。由"可持续发展"概念发展出了"可持续城市""可持续建筑"等概念。"可持续城市"是指既能满足当代人的需要，又不对后代人满足其需要的能力构成危害的城市。"生态"概念比"可持续"概念在对自然生态系统的尊重和保护上更深入一步，将人类活动视为整个生态系统的一部分，强调人类活动与自然生态系统的协调发展。再者，"生态"概念提出了相对较详细的目标如保护生物多样性等等，而"可持续"则相对较为宽泛。但可持续发展已经成为全球发展的共同纲领，它以发展的眼光整体性地看待全球生态平衡和生命系统演化，对于生态城市建设具有重要的指导意义。这一阶段是生态与可持续理论研究的重要发展期，产生了大量的相关著作，主要见表1-3、表1-4。

此外，在建筑结合微气候条件的被动式设计研究方面也有大量著作问世（表1-5）。

表1-3 生态理论蓬勃发展期重要著作（资料来源：自绘）

著作与文件/内容	英文名	年份	作者
《可持续社区——城市、城都和城镇综合设计》	Sustainable Communities: A New Design Synthesis for Cities, Suburbs and Towns	1986	西姆·范·德·莱恩（Sim Van Der Ryn）和彼得·卡尔索普（Peter Calthorpe）
《可持续城市——生态城市发展的概念与策略》	Sustainable Cities: Concepts and Strategies for Eco-City Development	1992	鲍勃·瓦特（Bob Walter）
《绿色建筑——为可持续发展而设计》	Green Architecture: Design for a Sustainable Future	1991	布兰达·威尔（Brenda Vale）和罗伯特·威尔（Robert Vale）

表1-4 生态理论蓬勃发展期重要会议与文件（资料来源：自绘）

会议/文件	年份/地点/组织	内容与意义
《第一届生态城市国家会议》	1990，伯克利，城市生态组织	生态城市建设的10条计划
《联合国环境与发展大会》	里约热内卢，联合国	通过《关于环境与发展的里约热内卢宣言》《21世纪议程》和《关于森林问题的原则声明》三项议程，将环境问题定为21世纪人类面临的巨大挑战，并就实施可持续发展战略达成一致，推动了人类居住区及城市可持续发展的研究
《可持续发展设计指导原则》	英国城乡规划协会、美国联合机构	英国城乡规划协会可持续发展研究组、美国联合机构出版《可持续发展设计指导原则》
《芝加哥会议》	1993，国际建筑师协会	通过《芝加哥宣言》，号召全世界建筑师把环境和社会的可持续性列入建筑师职业及其责任的核心。
《第20届世界建筑师大会》	1999，国际建筑师协会	发布的《北京宪章》明确要求将可持续发展作为建筑师和工程师在新世纪中的工作准则

表1-5 建筑结合微气候条件的被动式设计研究（资料来源：自绘）

书籍/宪章	地点/人物	内容与意义
《绿色摩天楼》	马来西亚建筑师杨经文	针对亚洲高密度城市的现实，从理论和实践两个层面对高层建筑的生态性展开了研究
《在建筑和城市规划中应用太阳能的欧洲宪章》	欧洲11个国家30位著名建筑师，如皮阿诺、罗杰斯和赫尔佐格等	指明了建筑师和规划师在未来人类社会中应承担的社会责任

20世纪90年代末，"紧缩城市"和"新城市主义"的讨论与"生态城市""可持续发展"联系在一起，产生了如下相关的著作：

1994年，彼得·卡茨（Peter Katz）著《新城市主义》。2005年，E.泰勒（E.Talen）著《新城市主义与美国规划》。

1996年，迈克·詹克斯（Mike Jenks）编著《紧缩城市：一种可持续发展的城市形态》；2000年，迈克·詹克斯（Mike Jenks）和雷得·伯吉斯（Rod Burgess）编著《紧凑城市：发展中国家的可持续城市形式》；2000年，凯特·威廉姆斯（Kate Williams）、伊丽莎白·伯顿（Elizabeth Burton）和迈克·詹克斯编译《实现可持续的城市形式》。

⑤ 第五时期：21世纪至今

进入21世纪以后，城市和建筑生态理念研究向着深度和广度两个方向发展。

一方面，生态建筑与生态城市之间的界限被打破，城市与建筑被看作一个开放系统中的构成部分，相互之间实现物流、能量流、信息流的互通。另一方面，生态研究突破物质空间领域，进入跨学科的社会、经济、自然三位一体的人工复合生态系统研究，即社会–经济–自然人工复合系统，蕴含社会、经济、自然协调发展和整体生态化的人工复合生态系统[1]。

联合国开发计划署和世界资源研究所等4个世界性组织编辑出版的《世界资源报告2000—2001》提出了如下论点：①整个世界的国民经济都是建立在由生态系统所提供的产品和服务的基础上；人类自身的生存也是依托于由生态系统持续提供的多方面的利益，要把建立世界生态系统多样性作为21世纪发展的首要问题。②对人与生态系统的联系应予以重新思考。③生态系统维系我们的生命，提供我们最基本的必需品和服务，任何其他系统都不能代替这些服务[2]。

这一阶段的理论研究进展如下：

2002年，瑞杰斯特在《生态城市：建设与自然平衡的人居环境》一书中为我们勾画了一副生态城市的美好蓝图，特别是生态城市的设计原则。2008年，苏尔詹·库玛（Surjan Kumar）和肖·拉比（Shaw Rajib）从社区着手探究了人类活动如何影响生态城市的演化。这几年，国外学者对生态城市的研究具体了许多。2006年，詹姆斯·科纳（James Corner）和查尔斯·瓦尔德海姆（Charles Waldheim）掀起了一场景观都市主义的革命。该理论将城市与生态看成一个整体的生态地表，反对生态和城市的二元对立，批判地继承和发展了麦克哈格的思想，并强调通过"设计"来协调城市发展和生态的进程，而非消极地划分区域和自然保护区。这是一种从"设计结合生态"到"设计生态"的转变。

2010年，由哈佛大学莫森·莫斯塔法维（Mohsen Mostafavi）教授主持编著的《生态都市主义》集合了当代著名的建筑师、规划师、景观师对当代城市生态的看法，继承并发扬了景观都市主义的一些理念。它不仅强调了景观都市主义中的将城市理解成一个生态体系，更着重强调了生态的三个方面：环境、人的主观性及社会关系。生态都市主义着重考虑的不是如何规划城市，而是如何用更少的资源建设城市。2011年，希隆·巴托罗密欧（Shirone

---

1　袁磊. 解读生态原则与城市景观的关系[J]. 铜陵学院学报，2015，14（2）：82-84.
2　蔡志昶. 基于环境系统思维的生态城市整体规划设计研究[D]. 南京：东南大学，2011.

Bartolomeo)等人证明城市生态多样性有益于城市健康发展,规划和重建绿地被认为是城市可持续发展的基本条件。

在一系列理论研究的基础上,世界各国分别根据自身特点开展生态建设实践,最具有影响力的实践项目见表1-6。

表1-6 国际生态城市实践项目

开始时间	项目	开始时间	项目
19世纪末	美国波士顿公园系统项目翡翠项链(Emerald Necklace)	1964年	适应不发达国家和地区的巴西库里蒂巴(Curitiba)的生态城建设
1993年	新西兰怀塔克雷(Waitakere)生态城市建设	1990年	瑞典斯德哥尔摩哈默比(Hammarby)湖城生态社区建设
1994年	在联合国人居会议的城市论坛中被作为最佳实践范例的澳大利亚哈利法克斯(Halifax)生态城市建设	1990年	芬兰赫尔辛基维基(Viiki)新区的建设
1996年6月	澳大利亚怀阿拉(Whyalla)生态城市建设	1990年	瑞典马尔默西港区Bo01生态社区建设
1997年2月	丹麦哥本哈根(Copenhagen)生态城市建设	21世纪	瑞典斯德哥尔摩皇家港口区"低碳城市"建设

这些城市生态项目和建筑生态的建设实践和运营结果不仅为理论提供了实证和反馈信息,而且进一步在世界范围内推广了城市生态学。进入21世纪后,全球大量的城市都根据本身情况在逐步进行生态建设,城市生态系统发展即将迎来真正的春天。而研究的内容也向着更加具有操作性与实践意义的评价标准和措施方向发展。

(2)国内现代生态理念的研究动态

中国古代"天人合一"的思想强调人与自然协调共生,从根本上来说不同于西方"二元对立"的思想起源。追溯"天人合一"的空间哲学思想,是为了在城镇化和大规模工业化背景下能具有"启发意义"地提出更有指导作用、可操作的、具体的理论体系与技术方法。

综合来说,由于城市发展阶段与基础不同,中国与西方城市面临的问题也大不相同。再者,由于中国特有的人口与土地国情,中国和西方通往生态的道路也必然有所区别。我国加入生态研究领域相对较晚但发展迅速。

1972年我国成为MAB计划的国家协调理事会的理事国,1978年建立了中国MAB研究委员会,并在1979年成立了中国生态学学会。1984年上海成功举办了首届全国生态科学研讨会,其主题是探讨城市生态学的目的、任务和方案等,会上成立了我国第一个以城市生态为研究目的的中国生态学学会城市生态专业委员会。后来又分别在天津、深圳、昆明等地举办生态研讨会,探讨与总结生态城市评价体系、生态理论与实践方面的进展[1]。

1989年后,我国学界建立了城市发展对自然景观的"适应性"规划设计标准、土地利用与城市空间发展的系统方法,并形成了具有里程碑意义的"生态规划思想"。从那时起,在国内城市生态理论研究这一领域就形成了从地理学、生态学、经济学方面入手和从城市物质空间规划与建设方面入手的两种研究思路[2]。

1984年,马世骏、王如松在《生态学报》上发表了题为《社会—经济—自然复合生态系统》的论文,结合中国实际,提出了人类与环境的关系为社会—经济—自然复合生态系统理论。基于此,王如松出版了《高效·和谐:城市生态调控原则与方法》。

1987年,黄光宇教授在四川乐山规划研究与实践了"天人合一——乐山绿心环形生态城市结构新模式"项目,其成果参加了1992年于巴西召开的联合国环境与发展大会"未来生态城市"的高峰论坛展览。他认为生态城市是根据生态学原理,综合研究"社会—经济—自然"复合生态系统,并应用生态工程、社会工程、系统工程等现代科学与技术手段而建设的社会、经济、自然可持续发展,居民满意、经济高效、生态良性循环的人类住区。1990年,钱学森先生提出了具有中国特色的"山水城市"设想。

1994年,中国制定了《中国21世纪议程》,将人居环境的发展作为国家重要的发展战略。1996年,"绿色建筑体系研究"被列为国家"九五"重点研究课题。

1996年,王如松、欧阳志云出版了《天城合一:山水城建设的人类生态学原理》,从中国生态城市建设控制论角度对"山水城市"做出了解释,提出了"天城合一"的生态城思想,认为城市生态调控的具体内容是调节城市生态关系的时、空、量、序四种表现形式,生态城市的建设要满足以下原则:①人类生态学的满意原则,包括满足人的生理和心理、现实与未来、人类自身进化的需求。②经济生态学的高效原则,包括资源的有效利用,最小人工维护原则,

---

1 吴苗苗. 生态城市建设的哲学思考 [D]. 徐州:中国矿业大学,2017.
2 毕凌岚. 生态城市物质空间系统结构模式研究 [D]. 重庆:重庆大学,2004.

时空生态位的重叠作用，社会、经济和环境效益的优化。③自然生态学的相谐原则，包括中观古代生态智慧原则，自净原则，共生原则（人与其他生物、人与自然的共生，邻里之间的共生），持续原则（生态系统持续运行）。

2000年，王祥荣撰写了《生态与环境：城市可持续发展与生态环境调控新论》，于此基础上2011年又撰写了《城市生态学》。2003年宋德萱出版了《建筑环境控制学》。2014年杨小波、吴庆书等出版了《城市生态学》第3版。20世纪90年代末，国内学者俞孔坚等在景观生态学的基础上，针对中国及发展中国家和地区的现实问题，提出了"景观安全格局"的景观生态规划方法论。该理论强调当某种理想条件不能满足时，规划师应该如何向决策者提供一系列非理想的但具有战略意义的关键性景观格局，它们分别在不同层次上维护景观过程的健康与安全。在实践中，俞孔坚提出"反规划"的思维模式和景观安全的方法论，并在台州开展实践。"反规划"强调以自然生态格局来约束城市的无规律、无限制的扩张。俞孔坚提出城市生态基础设施要维护和强调整体山水格局的连续性，保护生物多样性栖息地，保护和恢复湿地系统等十大景观战略[1]，并出版了《景观：文化、生态与感知》《设计生态学》等书。

此外，与本书有联系的国内理论研究与实践还包括以下几个方面：

（1）指标体系相关研究

在评价指标体系研究方面，我国学者做了大量工作。宋永昌等从城市生态系统结构、功能和协调度三个方面提出了评判生态城市的指标体系和评价方法。郭秀锐以广州为例对城市生态系统健康评价建立了49个指标，并提出了城市生态系统健康评价理论。顾传辉和陈桂珠在探讨生态城市评价指标体系的设计原则的基础上，以广州市为例，采用目标层、准则层、指标层的结构模式，从人口、社会、经济和自然生态指标四个方面分析了生态城市建设标准，构建了生态城市发展的评价指标体系。韩庆利等从探讨城市生态环境与可持续发展的战略关系入手，在调查研究的基础上，从人口环境、资源环境、经济环境和人文环境等方面提出了城市生态环境与可持续发展评价指标体系，旨在为城市的全面、协调、可持续发展提供科学的管理依据。牛海鹏等为了监测评价城市的生态可持续发展，结合国内外研究进展，在综合分析的基础上提出了构建评价指标体系选取评价方法的合理化建议并应用于实践之中。石永林提出了可持续发展生态城市指标体系的基本原则，依据基于可持续发

---

1 蔡志昶. 基于环境系统思维的生态城市整体规划设计研究[D]. 南京：东南大学，2011.

展的生态城市复合系统的内容，将基于可持续发展的生态城市系统的目标分成四部分，提出相应的评价指标体系，并对综合评价法和生态足迹法进行了有益的改进。李育冬以库尔勒市为例建立了基于循环经济的生态城市发展评价指标体系。陈军飞从自然、社会和经济现象等方面建立了城市生态系统诊断预警的指标体系。王飞儿从生态驱动力、发展驱动力、社会稳定力和政府调控力等方面建立了生态城市可持续发展能力评价体系[1]。

（2）支持生态研究的国家政策性文件

2003年，国家环境保护总局办公厅下发了《关于印发〈生态县、生态市、生态省建设指标（试行）〉的通知》（环发〔2003〕91号），对生态县、生态市、生态省建设的目标、原则、指标体系和考核方式进行了规定，其中从经济发展、环境保护和社会进步三个方面提出了生态城市建设的28个指标，它是以建设生态县为基础的。2004年，国家环境保护总局办公厅下发了《关于印发〈生态县、生态市建设规划编制大纲（试行）〉及实施意见的通知》（环办〔2004〕109号），对生态县、生态市规划建设的内容、主要领域和重点任务、保障措施和实施步骤进行了规定。2005年，国家环境保护总局办公厅又下发了《关于印发全国生态县、生态市创建工作考核方案的通知》（环办〔2005〕137号），对生态县、生态市创建工作考核的目的、对象、条件、内容、程序、评分及结果进行了规定。2011年，国务院印发了《国家环境保护"十二五"规划》（国发〔2011〕42号），该规划推进了"十二五"期间环境保护事业的科学发展，加快了资源节约型、环境友好型社会的建设。2013年1月15日，环境保护部下发了《关于开展第五批全国生态文明建设试点工作的通知》（环函〔2013〕11号），将山东省、辽宁省、江苏省等九个省份列为第五批生态文明建设试点地区[1]。

（3）国家生态城市建设实践发展现状

在中国快速城镇化，空间尺度巨大，时间空间急剧压缩，自然系统、城市发展、产业结构及社会重组交错复杂的关系与情境中，各种生态理念渐渐成为城市建设的新风向标与发展趋势。截至2014年底，中国共有661个城市，287个地级以上城市中，有153个城市被纳入低碳生态城市版图，正在规划建设中。2012年，共有8个城市成为全国首批绿色生态示范区域。2013年，14个生态城项目提出绿色生态城区示范申报（图1-3）。

---

1 吴苗苗. 生态城市建设的哲学思考[D]. 徐州：中国矿业大学，2017.

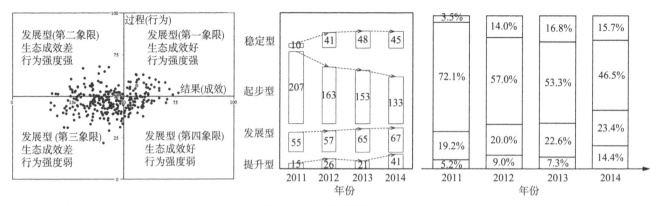

图 1-3 生态建设阶段比例

（资料来源：参考叶青报告《信息化、国际化背景下的低碳生态城市发展之路》中的图文绘制）

我国低碳生态城市建设正处于发展阶段，生态特征总体趋于理想。在生态城市规划建设的版图中，我们把生态城市建设分为四个类型：起步型（生态成效差、行为强度弱）、发展型（生态成效差、行为强度强）、提升型（生态成效好、行为强度强）、稳定型（生态成效好、行为强度弱）（图1-3）。2014年的指数评估数据中，我国生态城市建设提升型和稳定型的城市约占被评城市的30%，起步型城市首次低于半数。说明我国城市发展良好，城市正逐步转变观念，加大投入，提升生态环境及宜居状况。城市生态质量明显提升，发展型城市逐年增加，由2011年的19.2%增加至2014年的23.4%，提升型城市逐年增加，由2011年的5.2%增加至2014年的14.4%。

城市生态建设成效与经济水平正相关，较强的经济实力仍然是改善城市生态环境的重要基础。生态发展具有一定区域特征，如东南、环渤海地区的生态建设成效相对更好。中国生态管控取得初步成效，城市碳减排与碳交易进程加快，生态规划和技术体系逐步完善。低碳生态城市建设实践规模和深度不断拓展。

2012年全国首批8个绿色生态城总体进度正常，主要基础设施建设顺利，良好的管理机制和产业支撑成为决定性要素之一。它们各自具有特征和引导发展项：中新天津生态城（生态修复为本），唐山湾生态城（产业集聚引导），无锡太湖新城（绿色能源综合利用），长沙梅溪湖新城（生态优先规划），深圳光明新区（产业园区带动区域生态），重庆悦来绿色生态城（用地紧凑集约利用），贵阳中天未来方舟生态新区（绿色建筑集群发展），昆明呈贡新区[公交导向型开发（Transit Oriented Development，TOD）模式规划]。

综观中国的生态城市建设，大致可概括为六类示范性生态城市，即景观休闲型城市、绿色产业型城市、资源节约型城市、环境友好型城市、循环经济型城市和绿色消费型城市。在我国落实科学发展观和转变经济增长方式的大背景下，生态城市建设成为实现该目标的重要手段。

1.5 研究内容与框架

1.5.1 研究内容

第1章：绪论。

第2章：问题提出。以生态的理念重新审视与探究历史街区复兴所面临的现实问题。从三个层面提出我国历史街区保护与发展的问题：历史街区综合空间环境的失落、历史街区与历史城市文脉的断裂、历史街区与现代城市生态发展的割裂。通过分析这些问题发现可能以生态方式解决的契机。

第3章：追本溯源。探究历史街区形成过程中，中国生态空间哲学观与传统营建理念与方法对历史城市和历史街区的影响，以及中国传统生态理念与营建方式与现代生态理念和技术可能的结合方式，以探究在现代城市发展社会背景下的综合生态观的形成，以及对历史街区空间营造的启示。

第4章：理论建构。综合生态观下的历史街区整体构建。定义了以历史街区为研究本体的"综合生态观"目标、性质及意义，阐释综合生态观的构建原则、综合生态观下的历史街区营造的动力机制及基本规律。动力机制与基本规律将全面指导整体营造的复兴策略。应用综合生态观下的历史街区整体营造的时空维度的五种法则分析指导现有的调研案例，并构建整体营造的全面的框架和图景以指导后续历史街区复兴策略。

第5章至第7章：生态复兴。从历史街区镶嵌体的生态格局与功能（生态格局）、镶嵌体间的流动、循环与反馈（生态循环）、多元协作下的历史街区文化保护与整体风貌营造（生态支撑）三个方面全面构建综合生态观下历史街区复兴策略。历史街区镶嵌体格局和功能通过定性、定容、定形、定围实现。镶嵌体间的流动、循环与反馈通过应序到制序的时间和空间法则实现。生态支撑阐释了历史街区空间表征背后的街区治理、政治政策、经济激励、多元协同、人文化育等深层结构，而这些支撑体系的主体是人的需求。

第8章：基于综合生态制序的历史街区再生。

1.5.2 研究框架（图1-4）

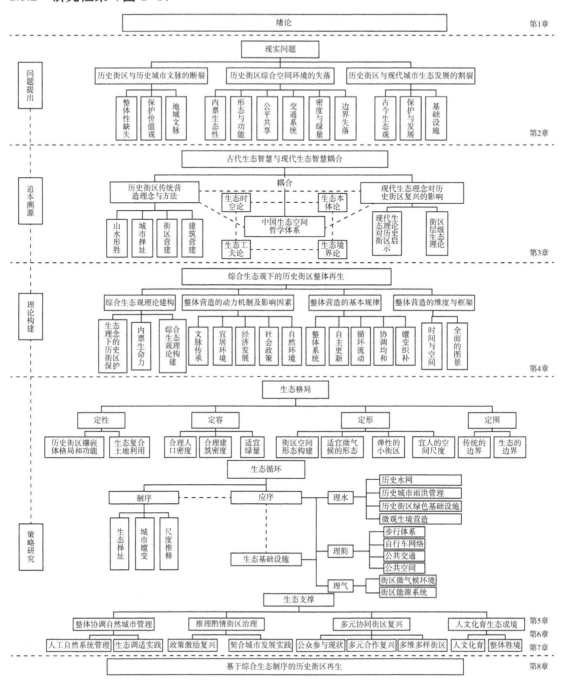

图1-4 研究框架

1.5.3 研究方法

不同尺度的生态理论与历史街区保护和发展都是城市科学的重要组成部分，也是众多学科共同参与的研究领域，体现出很强的开放性特征，呈现出多角度和多阶段的进展状态，研究方法也趋多元化，各种研究方法都有其合理性和局限性。本书以历史街区为研究本体，以多层次多时间与空间维度的生态理论和实践方法为引导进行研究。本书采用的研究方法包括：

① 学科交叉研究。历史街区空间本身的内涵既包含了有形的虚实空间，又包含的无形的政治、经济、文化、社会等方面要素，而生态理论内涵更是容纳了建成环境与自然环境相关的所有因素，研究本体与引导理念所涉猎的内容，决定了其研究的多学科特性。突破单一的学科框架，为历史街区复兴过程展开以点带面的研究，中国古代空间哲学、宜居环境整体建筑学、城市设计、城市规划、景观生态学、复合生态学、城市生态学等相关的理论和方法形成学科交叉的新视野。

② 理论构建。以历史街区为研究本体，从其本身的现实问题和矛盾出发，综合古代生态智慧与现代生态理念、技术与实践创造，从整体构架、组织要素、系统要素、研究框架、目标体系、组织动力、技术支撑七个方面构建综合生态观。

③ 系统分析。将历史街区更新置于综合生态观体系中进行研究，从综合生态观系统以及历史街区更新过程出发，系统研究和跨维度考察综合生态观下的历史街区更新原则、操作与技术策略。

④ 实证分析。基于历史街区复兴案例及生态城市与生态街区实践的调查分析，着重研究已开始或完成生态实践的历史街区案例，打破时间顺序和空间界限，一方面是对已有理论进行验证，更主要的是对理论的应用研究和深化思考，根据实地案例调研所获取的第一手资料，对已有的理论和思考进行修正和发展。

⑤ 比较研究。对比研究的目的是采用共时性横向比较与历时性纵向比较等方法，通过分析研究各国历史街区更新发展和生态实践的不同特点及其影响下的历史街区保护与发展及城市形成、演化和发展的差异，找出其内在关联性，发掘空间发展背后的控制因素与动力机制。

第 2 章 | 现实问题
——历史街区复兴面临的现状问题与矛盾

2.1 历史街区综合空间环境的失落
2.2 历史与现代城市街区呈现的文化特质断裂
2.3 历史街区与城市生态发展的割裂
2.4 本章小结

2015年4月21日，住房和城乡建设部、国家文物局公布第一批中国历史街区，30个街区入选，其中南京入选2个街区。2016年，江苏省人民政府批准命名了第一批江苏省历史街区58个，其中南京11个历史街区入选。已进入名录的街区中，有5个历史街区为居住型街区。加上目前拟扩片及新纳入的历史街区，越来越多国家级、省级与市级的历史街区被收录，这些历史街区中有一大半都是居住型为主的历史街区。这类历史街区普遍存在着几个很难解决的社会问题：①居住密度高，搬迁难度很大（社会生态的基础）。②人口老龄化严重，人口密度和居住条件与现代都市生活极不协调。③在土地制度的改革（1949年）和房屋私房改造运动（1958年起）中，历史街区内房屋和空间的使用关系和产权极其复杂混乱。④公租房制度与产权不明晰导致外来租客缺乏保护，内部人员关系复杂。⑤街区老龄化严重，青壮年人口大量流失。这些问题不禁引起人们的思考：① 为何顺应历史环境发展而来的居住型历史街区会变成城市中很不宜居和不生态的区域？② 是否历史街区本身就是不生态的？③ 如果要保护历史街区，如何平衡历史街区的保护与周边街区发展的压力？④ 如何让历史街区重回其历史生态宜居的地位？

另外，在保护规划的实施过程中对南京居住型历史街区进行了调研。以荷花塘历史街区为例（图2-1），在调查问卷的反馈中可见居民意向：52.73%的人希望政府出资或自愿出资加快保护与发展，60.00%的人希望继续住在历史街区中。被调研的居民中，67.33%的人认为住房条件差，60.40%的人认为基础设施差，38.61%的人认为街区环境差，27.72%的人认为交通不便利。自2010年《荷花塘历史文化街区保护规划》出台已过去十多年，复杂的社会与经济问题延缓了街区整体的保护与发展的步伐。

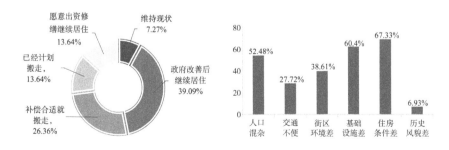

图2-1 荷花塘历史街区居民居住意向（资料来源：自绘）

在这段不算短的规划与实施进程中,街区应该如何保护与发展,居民应该如何获得安全、舒适、便捷、宜居的生活?是否只有自上而下的政策和保护规划才能解决历史街区的保护与复兴问题?

2.1 历史街区综合空间环境的失落

2.1.1 内禀生态性的失落

首先,现状的历史街区是不是不生态的?现状历史街区的内禀生态性被人们逐渐遗忘,历史街区的空间形态逐渐失落。应该重新从时间上和空间上厘清历史街区与历史城市在山水脉络影响下形成与发展中呈现的生态性,历史街区与现代城市自然、社会、经济、文化、政治生态系统的关系,历史街区本身的内禀生态性,这些重要的展示历史街区内禀生态性的研究是缺失的。再者,历史街区已有的保护文件、保护理念与保护实践是否具有生态性?需要重新梳理保护文件中关于历史街区生态性保护与发展的文件条目、保护理念和实践中呈现生态性的保护与发展的相关内容与方法。最后,历史街区的内禀生态性表现在什么方面?历史街区和历史城市整体系统观的保护及历史街区的不可再生资源(自身价值、对城市的贡献),都是需要重点研究的目标。

解决这些问题,能帮助研究者们优先认知关键的驱动因素,从时间起源、空间本身上重新认知历史街区的内禀生态性,从而更全面地完善和深化其他历史街区的复兴研究。

2.1.2 街区形态与功能的失落

前三十年的大规模城市化进程使城市形态地域性逐渐断裂,传统的街区格局逐步丧失,历史街区成为镶嵌在高层建筑和城市中心区中失落的碎片化区块。历史城市本身历时演化而来的生态的"分形"和"网格"结构在破碎的肌理里完全失效,仅余下历史街区还保留着这样的街区形态,但这种形态也在现代街区的包裹中逐渐失落。如何重新认识、保护和发展这种历时性演替而来的生态的街区形态?如何将生态的形态要素与周边街区形态编织在一起?

没有保护与复兴的历史街区在现代城市中逐渐成为城市的失落地带,人们逐渐忘记了它曾经的繁华,以及它的形成、演变与发展。居住型历史街区传统单一的生活功能已不再适用于现代街区生活与发展需求,或者说已不再适应使用者的标准与需求。但因为保护文件与街区形态的限制,内部年轻居民的流失，"绅士化"过程不可避免，人口构成与居住环境更加复杂，传统生活模式的非物质文化遗产逐渐遗失。在城市生活水平快速提升中，如何让历史街区的功能生态复兴？重新用生态的理念审视历史街区，从更大的系统去控制、整合这些功能。如何营造功能混合、多维多样的历史街区？从人的需求出发，构建多层次、多维度的历史和空间功能层次将成为重要的研究方向。

2.1.3 公平共享的失落

居住型历史街区多位于历史城市主要的市中心地段，相对于其他街区更易受到经济和政策冲击，因为其既具有社区属性，又具有历史街区的历史特性，其与周边街区镶嵌体联系薄弱，市场竞争力较低。历史街区公平共享的失落是社会生态失落的重要表现，主要表现在三个方面：管理组织的政策执行，多元主体公众参与，公平可达的公共空间与设施。三个方面指向一个目标：以人为本。管理组织引导参与保障多元主体的公众参与，公平共享的公共设施保障人对街区的满意度和人的幸福生活。三个方面循环、流动、反馈、再生，形成维持街区稳定的社会生态结构。

如何建立政策执行力强、多元主体合作的历史街区？街区因人群混杂、产权复杂、多元主体意见协调困难等复杂问题，无法为居民获取相应利益提供依据和保障，居民普遍不愿意主动开展自主保护与更新行为。多主体合作缺少实际的组织者和衔接人、合作平台和规律的多方会议。再者，政府虽然有对街区进行改造、更新的愿望，但产权关系模糊复杂，其中涉及利益主体复杂、投入与收益不成正比、多方利益难以兼顾与平衡等问题，因此政府对居住型历史街区的保护与更新行为也是或片面操作或放弃不理[1]。管理组织无法切实落实。

如何建立公共空间与设施公平可达的历史街区？随着社会生活模式的变化发展、人口的爆棚，现有的历史街区街区网络的复杂性和尺度虽大致符合生态街区中对步行街区的通行需求，但已不能胜任其对公共交往与休憩的需求。再者，历史街区的人群对公共空间的需求和实际情况是不匹配的，老龄化严重导致我们需要重新制定公共空间可达的距离和空间营造条件。根据生态的需求，我们需要将历史街区的公共空间纳入城市公共空间体系，建立整体性的公共空间与绿带系统，从而有利于生物群落的栖息与回归。

---
1 华琳，王承慧. 南京荷花塘历史街区社区特征及发展建议 [C]// 中国城市规划学会. 2016 中国城市规划年会论文集. 北京：中国建筑工业出版社，2016：652-665.

2.1.4 交通系统不完整

如何营造安全的历史街区？如何营造有完整道路设施和交通系统的历史街区？

在调研报告中，历史街区道路交通的问题较为突出，主要问题存在于以下几个方面：① 现有路网结构无法满足现代人的生活需求，因为多数中国的历史街区无法通行机动车，很多居民希望拓宽街区道路和开辟机动车道，但是为了对历史街区肌理的保护，在现阶段这是不可行的。② 调研中发现，因为现居民多是老年人，大多居民还是依靠步行和公共交通系统通行，但为了自身的居住生活便捷，面对周边公共交通系统不太完善的困境，一些居民还是选择使用小汽车通勤，所以历史街区周边边界的道路成了内部居民的停车地，也间接造成了边界变成背街的失落。③ 安全性得不到保障，速度的安全性、交叉路口的设置是不利于人行走的，虽然绝大多数历史街区内部是慢行通道，但无法避免街道周边出现快速道路和城市干道，因为内外速度的差异，人们的安全性得不到保障。④ 路权得不到保障，完整的公共交通和慢行交通体系是人们出行生活的有力保障，但历史街区现有的步行体系、自行车网络、周边的公共交通系统是不完善的，对所有年龄段和所有人群的权利是不平等的。⑤ 道路网络周边配套设施不完善，历史街区的道路不仅需具有通勤作用，还应具有室外开敞空间的功能，以及与商业结合的停驻休憩功能。现在未再开发的历史街区的道路以通勤功能为主，更需要功能完整的历史街区街道。

2.1.5 密度和绿量的失落

历史街区容量的失落主要表现在三个方面：人口密度和居民保有率、街区密度与容积率、历史街区绿量。

历史街区适宜的人口密度和居民保有率是多少？历史文脉和社会关系在人口置换和绅士化中逐渐失落。很多历史街区能保留至今是因为以前生活在这里的家族的社会地位和社会关系，但在政治与经济因素的作用下，人群逐渐置换和流失。现今中国很多历史街区老龄化严重，人口混杂、稠密，贫困率高，街区拥挤。历史街区的保护与发展必然伴随着人口的疏解，合理的人口密度和居民保有率的研究是街区生活与文化延续的重要选项。

历史街区密度和容积率与现代城市街区相比是否有其内禀的生态性？历

史街区的密度是城市疏密度的重要组成部分。历史街区是传统生活形态的缩影，给人的亲切感受在于"很好地运用了水平向连续的、具有宜人尺度的建筑群，建筑通常要大于外部空间的覆盖率，形成一种'合理的密集'"[1]。发掘历史街区本身密度的生态性，密度容积率和形态的关系及这种合理的密度对现代街区的反馈，是本书研究的方向。

历史街区在绿量上是不是绝对不生态的？历史街区的绿量再也不满足宜居生活所需的供给，也不满足生态街区营建的标准。但在稠密的历史街区肌理中，要达到生态街区的绿地率标准是很难的。是否不满足二维绿地率标准的街区就是不生态的？现代的绿量计算方法是否适合历史街区？历史街区的大乔木占比很多，绿地覆盖率是不是合理计算历史街区绿量的方式？在确定了适合绿量的计算方法以后，如何营造绿量适宜的历史街区？这些问题是本书非常重要的研究方向。

2.1.6 边界的失落

如何营造生态的历史街区边界？历史街区的边界空间是与城市的过渡区域，集"公共性"与"私密性"于一体。在调研了国内外各个城市的历史街区的基础上，笔者发现了不断更新发展的城市中的历史街区边界的一些主要现状和问题：①新旧界面的对冲。历史街区与城市街区界面的不协调，在临城市主干道历史街区，主干道对街区边界有消极的影响，空气污染和噪声较为严重。②消极冷漠的背街。若以建设围墙的方式来分隔不同性质的用地，冷漠的隔断界面将让这个边界沦为停车场或是杂物堆积的消极背街。③边界功能混杂但空间单一狭窄。两个功能肌理完全不同的街区交接，形成人员与功能混杂的边界，但单一狭窄的街道界面并不能承载这么复杂的边界功能。④阻断生活的经济开发。旅游开发的方式虽拉动了历史街区经济，但因其没有处理好居住和对外商业的关系，妨碍了居民正常生活和通行。⑤文化的阻断与社会关系的转变。边界作为历史街区与外界接触的空间渠道，并没有很好地将历史街区应该突显的文化意义传递出去，而是逐渐内化。加之历史街区内部人口的变迁，历史街区文化载体逐渐消失，社会关系逐渐断裂。是否可以以生态理念重新梳理历史街区边界的问题，从而使边界获得新生？这将成为重要的研究内容。

---

1 王建国. 现代城市设计理论与方法 [M]. 南京：东南大学出版社，2004.

2.2 历史与现代城市街区呈现的文化特质断裂

2.2.1 保护与发展过程中整体性缺失的困境

保护与发展过程中整体性缺失的困境体现在三个方面：历史街区与城市空间形态上的关系断裂，碎片化的历史街区和城市肌理、历史街区所属的古城与山水环境关系的断裂，历史街区保护政策与城市发展政策的不一致。

高层建筑"见缝插针"地在老城区分布对古城原有的肌理和尺度、古城的格局和风貌特色、山体的主导地位、自然与古城的融合都产生了严重影响，引发了我们对历史街区与城市整体性保护的渴求。山水环境本底和传统生活氛围在现代化快速更新建设中被忽略和破坏，造成原本相互契合的自然人工、有形无形要素互为孤立，呈现出碎片化特征。碎片化的历史街区与城市整体性保护的空间关系和保护政策上均断裂，城市内核内聚力削弱，边界约束力降低，结构的网络作用力消失。如何统一保护与发展的关系？如何溯源和复兴历时生态的历史山水林城的关系？

历史街区与城市的空间形态是一个整体，诚如阿尔多·罗西（Aldo Rossi）所言："城市的形态最终会超越其功能而成为城市的本质。"[1] 整体的空间形态是城市的物质基础。历史街区中人们集体记忆的产生不是某栋别出心裁的建筑，而是这座城市建筑与空间环境组合所产生的整体协调和总体美感。《威尼斯宪章》《奈良真实性文件》及《内罗毕建议》都有对整体性保护的要求，《内罗毕建议》明确指出："每个历史地区及其周围环境应从整体上视为一个相互联系的统一体。其协调及特性取决于它的各个组成部分的联合，这些组成部分包括人类活动、建筑物、空间结构及周围环境。"如何整体系统地保护历史街区与历史城市？

随着历史街区保护工作的不断开展，保护观念也逐步从仅仅保护街区物质基础发展到对街区功能的改善，以实现街区的经济复兴。同时，强调对历史街区原有文化的保护和传承，力求实现街区文化的发展，但保护资金来源仍是很大的问题。整体保护原则不仅要满足历史街区自身发展各因素（历史、经济、政治、街区发展、地域）之间的协调发展，也要与现代城市相互制约、协调发展。

---

1 罗西. 城市建筑学 [M]. 黄士钧，译. 北京：中国建筑工业出版社，2006.

2.2.2 价值观的改变导致历史街区保护话语的改变

城市的高速发展、人们思想的变化，使城市越来越走向效率化和国际化。历史街区被现代建筑分离成碎片化的、彼此分离的镶嵌体，历史街区从过去处于历史山水环境的大背景中到现在的孤立无援，人们思想与价值观的改变使历史街区的命运岌岌可危。

在保护理念中，"新"与"旧"这组概念尤其重要，而"过时"是历史街区衰落的根本原因，是城市发展的一种结果。"过时"不仅表达了"时间"轴上的内涵，还表达了很多"空间"层面的含义。从某种程度上说，历史街区所展现的时间多样性混合状态决定了城市除自身物质的审美价值之外独特的美学含义，使"纪念性""突出的普遍价值"等核心理念具有意义。而"过时"则等于减少了基金收益的有效期，"过时"的具体量纲包括如下方面：①物质/结构性过时；②功能性过时；③形象过时；④"法律上的"或"官方的"过时；⑤区位的过时；⑥财政上的过时；⑦相对的或经济上的过时。在"过时"的持续作用下，"拆"与"留"的紧张和冲突就产生了。

历史街区保护和再利用的重要性已得到广泛认同，而观念和具体途径则争议颇多。这不仅体现于以复杂思辨为特点的主流共识，甚至个体见解的持续动态发展中，也体现于不同地域、文化背景和学科间的差异中。归根结底，中国记忆体系活动对"原真性"的价值判断标准是允许时空移位的，导致价值判断影响了保护和再利用的理念在不同层面的复杂性。一方面，保护和再利用策略的执行者不免存在有意无意的价值取向和保护立场，另一方面，评价者与使用者对于建筑遗产价值的认识实际在其客观条件之上亦综合了个人理解，甚至在这种理解中加入不可复制的个人情感与经历。

在倡导遗产"活化"作为对其有效保存和城市活力营造手段的当下，以梁思成提议的"使知价值"为"治本办法"的保护具有价值理性的特点，而以美学体验、生活便利、经济性和环境保护等因素为主要动因的再利用具有工具理性的特点，这两者的困难都在于精确的量化，要建立一套有普适意义的统一评价标准去考量"拆"与"留"，不能只依靠数据整理总结。《会安草案》建议：要对城区的组织形态、老建筑的"个性"与"细节"做大量的走访确认与记录，建立"核心"层次上的普查清单，利用先进的技术进行调查勘测。但这些都需要大量的人力、物力与时间。由于新型城镇化快速进程的诉求，老城区改造已迫在眉睫。我们是否应寻求一种更安全、生态，更适合历史街区活力再生，可提供宜居环境的更新方式呢？

2.2.3 山水脉络的断裂，地域性文脉的断裂

是什么吸引人们居住于历史街区？其中最重要的原因是街区的历史特征所带来的归属感和居民人人共同记忆引起的内心共鸣，长期的、统一的、不需要更多言语的默契的生活模式通过各种方式潜移默化地沉淀于大地厚土上，文化认同感来自特殊的仪式感或社会关系，文化自豪感来自物化后的现实仪式所引起的更多人的文化认同。

南京老城新建设量的高度集聚，大大改变了传统空间肌理。根据有关的统计数据，2001年至2006年5年时间内，建成区的拓展面积已超过1976年至2001年25年内拓展面积的60%，而几乎同一时期的老城中心区拓展面积接近50%。20世纪90年代初期，现代化的城市风貌建设导致老城高层建筑以"见缝插针"的方式大量涌现。传统的街区格局逐步丧失，城市的文化个性也在消亡，本地居民和与传统生活相关的空间逐步流失，历史城市肌理断裂，镶嵌体之间的联系逐渐薄弱。南京高层建筑布局分散，在较大程度上影响了古城原有的肌理和尺度，减弱了山体在古城中的主导作用，严重影响自然与古城之间的有机联系，而且少数高层建筑对古城格局和风貌特色产生了严重的破坏[1]。再加上历史街区随岁月流逝在不同时期的加建、改造、重建，导致传统、近代、现代肌理叠加，使历史文化模糊不清，甚至不伦不类。是否可以通过溯源和梳理城市的形成和演化来重新唤起山水脉络与城市文脉的关系？

古人将人文化育的历史景观表达到诗词和山水画中，山水作画如天地造物，天地以灵气生之，画家出于自然天地而后神，结合客体的生命气韵与肢体对天地生气的升华，从而达到主客统一的整体生态。流传下来的山水画的抽象提炼，使今人能领悟古人宜居山水之道法自然、无为而治，体味其地域生态之轮回循环、山水形胜。原始居住的氏族的社会关系所内含的社会生活的失落、肌理的断裂、地域性的缺失、历史文脉传承的断裂，使人文化育的图景盛世难以再现。如何重建人们心中人文化育的城市？

---

1 阳建强. 新型城镇化背景下的南京历史文化名城保护[J]. 西部人居环境学刊，2015，30（1）：7-10.

2.3 历史街区与城市生态发展的割裂

2.3.1 古代生态理念与现代生态理论不够契合而导致的空间割裂

现代的生态理念萌芽于希腊哲学体系，开始于1962年蕾切尔·卡森的著作《寂静的春天》中揭示的经济与技术无限制地片面增长对人类生存环境的破坏，其理念的生态实践则被认为起源于1898年花园城的建设。中国古代生态理念萌芽于几千年前观象授时的"巫"时代，虽然1984年复合生态学的诞生提供了一种融合中国古代生态智慧与现代西方生态理念的方法，迈出了中外生态理念结合的第一步，随后文化生态学、景观生态学、宜居环境建筑学、海绵城市理论都提供了可以引导中国现代城市发展的生态理念和生态技术，但其直接对历史街区复兴的指导存在三个问题：尺度上的问题、理念与实践的问题、保护与发展的问题。历史城市和历史街区是古代生态理念引导下演化而来的，能直接指导中国街区尺度的历史街区复兴的理念和技术还没有形成具体的体系。到目前为止，中国生态理念与历史街区的保护和复兴，以及发展的理念是不太一致的，如何构建街区尺度的可指导历史街区复兴的生态理念？

从实践层面看，现代生态理念指导下形成的生态新城实践与古代生态理念影响下历时性形成的历史城市和历史街区在空间关系上是割裂的，生态理念的中国实践往往选取新区进行建设，新区和历史街区在空间关系上是割裂的。一些已经表现出生态实践意识的历史街区复兴也仅停留在能表现文化生态和社会生态的层面上。如何建立新的、适宜的、系统的生态理念和选取适宜的生态技术指导历史街区的复兴？如何重视新生态街区与历史街区的联动发展、反馈循环的关系？

2.3.2 历史街区保护与城市生态发展的割裂

历史城市的保护是为了更好地保护街道肌理、街区形态与街道生活，但现代城市中的历史街区的碎片化，使每一个历史街区都被无数现代城市包裹，成为断裂孤立的单元，快速发展的现代城市让历史街区与原本依附的山水形胜完全割裂。历史街区的保护政策和发展方向与生态理念下的城市和街区在指标体系和理论实践上都无法达成共识，所以历史街区复兴与城市的发展方向和城市生态系统逐渐割裂。

城市中存在四种基本的流和运动：空气流动、水流动、依靠自身动力驱动的流与运动（步行）、外在输入能源驱动的流和运动。大拆大建之后城市肌理格局和山水格局割裂，从边界品质、街道空间环境品质到生活品质都较低的历史街区逐渐沦为城市最不宜居的地方。肌理的断裂，山水格局的改变，历史街区与现代城市自然系统的割裂，使历史街区与周边城市高速发展的街区形成了循环与流动的隔离。历史街区正背离城市生态文明建设的目标。如何营造顺应城市发展方向的历史街区复兴方式？

古人早就发现了如何应用自然环境造就宜居的风环境和热环境，并将其与风水理论相结合，运用到城市择址、建筑择址和群落布置中。但在现在的历史街区和历史城市中，这种风水格局早已不存在，历史街区自身的尺度与肌理对微气候是否还具有生态性？被包裹在高层大楼中的历史街区可能成为缓和高层密布的中心区所带来的不良风环境和热环境影响的契机。

再者，城市生态理念指导下的生态新城与历史城市逐渐在空间关系上割裂开了，所以正确处理新旧城区的整合及协调发展关系，最后达到新旧城联动发展，成为城市发展的新诉求。这种诉求既满足了历史街区经济振兴对适宜技术、资金来源于现代生活模式的需求，又反馈约束了肆意膨胀的城市化进程与不受控制的旧城改造。

2.3.3 城市基础设施在历史街区中的进退两难

《会安草案》提到，影响历史街区真实性的因素中，基础设施建设引发了不安全的因素。在历史街区的调研中发现，主要基础设施会通过损害或破坏建筑、环境和缓冲区直接影响遗产资源。过度改变景观和环境的工程同样会通过多种方式间接地损害遗产地，例如，改变排污和供水系统，加重土地滑坡的侵蚀、沉积和风险，在遗产地与遗产地之间以及遗产地与其周围环境之间改变视觉效果和破坏象征关联。

但从我国各地历史街区的现状看，基础设施落后的情况十分普遍，不但制约着居民生活质量的提高和街区的发展，而且也不利于历史街区的保护。具体而言主要有以下几个方面：①交通与道路系统不安全、不便利、不完善。与城市交通系统的断裂，表现在无法使用机动车通行上，但城市系统又没有为历史街区周边配备足够的公共交通和慢行交通服务系统，本来是一种速度和安全性的疏解，却因为封闭与断联而形成不通畅的脉络，周边的边界也沦为停车区，不完善、不安全的慢行系统很难为老龄化的街区居民提供应有的道路权力。

②公共空间与公共设施不可达、不完善。历史街区内部的老年人群决定了公共空间可达性不能再按 500 m 可达设置，调研中发现，历史街区内部公共空间和室外活动空间也严重不足，历史街区环境品质和居住质量低下，年轻和有经济能力的居民大量迁出，加剧了社会结构的老龄化。公共设施也应该偏向为老龄居民服务的方向。③污水与雨水处理系统瘫痪。在调研中发现，历史街区给排水问题严重，因建设量的加剧，历史街区地坪普遍低于周边城市路面。在下雨天，雨水倒灌情况严重，若洪灾过境，历史街区将会受到灭顶之灾。大气和水环境污染加剧，但大多数历史街区缺乏完善的净水系统，污水未经充分处理就排入自然水体，或因管网陈旧、容量不足而经常渗漏或漫溢，加剧地表和地下水的污染。④居民生活质量的提高受到制约。基础设施落后是制约我国历史街区居民生活质量提高的主要原因。消防和防灾设施的不足直接威胁着居民的生命财产安全；天然气无法接入、给排水到户率低、厨卫配套率低都大大影响了居民的生活质量，成为卫生健康隐患；电力电信设施不足，影响居民生活的便利性和舒适性。⑤历史街区安全、风貌和价值受到影响。历史建筑火灾危险性高、结构安全性差，电力电信线路老化，消防防灾设施不足，可能直接导致建筑遗产的损毁甚至灭失。架空线缆盘根错节，交通拥挤混乱，停车场、变电站、调压站等地上市政场站选址和设计不当，路灯、太阳能热水器和空调等设施安装随意，这些都影响历史街区传统风貌的完整性。交通和市政条件落后会限制街区旅游的发展，也影响其艺术和科学价值的展示及社会价值的实现。⑥街区和遗产保护制度的存续受到影响。如果历史街区基础设施落后的现状长期得不到改善，上述各种不利因素会使民众对历史街区的价值及其保护的必要性产生怀疑，缺失归属感，甚至把基础设施的落后归结为历史文化遗产的落后，将改善市政设施的希望寄托于道路拓宽和街区拆迁改造，这不但可能成为开发商破坏历史街区的借口，更会动摇遗产保护制度的公众意识根基，最终影响到历史遗产保护制度的存续[1]。

如何营造生态的、与城市互补的、宜居的基础设施？历史街区的基础设施亟须改善，但这种改善必须是对历史街区视觉效果和历史象征关联负责任的。同时，技术时代的到来、城镇化进程的加快，都对老城区内基础设施技术的改善有所要求与期待。基础设施亟须摒弃僵化的、线性的、静态的、单

1　李新建. 历史街区保护中的市政工程技术研究 [D]. 南京：东南大学，2008.

一功能的工程技术，从而创造出适宜的、高性能的、灵活的、可持续的、符合生态廊道发展的、更宜居的、复合功能的系统化基础设施规划。

2.4 本章小结

本章以生态的理念重新审视与探究历史街区复兴所面临的现实问题，提出我国历史街区保护与发展的问题，通过对这些问题的分析，发现其以生态方式可能解决的契机如下：

历史街区现实问题包含了文化、社会、经济、自然、政治方面，由三个层面提出：①历史街区综合空间环境的失落，包括内禀生态性的失落、街区形态与功能的失落、公平共享的失落、交通系统不完整、密度与绿量的失落、边界的失落。②历史街区与历史城市文脉的断裂，包括保护与发展过程中整体性缺失的困境、价值观的改变导致历史街区保护话语的改变、山水脉络的断裂、地域性文脉的断裂。③历史街区与现代城市生态发展的割裂，包括古代生态理念与现代生态理论不够契合而导致的空间割裂、历史街区保护与城市生态发展的割裂、城市基础设施在历史街区中的进退两难。本章从每一个现实问题中提出新的可能的解决方向作为研究问题，总共提出了十二个研究问题探讨生态观下可能的解决方向。

第 3 章 生态智慧
——中国古代生态智慧与现代生态智慧耦合下历史街区的形成与发展

3.1 历史街区的生态营建溯本回源
　　——中国生态空间哲学观与范式
3.2 历史街区传统的生态营建理念与方法
3.3 现代生态理念对复兴历史街区的启示
3.4 中国古代生态智慧与现代生态智慧的耦合
3.5 本章小结

中国文明起源于"满天星斗"状的多元格局，从五千年前的黄帝陵规划到西周测天圭表"矩"出现，从周文王"天圆地方"的文化转型到战国时期的《周礼·考工记》，从汉朝的解析世界、科学哲学发端到宋代的《营造法式》和清代的《清式营造则例》，以及历代"工部"规约与各地的县志，均体现了中国古代优秀的规划思想，正是靠着物质循环再生、社会协调共生和修身养性自我调节的生态观，靠着对天时地利人和关系的正确认知，才形成了一套华夏文明的生态智慧：顺应自然，天人合一，象天法地，因地制宜，道法自然。

3.1 历史街区的生态营建溯本回源——中国生态空间哲学观与范式

纵观典籍浩瀚的中国哲学史，从中提取以"空间哲学"和"生态观"视角为切入点的中国建城智慧，以中国哲学方法论为指导基础，从生态时空观、生态价值观、生态工夫论、生态境界论上重新认识传统的生态智慧对现代城市、街区的指导和传承。这种构建包含了形上学和实践科学两个部分。

在中国哲学方法论关于自然与生态的研究中，一种做法是基于概念范畴的研究方法，它以传统中国哲学词汇为对象，被视为中国哲学基本问题来研究，演变成"理""气""心""性""道""物""天""人"等几个最核心的概念范畴[1]，它对中国各学派系统内部细节研究有重大贡献，但其也有问题意识不明确与体系性建立不足等问题。另一种就是以西方哲学基本问题作为中国哲学研究的转化，以形上学、知识论、伦理学的哲学基本问题来讨论中国哲学儒释道三教的解释构架，如冯友兰先生在中国哲学研究著作《新理学》中提出了"理""气""道""大全"的概念，在《新原人》中提出了"自然""功力""道德""天地"的"四境界说"，正式形成其"觉解说""境界说""新理学""形上学的方法"的理论研究体系[2]。牟宗三先生基于实践与实有判断，将中国哲学特色实践活动相关理论嫁接入中国哲学形上学的讨论中，认为中国哲学实践特色形上学优于西方形上学，却被学界批评[3]。

蒙培元先生认为，中国人的思维具有强烈的实践特征和经验特征，中国

1　汤一介. 论中国传统哲学范畴体系的诸问题 [J]. 中国社会科学，1981（5）：159-172.
2　蔡瑞雪. 冯友兰对"哲学"的理解 [D]. 上海：华东师范大学，2017：21-25.
3　张杰. 中国古代空间文化溯源 [M]. 2 版. 北京：清华大学出版社，2016.

哲学属于实践型哲学，不是思辨型哲学。所以我们以人本思想为主的中国哲学向空间哲学转化，即从人生哲学向空间哲学转化的过程中，都是以古代中国人的实践活动为中间点。中国哲学作为实践哲学的基本哲学解释构建，台湾大学杜保瑞先生提出了四个基本哲学问题的中国哲学方法论，以实践哲学为根本形态建立了"四方构架"，构建以儒释道三教的实践哲学为主的四个基本问题："宇宙论"是论断世界观的知识系统，"本体论"是论断价值的体系，"工夫论"是对宇宙论知识进行身心修行的工夫系统，"境界论"则是依据前面三论所形成的完美状态的理论体系[1]。

意图找到中国文化发展进程中生态观对物质空间营建的影响，将以"生态观"与"空间实践"为切入点，以基于实践哲学的中国哲学基本问题的"四方构架"和杨欣先生提出的中国空间哲学观[2]为研究基础构建与耦合成中国生态哲学空间观的四个基本问题："生态时空论""生态本体论""生态工夫论""生态境界论"（图 3-1）。

图 3-1 生态空间哲学体系四方架构（资料来源：根据杜保瑞先生中国哲学方法论结合生态空间构建）

① 生态时空论及生态智慧是对天地始源、空间结构、时空关系等世界观知识体系的探究，它直接探究"存在"的问题，以回答生态空间所在的客观世界是什么。

② 生态本体论是对生态空间存在的意义、目的、价值等价值系统的探讨，"存在"与"价值"问题关联，从而引发工夫论和境界论的观点，以回答营造生态空间所应持有的主观价值是什么。

③ 生态工夫论基于时空论与本体论的形上学范畴的基本问题等操作系统的探究，引发"修炼""修养"与"修行"等进路的工夫，从而回答生态空间如何营造。

④ 生态境界论基于前面三论形成最终的目标系统，可探究行为的终极目标，即成为什么样的生态空间。

3.1.1 生态时空论

（1）"观象授时"的宇宙观

农耕为主的经济生活方式奠定了我国先哲"观象制历，敬授人时"的社会基础，我国先后采用 102 种历法去顺应自然时序以获得理想的物质与社会效果。"观象授时"涵盖了完整的时间和空间信息，它由日间的"圭表测影"

---

1 杜保瑞. 中国哲学的基本哲学问题与概念范畴 [J]. 文史哲，2009（4）：49-58.
2 杨欣. 山地人居环境传统空间哲学认知 [D]. 重庆：重庆大学，2016.

以及夜间的"星象观测"组成，由"观象授时"产生的符号系统（天盖、四时、五柱、四方），不仅搭建了"天圆地方"的宇宙图示，还衍生了诸多人神共体的存在，引发了建立天地关系、维持民神秩序和人间秩序的讨论，"天人合一"思想随即衍生。

随天文学的进步，"测"天也逐步变成"算"天。在古人眼里，天时不是现在意义上的客观的物理时间，而是一个主客体统一的概念[1]。中国的古代文明是在一个整体性的宇宙形成论的框架里创造出来的。这样连续的文明，缔造了人与物、天与地、文化与自然连续的关系。这种连续性，才使中国古代文明一直保持着"巫术性"的宇宙观，并渗透到社会生活的各个方面。"观象授时"的空间宇宙观与文化环境深刻影响了古代营城与建宅思想。

（2）"天人合一"的自然观

中国古代的自然观阐明了古人对自然界的看法，人与自然关系是一切物质生产活动和建设活动的基础。中国国学大师钱穆曾强调，中国文化过去最伟大的贡献，在于对"天""人"关系的研究。"天人合一"论，是中国文化对人类最大的贡献[2]。"天人合一"是我国古代主导的自然观，"天人合一"和"道法自然"是中国文化对城市规划、街区营造、建筑营建的思想和理念指导。

追溯"天人合一"思想的萌芽，可始见于商周时期，《尚书·洪范》有言："惟天阴骘下民……天乃锡禹洪范九畴，彝伦攸叙。"这里天是有意志的人格神，是自然和社会的主宰，天与人之间可以沟通，所以可赐禹以九类大法，使人伦规范安排就绪。

纵观各个时期儒家思想家对"天人合一"思想的分析，可大致分为"天人同构"说和"天人相通"说。孔子、孟子的天人合一思想是指人与义理之天的合一。荀子接受了一定的道家自然无为的思想，建立起儒家的自然主义天道观。荀子关于"天人合一"的思想正确认识了人与自然的关系，其包含两方面："天人相分"和"制天命而用之"；"制之""用之""使之""化之"说明了天人之间辩证合一的关系。西汉董仲舒在《春秋繁露·深察名号》中提到"以类合之，天人一也"，把天人之间的关系上升到了政治高度，还把它发展为天人同构的观念。北宋张载《正蒙·乾称篇》这样说："儒者则因明致诚，因诚致明，故天人合一。"第一次明确提出了"天人合一"的命题。其理论基

---

1 张杰. 中国古代空间文化溯源 [M]. 2版. 北京：清华大学出版社，2016.
2 钱穆. 中国文化对人类未来可有的贡献 [J]. 中国文化，1991（1）：93-96.

本命题是建立在万物皆气的哲学基础上[1]。

《周易》也明确提出"天人合德"思想："夫'大人'者，与天地合其德，与日月合其明，与四时合其序，与鬼神合其吉凶。先天而天弗违，后天而奉天时。"这里的天具有人格化的内涵。天人合一、道法自然是中国传统哲学本身的一大特色，也阐明了先人朴素的生态发展观：空间节制，时间节制，工具节制，基于"天人合一"理念的古代中国的空间认识和人地关系观念，从"易"到"礼"的空间范式，以及象天法地与生命主义的空间观[2]。"天人合一"与马世俊1984提出的复合生态学息息相关：相生相克，用养结合，多种经营，综合发展，因地制宜。

（3）"万物相生"的整体观

三千多年前，中国古代先哲们对宇宙的探索构建了宇宙万物"元""本原"的传统哲学整体观。从"阴阳""五行""八卦"的整体和谐思想到儒、释、道家的整体观，无一不阐释了整体性和系统性的思想[1]。

《周易》中"一阴一阳之谓道"的混沌中太始，是统摄阴阳玄虚不可分化的整体，日与月、男与女、天与地的交合都孕育着"阴阳化合而生万物"的理论。《周易》明确说，阴阳是包含对立性和冲突性的矛盾双方，"八卦分五行，五行分阴阳，太极生阴阳"。阴与阳形成天与地（乾与坤）、雷与风（震与巽）、水与火（坎与离）、山与泽（艮与兑），作为构成整体的部分，与整体是不可分的，它与整体的关系是有机地对立统一的。五行说金、木、水、火、土这五大元素归纳成人们所看到的万事万物的元素。儒家荀子将整个天地生人系统描述成金、石、水、火、草、木、禽、兽、天、地等元素，再加上人气、人生、人知、人义、人文构成一个整体的生态社会。道家庄子说："自其异者视之，肝胆楚越也；自其同者视之，万物皆一。"天地与我并生，而万物与我为一。人与自然万物是统一和谐的，是一个统观各方的大一体。要达到这种天人整体合一的状态，途径就是达到物我两忘、道法自然的逍遥境界。释家则讲究万事万物都处在因果联系的整体中，轮回、转世、时间与空间的一切事物都处在这个无限循环的缘网中。

古代的生态整体观与现代弱人类中心主义，指导人类进入了整体的人类时期，人类的社会、经济、政治活动已与天然的、以流域与生物地理为基础

---

1 蔺彩娜. 中国传统哲学整体观及其当代价值 [D]. 哈尔滨：哈尔滨工业大学，2012: 11-22.
2 王金岩. 空间规划体系论：模式解析与框架重构 [M]. 南京：东南大学出版社，2011.

的生态地区越来越密切地融合起来,交互形成一个有机整体,或叫作"活的有机体"[1]。人们用可变的、系统的、有条件的、整体的观点看待人与自然的关系,主张以尊重自然规律为基础来规范人类的实践活动以及去实现文明发展方式的更新换代,重视全人类的利益,重视子孙后代的利益,将此作为自己的行动指南,强调整体和长远的人类利益高于人们局部的、暂时的利益。

3.1.2 生态本体论

（1）择"吉"

中国自古以农为本,农作物的种植与管理须顺应自然,与四时节令相吻合。择吉是一门揭示天地、自然规律,讲究人类活动与自然的平衡、和谐的行为指导系统,其本质在于敬天顺时,按照自然规律行事,这与现代的生态学目标一致。先择吉再行事是从春秋战国就形成的行为模式,国人按照自己认可的哲学观、伦理观、价值观来择选吉日,以达到趋吉避凶的期望。

广义上的择吉包含了：①周易八卦、奇门遁甲、堪舆、占星等数术及民间的卜筮术,可统称为择吉术。②社会生活中一切趋吉避凶的民俗事项,尤以禁忌为大端。③巫术[2]。

择吉在生态空间营建价值观指导上有重要的意义。

① 顺应传统生态时空观,寻求最优生境。择吉民俗的实质目的是求得"天人合一",也是追求时间和空间的完美统一。当天地时空出现最佳组合,万物将呈现最磅礴的"生气",称为"顺乘生气",风水学的测算就是为了寻求这种最优生境。《管子》有云："有气则生,无气则死,生者以其气。"卜宅、相土、择时、定向等风水择址诸事应运而生。

② "修炼"进路的生态工夫论。择吉的理论基础是阴阳五行,以易学为其圭臬,根据阴阳五行运动规律、相生相克原理及其相互关系推释凶吉。这种吉凶不是绝对的,而是遵从天道自然的"时止则止,时行则行,动静不失其时"的精神。

③ 择吉也表达了中国传统生生不息的整体观和价值观。中国自古以来一切顺应天意的祈愿都是为了"生",这也是中国文化的延续和传递。《周易》中有经典叙述："生生之谓易",阴阳相生,生生不已无穷尽,则为易。生生不息具有永不间断的持续和发展性,历经几千年,中国人民追求可持续发展

---

1 佩珀. 现代环境主义导论[M]. 宋玉波,朱丹琼,译. 上海：格致出版社,2011.
2 刘道超. 择吉与中国文化[M]. 北京：人民出版社,2004.

的美好愿望仍在营城和塑己中反映出来。

（2）制"宜"

中国文化真正的魅力在于有容纳之量与消化之功，这样对多样性、多元性的包容才是中国人用"宜"最恰当的解释。《周易·系辞》中书："古者包牺氏之王天下也，仰则观象于天，俯则观法于地，观鸟兽之文，与地之宜。"先民根据不同的地形地貌、水土习性进行农业生产。"宜"就是可以变通、灵活地对待事物。事物内在规律千变万化，宜就是在事物发展演变的进程中不停地以现在最适合的方式变通。从相"宜"到制"宜"，"宜"在不同尺度的城市生态空间营造中成了重要法则。

① "宜"包含了自然和社会法则。"宜"字源于祭祖，甲骨文从"且"，篆文上讹为"宀"，与祖庙建筑相关。祭祖乃礼的主要部分。中国古代"礼"的体系由五个基本要素构成：时、顺、体、宜、称。其中"宜"的内容为自然和社会空间（事物）的大小与发生符合其内在法则、规定[1]。

② "宜"包含了礼制中的城市空间营造的系统控制，其原则以时、空或情境为准则。《礼记正义》上书："天时有生也，地理有宜也。"如何度时制宜、因地制宜、临事制宜？《考工记》第一章中记："天有时，地有气，材有美，工有巧。合此四者，然后可以为良。"强调了时空环境与美材精工结合才能创造完美。柳宗元在《梓人传》中记："善度材，视栋宇之制，高深圆方短长之宜。"《梓人遗制》也明确用"宜"进行城市与建筑系统控制的作用。

③ "宜"包含了中观和微观层面的生态空间组合设计与建筑设计准则。城市营建中，风水中的相地或择址是古代工程建设的重要步骤，"宜"需通过"相"才能完成判断。在"样式雷"等研究成果中，中国古代建筑、聚落空间的构图方面，从建筑物与大的山水关系空间设计，到建筑与建筑之间的关系，其空间设计都遵循风水相地的原则。计成在《园冶》中描述造园："必先相地立基……能妙于得体合宜……园林巧于因借，精在体宜，愈非匠作为，亦非主人所能自主者。"可见园林建筑师对因地制宜运用的重要性。"因借"与"体宜"被灵活运用到空间组织、造园意境、建筑尺度与形状的塑造上。当"宜"出现在聚落营建中时，出现了很多应对环境变化的策略，风水就是详细的体现。

---

1 张杰.中国古代空间文化溯源[M].2版.北京：清华大学出版社，2016.

3.1.3 生态工夫论

古人从认识、顺应、改造自然的做法探讨形而上学范畴的生态时空论、生态本体论,是为了引出实践领域"生态工夫论",通过时空论进路的修炼(修炼物质性的身体)、本体论进路的修养(修养德行)、综合时空论和本体论组合进路的修行(兼顾身体与修心的修行)三种实践思维后所呈现的物质空间的设计方法、手段和过程。换言之,探讨"如何营造生态空间"才是本书的核心价值。通过对历史城市历史街区营建过程中生态工夫论的实践思维与物质呈现,将成为开启在城市化背景下生态历史街区空间营造重要线索。中国古代生态工夫论在城市建设中,主要通过宏观、中观、微观三个纵向层面呈现城市形态的城市择址。

(1)"天圆地方"与"圭表测影"

《周髀算经》云:"方属地,圆属天,天圆地方。"[1] 在以自然经济为基础的原始农耕时期,先民较早就建立了与自然和谐相处的生态意识,天时与地利是人们农业生产与定居时所遵循的首要规律。中国"巫"时代的先民通过最直观的天象、气象观测,判断时令和节气。"观象授时"产生的符号系统(天盖、四时、五柱、四方),如同佛教曼陀罗图谱形式的传递,不仅搭建了"天圆地方"的宇宙图示,还衍生了诸多人神共体的存在,引发了建立天地关系,维持民神秩序和人间秩序的讨论,"天人合一"的思想随即衍生。

先民中掌握天象规律并敬授民时的大巫,在日间通过"测量日影"(大约出现在8 000年前)来测定四季分至。随"圭表测影"衍生出的众多空间符号、方位表达暗示了"地方如棋局"的原始宇宙与建城观。

在夜间以肉眼观天象,恒星散布只有明暗差异,这样的观测结果就形成了"天盖",即以肉眼极限距离为半径的球面,所有星象绕"天极"(旋转中心的不动点)旋转的星象观测体系(图3-2)。北斗星终年常亮,且接近天极(几千年前),并在一年中环绕天极旋转(图3-3)。古人就此建立了最早的时间系统,并与黄道附近定义二十八星宿与四宫四象四季相配,形成更为完整的计时系统。

---

1 赵君卿. 周髀算经 [M]. 程贞一,闻人军,译注. 上海:上海古籍出版社,2012.

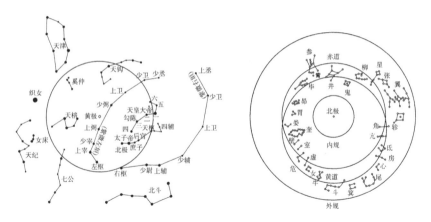

图3-2 天球赤极移动路线及古今极星变迁示意图
[资料来源：冯时.中国天文考古学[M].2版.北京：中国社会科学出版社，2010：123-437.]

（2）城市营造的生态工夫论

从远古时代到如今，生态工夫论在时空论与本体论的引导下一直指导着人们聚集地的选址及城市的起源和发展等。

① 择址与相宜

古代城市发展起于择址，择址多使用风水相卜测定吉凶、寻龙问宗、点穴立向。东周前文明聚落的风水多偏巫术；秦汉以后儒学兴起，风水逐渐转向数术的堪舆术。象天法地的古代城市规划方法多用于都城的位置确定，基于"观象授时"与"天圆地方"学说，利用五行八卦占卜来测定皇宫走向与帝王之居，例如宇文恺对隋唐长安城的测定。

另一种是基于理性择地观下的因地制宜。在资源缺乏的时期，矿产资源、土地资源和山水资源很大程度上决定了都城的择址和迁徙。另外，利用城市自然地理形势防御防灾，择取交通运输便利地区建都也是很重要的思考。

② 城市结构与空间营建

中国古代城市空间的形成与发展是基于文化价值、社会结构、经济发展、自然条件、科学技术、政治政策的影响下的空间规划及空间结构。

中国古代的文化生态价值观构建了生活方式和社会行为准则。我国社会空间结构起源于同居共产的血缘共同体的宗族制社会，儒家文化智慧的"家国同构"和古代聚落营造智慧的"国野一体"形成了社会空间深层结构。古代社会因为个体经济不独立，权力凌驾于经济之上，所以发展为等级严格的

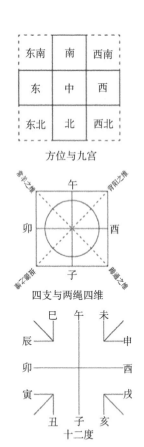

图3-3 原始宇宙方位表达系统
[资料来源：杨欣.山地人居环境传统空间哲学认知[D].重庆：重庆大学，2016.]

空间制度。

方形城池不仅源于"天圆地方"的生态时空观,也源于社会深层结构下《周礼·考工记》中"九经九纬,经涂九轨"的皇城布置。城池形态既是对严苛礼制的回应,也是因为有限的测量工具的限制:工形"矩"为方圆的作图手法,正是中国营城和建筑群布局的建筑设计中基本而重要的设计方法。

城市的山水与土地条件(地质、地貌、水文、气候、动植物、土壤)不仅能决定城市的择址,也能很大程度上决定城市本身的空间特色和空间功能的环境质量。

我国封建社会自给自足的农业型经济特征始终是我国传统城市的深层结构。中国早期的用于土地划分和分配制度的"井田制"决定了国家军事制度和宅居制度,基本造就了中国古代城市的基本特征。生产力的发展和生产方式的转变,使得城市的空间形态也随之改变。商业贸易的发展改变了城市自给自足的生存方式,也改变了城市形态。

中国古代城市整体空间规划基于"轴、核、群、架、皮"的空间结构,其城市空间层级与现代城市的规划设计层级基本一致:城镇规划—街区(皇城、市、邻里)—院落—建筑及元素(风火山墙、天井、屋顶等)。

古代科学技术的发展决定了城市防御系统与街区的空间组织与形态,城墙的夯土夹板技术决定了方形的形态最易于操作,而砖木结构和相应的配套技术手段,以及计算、测量、设计和建造方法(方圆作图法、营造法式)决定了城市以小间、方形、群体组织模式成立最为合理。

周礼、秦制等城市政治政策体系规约了国家、城市、用地规模、用地性质、建设时序等。在政策规划大法的深化下,营造法式、工程作法等控制了建筑工程的定额,规定了每个部件的规格、形状和位置。

3.1.4 生态境界论

(1)山水城市

钱学森先生在关于山水城市给吴良镛的信中首次表述了山水城市的概念:"把中国的山水诗词、中国古典园林建筑和中国山水画,融合在一起,创造山水城市概念。"[1] 学术界对山水城市概念描述众说纷纭,不断推陈出新,其主要生态方向的内涵为:

---
1 鲍世行,顾孟潮. 杰出科学家钱学森论山水城市与建筑科学[M]. 北京:中国建筑工业出版社,1999.

①以郑孝燮、卢伟民先生为代表的观点，注重历史人文环境与生态环境的融合，强调山水、人情与精神的融合，认为山水城市是具有山水物质环境和精神内涵的理想城市。

②以顾孟潮、王如松先生为代表的观点，认为山水城市是"生态城市"的中国叙述，是未来城市发展的趋势。

③以黄光宇、李德洙先生为代表的观点，认为山水城市是与中国哲学思想相匹配的，是天人合一的理想城市，并强调山水城市与传统文化、哲学思想的内在联系。

从老一辈的山水城市提出者的探讨观点可见，山水城市是生态城市的中国目标体系，它是中国宜居文化、哲学思想与现代生态城市建设的实践桥梁，这种桥梁跨越了空间域，将中国的传统生态智慧的结晶与现代国际化的生态城市的理念与建设耦合在一起。一些新的对山水城市的探讨，从物质层面、文化层面和精神层面相互包含，相互交融的自然山水和人工山水形成传统空间环境中的"显隐山水系统"，其在传统国学语境中被称为"外师造化，中得心源"。[1] 在山水城市的历史实践中，城市形态的初始源于对自然形态的改造，而城市自然形态倡导的是以自然性、多样性为主体的平等、有秩序而又孕育生机的复杂形态[2]。

"山水城市"跨越了时间域，它提供了一种方式，将传统文化与传统文化的物质空间载体"历史城市"与现代快速城市化进程中的"生态城市"从形上学的生态境界论、本体论上融合成一体。在城市中，"历史街区"与"生态街区"虽然拥有共享的土地，却一直被分视为保护与快速发展的两种未来方式，但中国的生态目标体系——山水城市提供一种共同的发展契机，将它们重新根植于这个共享的土地上。

（2）宜居胜境

宜居即满足人类生存、生活、工作、休憩的地方，而使人的内在境界与外在环境交融，达到"外师造化，中得心源"内外兼修的宜居境界，即为古代人类世界的宜居胜景。

①生活之境：满足人所存在的生活之境与日常审美的诗文画作相宜，以诗中之境"借景"造园，使城市宫苑、城市园林、乡野之居、城中宅院在满

---

[1] 杨欣. 山地人居环境传统空间哲学认知 [D]. 重庆：重庆大学，2016：170-172.
[2] 苏毅. 结合数字化技术的自然形态城市设计方法研究 [D]. 天津：天津大学，2010.

足基本的居住之上能有景观游，与诗文中境界与场景相宜，人文化育，成就生活生态胜境。

②心灵之境：人在自我的修炼、修行与修养中达到内心修得自我、真我、超我，心灵达到内在—物化—自在—空性—渡化的境界，成为圣人、真人、佛。

③宇宙之境：地理空间上达到全景全域的生态境界与宇宙秩序，时空观相对应。古代宇宙观中出现天—仙—人界的世界构型，佛教中有七重塔与须弥山等登临的意向。物质生态空间进行空间的修炼、修行和修养以达到从物性空间境界—神性空间境界—理性空间境界—自性空间境界—空性空间境界的层级转变。

3.2 历史街区传统的生态营建理念与方法

3.2.1 风水中山水形胜的生态观

风水理论是古代集地理学、景观学、天文学、建筑学与生态学等多学科为一体的建筑规划设计理论，其一直将人与环境、建筑群与环境、物质环境与精神环境作为一个有机整体进行研究，也是传统天地观中典型的思想理论。

风水卜相、注重山水的整体环境观，形成一套宏观—中观—微观的全尺度领域、全生命周期、以寻找生气为目标多方面综合过程。风水理论将卜相之法分解为五要素。"合而言之为气，分而言之为龙、砂、水、穴、向。"（《图解雪心赋》）风水相地就围绕这五个方面展开，具体到操作步骤，基本遵循"觅龙—定穴—立向"三个步骤，而察砂、观水则贯穿于其中[1]。

（1）龙

脉即龙脉，龙脉即山脉。《管氏地理指蒙》曰："指山为龙兮，象形势之腾伏。"龙脉是生气来源的根本，有龙才有气（图3-4）。

寻龙问祖，《禹贡》中古代地理学对山川的认识中的龙脉始源于昆仑山，昆仑山为众山的始祖，然后分为南、北、中三大干龙进入中国[2]。以干龙为基础，

---

1 杨柳．风水思想与古代山水城市营建研究 [D]．重庆：重庆大学，2005．
2 三大龙脉：王士性著《广游志》中有云："左支环房庭阴山、贺兰，入山西，起太行数千里，出为医巫闾，度辽海而止，为北龙。中支循西番，入趋岷山，沿岷左右。出江右者，包叙州而止；江左者，北去关中，脉系大散关，左渭右汉。中出为终南、太华，下秦山，起嵩高，左转荆山抱淮水，左落平原千里，其泰山入海，为中龙。右支出吐蕃之西，下丽江，趋云南，绕沾益、贵竹关岭，而东去沅陵。分其一，由武冈过湘江，西至武陵止；又分其一，由桂林海阳山过九嶷、衡山，出湘江，东趋匡庐止；又分其一，过庾岭，度草坪，去黄山、天目、三吴止；过庾岭者，又分为仙霞关，至闽止。分衢为大盘山，右下括苍，左去为天台、四明，度海止。终为南龙也。"

龙脉如同树一样生长，干枝交界，开花结穴。问祖及训中支脉祖山，多为高拔卓然出众为尊，风水往往以一方山川中最高大者作坐镇统领的祖山，然后由它再起高山分龙为太祖山，龙至中途再起的星峰为少祖山，依此类推远祖、宗祖、高祖之类，最后靠近穴场的山峰为父母山。

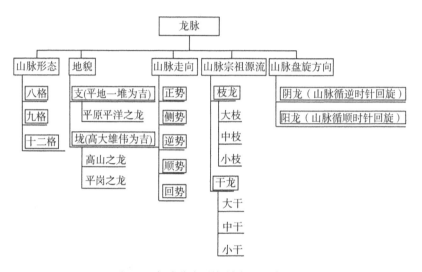

图 3-4　龙脉分类（资料来源：自绘）

（2）砂

"龙为君道，砂为臣道。"（《青囊海角经》）。砂者，同沙，龙之余气，反映山的群体概念，指环抱城市的群山。风水中的察砂，主要考察诸山对穴场形成的空间围合关系。砂是风水穴场的护卫，穴场若无砂，则风不能藏，气不能聚，风吹气散，则无法聚阴阳二气。依四至方位论砂山格局，风水家借喻天文钟的东西南北四方星宿命名：朱雀（前）、玄武（后）、青龙（左）、白虎（右）。青龙、白虎砂，如人之双手环抱护卫穴场，不让生气流散，并收水流于堂中。风水要求青龙砂应蜿蜒挡风，白虎砂应驯顺，两砂应环抱，不逼不压，不折不窜。水在龙虎尖端，不让水漏泄。总体上以两砂相配匀称、青龙略重于白虎为原则。其次，要观察四周罗城[1]的情况。《地理五诀》风水之美中要求罗城包罗严密，不漏缝隙为吉，要求重叠高耸，城上星峰卓立。要观察砂中四星：官鬼禽曜。这是四个特殊位置上形态特异的山峰，它们泄露了龙气的

---

[1] 《葬经翼·余气篇》有云："罗城者，祖山分障，包罗于外，以成大局者，即龙之馀气也。"罗城就是包围于四象之外的诸山，它们所形成的大格局，层层护围，远望如城之墙垛，因而名为罗城。

天机，是具有灵性的。四星之中，无官不贵，无鬼不富，无禽不荣，无曜不久。再次，要观水口之砂。"水口之砂，最关利害。"（《雪心赋》）。水口是水出入穴场之处，水口砂为水口两岸之山，为使水流萦回应有密集之山，如犬牙交错、重叠迂回，越多越长则越吉。

（3）水

水能滋养肥沃的土地，调节气候，养育生灵，形成良好的生态环境。《葬经》曰："风水之法，得水为上，藏风次之。"《发微论》曰："气行则水随，而水止则气止。"《管子·水地》曰："水者，地之血气。"风水认为，龙为气脉，砂为肢脉，穴为心脉，水为血脉，水气相生相伴，水由生气所生，也起着输送、界定生气的作用。"未看山，先看水，有山无水休寻地，有水无山亦可裁。"（《三元地理水法》），观水是确定龙脉中是否有生气止聚的重要方法，水的重要性甚至超过了山[1]。

从城市生态营建角度看风水观水：

①水溯源：以农为本的中国，水不啻农业之命脉。水量与穴场相宜为美，一般以水宽、水深、量大为吉。水深处民富，浅处民多贫。要求水流源远流长，四季不竭。源头越远，宗系越正，则生气越纯、越贵。

②水品质：风水中"相土尝水"是考察水的色、香、味、温，来确定水的品质以确保人类与生物的生存与生活。水性清净平和，不喜浚急激湍，奔突渲泄，宜缓、清、水声细微。

③观水势：水势应利于交通和设险之利，这样才利于城市的发展。水虽利于城市营建，但古代灾害水害为最，因水冲刷、侵蚀、淘切引起诸多地质灾害。《管子·度地》有云："水之性，行至曲必留退，满则后推前。地下则平行，地高即控，杜曲则捣毁，杜曲激则跃。"从格局上看，以"交""锁""织""结"为水势最吉，而以"刑""冲""克""破""穿""割""箭""射"为不良水势（表3-1）。

表3-1 各尺度水系风水良势（资料来源：自绘）

水系	风水良势
海水	潮高水白为吉
江水	其势浩荡，弯抱屈曲为吉
湖水	万顷平镜，广阔深聚为吉
溪水	屈曲环绕，聚注深缓为吉

---

1 杨柳.风水思想与古代山水城市营建研究[D].重庆：重庆大学，2005.

（续表）

水系	风水良势
池塘	天然为贵，人工次之
泉水	味甘、色莹、气香、四时不涸为吉

④观水形：水形在风水中尤为严格，水形不仅决定着吉凶，还决定了"仁者乐山，智者乐水"的审美观。水形分类最普遍以五行特性分类为金木水火土。金城如弓，水城屈曲，木城直撞，火城尖角，土城方正。风水认为金城、水城最吉，土城有吉有凶，木城、火城较差（图3-5）。

图 3-5　五行水形
[资料来源：杨柳.风水思想与古代山水城市营建研究[D].重庆：重庆大学，2005.]

⑤寻水口：《地理五诀》称"入山首观水口"，格局的大小、生气的聚藏都取决于水口。入口称为天门，天门宜开，来水宽大，财源滚滚而来。出口称为地户，宜水道屈曲，两边水口砂山密集列布，犬牙交错，把守严密，环环阻拦去水，使其缓缓而出，关锁财源，拦锁生气。

（4）穴

人体与大地皆为气生，人孕育的是胎儿，大地孕育的是精气，人体穴位对应大地生气出露的穴。"点穴"即精准确定龙气融结处，龙穴犹如人体经络上的穴位，是内外交流最敏感之处。点穴对于阳宅营建而言，主要起到确定气场核心的作用，以利下一步立向。

风水点穴基本概括为五步：乘金、相水、印木、升火、穴土。第一步，乘金主要是要寻找气脉入首之路，确定穴星。初选穴位之后，登穴星，察两边微茫之水的分合汇聚情况，观砂，观水，确认穴点。第二步，观龙虎砂山情势，观明堂聚水，调整穴位。第三步，将龙虎砂最高峰连线，朱雀玄武最高峰连线，十字交叉为天心十道，穴位一般为交点处。调整以达四势平衡。第四步，在经纬位置确认后，生气高下深浅需由取朝证穴法决定。第五步，于穴点处挖土以观察泥土结构与颜色和气味是否为结穴吉兆。

（5）向

立向是赋予龙、穴、砂、水综合成局的决定性要素。城市营建中的立向与阳宅卜算的立向在格局和方法上有所不同。

城市营建的立向，观测掌握龙、砂、水的态势大致派系与工具有所不同，但都以理想的龙水格局为佳。形式派以山水有情、四势平和为准。具体以倒杖法指定龙脉来路。理气派以立向为专长，以阴阳八卦为理论基础，罗盘为技术手段，推断来水、出水方位的吉凶。最后龙水配合，综合权衡得出最好的朝向。三合派以卦爻配合九运图，主张龙合向、向合水为立向之本，合此则吉，违此则凶。

风水理论作为一门中国传统营城卜宅工夫论的典范，是一门具有典型的整体性、系统性、多样性，其卜算均考虑天地生人道等所有生境，又包含情理、事理、道理的人类生态理论体系，在其中，时间因素都有其自身严密的法则（表3-2）。

表3-2 古代风水著作中生态思想展现（资料来源：自绘）

理论从属	文献	年代	作者	内容
风水理论	《易·系辞》	战国	先秦儒家	宇宙观的探究、卦象爻位与圣人之道的结合
	《吕氏春秋》	战国	吕不韦（道家）	上应天时、中察人情、下观地利，以道家思想为基调，坚持无为而治，吸取儒家价值尺度、墨家公正、名家思辨、法家治国，加上兵家权谋和农家地利，形成一套完整的国家治理学说
	《道德经》	春秋	老子	道生万物，万物归于道
	《禹贡》	战国	佚名	记载九州龙脉、水功、地形、土壤、物产
	《葬经》（又名《葬书》）	晋代	郭璞	生气生万物，天地间的循环，阴阳
	《管子·水地》	春秋	管仲	地生万物，大地水道与人体筋脉的具体类比
	《朱子全书》	宋代	朱熹	帝都风水适宜性（包含建康城）
风水实践	《堪舆总索杂著》	宋代	李思聪	全国龙脉（南京寻龙）
	《葬经翼》	明代	缪希雍	将医学中的望闻问切与传统风水理论结合
	《管氏地理指蒙》	三国	管辂	将天地人看为一体，七政（星象）、三正（天地人正道）、五事（古人修身）
	《发微论》	宋代	蔡元定	将阴阳之道与天地人生结合起来
	《地理五诀》	清代	赵九峰	堪舆学三合派地理风水著作
	《雪心赋》	唐代	卜则巍	堪舆学形势派地理风水著作
	《阳宅撮要》	清代	吴鼒	基址特点，择地原则，功能布局
	《堪舆漫兴》	明代	刘基	为明南京定址

3.2.2 择址的生态方法

（1）基于神性主义的择址：卜宅、相宅、风水（巫术）

《尚书·召诰》[1]："惟太保先周公相宅。越若来三月，惟丙午朏，越三日戊申，太保朝至于洛，卜宅。厥既得卜，则经营。越三日庚戌，太保乃以庶殷攻位于洛汭。越五日甲寅，位成。"

夏商周时期，或者说周以前的原始农耕时期，在儒家学说没有占领学术与统治地位以前，人们完全依赖观测自然的资源与气候来靠天吃饭，大巫依靠卜相之术获得政治和宗教的权利，当时"卜"和"相"作为"神灵的巫术"存在，只服务于帝王（图3-6）。《尚书·召诰》记录了较早的堪舆术操作程序。"卜"即采用火灼龟裂预测吉凶，取得神示；"相"即勘察基址，选择朝向。卜相之术此时多是"占卜"与"相术"的合流，于择址中创造了"择吉"和"择宜"。

《周易·系辞》曰："仰则观象于天，俯则观法于地。"《荀子·大略篇》曰："王者必居天下之中，礼也。""象天法地"和"择中"的城市规划理念是基于堪舆术中阴阳、五行、八卦的思想指导的集观天象、融地气、尽人情的统一一体的生态规划理念，与其他相地不同的是，王都的相卜更注重皇权与宗族的意识，皇帝以"天子"为称，居"天一紫宫"，使人之道也融于天地之间。例如秦都咸阳、西汉长安、隋唐长安城的营建，都极大限度地运用了爻卦之术。

（2）基于理性主义的择址：堪舆术（数术）

《葬经》[2]曰："葬者，藏也，乘生气也。夫阴阳之气，噫而为风，升而为云，降而为雨，行乎地中，谓之生气。生气行乎地中，发而生乎万物。"

堪舆术择地原则中，寻"负阴抱阳""藏风得气""居澳顺流""天成为上"之地为佳，其实都是根据几千年的聚居经验，结合天气、天象、资源、微气候等总结出的顺应自然的生态宜居地域。

《周髀算经》曰："数之法，出于圆方。圆出于方，方出于矩。"秦代以后儒家学说昌盛，为将风水这套工夫论从"子不语怪力乱神"的儒家学说中传承下来，许多生态哲学创作应运而生，它们的核心就是将风水中的"气"对应儒家"天道观"。虽然在后来的建城择址活动中，风水术（汉后称堪舆术）

图3-6 太保相宅图与洛汭成位图［资料来源：[清]《钦定书经图说》］

---

1 刘胜利．尚书[M]．慕平，译注．北京：中华书局，2007.
2 郑谧，缪希雍，萧克．刘江东家藏善本葬书、葬经翼、山水忠肝集摘要[M]．台北：新文丰出版公司，1984.

的理论逻辑被完整地继承下来,但从生态本体论和时空论观之,其时间样态已从不可言说的"巫术"被迫转向了可传承可言说的"数术"。唯心的"神性主义"逐渐转向唯物的"理性主义"。巫术卜相的随机和偶然性逐渐转向数术的统一、确定和可传承性,所以这种越来越普遍的技术也流入了民间,不再是帝王的特权。

(3) 基于资源决策型的择址

《管子·度地》[1]曰:"故圣人之处国者,必于不倾之地,而择地形之肥饶者。乡山,左右经水若泽。内为落渠之写,因大川而注焉。乃以其天材、地之所生,利养其人,以育六畜。"

在这样的操作框架下,地形、地势、水资源、土地资源、矿产资源、自然灾害、军事防御、交通运输等诸多现实要素必须进行现世性的务实判断,而非靠占卜。

①土地资源决策型。度地卜食、体国经野,古人以农立国必赖土地。土地是否肥沃、宽广是赖以生存的基础。《诗经·公刘》中"于胥斯原""周原膴膴""乃觏于京,京师之野"等游记般生动的描述都记述了周民早期城市选址的工作步骤,地形、水源、环境容量是其重要勘察内容。后来折中思想更加完善,有了专门的"度地""辨土宜"之法。《周礼》《管子》等先秦诸多典籍都有所叙述。

②矿产资源决策型。夏商周时期的青铜器,铁器时代的城市选址都影响着都城的迁徙与选址。

③山水资源决策型。国必依山川,《管子·乘马》曰:"凡立国都,非于大山之下,必于广川之上。"从石器时代开始,聚落的选址就一致为负阴抱阳、依山傍水之势。水旁岸上有崖,高山岸平,水近便于使用,居高又无洪涝之虞。风水择地其实也是前人经验的总结,其注重山水的整体环境观,从宏观—中观—微观的全尺度领域、全生命周期来构造整体有效的山水格局(图3-7)。

④因地制宜决策型。《管子》论述了三大因地制宜的原则:第一,高毋近旱而水用足,下毋近水而沟防省。高因丘陵但远离干旱,保证城市用水,广川之上选址,则不能太靠近河流,利于预防水灾。自然条件下综合考虑城市选址。第二,因天材,就地利。城市规划与设计需就地取材,充分利用地形地貌和自然资源有利条件。第三,故城郭不必中规矩,道路不必中准绳。脱

图 3-7 稷奏食粒图、散财发粟图、世享殷民图、百姓居里图[资料来源:[清]《钦定书经图说》]

---

[1] 刘胜利. 管子 [M]. 李山,译注. 北京:中华书局,2007.

离墨守成规的择中，根据地形地貌灵活规划城墙、道路。城郭形态可圆可方，道路可直可曲。

（a）取之以时，用之有节：因地制宜，反对大力改造、挖山凿城，也体现了对自然环境的敬畏。"取之以时"是周礼制"四时之禁"的指导思想，"用之有节"提出天地之利有限、山林财富有限，也是现代可持续发展理论的最早实践。

（b）设险防卫：《吴越春秋》中记载中国原始部落首领提出"筑城以卫君，造郭以守民"的思想。防卫是造城的根本。《荀子·强国》曰："其固塞险，形势便，山林川谷美，天材之利多，是形胜也。"利用山川地貌设险守国，自然之险形成天然屏障，合成金汤之固。

（c）交通资源："四方入贡道里均。"许多都城选择水陆交通便利的地方，道路与水上交通的发展大大促进了经济的发展、社会的繁荣。

3.2.3 城市与街区营建的生态措施

（1）城市起源

在中国城市的形成中，城市化被理解为一个随着文化发展而开始的过程。这个过程并不与食物生产的农业、采集和狩猎活动相关，而是随着文化环境的改变、永久性纪念建筑或第一批城市元素出现开始[1]。权力和阶层的分化伴随着特殊建筑物涌现，封建领主等有别于农业生产村民的新阶层，成为自然力量的化身，并能够影响这些自然力或利用自然力所发明的技术来庇佑子民与后代。这些传说中的英雄、皇帝、宗族祖先就成了宗教的起源。中国古代与"观象授时"直接相关的"天圆地方""盖天说"等学说，在中国城市营造的起始中起到政治、宗教、经济等多重作用。

（2）空间营建

孔子曰："天下有道。""道"是"经验现实世界的道德秩序"，"礼"即是实现这一目标的重要手段。《周礼·考工记》规定，"匠人营国，方九里，旁三门，国中九经九纬，经涂九轨，左祖右社，面朝后市"，形成了以皇宫为中心、左右对称的方形城市营造制度。《周礼》中的土地规划、交通模式是最先与现实世界的伦理、政治、宗教、经济、军事、法律结合的系统（图3-8）。

① 城邦等级：建立城邦国家制度，国域分"国""野"两部分。王城及城

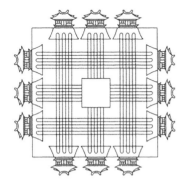

图3-8 《周礼·考工记》中的城市（资料来源：《周礼·考工记》）

---

1 申茨. 幻方：中国古代的城市[M]. 梅青，译. 北京：中国建筑工业出版社，2009：124-128.

周百里为内，百里之外为野，使国野一体。城邦分为王城、诸侯城、卿大夫采邑（都）。

② 国域城池尺度：王国国域方千里，公、侯、伯、子、男五级诸侯国域按百里递减。王城方九里；公的诸侯城方七里；侯、伯的诸侯城方五里；子、男的诸侯城方三里；卿大夫采邑按照所在王国的等级再次细分，大都取其三分之一，中都取其五分之一，小都取其九分之一。

③ 土地划分（井田制）：六尺为步，方百步为百亩，又称一夫，九夫一井，井方一里。一般情况下，八家共同耕一井，各受私田百亩，公田十亩，公私田总和为八百八十亩，余二十亩以为庐舍。若民受上田，一家百亩；若民受中田，一家二百亩；若民受下田，一家三百亩。定期重新分配，三年换土易居，是为"井田制"。以此扩展为覆盖天下国野的网格系统：四井为邑，四邑为丘，四丘为甸，四甸为县，四县为都。城市空间设计亦以井田格网系统为根据。

④ 灌溉水系与交通：构成了多层级农业灌溉体系。一夫之地间用小沟分割，广深各二尺，称为"遂"；每井地共用一水井，十夫有沟，百夫有洫，千夫有浍，万夫有川。灌溉系统与交通系统重叠，这是古代适宜技术的生态体现，与现代的生态基础设施设置方式不谋而合，即遂上有径，沟上有畛，洫上有涂，浍上有道，川上有路，联系国野。这种空间体系还直接渗透到具体的城邑设计中。国野之间的交通干道亦设置休息点，"凡国野之道，十里有庐，庐有饮食；三十里有宿，宿有路室，路室有委；五十里有市，市有候馆，候馆有积。"

《周礼》不是僵硬的"制"，而是因地制宜，差异性利用，有"土会""土圭""土宜""休田"之法来实地进行土地资源考察、评估、改良和利用，以做到因地制宜。《周礼》对政治程序、空间秩序、赋贡结构、资源利用等进行高度集成统一的办法，在儒家时空观与价值观的扶持下继承下来，形成中国独有的空间模型。

（3）边界营建

中国原始部落首领提出"筑城以卫君，造郭以守民"的思想。湖南澧县城是我国发现最早的古城遗址，距今 5 300 年，在城防卫的边界上，考古发现城门垛子和护城河，河宽 35 m。陕西高家堡发掘的新石器时代晚期的石头城，由"皇城台"、内城和外城组成，外城由外瓮城、内瓮城、南北墩台、马面、角台与门塾组成。马面、角台为瞭望预警功能，说明当时城市建设已经有了很强的防卫意识，也表明古代都城建设不仅利用山川地利的天然险卫，也利用改造自然、就地取材、制造城墙、开挖护城河的人工措施。

3.2.4 建筑营建中的生态方法

（1）相地

相地是工程建设中的重要环节，不管是在第一步的定向还是后面步骤的确立，可以明确一点，从确定建筑群落与山水关系、聚落空间组合到建筑与建筑的协调，都遵循着风水或堪舆的空间原则。

阳宅卜相不仅重视立向，也重视定时。根据河图洛书、八卦九宫和阴阳五行的宇宙图示，把天上的星宫、宅主的命相和宅子的时空构成联系起来，分析相生相克的关系，运用风水罗盘，算出方向、布局及兴造时序的选择和处理[1]。

就立向而言，明清时期风水术较为成熟以后，主要宅地整体立向方法有福元法（人、宅、时空构成的吉凶综合考虑计算）、大游年法（结合天九星、地九宫来测算宅地阴阳、五行属性以确定方向）。

阳宅房屋格局与功能测算法有穿宫九星法（将阳宅分为"动、静、变、化"四格，静宅屋以大游年法初定，穿宫九星法测量宅内进深方向上各层房屋的星位吉凶及相应高低大小形势）、截路分房法（以门墙将宅邸划分为各个院落，各院内单独布置测量吉凶）。

阳宅择吉日以定建宅、修缮、搬迁之时。《阳宅十书》曰："论形势者，阳宅之体；论选择者，阳宅之用。总令内外之形俱佳，修造之法尽善。"阳宅择吉日法为便利施工，适宜挖土、伐木、砌筑等工作的最佳时令与气候，大致有以下几种方法：忌神煞法（观测星象定制立法，以木星十二年公转周期为一周天，避开"太岁"每年方位与神灵忌日）、紫元飞白法（洛书中的梳理关系结合九宫，定出所谓方位的紫白图结合"三元"纪年法，以180年为一周期循环，紫白为吉）、建旺日法（罗盘上的二十四山对应二十四节气称作当方建旺之日）。另生补救吉凶之法"符镇法"以弥补前面之过。

（2）设计过程

以清代"样式雷"为代表的建筑专业是中国已存在两千多年的百工之一。根据雷氏保存的图样、烫样（模型）及相关资料可知，中国古代建筑师有一套完整的设计过程和手续。他们的工作方法与步骤也影响着现代城市规划、

---

1 包海斌.《鲁班经匠家镜》研究[D].上海：同济大学，2004.

城市设计与建筑设计,从风水相地、择址立向、总图布局、建筑定位到空间组合构图,全程由资深的建筑师通过经验判断、综合、整理、定稿。

从雷氏资料记载可知整个设计过程大致分为四个步骤:①"万法不离其中",确定方位与中轴线。以钉入的"野墩子"为中线终点,便于以起点为纲,自近及远,旁顾左右而考虑全区规划。② 初步设计,整体布局。通过初步设计的图样"粗图"逐步深化总平面图得到细图、全样和部分大样图。③ 平面布局,组合协调,估工估料。通过确定建筑总图和单体施工图及预算等,在群体布置时协调建筑的高矮、比例、对称等关系,最终确定建筑尺寸。④ 烫样。以类似草板纸按比例制作包括山水环境、园林小品、房屋陈设在内的,建筑屋顶可揭开的灵活的模型[1](图 3-9,图 3-10)。

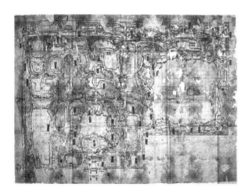 

图 3-9　乾隆四十九年(1784 年)圆明园地盘图(资料来源:样式雷建筑图档)

图 3-10　光绪年间中海海晏堂前地盘平格样(资料来源:样式雷建筑图档)

3.3　现代生态理念对复兴历史街区的启示

3.3.1　现代生态理论对历史街区复兴的推进

(1)复合生态学对传统生态智慧的运用与发展

1984 年,马世骏、王如松融合中国古代生态智慧与现代西方生态理念的方法,在《生态学报》上发表了题为《社会—经济—自然复合生态系统》[2]的论文,在城市生态学的基础上结合中国发展现状,提出了人类与环境的关系为社会—经济—自然复合生态系统理论(图 3-11)。

1　单士元. 宫廷建筑巧匠:"样式雷"[J]. 建筑学报,1963(2):22-23.
2　马世骏,王如松. 社会—经济—自然复合生态系统 [J]. 生态学报,1984(3):1-9.

在此基础上，吸取古代生态智慧如风水学中的阴阳、五行学说，天、地、生、人系统的整体有机循环等创建了社会、经济、自然、政治、文化五位一体的复合生态系统，并研讨了复合生态学动力学机制、控制论原理和研究框架（图 3-12）。

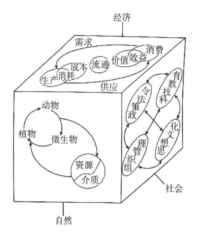
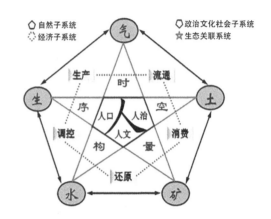

图 3-11　社会—经济—自然复合生态系统 [资料来源：马世骏，王如松.社会—经济—自然复合生态系统 [J].生态学报，1984（3）：1-9.]

图 3-12　五位一体的复合生态系统
[资料来源：王如松.生态整合与文明发展 [J].生态学报，2013，33（1）：1-11.]

前文叙述说山水城市是对生态城市的中国化表述，而复合生态学理论是生态系统整合的核心方法，耦合了中国古代中医学、地理学系统所提出的理、制、脉、气、数、形、神作为其核心内容与精髓。复合生态学提供了一种融合中国古代生态智慧与现代西方生态理念的方法，它是中国几千年文化积累下的产物与西方生态技术思维的耦合，这种结合适用于中国快速发展的城市。

（2）从景观生态学到城市生态学对空间营建的启示

景观生态学（Landscape Ecology）是以整个景观为对象，通过物质流、能量流、信息流与价值流在地球表层的传输和交换，通过生物与非生物以及与人类之间的相互作用与转化，运用生态系统原理和系统方法研究景观结构和功能、景观动态变化以及相互作用机理，研究景观的美化格局、优化结构、合理利用和保护的学科，强调空间格局、生态学过程、尺度和等级的相互作用。

为了将人类的活动，社会、经济、文化的驱动力加入景观生态学，人们做了多种尝试。

① 景观都市主义到生态都市主义

2010年，由哈佛大学莫森·莫斯塔法维（Mohsen Mostafavi）教授主持编著的《生态都市主义》集合了当代著名的建筑师、规划师、景观师对当代城市生态的看法，继承并发扬了景观都市主义的一些理念。景观都市主义中，詹姆斯·科纳在《流动的土地》中将大地上所有的建成与自然环境看作大地的厚土（水平表面的分段）。生态都市主义不仅强调了景观都市主义中的将城市理解成一个生态体系，更着重强调了生态的三个方面：环境、社会关系及人的主观性。生态都市主义着重考虑的不是如何规划城市，而是如何用更少的资源建设城市。2011年，希隆·巴托罗密欧（Shirone Bartolomeo）等人证明城市生态多样性有助于城市健康发展，认为重建和规划绿地成为一个城市可持续发展的基本条件。

② 景观生态学对空间营建的启示

经典的景观生态学研究内容为景观结构、景观功能和景观动态（图3-13），它提供了一个城市生态空间营造的基本框架，现代景观生态学理论强调研究尺度（粒度与幅度）的重要性，并提出了尺度推释的操作方式（图3-14）。空间异质性被认为是景观生态学的核心问题，这个空间异质性包括物理、生物的，也包括经济、社会、人文方面的空间格局。

其中景观结构和城市规划与建筑学中空间形态与结构有所对应，只是景观生态学更强调各个要素之间的关系与流动及随时间变化的整个生态学过程。

福曼（Forman）和戈德罗恩（Godron）在观察比较各种不同的景观基础上，认为组成景观的结构单元为三种：斑块、廊道、基质[1]。这是景观生态学用来解释景观结构的基本模式，普遍适用于各类景观，这一模式为比较和判别景观结构，分析结构与功能的关系和改变景观提供了一种通俗、简明和可操作的语言。它的启示来自麦克哈格《设计结合自然》，但其仅在景观评判时适用，后在屈米（Tschumi）的拉维莱特公园设施中首次得到建筑与规划上的施展。这里的斑块泛指有一定内部均质性的空间单元，其大小、形状、边界以及内部均质。

---

1 Forman R T T. An ecology of the landscape[J]. BioScience, 1983, 33（9）: 535.

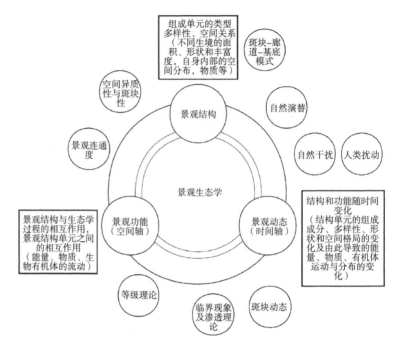

图 3-13 景观生态学对空间营建的启示 1（资料来源：自绘）

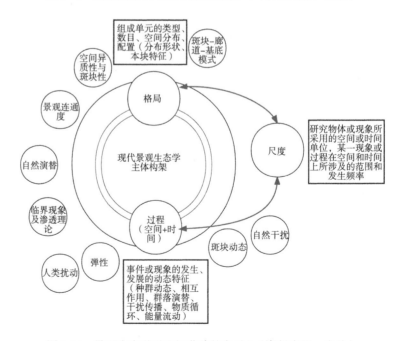

图 3-14 景观生态学对空间营建的启示 2（资料来源：自绘）

③ 城市生态学对空间营建的启示

2000年，格林（Grimm）团队研究将人类的活动与社会、经济的动力机制加入生态学模型，创造了人类-生物物理耦合系统的实质性相互作用和反馈，提出通过人类活动、生态过程和生态格局，表达生物物理和社会经济驱动力与生态系统动态连接起来的机制（图3-15）。团队基于系统生态学的观点研究人类活动与能量流、信息流、物质循环驱动的生态系统格局和过程之间的关系，这些关系有社会制度、文化、行为以及它们之间的相互作用。玛丽娜·阿尔贝蒂（Marina Alberti）的团队发现城市景观格局是由人类与生态过程之间的小尺度的相互作用造成的，城市生态系统功能同时受人类和生态格局的影响，并同时由两者共同持有。她们就此为西雅图城市生态研究项目创立了概念性框架（图3-16）。

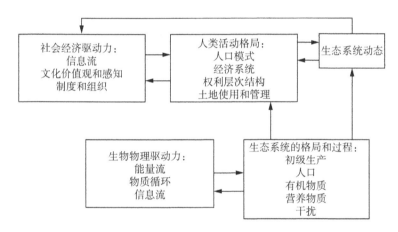

图3-15　格林（Grimm）"长期生态研究计划"中生态系统动态的概念框架
（资料来源：根据"长期生态研究计划"绘制）

之后，玛丽娜·阿尔贝蒂及其团队对城市做了更系统更整体的考察，试图找到城市生态模型框架，从作为人类系统的城市—生态系统的城市—混合生态系统的城市—复杂适应综合体的城市，描述了城市生态系统的7个要素：层级性、涌现性、多重平衡、非线性、空间异质性、路径依赖性、弹性。她们在考虑城市土地经济与人口因素后重新梳理了城市格局与生态系统功能之间的相互作用关系，提出了城市生态系统功能、过程和格局的概念框架（图3-17）。一个城市格局与生态系统功能之间通过不同生态系统过程而建立关系。

她们提出了如何利用城市规划的途径，通过城市经济社会生态使城市应对人类—生态系统而建立更加弹性的城市景观（图3-17）。

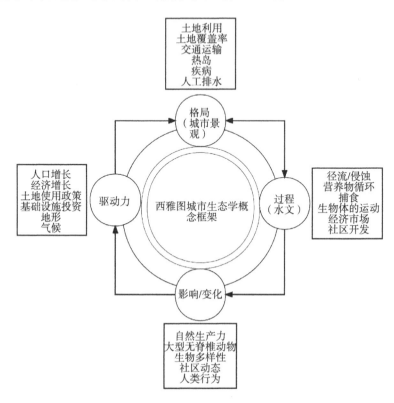

图3-16 玛丽娜·阿尔贝蒂为西雅图城市生态创建的城市生态学概念框架（资料来源：自绘）

福曼在《土地镶嵌体》[1]中对空间异质性呈现出的两种不同形态定义了两种模型，一种是在空间上呈渐变趋势的梯度和梯度序列，一种就是土地镶嵌体。福曼在《城市生态学》中进一步阐释了镶嵌体在城市中的存在形式。镶嵌体是一个城市系统的核心空间特征。镶嵌体是高度混杂的，拥有范围广泛的类型和宜居度的生境。与任何有生命的系统一样，每一个镶嵌体都有结构、功能与变化（格局、过程与动态）。镶嵌体核心属性是通过网络之间的相互作用将要素联系起来，生物、物质和能量的流与运动将斑块连接起来，这个过

---

1 福曼. 土地镶嵌体：景观与区域生态学 [M]. 朱强，黄丽玲，李春波，等译. 北京：中国建筑工业出版社，2018.

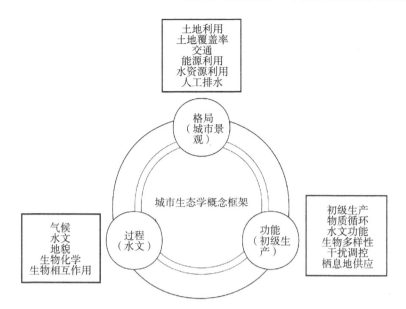

图 3-17 玛丽娜·阿尔贝蒂的城市生态系统格局、过程和功能概念模型（资料来源：自绘）

程又反映了该镶嵌体的稳定性与持久性。反映结构特性的指标有生境的范围、镶嵌体的组成、要素的配置和地理位置。福曼还提出了街区镶嵌体的概念，给中观层级的城市研究提供了研究方法，并探索研究了街区镶嵌体间的流与运动，街区格局或城市格局是如何影响城市生态系统结构和功能的，由城市化引起的街区镶嵌结构是如何通过土地转换影响景观格局从而改变城市生态系统和自然斑块动态的。他为本书研究中观尺度的生态做了历史性的铺垫与空间研究的界定、分类。

（3）城市生态学对生态境界论的实践

①生态城市

1971年，联合国教科文组织提出"人与生物圈（MAB）计划"；1984年，苏联生态学家亚尼茨基首次正式提出生态城市的概念："生态城市旨在建立一种人与自然高度和谐，紧凑而充满活力，物质、能量、信息被高效利用，生态良性循环的理想栖境。"1987年，美国生态学家理查德·瑞杰斯特提出了初步的生态城市建设原则，在其出版的《生态城市伯克利：为一个健康的未来建设城市》中论述了生态城市一个高度概括的定义，即生态城市追求的是人类和自然的健康与活力。其中提出生态城市的三个标准：生命、美、公平。未来形态是绿色、紧凑与自然密切结合的三维形体。1997年，黄光宇教授从生态经济学、生态社会学、城市生态学、城市规划学、地理空间的角度阐述了生态城市的含义：生态城市是根据生态学原理，综合研究"社会—经济—自然"复合生态系统，并应用生态工程、社会工程、系统工程等现代科学与技术手段而建设的社会、经济、自然可持续发展，居民满意、经济高效、生态良性循环的人类住区。2004年，黄光宇教授较全面地定义了生态城市：生态城市是在城市发展与自然演进动态平衡的基础上发展起来的城市，也是生态健康的城市；也可以称为"天人合一"的城市，即人与自然高度和谐、技术与自然高度融合的人类社区发展的最高形式；也是城市物质文明与精神文明高度发达的标志；是现代城市走向生态文明、实现可持续发展的必然趋势（图3-18）。

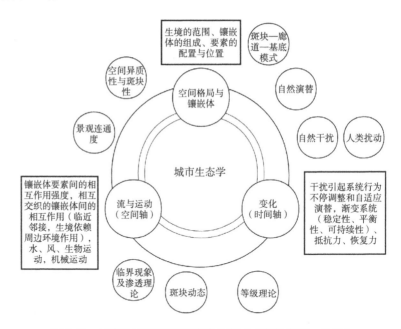

图3-18　城市生态学对空间营建的启示（资料来源：自绘）

从环境保护、城市绿化的角度理解生态城市：与绿色城市概念相似。

从生态系统和生态学的角度理解生态城市：马世骏、王如松提出自然-经济-社会复合生态系统；黄光宇将"生态城市"定义为"根据生态学原理，综合研究社会—经济—自然复合生态系统，并应用生态工程、社会工程、系统工程等现代科学与技术手段而建设的社会、经济、自然可持续发展,居民满意、经济高效、生态良性循环的人类住区"。

从目标设定和特征表达的角度理解生态城市:生态城市是人类的终极理想。马克·罗斯兰德(Mark Roseland)认为生态城市包括健康的社区、适宜的技术、社区经济的发展、社会生态、绿色运动、生物地方主义、本土世界观、可持续发展、环境正义、稳定的政府、生态经济、生态女权主义、深层生态学、"盖娅假说"等。

表3-3 国内典型生态城市示范案例 [资料来源:谢鹏飞,周兰兰,刘琰,等.生态城市指标体系构建与生态城市示范评价 [J].城市发展研究,2010,17(7):12-18.]

城市(地区)	地域	人口规模/万人	行政等级	气候类型	是否新建	生态建设主要特色
中新天津	东部	35(规划)	直辖市的一个区	暖湿带半湿润季风气候	是	指标体系、区域生态格局、生态适宜性评价、绿色交通、生态社区
曹妃甸	东部	100(规划)	地级市的一个区	暖温带大陆性季风气候	是	指标体系、节能设计与新能源利用、水资源利用、城市安全、循环经济
北川	西部	7	县城	亚热带季风性湿润气候	是	低碳模式、灾后重建绿色低碳实施保障机制
吐鲁番	西部	25.2	县级市	大陆荒漠性气候	是	指标体系设立、节水与节能、生态防护、历史文化保护
密云	东部	42.7	县	温带季风气候	否	新能源与节能、污水处理、生态修复工程
延庆	东部	28.6	县	温带季风气候	否	新能源利用、生态产业、循环经济、保障机制
德州	东部	564.2	地级市	暖温带半湿润季风气候	否	新能源开发利用、生态宣传教育、责任考核制
保定	东部	1 100	地级市	暖温带大陆性季风气候	否	可再生能源利用、节能减排、低碳技术、低碳产业
淮南	中部	240.9	地级市	亚热带半湿润季风气候	否	瓦斯综合利用、塌陷区生态修复、棚户区改造
安吉	东部	45	县	亚热带湿润季风气候	否	污水与垃圾处理、节约型村庄整治、生态经济发展、城乡统筹发展、生态意识培养
长沙	中部	646.5	省会	亚热带季风湿润气候	否	区域规划与指标体系、"两型"先导区、"两型"产业、保障机制
深圳	东部	876.8	副省级城市	热带海洋性季风气候	否	绿色建筑、基本生态控制线、绿色交通、绿道
东莞	东部	625.7	地级市	亚热带季风性湿润气候	否	生态工业园

生态城市理念对生态境界论构建的支撑：①它提供了一种最终的理想模式，建立了一个人类的目标体系。②可以从全世界大量已经实践的生态新城中提炼失败与成功的经验，找出与历史城市或历史街区结合的契机。③其大量的评价体系研究可以提供一个生态的城市尺度的评价标准（表3-3）。

②可持续城市的形态与结构

第五届国际生态城市大会上，欧盟"第五框架"（Framework Programme for Research 5）开展了关于可持续城市形态的探讨，希尔德布兰德·弗雷（Hildebrand Frey）在《设计城市——迈向一种更加可持续的城市形态》[1]中不仅提出了可持续城市形态和结构的标准，也对城市中微观尺度的结构提出讨论。

a. 根据马斯洛的人类需求体系，从生理、安全、情感、尊重、自我实现等出发，提出可持续的物质空间应给予人保护与实现，从而提出可持续城市形态与结构标准（表3-4）。

表3-4 可持续城市形态和结构的标准
（资料来源：《设计城市——迈向一种更加可持续的城市形态》）

马斯洛的人类需求层次	可持续城市应提供的内容
1. 所有的物质需求	良好的生活和工作场所 合理的收入 教育和培训 交通和通信 服务和基础设施
2. 安全和保护	无论在视觉或功能方面环境都是有序的并得到控制 没有污染和噪声的环境 没有恶性事件和犯罪的环境
3. 良性发展的社会环境	城市是人民植根于此、孩子能找到朋友的地方 使人产生归属感
4. 良好的印象、地位和声望	使人产生自信心和力量 提升人的地位和尊严 为个人提供机会营建自我空间
5. 创造的机会	为社区提供机会建设属于居民的地区和邻里
6. 在美学上令人愉悦的环境	经过优秀设计的环境 令人产生深刻印象的物质环境 拥有深厚的文化和艺术的环境

---

1 Frey H. Designing the city: towards a more sustainable urban form [M]. London：Routledge，1999.

b. 可持续城市中的微观结构

人、交通和舒适之间的相互关系成为影响城市结构的基本因素，城市结构应该体现三个基本要求：可达性（accessibility）、邻近性（proximity）、功能混合（functional mix）。城市的最基本单元为"邻里"。

公交系统分级与不同开发密集区层级对应，城市中心管理机构为不同层级提供决策指导，避免交通拥堵与污染。

（a）城市的结构等级体系（图3-19）

开发密聚区：按尺度级别为城市＞城区＞分区＞邻里，各级别有相应的服务中心。交通系统：铁路、轻轨（LRT）、小型公共汽车和其节点相应地分布在不同等级的城市单元中心。邻里原则：多样化住宅，混合住区，完整社区。

（b）各个等级尺度

基本单元（邻里）：到达公交站最大步行时间10分钟，从边缘到中心和交通节点600 m，邻里建成区为110~120 ha，人口毛密度60人/ha，邻里总人数7 000。几个邻里形成分区，分区中心（中型服务设施、中学学校、运动设施、文化设施）可为25 000~35 000人服务，分区中心与邻里中心以公交相连，公交300 m一站。分区内出行约1 300~1 450 m（中心到边缘，5分钟交通），分区服务中心半径150 m，面积大约7 ha，通过小型巴士通达。4~5个分区聚集组成城区，城区中心为120 000~175 000人服务，中心半径大约300 m。4~5个城区积聚成能容纳48万~87.5万人的城市，城市的中心一般是历史城市的中心，最小半径600 m，面积约120 ha。城区之间与中心靠LRT联系，城市半径大约6 400~7 000 m，通勤最长不超过20分钟。

③绿色城市

1990年，加拿大学者戴维·戈登（David Gordon）在《绿色城市》一书中提到了绿色城市的基本内容。绿色概念突破了传统的含义，更表达了生态、健康、和谐、安全等含义。相对于生态城市，绿色城市更强调绿色的本质含义，即生命、健康和活力，并体现一定的美学理念。绿色城市规划的核心目标是实现街区建设的可持续化和生态化。影响绿色街区组成的生态环境要素有气候、土地、绿地植被、水体。

a. 建立绿色街区规划系统（土地利用、空间结构、交通系统、景观系统、公共空间系统、防灾系统）与生态环境要素之间的关联。

b. 绿色街区现状生态环境调查研究：外部生态环境调研以文献资料、实

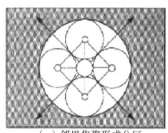

（a）邻里集聚形成分区

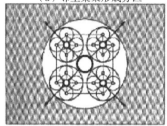

（b）分区集聚形成城区

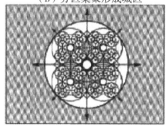

（c）城区集聚形成城市

图3-19 城市微观结构等级构成
［资料来源：Frey H. Designing the city: towards a more sustainable urban form. [M]. London: Routledge, 1999.］

地勘察、问卷走访等方式，结合 GIS、GPS（全球定位系统）等空间分析技术，侧重于对生态环境的历史形成过程和外部空间状态的深刻了解。内部生态环境调研即对街区的土壤、水体、植被进行取样分析，从而对土壤的组成、承载力，水体的质量、成分，植物的种类、种群等方面内容进行取样分析，同时对街区的气象进行检测，对街区的风、热、声环境进行基本评测，侧重于对街区生态环境要素形成深刻的理解，以保证生态策略的针对性和实效性。

c. 街区层面生态环境要素优化策略：节约资源、生态环保的优化策略。针对街区的共性条件，采取一些基本的生态策略，如保护树木林地、河塘草甸，雨水收集利用，预留生态廊道等，根据地域性的生态与空间特性，采取有针对性的生态策略[1]。

（4）文化生态学与地域主义

①文化可持续

文化历来是城市发展的动力。城市遗产源于社会和文化进程，反映了社会的身份、期望和愿景。城市文化被理解为在城市环境中发展的文化和社会实践、行为和资产。其往往具有多元化的特点，为相互促进和创新铺平了道路。

在第三次联合国住房和城市可持续发展大会[2]中，文化被认为是可持续城市发展的关键资源和资产，虽然文化对城市经济、社会和环境可持续性的作用长期以来在地方得到承认，但在过去 40 年中，在大多数关于城市化的国际辩论中很少有以全面的方式作为可持续城市发展战略和改善人民福祉、认同和参与的杠杆。

但是，自 2010 年以来，联合国大会通过 2015 年后发展议程有关的若干决议和里程碑报告，包括开放工作组提出的联合国可持续发展目标（United Nations Sustainable Development Goals，SDGs）三个方面的可持续发展：经济、社会和文化。其中专门针对文化的目标，一再确认文化对可持续发展的作用。2020 年 4 月 22 日，全球文化部长会议再次提到了未来世界中文化可持续发展的重要性。根据联合国教科文组织《世界文化多样性宣言》（2001 年），文化是"一个社会或一个社会群体的一套独特的精神、物质、智力和情感特征，包括艺术和文学、生活方式、共同生活方式、价值体系、传统和信仰"（表 3-5）。

---

[1] 臧鑫宇. 绿色街区城市设计策略与方法研究 [D]. 天津：天津大学，2014.
[2] United Nations Conference on Housing and Sustainable Urban Development. HABITAT Ⅲ [R]. Quito, 2016.

表 3-5 联合国可持续发展计划中的生态目标一体化解读（资料来源：根据 SDGs 自绘）

类型	目标分类中包含类型的项（有多选）
社会生态	3. 健康的生活 4. 多样的和公平的教育 5. 性别公平，女性权益 7. 可负担的、值得信赖的能源系统 8. 提供体面的工作 11. 让城市和居住区多样、安全、弹性和可持续 16. 建立各层级有效可控的机构，保证社会和平、多样和可持续
经济生态	1. 消除所有形式所有地区的贫困 2. 消除饥饿，食品安全 8. 促进经济持续、多样、稳定增长，提供全面多产的工作岗位 9. 提升工业的多样性与可持续性，培养创新性 12. 可持续的消费和生产
自然生态	2. 可持续的农业 6. 对水资源和卫生系统有效可持续的管理 7. 可持续的、现代的能源系统 9. 建设弹性的基础设施（绿色基础设施） 13. 及时地应对气候变化 14. 保护和可持续地利用海洋、河流等资源 15. 保护森林资源，抵御沙漠化，退耕还林，保护生物多样性
政治生态	10. 消除国家内与国家间的财富不均 17. 强化执行力，贯彻全球合作，以达到可持续发展的目标
文化生态	3. 生活幸福感 4. 终身的学习机会 11. 让城市和居住区多样、安全、弹性和可持续 16. 建立各层级有效可控的机构，保证社会和平、多样和可持续

②文化生态学

文化生态学是在汲取生态学、文化人类学、文化地理学、社会学等相关学科精华基础上，研究人类文化与所处环境之间相互关系的一门新兴交叉学科。早期的人类学家 F. 博厄斯（F. Boas）和 A. 克罗伯（A. kroeber）认为，自然环境提供的是可供选择的机会，由文化历史与特殊习俗等组成的文化决定了文化对环境适应的方式，环境与文化是一种互动与辩证的关系。早期理论大都来源于文化人类学，如早期的适应性理论。1955 年，美国人类学家朱利安·斯图尔德（Julian Steward）出版了《文化变迁的理论》[1,2]，首次明确地提出

---

1 斯图尔德. 文化变迁的理论 [M]. 张功启，译. 台北：远流出版事业股份有限公司，1989.
2 张邹. 文化生态学视角下重庆滨江历史地段保护更新研究 [D]. 重庆：重庆大学，2011.

表 3-6 文化生态学的重要发展节点（资料来源：自绘）

研究者	研究方向及成果	研究内容	重要结论
弗朗兹·博厄斯（Franz Baos，1858—1942）和阿尔弗雷德·路易斯·克罗伯（Alfred Louis Kroeber，1876—1960），美国现代人类学奠基人	环境可能主义（文化生态学理论基础）《文化成长的形貌》	① 自然环境：可供选择的机会 ② 文化历史与习俗：文化对环境适应的方式，环境与文化的互动与辩证关系 ③ 从整体的角度来看待文化	文化对环境的正向作用
朱利安·斯图尔德（Julian Steward）（克罗伯的学生）（1902—1972）	文化人类学新进化学派《文化变迁的理论》（1955 年）	① 文化变迁可被归纳为适应环境，这个适应是一个重要的创造过程，称为文化生态学，这一概念与人类生态学或社会生态学是有区别的 ② 不同地域独特的文化形貌和模式的起源。（地域性）文化变迁就是文化适应。理论核心是环境、技术与社会制度的因果关系理论 ③ 人类在适应不同的生态环境时又将显现出不同的生态现象，其理论强调文化与环境之间的相互作用，重点研究环境、生物有机体与文化要素之间的关系	① 文化生态学概念提出 ② 环境对文化的反馈
卡尔·奥特温·苏尔（Carl Ortwin Sauer，1889—1975）	文化地理学"伯克利学派"《文化生态学理论与实践》	① 文化现象在时间上的发展演化过程与在空间上的地域布局组合，认为人与环境可以相互施加影响 ② 文化景观和生态环境的关系。从文化生态学和历史地理学角度强调人类与自然环境的相互关系	① 时间维度的加入 ② 文化景观与生态环境的关系
克利福德·格尔茨（Clifford Geertz）（1926—2006）	《文化的诠释》（1973 年）	① 将文化核心置入生态系统中进行研究，人类被看作"超有机体"，与物质和非物质之间互为环境，相互影响 ② 文化和环境之间的发展、机制、平衡和组合	文化与环境之间深层关系
阿莫斯·拉波波特（Amos Rappaport）	文化生态学《城市形态的人文方面》（1977 年）	城市形体环境的本质在于空间的组织环境，人类群体达成共识的一套价值观、世界观、宗教信仰和学习传承的象征体系，影响着人群的生活方式和行为模式，甚至是整个城市的形态	城市形态与文化生态学

"文化生态学"的观点。斯图尔德认为文化变迁就是文化适应,这是一个重要的创造过程,称其为文化生态学。他强调了不同地域下文化的特征及其类型的起源,即人类的文化方式如何适应环境的自然资源、如何适应其他物种的生存,也就是自然环境与人文环境相互适应[1](表3-6)。

刘湘溶教授的观点给我们提供了很重要的生态工夫论和生态宇宙观,他认为生态学提供了一种思维方式,是世界观和方法论的统一,他将"文化生态学"的思维方式总结为三点:强调整体性,追求和谐性,注重未来性[2]。这提供了一个很好的历史城市保护时空观和工夫论,以及古代生态智慧之间的耦合点(表3-7)。

表3-7 刘湘溶的文化生态学(资料来源:自绘)

思维方式	具体内容
整体性	① 强调自然界的结构、功能和运演规律的整体性 ② 人与环境的整体 ③ 注重整体中的多样性、开放性
和谐性	① 整体中的元素间和谐共生,相互适应 ② 人与人的和谐、人与社会的和谐,以及人与自我的和谐
未来性	① 在弄清楚事物发展的时间序列和事物发展趋势的前提下去组织空间 ② 整体的可持续发展性与演化性

在文化生态理论中,城市文化被看作是一个完整的生态系统,强调以整体的观点去看待文化遗产包含的一切有价值的建筑与环境,重视它们之间的有机联系,强调系统的相关性[3]。这与城市文化遗产保护的"关联性""整体性"和"系统性"有密切的关系。

文化是文化生态学的主要研究对象,利用生态学的研究方法对人、自然、社会、文化的交互作用进行文化产生、发展以及演变规律的研究,并探寻文化发展的模式。文化共生、文化协调和文化再生是文化生态的基本法则,结合相关的文献,笔者将文化生态学所涉及的相关概念解释如下:

(a)文化生态系统:指各个文化要素与外部环境相互影响和作用而形成的具有一定结构层次的整体,其特点是具有共生性与适应性。共生性是指系统中的文化要素需要相互依存才能构成整体,文化要素是不能孤立发展的;当外部环境发生变化时,为保证系统平衡,内部的各文化要素要适应这个变化,

---

1 李超先. 基于文化生态理念的建筑设计方法研究 [D]. 大连:大连理工大学,2019.
2 刘湘溶. 文化生态学与生态学思维方式 [J]. 求索,2016(3):4-9.
3 阳建强. 基于文化生态及复杂系统的城乡文化遗产保护 [J]. 城市规划,2016,40(4):103-109.

事物是变化发展的，文化生态系统的外部环境和内部要素也处在不断变化适应的过程中，具有适应性。

（b）文化生态环境：指文化能够生存和发展的各种条件如自然、经济、社会和文化的总和。主要分为自然环境和人造环境（经济环境和社会环境），由此形成了复合生态。

（c）文化生态资源：可以分为物质文化资源和非物质文化资源两大类，指一定区域内人们所创造的文化类型的总和。物质文化资源如传统建筑、民族服饰等，非物质文化资源如艺术文化、社会制度等。

（d）文化生态位：生态位是指一个种群在生态系统中所占据的位置及其与相关种群之间的功能关系与作用。生态位的宽度是用来描述在有限生态资源的多维空间中被某一种群所利用的比例大小，亦称之为物种的生态位测度。生态位宽度有两个属性，为"态"和"势"。"态"能显示出自身所具有的资源占有量和适应能力，"势"是指对系统的影响趋势。文化生态位指不同文化类型或文化群落由于位置、构成和要素的不同，导致了不同的面貌、样式与格局。历史街区的"态"指历史文化作用下累积形成的街区形态、街区结构。街区的更新、人口、经济、就业和教育增长率等即为"势"，而文化生态位宽度便是由两者经过有机结合共同构成的。

③地域主义与文化生态

城市既是历史文化的载体，又是社会经济的文化景观[1]。在苏尔（Sauer）对文化生态学的定义中，可以看出内涵的、深刻的地域性阐释是基于不同地域独特的文化形貌和模式。文化变迁就是文化适应，而适应过程就是文化生态学。在苏尔的研究实践中，其核心工作就是探究文化景观和生态环境的关系。他强调文化传统、技术手段对文化景观形成的作用，反对地理环境决定文化景观的"地理环境决定论"。

苏尔一方面重视研究人类文化塑造地球表面的过程，即文化景观的创造和变化过程，另一方面又极其重视气候、土壤、河流、植被、动物与人类活动的密切关系，从而形成了"伯克利-文化生态学派"的研究特点[2]。

文化景观强调文化机器作为一种力量去塑造地球表面限定区域的视觉特

---

1 张松.历史城市保护学导论：文化遗产和历史环境保护的一种整体性方法[M].2版.上海：同济大学出版社，2008：13-15.
2 斯图尔德.文化变迁的理论[M].张功启，译.台北：远流出版事业股份有限公司，1989.

色。根据这个定义，物质环境保持它的中心对称是人类文化行为所致……文化被看成是媒介、自然的区域，是一个中间状态，其结果是文化景观（cultural landscape）。苏尔的文化景观演变图示表明，文化景观是由一组文化作用于自然景观而产生的，文化是动力，自然景观是媒介，文化景观是结果（图 3-20）。

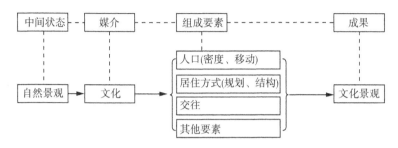

图 3-20　文化景观演变图示（资料来源：自绘）

全球经济逐渐削弱了作为可持续重要组成部分的地域性景观和场所。个体和永久的时间性也被很大程度地忽视了。地区在食品、贫穷、土地利用、气候、能源和迁徙上面临各种各样的可持续挑战，这些挑战内在是相互联系的，但在地区政策和研究上，经常被分别强调。

对于现今的地域主义，我们已经发展出了一个分析的框架，将地域主义分为三个维度：抽象的、具象的和习以为常的维度。虽然区分它们是因为分析的原因，但这些维度之间是有紧密的联系并相互加强的。

（a）抽象的维度：空间变成了场所。人们命名、设计或建设空间是因为人类其安身（situating and then placing themselves）的目的。该空间的机制（agency）调节了感官，人们将自身的场所喜好与文化含义联系在一起。自身的感官加上抽象的价值赋予随时间演变的场所的文化肌理。

（b）具象的维度：从场所到人们居住的场所。场所构成经过土地的占领、使用和转换。人们使用、再使用和给自然资源融入价值。该场所的机制协调了文化要素，将文化实践与该场所联系。文化可持续已经与社区活力、城乡社区规划的创新力和文化活动结合在一起。文化实践以文化遗迹和文化景观的物质化形式展现。

（c）习以为常（institutional）的维度：构筑场所。在定义功能和规则的过程中，针对一个指定社区，文化塑造了框架并引导了政策。机制在这里协调了规则与标准。文化将让该场所适用于机制的文化特性。文化塑造了游戏规则、路线、组成和合作自治的方式。

随着自然、经济和社会生态挑战的增加，文化生态占有越来越重要的需求和地位。联合国可持续发展目标 2030 在 2015 年代替了千年发展目标计划，在其 17 项目标子项中，文化可持续相关内容涉及其中 4 项。索伊尼（Soini）和伯克兰（Birkeland）关于文化和可持续发展的回顾，在文化可持续方面阐释了 7 个不同的故事情节。这些情节从保守的保护文化遗迹变化成进步的、根本的、将视线聚焦于生态文化的弹性和文化变革上。在内容中将地域主义与文化可持续概念的场所感相联系，并已经与地方的、基于场所的、自我可持续的发展相关联。其中关于可持续的讨论包含了"动态的文化理解和可持续的实践的场所行为的认同感，还有包括以干扰身份出现的、发生在特殊社区和特殊城市肌理的场所行为"。这种重要的讨论更要求思考不同地区复杂文化任务的动态性，而不是人类的消耗和他们的生态肌理[1]。

文化生态学的研究促进对文化有敏感认识的城市战略，对于建设具有复原力和包容性的城市至关重要，"重新人性化"——城市应该成为新城市议程的战略目标。加强地方文化和承认文化多样性，可以成为缓解城市冲突、促进包容、维护社会结构和促进多元化的有力途径。通过更广泛地承认弱势群体的文化特性，可以促进弱势群体的社会包容力，特别是在城市地区和文化空间的复兴方面。获得文化和参与文化生活应成为所有城市政策的组成部分。社区在设计和实施文化敏感城市方面的代表性和参与应促进政策，充分尊重个人参与、获得文化遗产和促进文化创造的自由，包括通过在社区内争夺主导规范和价值观。

（5）宜居环境整体建筑学提供研究基础

齐康院士在构建宜居环境整体建筑学框架[2]时，提到对"Human Settlement"的理解，认为将其译为"宜居"为妥，即适合于人类生存、生活、工作、休憩的地方。宜居环境整体建筑学是一门全局的、整体的、系统的生态可持续的科学。学科跨越多种尺度：地区—城市—城镇—街区—建筑—景观。影响城市形态发展的深层结构包括人口管控（社会）、人口聚居和迁移、经济、历史保护、人的行为心理、规划与建筑的设计哲学、城市形态与建筑构性。

---

1 Dessein J, Battaglini E, Horlings L. Cultural sustainability and regional development: theories and practices of territorialisation [M]. London：Routledge, 2015.
2 齐康. 宜居环境整体建筑学构架研究 [M]. 南京：东南大学出版社，2013.

所有的领域都落实到如何指导城市规划、城市设计、街区设计与建筑设计以形成宜居的城市。它为本书的研究指明了历史街区营造前景和目标，也提供了一个重要的研究基础，即如何将宜居或生态引入城市空间与城市形态研究。

（6）海绵城市与生态基础设施提供技术支撑

海绵城市，是指城市能够像海绵一样，在适应环境变化和应对自然灾害等方面具有良好的"弹性"与"韧性"，下雨时吸水、蓄水、渗水和净水，需要时将蓄存的水"释放"并加以利用。2014年10月，住房和城乡建设部颁布了《海绵城市建设技术指南——低影响开发雨水系统构建（试行）》，对海绵城市有关理论进行了归纳整合，形成了相对成熟的总体技术方法框架。绿色基础设施（Green Infrastructure，GI）和生态基础设施（Ecological Infrastructure，EI）可以从宏观、中观和微观层面对城市各种空间类型进行生态调试的指导。

绿色基础设施和生态基础设施对街区层面提供的技术支持不仅体现在自然生态上，也为社区和街区的社会以及经济效应提供了很大帮助。交通网络与它的结合能提供并形成重要城市生态绿链、蓝链，也给城市提供了调节微气候的生境条件，为土地利用和功能多样性提供更多的可能性。GI与EI和多种空间的耦合不仅可以提供雨水管理功能为街区服务，同时也能提供并形成生物多样性基底。它与居住型街区的融合可提供更多社会功能的设施，服务于居民的审美和心理。在微观层面，GI与EI技术措施与建筑生态技术的结合、对雨水设施的艺术化设计等等都为城市的生态发展做出各种贡献。

3.3.2 街区层级的生态理论对历史街区复兴的影响

（1）绿色街区（Green Districts）

从生态城市建设的实践中发现，高强度、高密度的生态城市空间往往缺乏活力和社区感，生态理念运用表面化，内在的生态机理研究不足。以前生态城市设计的研究往往偏重城市尺度，对物理环境影响下的中观街区尺度的研究虽然取得了一定进展，但研究成果较为单一，未能从城市设计的角度建立生态视角下的研究系统。基于生态城的现实和发展需要，天津大学陈天教授以绿色街区为研究对象，以生态学为基础，综合规划、建筑、生物、物理等学科，以信息、节能、环保等技术条件为支撑，从规划技术层面提出具有实效性的绿色街区设计策略[1]。该研究从生态城市的实践经验总结出发，为本研

---

1 陈天，臧鑫宇，王峤. 生态城绿色街区城市设计策略研究[J]. 城市规划，2015，39（7）：63-69+76.

究提供了生态概念尺度下推到中观层面的方法,并在评价体系、空间研究内容、绿色与文化的结合方面都有所涉猎。

① 绿色街区规划系统与生态环境要素的关联性:土地利用、空间结构、交通系统、景观系统、公共空间系统、防灾减灾系统等规划要素与气候、土地、绿地植被、水体等生态环境要素相互促进,相互制约(表3-8)。

表3-8 绿色街区规划系统与生态环境要素的关联性
[资料来源:陈天,臧鑫宇.绿色街区规划设计[M].南京:江苏凤凰科学技术出版社,2015.]

生态环境要素		绿色街区规划系统															
		土地利用		空间结构			交通系统				景观系统			公共空间系统			防灾减灾系统		
		用地选择	开发强度	布局结构	组团规模	建筑高度	路网结构	道路宽度	步行系统	可达性	视线廊道	景观多样性	生态格局	空间活力	空间规模	空间连接性	灾害预警	灾害防治	灾后处理
气候	风环境	●	▲	●	□	▲	●	●	●	●	□	▲	●	□	●	●	□	▲	●
	热环境	▲	●	▲	●	▲	●	▲	●	▲	□	▲	●	▲	●	●	□	□	□
	声环境	▲	▲	□	●	□	●	▲	●	▲	□	□	●	□	●	▲	□	□	□
土地	地形	●	●	●	▲	●	▲	●	●	●	▲	●	▲	▲	▲	●	●	▲	●
	土地承载力	●	●	●	●	▲	●	▲	□	●	□	●	●	●	●	●	●	▲	▲
	土地兼容性	●	●	▲	▲	▲	●	▲	▲	▲	▲	▲	●	●	▲	▲	●	▲	●
绿地植被	自然遗留绿地	●	●	●	●	▲	●	▲	●	●	●	▲	●	●	●	●	□	●	▲
	绿地规模	●	●	●	□	▲	▲	□	▲	▲	▲	●	●	▲	●	●	□	●	▲
	绿地植被层次	●	□	▲	□	□	□	□	▲	▲	▲	●	●	●	●	●	□	●	▲
水体	水体规模	●	●	●	▲	▲	▲	▲	▲	▲	▲	▲	●	▲	●	●	●	●	●
	水体形态	●	▲	●	□	▲	●	▲	□	▲	▲	▲	●	▲	●	●	●	▲	●
	水体性质与质量	●	●	▲	●	●	●	▲	□	▲	▲	●	●	●	●	●	●	●	●

注:●表示强度关联,▲表示中度关联,□表示弱度关联。

② 绿色街区中的文化生态:绿色街区可持续发展指标包含经济、社会、环境三位一体(表3-9),绿色街区规划综合考虑舒适度、地域性、文化和美学等方面的基本要求,更新设计中结合空间环境要素,其空间环境应遵循符合自然生态过程的设计法则,运用可持续的设计手法,构建符合生态环境要素和空间环境要素特征的街区形态,并融入文化、美学手法,体现街区对节能、

表 3-9　绿色街区可持续发展指标系统

[资料来源：臧鑫宇，王峤，陈天，等.生态城绿色街区可持续发展指标系统构建[J].城市规划，2017，41（10）：68-75.]

一级指标	二级指标	三级指标	具体内容
基本指标（目标层）	经济	人口、住房、交通、能源、商业、旅游等	能源需求和供应，可持续发展房屋，非传统水资源利用率，就业住房平衡指数，每万劳动力中 R&D 科学家和工程师全时当量
	社会	社会公平、文化教育、卫生健康、科技水平等	公共空间和设施的可达性，日人均生活耗水量，日人均垃圾产生量，无障碍设施率，经济适用房、廉租房占本区住宅总量的比例
	环境	空气质量、土地资源、水资源、垃圾处理、资源循环利用等	资源效率，区内环境空气质量，区内地表水环境质量，水喉水达标率，功能区噪声达标率，单位 GDP 碳排放强度，自然湿地净损失
核心指标（控制层）	经济	经济稳定增长，促进地方经济活力	可再生能源使用率，绿色建筑比例，交通可达性，交通安全，公共交通和步行、自行车交通比率
	社会	倡导有活力的社会生活，提升公共服务设施的效率	公共场所多元化和混合使用，步行 500 m 范围内有免费文体设施的居住区比例，垃圾回收利用率，市政管网普及率
	环境	区域生态安全，自然生态环境良好，生活环境安全，保护地域文化环境	公园和公共空间的可达性，本地植物指数，人均公共绿地
弹性指标（引导层）	经济	经济发展的低能耗、多样化、高效化	交通系统效率和环境，环境健康
	社会	提高市民参与度，鼓励市民的个人发展	绿色出行所占比例，危废与生活垃圾（无害化）处理率
	环境	生态环境多样性	保护生物物种多样性

环保和地域文化延续的要求，以建筑形态、街区肌理和景观环境体现历史发展轨迹和地域性。以调研为基础，确定街区更新改造的内容，顺应城市的历史肌理和结构，体现绿色街区有机生长的秩序和内在规律。

（2）生态街区（Eco-Districts）

生态街区的概念是基于生态城市街区层面的生态理念，其既适用于建成街区，也适用于新的生态街区建设，国际生态街区组织（Eco-Districts Team）提出了生态街区建立必须具备的条件（公平、恢复力、气候保护）、各层次的目标、评价指标和操作方法。生态街区改造在西方国家有很多实践案例，生态街区案例都以保护环境、节能减排为己任，为城市的可持续发展作出了贡献。实践案例不仅有新生态街区的创造，还有老旧街区的生态改造。其生态的范畴包含了城市和街区层面的社会、经济、文化、自然生态。

① 生态街区的评价指标[1]

生态街区有3个必要指标和6个优先指标，这也是生态街区未来发展的目标（表3-10）。生态街区在建设时，必须达到全部的必要指标和每个优先指标中的至少一个指标，才能被认为是生态街区改造或创建成功。

表3-10　必要性指标［资料来源：《生态街区手册》（*Eco-Districts Handbook*）（2018年）］

必要指标		说明性指标
公平	公民参与	就近居民选举中投票的合格选民的百分比
	经济机会	失业率
		生活在贫困水平以下人口的百分比
		接受社会援助人口的百分比
	健康和福利	过早死亡（75岁以下死亡）数量
		报告良好或优秀心理健康的人口百分比
		每100人患有糖尿病人数
	物质环境	可行走性评分
		可步行距离内的公民会议空间数量
		可步行距离内的健康食品商店数量
		可步行距离内的绿地数量
复原力	社交活动	平均受教育年限
		语言能力（人口中说英语的百分比）（作为第二语言）
		选民参与最近一次选举的百分比
	经济上的	有100多名雇员的企业百分比
		贫困家庭的百分比
		部门多样性——初级、二级和三级部门劳动力的百分比
复原力	环境	百年漫滩土地面积百分比
		海平面上升的陆地面积百分比
		土壤液化占土地面积的百分比

---

[1] 指标表格根据 https://ecodistricts.org/handbook/ 操作手册与倡议书整理绘制。

（续表）

必要指标		说明性指标
气候保护	能源使用	平均住宅用电和天然气使用
		家庭车辆化石燃料的平均使用
		人均能源使用总量
	现场能源生产	区内产生的无碳热能
		可再生能源
	二氧化碳净排量	人均二氧化碳净排放量

优先指标包括 6 个大分类和 20 个小的目标类别。

（a）活力街区目标：加强公民参与、保护和以文化、历史为荣，提供多样化和负担得起的住房以及可供日常需要的公共空间和服务（表 3-11）。

表 3-11　活力街区目标［资料来源：《生态街区手册》（2018 年）］

类别	目标	说明性指标
参与 + 包容	公民参与力度大，进程具有包容性和代表性	参与公共咨询进程的人口百分比（例如，出勤率、社交媒体订阅户） 参与者的人口构成 居民和企业雇员每年自愿参加的人均时数 在最近的地方选举中有资格投票的居民的百分比
	强健的共享程序	持续运行中的共享程序数 每年参与分享方案的家庭和企业的百分比
文化认同	庆祝重要的历史事件与保存历史建筑与街区	每年完成和实施的历史/文化保护项目的数量 公共艺术和文化宣传设施的数量
	参加文化活动的比例较高	每年参加该地区文化活动的人口百分比 可用于文化活动的公共空间数量
公共空间	人人可达的公共空间	公共空间步行可达 0.25 英里（约 400 m）内的住宅单位和企业的百分比
	公共空间是高质量的、吸引人的、活跃的	每年为包括街道在内的公共场所规划的活动数量 每天使用公共空间的人数，处于高峰和平均占比
住房	住房负担得起，维护良好	价格在可负担得起水平的住宅单位百分比 居住单位空置率 条件较差居住单元百分比 该地区的住房和交通负担能力指数得分

(续表)

类别	目标	说明性指标
住房	住房可以满足各种不同的居住需求	地区住宅多样性指数得分 符合当地通用设计标准的住宅百分比
住房	住房靠近提供全套日常需求的设施	步行0.5英里（约800m）内的日常服务功能（例如超市、社区、学校、娱乐场所）的百分比

（b）繁荣街区目标：公平地获得优质教育和职业，就业基础随着就业机会和工作质量的增加而增加，支持企业创新和自我创业（表3-12）。

表3-12 繁荣街区目标［资料来源：《生态街区手册》（2018年）］

类别	目标	说明性指标
获得机会	收入和种族不平等减少	家庭收入和教育水平 生活在贫困线以下人口的百分比
获得机会	学校提供优质教育	毕业率 缺勤率 从一个年级到下一个年级的学生百分比
获得机会	有职业途径和培训	与地区就业机会相匹配的培训项目数量 参加培训方案的合格地区参与者的百分比
经济发展	保留街区的就业	每年保留的工作数量和类型（劳动力调查） 在该地区各地点就业的地区居民百分比
经济发展	街区工作质量提升	中等工资 享有全职工作福利的雇员百分比
经济发展	通过经济发展创造新的就业机会	正在运行的"本地采购"协议和程序的数量 每年社区拥有/控制的商业机构数目
创新	促进企业家之间的互动	该地区孵化器、加速器、创客空间和合作众创空间的数量 项目数和招聘层次以培育业务创新能力
创新	新兴部门的就业增长高于传统部门	新兴部门每年以地区为基础的初创企业数目

（c）健康与福利目标：以步行和娱乐为基础的积极生活，基于可获得、负担得起的医疗保障体系，可负担的当地新鲜食品，修复的被污染环境，强大的公共安全（表3-13）。

表 3-13 健康与福利目标［资料来源：《生态街区手册》（2018 年）］

类别	目标	说明性指标
充满活力的生活	娱乐设施和服务的获得得到改善	距离公共娱乐场所（室内或室外）0.25 英里（约 400 m）步行距离的人口百分比
	可步行性增强	两侧有人行道的地区街道长度的百分比 该地区的步行评分
健康	健康结果和预期寿命更公平	平均预期寿命 患有心血管疾病的人口百分比 哮喘发病率 肥胖率
	可获得、负担得起的高质量保健	享有医疗保险的人口百分比 卫生设施地点的步行和通勤分数
	有毒环境得到补救和再生	该地区及附近街区每年中超过空气质量排放标准的天数 居住在未经处理的棕地地区附近的人口百分比
安全	公共安全得到加强	侵害人身财产罪年度综合指数得分
	建筑环境是为公共安全而设计的	从街道可见的公共空间正面的百分比 每年行人和骑自行车者死亡人数
食品系统	可获得、健康和负担得起的新鲜食品	在新鲜食品超市步行 0.5 英里（约 800 m）内的居住单位的百分比
	鼓励街区内食品生产	用于粮食生产的人均面积 有家庭花园或使用社区花园的家庭百分比 地区机构每年采购的本地新鲜食品数量

（d）连通性目标：多样化的出行方式和共享出行方式可供选择，容纳不同年龄和残疾人的街道网络，提供公平连接的高质量数字网络和社区数据（表 3-14）。

表 3-14 连通性目标［资料来源：《生态街区手册》（2018 年）］

类别	目标	说明性指标
街区网络	街道网络支持所有出行方式	每平方千米道路交叉口数量 每平方千米公共交通站台数量 拥有自行车共享的街道总长度的百分比
	街道网络容纳不同年龄和能力的人	步行上学和居民步行上班的百分比 有交通控制灯的人行横道的交叉口百分比

类别	目标	说明性指标
流动性	街区内外出行安全、高效、多式联运	每天人均行驶的车辆里程 日常人员通勤的模式分割 家用汽车拥有率 主要中转站的"第一英里和最后一英里"（FLM）[1]选项的数量
	共享流动选项有所增加	自行车和汽车共享站的数量 每年使用共享汽车和自行车的人口百分比
数字网络	覆盖整个地区的优质的有线和无线连接	互联网下载速度至少为1G的住宅和非住宅用户的百分比 每平方千米免费Wi-Fi热点的数量 有免费Wi-Fi的公共空间的百分比
	地方政府数据是开放的，可供公众使用	公民可以通过互联网或手机访问的地方政府服务的百分比 可供低收入居民上网的技术中心数目

（e）生活基础设施目标：健康的土壤、水、树木和野生动物栖息地，可供接触的自然，将生态过程融入建成环境（表3-15）。

表3-15 生活基础设施目标［资料来源：《生态街区手册》（2018年）］

类别	目标	说明性指标
自然特征	生境质量和功能增强	改善功能生境性能 每年恢复非功能性生境的百分比
	自然特征得到保护	指定为不可建造的陡坡地区的百分比 保护湿地和水体的平均缓冲地带（buffer）距离
生态系统健康	小区雨水进行管理	街区内应对50年一遇的洪灾措施的百分比 透水表面与不透水表面的比率
	土壤肥力和农田得到保护	年度夯实、侵蚀和化学处理比率
	受污染的土地正在得到补救，以便进行生产性再利用	每年对受污染土地进行再利用补救
与自然的联系	获得自然的机会得到改善	步行到自然开放空间1英里（约1.6 km）内居民百分比

（f）资源再生与可持续目标：更多的节水方式，垃圾分类与再利用，棕地再利用，高效集约的能源；先进的科技，可再生的清洁能源（表3-16）。

---

1 FLM（First and Last Mile）是为更广泛的人改善进出主要交通工具便利性，为过境乘客提供更好的聚散地。这包括为换乘提供更多选择并引入绿色交通奖励。

表 3-16 资源再生与可持续目标［资料来源：《生态街区手册》（2018 年）］

类别	目标	说明性指标
空气和气候	各部门提高能效，减少浪费，增加天然碳汇	新建建筑平均耗能指标 有树冠覆盖的区域百分比
	发电是脱碳的	地区可再生发电满足年度电力需求的百分比 当地电网供电的碳含量
	所有部门都转向可再生能源和无碳燃料	家用车辆的碳和无碳燃料份额，例如，清洁电动汽车的百分比
	空气质量不受标准污染物的影响	年度空气质量指数得分
水	可饮用水得到有效利用	每天在室内和室外人均用水量
	替代水源用于非饮用水用途	与不可饮用水连接的建筑物的百分比
	水质不受污染物影响	年度水质指数得分
浪费	废物通过减少、再利用和再循环从垃圾填埋场转移	每年从填埋场转移的非危险废物的百分比
	捕获有机废物的剩余价值	每年用于能源回收或堆肥的有机废物百分比

② 实践中总结的空间规划实施内容[1]

（a）兼顾外向型和内向性的空间结构："大开放、小封闭"的公共空间的内向与外向性的梳理。

（b）公共交通与街区一体化：从城市到街区分级的公共交通体系。

（c）功能复合的土地利用模式：提高设施效率，节约资源。

（d）促进社会融合与多元异质的居住模式：从政策层面调控提供多样化的住宅租售模式，以达到社会公平的混合居住。

（e）多样化的街区形象与建筑特色：文化生态的体现，街区活力与多样性的体现。

（f）灵活可变的动态建设模式：可生长的街区，街区独立运营，分期建设，灵活生长是指生态技术可以随时更新。

（3）完整街区（Complete Streets）

在美国，完整街区理念作为街区尺度的生态理念自 2005 年起至今已有 889 条政策条款，且被 150 个城市采用。自此，生态可持续街区的实践在美国

---

1 田达睿. 法国生态街区建设的最新实践经验与借鉴：以巴黎克里希街区和里昂汇流区项目为例[J]. 城市规划，2014，38（9）：57-63.

各历史街区逐渐展开。

完整街区是一个可持续的交通政策及设计策略，它要求街道是整体规划、设计、建造、运营和维护以提供安全、便捷、舒适的进入和穿行体验，并且它对所有年纪和身体状况的使用者及所有交通方式提供相同的路权。与之相近的几个概念有英国的居住区（home zone）、生活街区（living street），澳大利亚的共享街区（shared zone），荷兰等地的生活街道（woonerf），等等。许多文献将其翻译为"完整街道"，其设计政策中有十个理想要素，三条反映了街区整体的意义，即社区整体的蓝图、综合完整的网络及街道间连通性、街区文脉；三条反映了全覆盖的意义，即全部的使用者和交通方式、全部的运营阶段、全民智慧投入。笔者认为，概念强调的不是单独街道本身，是街道集群形成一个网状连通的覆盖一个片区的集合，所以译为"完整街区"更加准确。

美国相关研究表明，一个可持续的街道网络不但能保障交通安全，而且会带来环境、社会和经济方面的效益。完整街区政策使传统街道设计的连通性最大化转向可达性最大化，从满足机动车通行的街道转向服务多交通方式的街道，从而达到安全街区、绿色街区、活力街区、公平街区的目标。完整街区的设计原则充分满足了生态可持续发展的要求：尊重当地自然和社会环境，强调公众参与，集合全民的资金与智慧，坚持设计突出当地特色与文脉。一方面提高街道的安全性，减少交通事故；另一方面促进人们选择步行或骑行作为通勤手段，从而减少社区肥胖率和环境污染，为街区的生态文明铺展了安全、绿色、活力的蓝图。在完整街区在美国近十年的实践中，三个种类的完整街区引起了最多的关注：步行广场及步行道；自行车道，特别是脱离交通道的"循环车道"；公交专用道。

笔者对美国20个案例调研发现，自21世纪初，美国很多大城市中心区的历史街区更新规划总是响应了城市可持续和生态政策。街区尺度是介于生态城市与绿色建筑之间的可实际操作的尺度。历史街区划定一个中观尺度的限定范围，其地域文脉有助于建立更适应的街区层级生态化实践和管理机制，从而促进生态城市策略在街区层面的完美实现。生态理念对美国历史街区更新的引导总是从最体现公平、公众参与的交通系统开始。

3.4 中国古代生态智慧与现代生态智慧的耦合

本章研究目的是探究历史街区形成过程中，中国生态空间哲学观与传统营建理念与方法对历史城市和历史街区的影响，以及中国传统生态理念和营建方式与现代生态理念和技术可能的结合方式。中国生态哲学空间观的四个基本问题"生态时空论""生态本体论""生态工夫论""生态境界论"对古代城市空间的形成和发展具有重要影响，历史街区生态营建的追本溯源，不仅可融合传统的生态智慧与现代生态思想，也可创造中国古代生态空间观与现代生态空间观在知识体系、目标体系、价值体系与操作体系上耦合的契机。最终通过生态工夫论所呈现的物质空间与现代生态理念和操作体系相结合，以探究在现代城市发展社会背景下的综合生态观的形成，以及对历史街区空间营造的启示（表 3-17）。

表 3-17 中国生态空间哲学构架与现代生态智慧的耦合（资料来源：自绘）

分类		生态时空论	生态本体论	生态工夫论	生态境界论
古代生态智慧	巫	观象授时，天圆地方	顺应天意 原始生命意义	择址卜宅，规矩测天	神性生态空间 原始生态空间
古代生态智慧	儒	天人合一，天人感应，天地生人整体循环	正身、治国、明理	阴阳、五行，象天法地，度地卜食，体国经野	内化生态空间
古代生态智慧	道	道生万物，万物相生，冲气为和	因借体宜，道法自然，无为而治，上善若水	因地制宜，节材节度	自性生态空间
古代生态智慧	佛	轮回，仁及草木	般若无相，空性	形胜，武备，防灾防盗	渡性生态空间
现代生态智慧	城市	整体论 系统论	生态，宜居，集约	开源节流，自有的历史能源	山水城市
现代生态智慧	城市	以资源利用的生命周期循环再生，生命共同体	自我更新与再生，生态演替，流动、循环、反馈	复合生态学、城市生态学、景观生态学	低碳生态城市 生态城市 宜居城市 绿色城市
现代生态智慧	街区	生物多样性 社会公平，共享均好	生态绿色，自组织，自主更新	GSI、GI、EI 技术，多元合作管理	生态街区 绿色街区 完整街区
现代生态智慧	建筑	闭路的生命周期	与外界能量零交换	适宜的建筑节能减排技术	生态建筑 绿色建筑

3.5 本章小结

本章建立了一个纵向的时空轴线，追溯影响历史街区形成的中国古代生态观及营造理念与方法，让历史街区物质空间在时间延续中历久弥新且生态可持续。在这条纵轴中织补着横向的连接和启示：思想与实践的跨时间的结合，古代的生态智慧和现代生态理念与技术的耦合与转变；用古代的生态空间哲学观重新理解历史城市和历史街区的形成与发展，探究现代生态理念（复合生态学、景观生态学、城市生态学、文化生态学、宜居环境整体建筑学、海绵城市与低影响开发）对历史街区复兴研究的可能的推进，并研究街区层级的生态理论的评价指标、技术路线，以供后续的理论构建和策略构建参考。古代的生态智慧和空间哲学也将重新引导和开启我们关于现代城市营建和街区改造的思考。

第 4 章 理论构建
——综合生态观下的历史街区整体构建

4.1 以历史街区为研究本体的综合生态观理论构建
4.2 综合生态观下的历史街区整体营造的动力机制及影响因素
4.3 综合生态观下的历史街区整体营造的基本规律
4.4 综合生态观下的历史街区整体营造的维度与框架
4.5 本章小结

4.1 以历史街区为研究本体的综合生态观理论构建

人与自然的关系问题本质上是一个非理性问题，我们难以消除问题，但可以通过多种途径应对或减少环境问题。文化与社会对环境在不同时空维度上的作用机制，社会系统建构和完善会辅助宜居环境实体系统的建设。生态文明建设的提出和第四次绿色工业革命是对工业革命后的发展模式与既定灾难发生的一个转折点，从工业革命前的人类聚居实践历史中探索、引导我们行动的生态智慧和实践准则。历史街区是具有时间与文化社会优势的研究对象，且其历时性决定其具有生态智慧的基础。

4.1.1 生态理念下的历史街区保护

（1）生态理念下历史街区保护的重要文件

柯林·罗（Colin Rowe）在《拼贴城市》中提出，城市是历史的沉淀物，每个时期都在城市中留下自己的印记[1]。人们对历史街区保护意识的提高源自历史文化物质环境所引发的连续感与稳定感，历史感让我们感受到自己和他人的命运息息相关，和历史进程息息相关，历史感让我们更好地活在当下。从本书第 3 章生态理念的溯源与发展中可见，城市的生态理念发展越来越重视思考文化与历史在城市生态和可持续发展中的地位。那么在历史城市历史街区保护与发展的进程中是否有生态相关的论述与理念呢？在文化遗产保护方面相关的国际组织与机构[2,3]所组织的大会中，所发布的国际公约、宪章和宣言等文件中探索关于可持续发展、生态和环境保护相关的内容，以获得一个国际的、全面的知识体系（表 4-1）。

1　柯林，弗瑞德. 拼贴城市 [M]. 童明，译. 北京：中国建筑工业出版社，2003.
2　主要的文化遗产保护国际组织与机构：（1）联合国教科文组织（UNESCO）和国际文化财产保护与修复研究中心（ICCROM）等政府间的公共机构；（2）国际古迹遗址理事会（ICOMOS）、国际产业遗产保护联合会（TICCIH）等专业性非政府组织；（3）欧洲议会、东盟（ASEAN）等地区政府间组织；（4）世界遗产城市组织（OWHC）等城市间合作机构；（5）志愿者非营利性国际团体；（6）民间非营利组织（NPO）。
3　张松. 城市文化遗产保护国际宪章与国内法规选编 [M]. 上海：同济大学出版社，2007.

表 4-1　城市文化遗产保护中关于可持续发展、生态与环境保护的宪章、公约和宣言等文件（来源：自绘）

法规文件	年代	主题	生态相关内容	发布者
《关于历史性纪念物修复的雅典宪章》	1931	①古建保有能源（embody energy） ②历史纪念物周边环境保护	①定期、持久的古建筑维护体系（古建保有能源） ②对历史纪念物周边地区进行保护	第一届历史古迹建筑师及技师国际会议
《雅典宪章》	1933	历史遗产保护与发展	交通方式引起的城市大变革，为了开发实施彻底的措施： ①改变环状交通干道，搬迁中心区 ②清理历史街区周边的贫民窟	国际现代建筑师协会（Congrès International d'Achitecture Modern，CIAM）第四次会议
《威尼斯宪章》	1964	①原真性和整体性 ②周边环境保护	①对一定范围内环境的保护，现存的传统环境必须予以保护 ②历史纪念物保护的原真性和整体性	第二届历史古迹建筑师及技师国际会议
《保护世界文化和自然遗产公约》	1972	①前人的生态智慧（环境与人） ②遗产的动态作用和功能	①强调古迹与其周围环境之间由时间和人类所建立起来的和谐 ②遗产在当代社会中的动态作用和功能 ③文化与自然遗产定义	联合国教科文组织大会第十七届会议
《阿姆斯特丹宣言》	1975	①整体性保护 ②公众参与	①建筑的文化价值 ②建筑的使用价值，赋予建筑适应当代生活需求的功能，将建筑遗产融入社会生活中 ③社会与自然的连续性	欧洲建筑遗产大会
《内罗毕建议》	1976	①历史地段定义 ②保护尺度的变化 ③历史城镇和城区保护 ④生活延续性	①关于历史地段的保护及其当代作用的建议 ②历史地段（historic area）环境定义：自然和人文背景，与社会经济文化因素密切结合，并给予地区认识以静态或动态性的影响	联合国教科文组织
《巴拉宪章》	1979	①可持续发展中生活延续性（动态改造，渐进式改造） ②生活真实性，游客体验感	强调动态的对历史街区内的建筑单体、建筑群落和周边环境进行渐进式的改造和利用，以保障街区内居民的"生活真实性"，提高游客对街区的体验感	国际古迹遗址理事会（International Council on Monuments and Sites，ICOMOS）澳大利亚国家委员会
《世界自然宪章》	1982	①自然资源节约 ②生物多样性	自然界人口承载力，相关物质性约束，不能浪费自然资源，减轻对自然的影响	联合国大会

（续表）

法规文件	年代	主题	生态相关内容	发布者
《华盛顿宪章》	1987	① 定义 ② 适应性保护与发展 ③ 公众参与 ④ 历史城镇和城区保护	① 定义历史城区（historic urban area），以城市中心居住区为核心，结合周边村镇和环境发展的系统整体 ② 历史地区对现代社会生活和经济发展的重要意义 ③ 改进公共服务设施 ④ 阐明居民参与的重要性 ⑤ 保护历史城镇与城区宪章，此后，社会生活和街区经济振兴成为历史街区更新的核心点	国际古迹遗址理事会第八届会议
《奈良真实性文件》	1994	① 原真性 ② 文化多样性	① 尊重各个群落文化价值的合法性 ② 责任和管理权首先属于原产群落 ③ 原住民的重要性，物质和非物质文化遗产全面评估	世界遗产委员会第十八次会议
《国际文化旅游宪章》	1999	① 旅游与文化遗产关系 ② 旅游者与原住民合作模式	① 多样性的生活文化旅游为主要吸引力，过度的旅游发展会威胁到其原真性 ② 在国家发展计划、原住民、经营者、策划方等合作下，旅游应作为重视文化遗产的动力，以带来可持续发展的历史文化 ③ 历史居住区，对其生活形态、生态完整、环境背景的长期保护应是社会、经济、政治、法律、文化和旅游发展政策的一个重要组成部分 ④ 东道主社区与原住民一起参与保护规划	国际古迹遗址理事会
《维也纳备忘录》	2005	① 历史景观（环境）定义 ② 历史景观定性	① 历史性城市景观指自然和生态环境内任何建筑群、结构和开放空间的整体组合。这些景观构成了人类城市居住环境的一部分，是现代社会的雏形，为我们理解当今人类的生活方式具有重要价值 ② 定性因素：土地使用和模式、空间组织、视觉关系、地形和土壤、植被以及基础设施的各个部分，包括构筑物和建筑细节	联合国教科文组织
《西安宣言》	2005	① 环境的扩展定义 ② 遗产保护与所处物质文化环境之间的关联性	① 直接的和扩展的环境是遗产重要和独特的组成部分，除实体和视觉含义外，还包括与自然环境之间的相互作用、过去与现在的社会和精神活动、传统文化、习俗活动及其他非物质文化遗产形式，它们创造并形成了环境空间及当前动态的社会、经济、文化背景 ② 不同遗产重要性来自人们所理解的其社会、精神、历史、艺术、自然等文化价值，也来自它们与其材料的、视觉的、精神的以及其他文化的背景和环境之间的重要关系	国际古迹遗址理事会

（续表）

法规文件	年代	主题	生态相关内容	发布者
《关于历史城市景观的建议》	2011	城市遗产保护与社会和经济发展目标的结合	历史城市景观方法意在维持人类环境质量，在承认其动态性质的同时提升城市空间的生产效用和可持续利用，以及促进社会和功能方面的多样性。它提供一种方法来管理自然和社会方面的转变，确保当代发展的历史遗产和经济发展结合，并尊重地域性传统文化及社会价值观	联合国教科文组织
《会安草案》	2003	① 平衡发展与保护 ② 可持续发展 ③ 历史街区原真性 ④ 不同宗教历史街区的保护	① 历史与现代城市的结合：历史城区资源正在经济发展和演变的威胁下快速地消失。必须采取措施来平衡发展和遗产保护之间的关系，将文化与可持续发展有效结合以保护历史中心城区的真实性 ② 历史街区原真性与可持续发展：制定保护更新规章制度，制定地域性整理管理计划，保护现有居民合理的持续居住利用，保证多时期建筑混合明朗化，不应使其成为商业中心，维持传统贸易行业活力，不提倡复制品，合力组织的决策机构，旅游保护规划应以居住功能为主，基础设施或开发项目在实施前进行文化影响评估	国际古迹遗址理事会
《中国文物古迹保护准则》	2015	① 价值认知 ② 完整性原则 ③ 合理利用	① 文物价值：历史价值、艺术价值、科学价值、社会价值和文化价值 ② 完整性：要从空间与时间两个维度，从文化遗产的相关要素和体现文物价值的相关文物环境要素进行完整保护 ③ 合理利用：根据文物古迹的价值、特征、保存状况、环境条件，综合考虑可持续的功能延续和赋予新功能再利用	国际古迹遗址理事会中国国家委员会
人居三（HABITAT Ⅲ）议题文件——《城市文化和遗产》	2015	① 文化与可持续发展 ② 城市遗产的范围 ③ 文化与城市弹性 ④ 文化的地域性 ⑤ 以文化稳基础的创新城市	① 文化现在被认为是可持续城市发展的关键资源和资产 ② 城市遗产包括城市元素（城市形态和建筑形式、开放空间和绿地、城市基础设施）、建筑元素（纪念碑、建筑物）和无形元素 ③ 促进对文化有敏感认识的城市战略对于建设具有复原力和包容性的城市至关重要 ④ 地方成为以文化为基础的城市治理的关键执行者	第三届联合国住房和可持续城市发展大会

　　城市遗产是一种社会、文化和经济资产和资源，反映了历代发展、解释和传播的价值观念的动态历史分层，以及在多样性中承认的传统和经验积累。联合国可持续发展目标（United Nations Sustainable Development Goals，SDGs）提出在三个方面的可持续发展：经济、社会和文化。

　　联合国教科文组织在《关于历史城市景观的建议》（*Recommendation on the Historic Urban Landscape*）文件中，提出了更加具体的步骤：将建筑环境保护的政策和实践纳入城市可持续发展的目标，其中包括不同文化背景的传统价值观和文化多样性。这些文件都传扬着一种精神：将城市遗产价值及其脆弱生态位都纳入更大的城市规划框架中，并优先考虑其保护和发展。为了把文化的不同维度作为重建现有城市或规划新城市的有效触发因素，必须将文化视为城市复原力的一个组成部分，将其资源融入城市设计中和规划过程。SDGs 中"可持续城市"一再确认文化对可持续发展的作用，现在文化已经是国际社会承认的战略性城市规划的一个关键组成部分，也是界定新城市议程的一个关键创新。

（2）生态理念下的历史街区理论研究

生态的研究与人类社会的发展进程密切相关。几千年形成的朴素的"天人合一"的思想没能有效阻挡人类活动对自然生态环境的破坏[1]。古代的城市顺应生态智慧而生，现如今要保护城市文化遗产，城市也要继续养育世世代代的人，新建的生态城市，土地扩张形成新城已不再是最佳的选择。历史城市如何在保护中发展，发展中保护？在文化遗产保护的历程中，很多保护的理念与方法也给予了我们关于生态保护的启发（表 4-2）。

表 4-2　生态理念下的历史文化遗产保护与发展（资料来源：自绘）

生态保护理念	主要尺度	生态理念				宜居环境					经济			社会			
		完整性	动态性	渐进式	持续性	历史景观	城市特色	街区格局	建筑更新	功能更新	当代生活	政策激励	保护发展	公众参与	管理手段	传统习俗	社会生活
整体性保护	区域+城市	■	–	–	■	■	–	–	–	–	■	■	■	■	■	–	■
有机更新	旧城+建筑	■	■	■	■	■	■	■	■	–	■	■	–	■	–	■	■
可持续发展	城市	■	■	–	■	–	–	–	–	–	■	■	■	■	■	–	■
基因，针灸	街区+建筑	–	–	■	–	–	■	■	■	■	–	–	–	–	–	–	–
生态化保护	城市+街区	–	–	–	■	–	–	–	–	–	■	■	■	■	■	■	■
生态系统	街区	■	■	■	■	■	■	■	■	–	■	■	–	■	–	■	■

注：■ 为相关度较大；– 为相关度较小；空白为未知或者无。

---

[1] 蔡志昶. 基于环境系统思维的生态城市整体规划设计研究 [D]. 南京：东南大学，2011.

① 整体性保护

发展和保护是一个有机的整体，保护不是对发展趋势的阻碍，而是以公平、可持续、共同性来限制发展的方式[1]。"整体性保护"源自1960年代博洛尼亚历史中心"人和房子一起保护"。张松提出"保护＋发展＝可持续发展"的重要公式[2]。"整体性保护"在强调保护物质遗产的同时，更要求通过法律、规划、管理、财政、技术等多种手段维护社区居民自身及其居住、生活等功能和结构的稳定，并将其整合进当代生活，实现社区和居民自身的发展。在中国，"整体性保护"的理论围绕物质遗存的完整性和区域空间的全面性、关联性保护方法进行了创新性探讨，但实践层面的整体性保护在我国却有所欠缺。因发展的需求，历史文化名城，如平遥，已无法阻止大规模旅游对自然环境、人居环境的冲击[3]。

② 循序渐进，有机更新

吴良镛教授在其《北京旧城与菊儿胡同》一书中作了总结："所谓'有机更新'即采用适当规模、合适尺度，依据改造的内容与要求，妥善处理目前与将来的关系，不断提高规划设计质量，使每一片的发展达到相对的完整性，这样集无数相对完整性之和，即能促进北京旧城的整体环境得到改善，达到有机更新的目的。"既要全面地、整体地保护旧城，又要对现实的问题寻求一定程度的解决。旧城整体规划意味着减负、疏解、转型、宜居[4]。吴良镛先生把城市比作一个有机整体，街道、建筑是城市的"组织和细胞"。"城市细胞"的不断代谢更新是城市发展的一般规律。代谢更新是一种微观上的不断更新，因此，城市中每一条街道和每一栋建筑都应该不断地进行局部翻新修缮，才符合城市发展的规律。依据此发展规律，将城市待更新区域化整为零，优先对建筑质量最差的地区进行小片区、长期性整治，是一种投资少、收益较快的方式。这种模式根据不同分类采取不同的保护更新策略，具有分步骤、渐进式、可持续的特点[5]。

"有机更新"理论的雏形早在1979年由吴良镛教授领导的什刹海规划研

---

1 李新建.历史街区保护中的市政工程技术研究[D].南京：东南大学，2008.
2 张松.历史城区的整体性保护：在"历史性城市景观"国际建议下的再思考[J].北京规划建设，2012（6）：27-30.
3 姚轶峰，苏建明，那子晔.以居民为核心的人居型历史街区社会变迁及其整体性保护探讨：以平遥古城范家街的实证研究为例[J].城市规划学刊，2018（4）：112-119.
4 吴良镛.北京旧城保护研究（上篇）[J].北京规划建设，2005（1）：18-28.
5 韩润成.可持续发展理念下的历史街区保护与更新探析[J].城市住宅，2020，27（2）：186-188.

究和之后的菊儿胡同改造中已经形成。"有机更新"理论不仅在积极探索适应北京旧城更新的一种新的城市设计理念，而且也在努力追求将生态战略具体运用到北京的旧城更新实践中。同时也认识到历史街区更新阶段的非终极性。非终极性的观念是指更新改造是持续不断的、动态的，随着城市在发展，随着社会在变迁[1]。

③ 历史街区可持续发展

1980 年，可持续概念在国际自然保护联盟（International Union for Conservation of Nature，IUCN）发布的《世界自然保护大纲》中第一次被正式提出，可持续发展概念在历史街区的保护与发展中的运用包含了街区物质环境的可持续性、社会发展的可持续性和经济发展的可持续性。

a. 历史街区的可持续发展观

林林、阮仪三在总结苏州平江路历史街区保护规划的理论探索时，明确提出历史街区保护规划目标应是在改善居民生活环境基础上实现街区社会的良性循环，整治后的街区既要保证传统风貌的真实性、历史延续性，更要保证街区的活力。它是居民继续生活的家园、活动的场所[2]。他们提出了四个方面战略指导意见，即全方位的可持续发展，保护与发展的平衡，保护与发展循序渐进的节奏，可持续发展的非终结性，并且强调了在保护与整治工作中应大力提倡公众参与。

b. 基于可持续发展的历史街区价值评估

陈艾发掘历史街区的可持续发展的潜力，从历史价值、美学价值、文化价值、社会价值、环境价值、建筑价值、经济价值、文脉价值八个方面[3]对历史街区价值进行了研究。建立定量价值评价体系，提供可持续发展对策。可持续系统评估指标选择基于可持续发展分为经济价值指标、环境价值指标和社会价值指标[4]。

④ 文化基因，针灸织补

对于复杂历史遗存的城市一般历史地段，其历史遗存大多呈多元交错、

---

1 吴良镛.从"有机更新"走向新的"有机秩序"：北京旧城居住区整治途径（二）[J].建筑学报，1991（2）：7-13.
2 林林，阮仪三.苏州古城平江历史街区保护规划与实践[J].城市规划学刊，2006（3）：45-51.
3 陈艾.基于可持续发展视角的历史文化街区价值评估研究：以重庆磁器口历史文化街区为例[D].重庆：重庆大学，2015.
4 于红霞，栾晓辉.青岛历史文化街区价值评价与可持续发展对策研究[J].城市规划，2014，38（3）：65-69.

碎片化、非均质化分布，并且存在功能混杂，新旧空间叠合、并置的现象，王颖、阳建强在其保护规划中将"基因·句法"引入一般历史地段，以历史发展形成的"隐形地界"和城市改造开发单元为参照，对划定的保护区边界实行"针灸式织补"[1]。历史文化基因是历史地段中重要的历史文化传承单位，其谱系的生成、演变及发展已成为历史地段保护、延续和发展不可替代的决定性因素之一。解读历史文化基因构建保护句法：针灸式织补，脉络传承；层级保护，差异控制；基因提炼，活态引导；形成一套有地方差异性、不强求整体性、循序镶嵌性的生态引导框架，为复杂历史遗存的城市一般历史地段提供了新的保护与发展办法。

面对城市发展中的自然环境破坏和历史文化断裂，在形态类型相关研究基础上，从城市空间发展理论的视角，段进提出"空间基因"概念，并意在建立空间基因库。空间基因是独特的、相对稳定的空间组合模式，它既是城市空间与自然环境、历史文化长期互动契合与演化的产物，承载着不同地域特有的信息，形成城市特色的标识，又起着维护三者和谐关系的作用。通过空间基因识别提取、解析评价到传承导控的技术体系，可以避免千城一面、不尊重历史和自然的设计弊端，强化规划设计的在地性，推动城市规划设计方法从空间形式创作到空间基因分析的方向性转变，为城市建设与自然保护、文化传承的共赢提供有效设计路径[2]。

⑤ 历史街区的生态化保护

生态化保护是以历史街区为对象，以保护为根本目标，以生态设计为基本手段，以技术为首要方法的一种历史街区保护方法。生态性具体体现在下述两方面：其一，实施层面的建筑保护过程中进行生态设计，选取生态技术；其二，理念层面的历史文化的生态化传承[3]。其强调了传统民居中朴素的生态观，即以人、建筑、自然和社会协调发展为目标，有节制地利用和改造自然，寻求最适合人类生存和发展的生态建筑环境，以现有生态环境为对象进行保护。运用现代建筑设计中的生态理念，实现自然生态的延续和人文生态的共鸣[4]。

历史街区的生态化保护以整体生态化、生态技术适应性、自然生态与人

---

1 王颖，阳建强."基因·句法"方法在历史风貌区保护规划中的运用 [J]. 规划师，2013，29（1）：24-28.
2 段进，邵润青，兰文龙，等. 空间基因 [J]. 城市规划，2019，43（2）：14-21.
3 郑承曦. 历史街区民居生态化保护的实现及意义探索 [J]. 中外建筑，2016（9）：93-95.
4 姜妍. 历史街区民居生态化保护策略研究 [J]. 现代城市研究，2011，26（1）：28-38.

文生态相结合、历史性与时代性相交融等为原则。在策略研究中提出了三种策略：其一，功能再利用策略。原始功能拓展，新功能附加（旧建筑做生态岛即为人文与生态的结合）。其二，技术普及策略。材料因地制宜，能源高效利用。其三，因"国"制宜的策略。

⑥ 历史街区是一个生态系统

法国城市规划师和社会学家阿兰·布登（Alain Bourdin）教授 2018 年在关于遗产保护的发言中，将历史街区这个物质空间自身看作一个完整的生态系统来考虑，讨论其受哪些外部干扰和变化过程的影响和制约。其构建的生态系统的组分包含：其一，街区实体。建筑和公共空间。其二，街区功能。居住、办公、商业、公共服务等。其三，街区的使用者。居民或非居民使用者（居民、游客、工作者等）。历史街区复兴的过程就是生态系统自主更新的发展过程，希望能重新建立生态系统的平衡。空间要素上，重新定义街区"占有方式"（空间使用方式）并考虑其使用方式之间是否兼容。时间要素上，重新从文化维度讨论绅士化的概念，不是片面地以富有人口代替贫穷人口，而是从遗产价值、街区的生活方式，对于建筑空间和城市形态的偏好，以及对于空间再改造的偏好等方式重新定义。他给予了一个基于历史街区本身的循环流动和自主更新的思考，即如何让历史街区这个生态系统自身自给自足，循环平衡，再与外界共生[1]。

总结上述生态理念下的历史文化遗产保护理论，可以将其梳理为理论、评价体系、操作和实践等层面的相关论述，如表 4-3 所示。

目前，对历史街区生态保护与复兴的研究还大多停留在理论与原则探讨层面，对历史街区生态营建系统从宏观到微观综合性的分析研究策略也相对较少。因此，生态视角下的历史街区空间形态更新策略探究，在当前快速城市化背景下，将历史街区与城市生态系统整合在一起，历史街区复兴以及对生态新城的反馈提供了一条分析思路与理论研究框架。

4.1.2 历史街区现有的内禀生态性

（1）城市文化遗产保护中的整体系统观

① 跨越时间维度的整体系统观

中国历史城市的起源、规划与发展蕴藏中国哲学宏观、系统、有机的整

---

[1] Alain Bourdin. La Question Locale [M]. France: Presses Universitaires de France, 2000.

表 4-3 生态理念下的历史文化遗产保护理论概要（资料来源：自绘）

保护理论	生态相关论述
整体性保护	① 理论：保护与发展是一个有机整体，保护+发展=可持续发展 ② 尺度：物质环境完整性、区域空间全面性、社会生态关联性 ③ 操作：多种手段维护社会公平，生活功能
有机更新	① 理论：城市是一个有机整体。"细胞"不断代谢更新。每一片街区逐渐达到相对完整，最终达到整体改善 ② 实践：关注第三类居民需要长期使用的建筑，分步骤、小尺度、渐进式更新。街区更新非终极性
可持续发展	① 理论：可持续发展理论在历史街区保护中的全面构建：物质环境可持续，社会可持续，经济可持续 ② 价值评估：基于可持续发展，从历史街区价值观上建立可持续价值评估体系
文化基因 针灸织补	① 理论：文化脉络与自然环境的长期互动形成空间基因，它承载地域信息、城市特色标识，又维护三者和谐关系 ② 操作：针灸式织补，脉络传承，层级保护，差异控制。基因提炼，活态引导。不强调整体性、镶嵌体
生态化保护	理论：传统民居朴素的生态观与现代生态理论在历史街区民居建筑中的结合、发展
生态系统	理论：将历史街区看作一个完整的生态系统，街区保护就是重拾生态平衡。基于此，重新定义绅士化过程

体性思维。李约瑟曾言："在希腊人和印度人发展机械原子论的时候，中国人则发展了有机宇宙哲学。"即指在传统中国哲学中宇宙被视为一个有机整体，而万物皆涵盖其中。而阴阳互生、五行相生相克、四象生八卦则体现了古人在社会实践过程中，通过表象推敲和内在分析对复杂世界中事物的普遍发展规律和多样性事物之间关系的感悟。《周易》中提出，世间万物不是孤立存在的，它们相互联系、相互影响、相互统一，同时也存在对立，但它们是和谐的整体。历史城市、历史街区顺应自然而生，经历了时间的考验。不仅在空间上与山水相映相生，而且在城市生态发展与变化的进程中也扮演着调节、对照、反馈的作用。随着高密度新城的快速崛起，历史街区的保护是对周边城市区域的反哺和对照，也是城市密度和气候的消解、历史街区与城市的共同生长。历史城市的保护与复兴是对生态新城的反馈和调节，让几千年的生态智慧得以传承和指导新城的建设和发展。

②历史保护发展进程中的整体系统观

在城市文化遗产保护历程中，整体系统观体现为历史环境的保护。历史环境包含物质的建成环境和非物质的人文、社会和经济环境，必须在整体的历史环境中才有意义。整体性保护不仅包含了城市自身的自然生态，也包含了文化生态、社会生态和经济生态，共同构成一个基于物质环境的整体生态有机系统。1933年《雅典宪章》中就有对历史纪念物周边环境进行保护的条例。20世纪60年代后大规模的城市建设和改造活动彻底引发了人们保护城市记忆的意识。《威尼斯宪章》明确地提出了保护历史纪念物的整体性，并对其一定范围内的环境进行保护。20世纪70年代是欧洲历史城市保护发展迅猛的时期，1972年联合国教科文组织通过了《保护世界文化和自然遗产公约》，开创了真正的历史环境整体保护时代。《保护世界文化和自然遗产公约》肯定了属于全人类世界文化和自然遗产的存在，肯定了前人的生态智慧，强调古迹与其周围环境之间由时间和人类所建立起来的和谐，并强调了遗产在当代社会中的动态作用和功能。1975年，欧洲议会发起"欧洲遗产年"活动，通过的《欧洲建筑遗产宪章》强调了建筑遗产是重要的"人类记忆"，其提供一个均衡和完善生活的环境条件，城镇历史街区具有的历史、艺术、实用价值，应是城市整体中与城市规划的特殊的一部分。同年通过的《阿姆斯特丹宣言》也强调了建筑遗产保护中社会与自然的延续性。自此以后，《内罗毕建议》(1976年)、《巴拉宪章》(1979年)、《华盛顿宪章》(1987年)强调了历史地段、历史街区中自然和人文背景与社会经济文化因素密切结合，并给予地区认识以静态或动态性的影响，强调历史街区的保护需要适应现代生活的需要，历史城镇和历史城区的保护应成为经济和社会发展政策完整的组成部分，并列入各级地区的规划决策中。2011年《关于历史城市景观的建议》强调遗产在当代社会中的动态作用和功能，并将其纳入规划政策，将城市的社会、经济和空间组成部分结合起来，为城市领土建立一种整体系统方法，文化和环境价值观作为城市领土的基本原则。

③历史环境是城市生态系统的重要组成部分

阮仪三在《城市遗产保护论》中，提出历史环境作为生态环境的一个组成部分，不仅承担着建成区的自然环境，而且提供了城市文化环境和城市历史环境[1]。历史环境的保护对现代化城市和城市的可持续发展非常重要。城市生态系统是一个有机的统一体，历史环境对其存在和维持有着不可替代的独特作用。历史环境是维持城市完整性、保持其时序连续性的重要组分。

历史城市的形成、发展和扩张的过程在"生长"与"演替"中不停螺旋循环上升，如生态学的规律中运用于社会经济、政治、文化发展的控制论原理，都经历了"拓、适、馈、整"的过程：第一，"拓"是每一个有机体内秉的生长力，

1　阮仪三. 城市遗产保护论 [M]. 上海：上海科学技术出版社，2005.

能千方百计地拓展生态位，获取更多的资源和更适宜的环境，为其生存和发展服务。第二，"适"是强烈顺应环境变化的生存发展机制和应变能力，能高效利用一切资源，根据环境，多样化、灵活地调整结构和转型功能，调整自己的生态位[1]。给自己创造有利发展的环境。第三，"馈"是信息反馈与物质循环。物质在生态链中的循环形成信息链，层级传递，反馈自身，进一步促进或抑制其行为，如在历史城市进程中，人从顺应自然到改造自然中，缓慢尝试，掌握规律，有意识地避免生态逆退，才能实现螺旋式的系统进化。第四，"整"指整合。历史城市和现代城市，历史街区与周边高密度大开发的街区，遵循整合机制和进化规律，具有自组织、自适应和自调整的协同进化功能，能扭转传统发展和保护中学科分离、条块分割、保护与发展割裂的还原论，实现时空连续的整体系统和有机的城市生态系统。

（2）历史资产是不可再生资源

《中国文物古迹保护准则》（2015版）第六条提出，文物古迹具有不可再生的特点，所以在合理利用时需考察其价值特性、对使用的承受能力，以最早和最低限度干预，最大限度保护其真实性和完整性[2]。

①历史街区的价值与生态功能

a. 价值体系

从价值层面看历史街区自身的生态性，在历史街区的价值体系中，我国的历史街区有：历史价值（年代、历史人物及事件、历史背景）；艺术价值（风格、结构、规划、体量、装修）；情感价值（文化活力、宗教崇拜、认同感、归属感）；经济价值（再利用费用、旅游）；社会价值（教育性、政治性）；使用价值（新旧兼容、基础设施、使用现状、维修保护）；环境价值（小生境，环境影响）[3]。在这些价值中，就广泛的价值理念来分，又分为过去时间赋予其的历史和艺术价值，以及未来发展赋予其的生态可持续价值。

b. 自身的储备能源

热力学第一定律认为能量既不能被创造也不能被消灭，这被称为能量守恒定律。城市是利用各种资源矿藏建设起来的，在建设时还需消耗大量的能源，在人类使用时也需要大量的能量流入，这些能量有些耗散在大自然中重新形成

1　王如松. 小康大智　生态中和[J]. 前线，2013（2）：41-43.
2　国际古迹遗址理事会中国国家委员会. 中国文物古迹保护准则[M]. 北京：文物出版社，2015.
3　陈艾. 基于可持续发展视角的历史文化街区价值评估研究：以重庆磁器口历史文化街区为例[D]. 重庆：重庆大学，2015.

循环，有些则转变了形态储存在物质空间中。不论是生活生产所需的工具、设备，生产的产品，包括城市建筑，都是资源和能源的集合体。若这样耗能巨大、工期长的建筑物过了使用周期，还需要消耗大量的能源将其拆毁，其还会产生很多废弃物，这是完成了一个规定的"从摇篮到坟墓"（Cradle-to-Grave）生命周期，但它们不应被当成废品。很多历史建筑都有自身的能源，这种能源或者说是不可再生的资源，不仅包含它创造的文化资源、适宜的环境空间、街区归属感等潜在的不可再生资源，也包含其被保护再利用以后形成资源的循环，从而形成"从摇篮到摇篮"（Cradle-to-Cradle）的生态过程。在一定条件下改造旧建筑比建新房工期短、投资少、效益高。历史街区的历史建筑和历史环境可作为再开发和再利用的潜在资源。历史街区具有其潜在的能源（Embody Energy），从城市节能减排出发，循环再利用旧建筑，有利于减少资源使用量和残余物排放量，合理利用有限的资源，改善城市环境。历史保护不仅仅是一个生物学问题或者工程技术问题，而应该成为国家或地区的政治和社会经济问题。

c. 历史街区的基本功能

（a）生产功能：历史街区这个子单元中也包含生物生产和非生物生产。生物生产就是在历史街区这个单元中所有生物从外界环境吸收物质，利用能源将其转化为自身的能量和有机组成部分。与自然生态系统有别的那就是非生物生产。在这个区域中生产着为保障人类衣食住行正常进行的物质产品及相应服务，还有满足人民日益增长的精神文化等非物质财富方面的生产。这种蕴含于历史街区中的人文财富是随着漫长的时间推移逐渐积淀下来的，并不如物质生产那样快速，形成的过程并不单纯依赖人类主观意愿去生产，还要受特定的地域环境、时代背景、社会背景等影响。

（b）能量流动：历史街区能量主要是指提供给这个区域的人们日常的生产、生活的原动力。城市生态系统中的能量转化虽然比自然生态系统中的效率要高，但还是有能量被消耗而排放到城市生态系统中去。这种能量的转化率取决于科技水平的高低。历史街区作为城市生态系统中一个特殊的单元，它对能量的消耗和排放要求更高。历史街区是文物和古迹相对集中的或能较完整地体现出某一段历史风貌或特色的街区，是不可再生的、不可复制的有价值的街区。在保护时，更是不能准许更多的外来干扰，对此需要废能源越少排放越好。所以在合理利用时需考察其价值特性、对使用的承受能力，以最早和最低限度干预，最大限度保护其真实性和完整性。

（c）物质循环：历史街区的物质循环则主要指各项资源、产品、货物、人口、资金等，及其街区区块内部、区块之间，以及与这个城市生态系统之间相互作用的过程。在一个完整的生态过程中包含生产者、消费者、分解者，还有提供能源的阳光、空气和水。历史街区在物质循环过程中，缺少自然生态系统的分解者，使其达到再循环的这种能力是有限的。那么各种物质以不同类型的产品输出后经过消费、消耗后必然以废弃物的形式排放出来。依赖系统自身调节是很难满足循环过程的，需要依靠人工的力量去主动参与分解。所以需要周边街区与城市的系统来循环，否则物质循环过程不畅，大量的有毒有害物质释放到环境当中，并逐渐积累下来，会使整个城市系统环境恶化。

（d）信息传递：自然界中能量与信息互补。历史街区作为一个城市历史积淀的产物，具有强大的信息传递功能。在漫长岁月时光的雕刻下，其空间结构、肌理和形态记载着这个城市特有的历史信息，讲述着城市的今世来生，虽然无字，却可让人们去读它，去品味，去琢磨与思考。历史街区作为通过漫长时间积累下来的城市生态系统中一种独特的信息传递媒介，其信息具有不可复制性，具有地域区别，不可以由其他媒介来替代。历史街区是在多个因素共同作用下产生的，如时代背景、社会背景、民族习俗、自然环境等。这些因素不是力量均一地作用于历史街区，而是各有各的主导因素，在不同主导因素的作用下产生了不同丰富内涵的历史街区。历史街区传递的信息历久弥新，信息依旧在时时刻刻不断地更新，是过去式，是现在式，更是将来式。只要这个载体依旧存在，它所传递的信息就不会消失，这体现了历史街区作为载体的持久性[1]。

②历史街区为城市多样性做出的贡献

城市生态学提出了社会、经济、自然、政治、文化子系统五位一体的城市生态系统。多样性始于生物多样性的研究。生物多样性是指生命有机体及其借以存在的生命复合体的多样性和变异性[2]。一个健康的生态系统必须具有保育多样性的环境，功能相对稳定。这样的生态系统具有四个特征：内秉生命活力、资源承载力、环境应变力与自组织协和力。多样性丰富了生态系统，生态系统越复杂，其稳定性越强，使其能保持健康的态势和高效的运转。

---

1 陈郁.城市生态学理论下的历史街区保护与利用研究：以长春南广场历史文化街区为例[D].长春：东北师范大学，2011.
2 赵景柱，欧阳志云，吴刚.社会-经济-自然复合生态系统可持续发展研究[M].北京：中国环境科学出版社，1999.

简·雅各布斯（Jane Jacobs）在《美国大城市的死与生》中指出，"多样性是城市的天性"。历史街区作为城市生态系统的一部分，它为城市多样性作出的贡献，是从空间和时间两个维度上，是从社会、文化、自然和经济等生态子系统中体现出来的。

a. 历史街区对自然子系统多样性的贡献

美国波特兰一项研究发现，20岁树龄以上的树木提供的平均年效益是其年成本的三到六倍[1]。而历史街区普遍具有很多这样的行道树所创造的街道生境。行道树有助于街区形成宜居的生境，减少城市热岛效应，夏季树荫提供适宜步行和骑行的街道，冬季落叶后又不遮挡阳光。树木有净化空气和减少噪声的作用。行道树为野生动物提供生态跳点和栖息地。在雨水管理中，常绿树木能全年减少雨水进入排水系统的体积和速率。

b. 历史街区对社会子系统多样性的贡献

历史街区并不是为旅游活动而存在的，而是由居住在这里的人们所创造的适宜居住和生活的环境空间[2]。街区空间的形成和发展是社会生活的需要，也是社会生活的反映，它影响着空间的整体结构。所以，随着时间传承下来的社会关系、历代居住生活模式都融于历史街区的空间关系里。这种关系是一种古代的生态智慧，能服务于现代快速发展的城市，增加城市深层的空间多样性，促进城市空间的稳定发展。

c. 历史街区对文化子系统多样性的贡献

城市自然系统中的物质环境由不同的景观要素组成。而由于其创造者人类的个性、品位、审美、职业、财富等各有不同，必然创造出不同的物质环境，需要具有不同功能的环境来满足不同人的需求。历史街区的保护是为了使居民的生活更加丰富多彩，实现保护地方文化的更高的长远目标。历史街区本身就是以文化的一种载体形式存在的。它的物质表象是景观，而精神表象就是文化方面的。历史街区以它特有的载体形式来传递文化、保护文化，使得城市生态系统的文化保持着多样性。这些多样性丰富了城市生态系统。

d. 历史街区对经济子系统多样性的贡献

历史保护为城市多样性提供了另一种经济模式。在历史街区或历史城市的改造中，需要兼顾三个效益，即社会效益、环境效益、经济效益的统一。

1　City of Portland Bureau of Planning. North Pearl District Plan[R]. Portland：Portland City Council, 2008.
2　张松. 历史城市保护学导论：文化遗产和历史环境保护的一种整体性方法 [M]. 2版. 上海：同济大学出版社，2008.

在经济效益的引导下，公害和环境破坏的行为作为"外部不经济效果看待"，外部效益，是一个经济活动和社会效益与私人效益的差值。当外部效益表现为环境改善，从而提高人体健康水平、资产增值和美观享受等有益效果时，这种外部效益就称"环境效益"。历史街区的归属感和这种共同的城市记忆引起的历史共鸣感、自豪感，能提供很好的旅游经济价值。历史街区建筑的再利用也减少了建筑的投资，如果改造成绿色建筑（图4-1）还能大大减少运营过程中建筑的投资，节约能源。

图 4-1　波特兰珍珠区啤酒厂街区第二组团啤酒厂和地窖建筑［绿色建筑分级评估体系（Leadership in Energy and Environmental Design，LEED）金级］（资料来源：自摄）

4.1.3　综合生态观构建的可行性分析

（1）历史街区复兴与城市生态系统的原则与特性的耦合及协调

① 特性协调

生态系统是复杂的、动态的、开放的、非平衡的。玛丽娜·阿尔贝蒂的研究认为未来城市规划者与研究者最大的挑战是理解城市化地区是如何在人类与自然复杂的相互作用之中发展演进的[1]。在她的描述中，城市生态系统有八个要素：层次性、涌现性、多重平衡、非线性、非连续性、空间异质性、路径依赖性、弹性。

历史城市和历史街区空间形态的形成与演化的现实结果，是在人与自然的适应与博弈的选择中，在地区气候、地形、资源与社会文化背景下的形态表征。所以说，历史城市提供了一个时空的动态演化过程的社会经济与物质基础的共生面，让城市生态特性的要素在时间轴上与空间轴上得以有在地性的体现，历史街区斑块与周边斑块及城市大系统形成共生的互利关系，共同调整作用于这片土地上的生物活动（图4-2）。

② 目标体系一致

在工业革命带来的生产力迅猛发展、科学技术水平快速提高的当代，人们对历史街区复兴的诉求与生态城市建设目标的未来蓝图一致，都希望创建一个生态的、地域文脉的、活化的、宜居的生活场所，从而建立人尽其才、物尽其用、地尽其力、社会安宁平和、自然协调发展、经济平稳发达的城市。

③ 应用可行性分析

生态理论匹配了历史街区社会经济发展的需求，历史街区生态复兴顺应了城市新区的发展，从而为新旧城联动发展提供可行性。再者，历史街区是

1　Alberti M. Advances in urban ecology: integrating humans and ecological processes in urban ecosystems[M]. New York：Springer, 2008.

城市记忆与文脉的根本，是几千年历史的沉积。在城市快速变化的今天，历史街区的生态性匹配正是一种对历史慢速发展与新时代快速变革需求匹配的尝试，这种结果将反馈与限制城市的无尽蔓延，提倡紧凑发展，促进城市的生态可持续。从目前的情况来看，国内类似的研究还是空白，缺乏可供参考的实践样本，更没有可以依托的评价体系，使得规划师与建筑师在历史街区复兴设计过程中仍使用传统的规划方法，而对"生态宜居"诉求束手无策。本书尝试构建综合生态观，为探寻历史街区适应现代需求的复兴方式提供了理论依据。

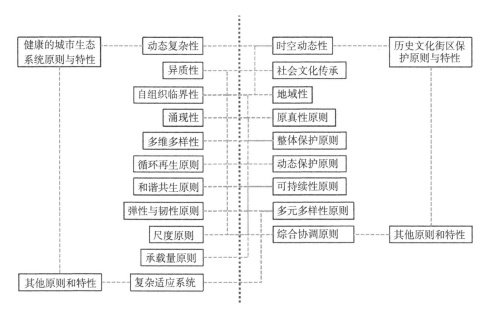

图4-2　历史街区复兴与城市生态系统的原则与特性的耦合（资料来源：自绘）

（2）历史街区在生态城市规划中所占的生态位

生态位多用来研究物种的种间关系、群落结构演变以及物种多样性，是指一个种群在生态系统中所占据的位置，及其与相关种群之间的功能关系与作用。生态位在生态系统的演替、内部稳定性、多样性和人类对周围环境的适应性、竞争体制、城市生态等方面都发挥着重要的指导借鉴意义。它起源于约翰逊（Johnson）于1910年提出的生物学范畴的生态位[1]。在自然生态

1　刘建国，马世骏.扩展的生态位理论[M]//刘建国.生态学进展.北京：科技出版社，1990：72-75.

学中，生态位指物种在群落中所占的地位。自然生态学系统向城市生态学系统类比转变。王如松定义城市生态位是一个城市提供给人们的，可被人们利用的各种生态因子，如水、食物、土地、交通等和生态关系，如生产力水平、环境容量、生活质量等的总和[1]。陈郁认为城市能给其居住者提供的生产生活环境是城市生态位的本质，这是侧重城市生态因子及生态环境对居住者的适宜程度[2]。生产生态位与生活生态位标示生物与环境间双向耦合的结构、功能关系：环境对生物主体的支撑功能和生物主体对环境的影响和作用。生态位具有双重性：一是生物赖以生存的环境因子集合；二是生物对周边环境的潜在影响和功能作用，包括物质的滞留、能量的耗散、生境的改造、信息的反馈，以及竞争、共生、捕食、寄生等链网关系。

① 文化生态位宽度

生态位的宽度是用来描述在有限生态资源的多维空间中被某一种群所利用的比例大小，亦被称为物种的生态位测度。生态位宽度有两个属性，为"态"和"势"。"态"能显示出自身所具有的数量、能量、资源占有量和适应能力，是发展过程中长期积累的结果，一般以总量形势反映。"势"是指对系统的影响趋势和支配力，如物质与能量转换的速率、增长率以及占据新资源的能力等。文化生态位指不同文化类型或文化群落由于位置、构成和要素的不同，导致了不同的面貌、样式与格局。历史街区的"态"指历史文化作用下累积形成的空间现状样貌，"势"指街区的适应速率、人口经济的增长率等，而文化生态位宽度便是由两者经过有机结合共同构成的。

② 历史街区生态位

街区尺度的城市生态学反映一个街区的现状对于人类各种经济活动和生活活动的适宜程度，反映一个街区的性质、城市功能、地位、作用及其人口、资源、环境的优劣势，从而决定对不同类型的经济、不同职业和年龄的人群的吸引力和离心力，包括生产、生活生态位。

生态位决定了该物质的形态适应、反馈反应和特有行为，在历史街区中生态位反映了双重性：第一，影响历史街区活力的驱动因子的集合，即自然因子，包括历史街区选址的水文、地理、气象条件等物理栖境，能量与物质

---

1 王如松. 高效·和谐：城市生态调控原则与方法 [M]. 长沙：湖南教育出版社，1988.
2 陈郁. 城市生态学理论下的历史街区保护与利用研究：以长春南广场历史街区为例 [D]. 长春：东北师范大学，2011.

的代谢环境，以及它的竞争与共生对象的物质环境。第二，生物对周边环境的潜在影响和功能作用，包括物质的滞留、能量的耗散、生境的改造、信息的反馈，以及竞争、共生、寄生等链网关系[1]。

历史街区内部生态位的高低取决于内部的生产活动和生活活动是不是适宜的。生态位水平高就意味着历史街区对人们的生活活动和生产活动具有吸引力，生态位水平低则对人们的生活、生产活动产生离心力。现在中国的历史街区内部的生活生态位较低。历史街区大多处于城市的老城区，基础设施大多陈旧，建筑质量也趋于老化甚至损坏，周围的居住环境相对恶化。在历史街区内部生活的人们，基本的生活条件得不到满足，生活质量低，即能够给他们提供的生活生态位较低，从而使得历史街区这个环境越来越不适宜人们生存，人口密度呈下降趋势，老龄化严重。人作为生产活动的主体，缺少人参与的经济是不能得到发展的。历史街区这个区域，由于基础设施条件支持差，从而缺少人的大量活动，这样的条件对经济活动的吸引力不大，即生产生态位低，从而导致这里的经济活动不活跃。经济活动大多是小商小贩等简单商业形式，并且规模不大。

（3）历史街区复兴导向的生态评价体系构建

笔者采访联合国教科文组织亚太区负责人理查德·恩格尔哈特（Richard Engelhardt）先生时，他曾说过"历史街区的复兴与城市生态发展本就是一件事"。但在规划层面上看，历史街区保护和生态城市建设从某种程度上是两个不同的研究方向。随着城市生态文明建设的推进，研究者们希望探究历史街区与生态耦合的突破口，从而探究不同层面融合的实现与操作方法的可行性。

① "评价指标—要素"层面的弥合

在中国快速城镇化时间、空间急剧压缩的冲击下，历史街区的发展方向汲取到了可持续发展与宜居的新诉求，影响历史街区更新发展的动力机制转变为以下五个要素：文脉传承，地域性要素；宜居环境，核心价值要素；经济发展，效率性要素；社会政策，公平性要素；自然环境，生态性要素。这五个要素分别作用于不同的街区发展方向。宏观的生态城市指标系统及其实践意义的地区性服务指标是一套相对完善的，自上而下的，有控制、预测与审核作用的指标体系，针对每个城市都提出了不同程度的改良，具有普适性

---

[1] 王如松，李锋，韩宝龙，等．城市复合生态及生态空间管理[J]．生态学报，2014，34（1）：1-11．

与客观性。中观层面国内外生态评价系统有国际生态街区组织（EcoDistricts Team）提出的生态街区指标、英国可持续社区评价体系（Building Research Establishment Environmental Assessment Method，BREEAM）、美国社区规划与发展评价体系（LEED for Neighborhood Development，LEED-ND）、中国绿色低碳住区技术评估手册、绿色街区可持续发展指标系统等。生态的评价体系与历史街区耦合关系的建立是历史街区复兴策略营建重要的参考项。深入剖析中观层面的生态评价指标、生态城市的评价体系，对比国内外成功的生态城市案例及其生态城市评价，从而构建历史街区复兴导向的生态评价标准体系（表4-4）。

表4-4 基于历史街区复兴导向的生态评价指标体系（要素与目标）（资料来源：自绘）

目标层	路径层	指标层 核心指标	支撑指标
宜居	空间紧凑布局	人口密度	街区人口密度居民保有率
		街区密度	街区密度与容积率
		混合用地	混合用地面积比例
	土地利用合理	公共空间标准	要求每户公寓拥有不低于 15 m² 的绿地，300 m 距离范围内必须有一处 25~30 m² 的花园或公园；要求花园中有不低于 15% 的面积能够在春秋分保证 4~5 h 的光照
		生态空间补偿	保护生物多样性
		特殊价值的自然区域禁止开发	定性指标
宜居	高效绿色交通	公共交通系统	公交线路网密度、公交出行分担率、公共交通站点步行可达率、智能交通系统覆盖率
		步行系统	步行系统规划、步行空间宜居与文脉营造、步行空间设施
		自行车系统	自行车慢行交通系统规划、自行车配套设施
		道路质量	城市道路完好率、道路透水率
	建筑环保节能	街区能源系统	街区能源系统规划、新能源技术、既有建筑节能改造率、可再生能源使用率
		建筑节能	绿色建筑数量（建筑节能材料使用率、绿色建筑占当年新建建筑比重）、新建筑节水器具普及率、既有建筑节能改造率
		绿色施工	绿色施工达标率，适宜技术
社会	公共服务健全	公共空间可达性	公共空间 300 m 覆盖率、公共空间有效结合度（老年街区需要更小，可为 250 m）

（续表）

目标层	路径层	指标层 核心指标	支撑指标
社会	公共服务健全	公共设施可达性	社区中心500 m步行覆盖率、社区中心复合利用率、幼儿园300 m步行覆盖率、小学500 m覆盖率、步行500 m范围内有免费文体设施的居住区比例（老年街区尺度适度减小）
		基础设施完善	生态基础设施普及率、雨污水绿色基础设施各个尺度使用率、垃圾回收利用率、完整设施道路率、无障碍设施率、市政管网普及率、低碳市政、绿色照明率
	管理保障机制	管理机构和管理办法	定性指标
		资金保障	定性指标
		多元合作	公众参与率、多方会谈频率
		生态生活方式引导教育	定性指标
		公众对街区管理满意度	社会调研指标
		危旧房拆除	街区回迁率、危旧房修缮及评价标准
	幸福安全稳定	群众安全感系数	街区街道眼全时辰覆盖率
文脉	区域协调融合	社会文化协调	与周边街区协调，与城市发展方向协调
	地域性的展现	人文化育	历史上的图画和诗词与自然环境的关系
		传统文化专项资金	根据历史文化传统分类拨款
	文化事业繁荣	文化设施容量	城市文化繁荣程度、文化设施人均面积及可达性、人均需求
		历史手工业与技术传承率	根据地方非物质文化遗产调研数据
	文化事业繁荣	传统生活方式与表演形式保留	地方非物质文化遗产调研数据与人口回迁率及历史人口变迁
	文化认同	庆祝重要的历史事件与保存历史建筑和街区	每年完成和实施的历史、文化保护项目的数量，公共艺术和文化宣传设施的数量
		参加文化活动的比例较高	每年参加该地区文化活动的人口百分比、可用于文化活动的公共空间数量
自然	自然环境优美	本地物种指数	记录在地树种与古树，本地植物物种率、大乔木率（为昆虫鸟类生物提供生态跳点及栖息地），记录生物停靠率及生物种类
		山水关系	汲取古代生态智慧（风水、堪舆）
		城市水环境质量	街区地表水环境质量（近海海域功能区水质达标率，集中式饮用水源地水质达标率，水体沿岸是否按生态学原则进行驳岸、水底处理）、水喉水达标率

（续表）

目标层	路径层	指标层 核心指标	支撑指标
自然	人工环境协调	城市与山水的关系	城市择址、轴线、规模、城市嬗变与山水形胜的关系
自然	人工环境协调	绿色建筑比例	根据各历史街区实际情况制定
自然	人工环境协调	人均公共绿地	与公共空间设计结合，根据街区内人群需求设计
自然	碳汇持续增加	绿量	二维绿量、三维绿量计算，绿廊与绿网建设，历史街区特殊绿化策略
经济	资源利用高效	非化石能源占一次能源比重	可再生能源利用率、分布式能源站建设以及与变电站、公交站的综合利用、建筑垃圾再利用率
经济	资源利用高效	单位 GDP 取水量	雨水收集利用率、中水回用率、海水淡化率、节水灌溉普及率
经济	政策激励活力	小型商业	街区中小商业多样性、商业业态与居住的结合方式
经济	政策激励活力	城市政策激励	城市发展政策对历史街区保护资金支持、政策激励及管理辅助
经济	政策激励活力	复兴政策	街区复兴政策符合国际及城市经济发展方向（生态文明建设）
经济	政策激励活力	贫困率	居民贫困指数、居民年人均可支配收入

② "评价指标—空间层级—复兴策略"层面的弥合

历史街区与城市及街区生态评价体系的耦合与策略的对应关系需要通过具体的空间形态层级的操作实现，而最终的空间实践离不开技术支撑。

运用"斑块—廊道—基质"[1]这一景观生态学层级术语描述历史街区在宏观—中观—微观层级上所包含的内容及与生态城市设计策略对应的职能与研究内容，分层耦合到生态指标层的对应关系上，从而构建一个系统性、整体性、多维度的目标（表4-5）。

---

1 "斑块—廊道—基质"是景观生态学用来解释景观结构的基本模式，普遍适用于各类景观，这一模式为比较和判别景观结构，分析结构与功能的关系和改变景观提供了一种通俗、简明和可操作的语言。它的启示来自麦克哈格《设计结合自然》，但其仅在景观评判时适用，后在屈米的拉维莱特公园设施中首次得到建筑与规划上的施展。景观都市主义中詹姆斯·科纳在《流动的土地》中将大地上所有的建成与自然环境看作大地的厚土（水平表面的分段）。

表 4-5　生态评价指标与历史街区空间形态层级弥合关系及不同层级的更新内容——空间层级与策略（资料来源：自绘）

历史街区空间尺度层级对应范围	生态策略的尺度层级对应主要职能	层级形态	历史街区空间尺度层级包含内容	生态设计策略的尺度层级对应研究内容	对应生态指标层
宏观：城市层级（与城市协调一体化）隐含的时间维度	构建城市生态网络，为生态历史街区提供背景基础	基质	历史街区在城市中的生态位与发展战略地位	历史街区空间形态和结构与城市整体空间结构协调（边界）	空间紧凑布局 土地利用合理 完整绿色交通 公共空间可达 生态系统整合（人工与自然环境协调） 区域协调融合（街区保护与城市发展方向一致） （深层支撑：古代生态智慧、国家发展政策、城市发展政策、现代生态理念及技术） 碳汇持续增加 自然环境优美
				优化历史街区在城市发展引导下土地利用模式	
		廊道	交通系统	完整、绿色交通系统协调一体化	
			街区能源	再生能源及街区能源系统	
		斑块	基础设施	生态基础设施建设协调发展	
			公共空间	历史街区与城市绿地景观生态和开放空间形成系统链	
			绿地景观生态		
中观：街区层级（五个动力机制的展开）隐含的时间维度	实施生态历史街区的空间载体，是城市层级和建筑层级的桥梁和纽带	基质	历史街区肌理历史街区空间结构历史街区密度与容积率	街区内禀生态性 街区土地利用（空间时间叠层、功能多样性） 空间形态 空间容量	空间紧凑布局 土地利用合理 人工自然环境 资源利用高效 经济活力品质 文脉传承指标 管理保障机制 幸福安全稳定 人文化育保障
				人口密度与保有率 街区微气候的营建	
			基础设施	生态基础设施运用，灰绿基础设施结合，生态基础设施与人文化育	
		廊道	道路交通（居民通勤方式、休闲方式）	快速交通系统：道路交叉口、速度控制、公共交通系统、周边道路交通与慢行系统的连接 慢行交通系统：宜人的步行体系、自行车系统	文化事业繁荣 碳汇持续增加 自然环境优美 地域性的展现 建筑环保节能 公共服务健全 土地利用合理 人工环境协调 高效绿色交通 （深层支撑：古代营建智慧与技术、历史街区保护规划、多元合作管理、城市政策与经济激励）
			街区边界（历史城市、历史街区保护边界）	边界的分类、功能、形态与曲度 生态边界营建的规划与策略 滨水边界的可达与保护控制范围	
			绿地廊道	廊道的功能与作用、生物廊道保障生物多样性	
		斑块	公共空间及设施	结合微气候的公共空间系统设计	
			街区尺度	弹性的小尺度街区 宜人的街区空间尺度	
			绿地景观	适宜绿量的历史街区	

(续表)

历史街区空间尺度层级对应范围	生态策略的尺度层级对应主要职能	层级形态	历史街区空间尺度层级包含内容	生态设计策略的尺度层级对应研究内容	对应生态指标层
微观：地块（建筑）层级（街道与建筑负空间）隐含的时间维度	维护微观建筑环境，为绿色街区城市设计策略提供行动支撑	基质	街道界面	历史街区肌理及街区风貌 完整街道的设计（无障碍、全路权）	幸福安全稳定 地域性的展现 文化事业繁荣 人工环境协调 自然环境优美 建筑环保节能 适宜技术 （深层支撑：历史街区保护与发展、多元合作管理、现代生态建设适宜技术）
		廊道	过渡界面（灰空间、小型休憩场所、小商业聚集空间、背街）	背街的复兴 步行空间的营造及设计 宜人的空间尺度	
		斑块	建筑界面	危旧房屋及影响街区环境的房屋修缮 新建建筑与文脉地域的融合 绿色建筑界面建筑形式、文脉、体量、立面、夜间景观照明分区与感知等	
各层级系统之间交互、弥合、促进					

4.1.4 综合生态观理论的构架原则

（1）耦合对象原则

综合生态观的构建应做到具体对象具体问题具体分析，使之具有一定的针对性，从而使构建的体系真实、可靠、可行。综合生态观的构建对象是历史街区，是基于历史街区的复兴上，所以其生态理念的选取，应从历史街区本身的物质基础、研究基础和实践基础出发。而具体的研究对象是居住型历史街区，应针对居住型历史街区本身的价值、特征，还有居民本体的日常生活。因为各国家各地区的经济文化和地理差异，所以地域性或在地性也是重要的耦合对象的要素。

（2）袭旧创新原则

综合生态观下的历史街区复兴的整个过程就是一个历久弥新、袭旧创新的过程。在复兴策略的探索中，应重点考虑古代生态智慧遗留下来的宝贵经验，从更大尺度的生态环境和系统出发，寻求山水城人的内在关系，再回视探究现在历史街区出现的问题是否因过于在乎现代的发展而忽视了以往的生态智慧。同时，吸取历史街区保护与发展的历史实践和研究成果，在结合现代生态理念、古代生态智慧的基础上，将创新运用到理论研究、实践策略之中。

（3）可行可操作原则

历史城市的历史街区起源于顺应自然的生态智慧，而现代生态理念的发展与历史街区保护思想和理念发展几乎并行了半个多世纪，可见人们意识到自然生态的问题与历史遗产保护的思想是同时觉醒的。综合生态观的构建，应基于对生态理论和历史街区原则、内在特性、目标体系、价值体系等的可行性分析，针对具体的对象，提出耦合结构。在策略的研究中，应根据综合生态观的构架，提出可落地、可操作的策略，并依靠政策推进和公众参与获得实施可行的保障。

（4）系统整体构架原则

历史街区是基于城市而存在的一个区域斑块，是整个城市生态系统的一部分，起源于城市的山水林城关系，其发展与嬗变源于城市结构和功能的变迁。所以，其构架应从整体宏观的生态理念入手，其策略方向也应从整个城市生态系统开始，从宏观渗透到可操作的微观层面，其构架应包含宏观理念整体构架、中观理念组织要素、微观理念技术支撑。

（5）公平共享原则

综合生态观构建的公平共享原则应包含几个层面的含义：①现代生态理念与古代生态智慧耦合与包容；②在对生态理念的加注中，发掘传统保护与发展规划中的可持续发展的保护文件和规划方法，最大限度发掘历史街区内秉的生命力才是复兴的根本；③人人共享、人人平等才是人能长久居住并保有文化自豪感和文化认同感的根本原因；④城市就是自然的一部分，整个城市与自然的土地是一个厚土，活动的生命体、水、大气、城市、资源都是这个厚土上的一个凸起的小颗粒，所有生物包括人类，都是厚土上平等的凸起，我们使用它、依赖它，也是构成它的一部分。

（6）多尺度原则

城市生态系统是一个有机整体，历史街区虽是中观层次的研究对象，但其起源于历史城市，与现代城市同处于一个时空中，被同样的生命体使用。综合生态观下的历史街区复兴计划需要与城市发展战略、城市空间结构、城市交通体系、城市基础设施、城市公共空间、城市绿地景观协调统一，完成整个城市生命体的生态整合。所以它是跨越宏观、中观、微观尺度的多尺度整合。

4.1.5 以历史街区为研究对象的"综合生态观"

古人的生态智慧是基于对天、地、生、人系统的整体认知对地理环境与气候的回应、对地域文化与社会生活的理解以及对资源有节制的消费模式，运用规划与建造活动中所获得的生态经验，经过长期的调适与实践，形成的一套高适应性、低能耗的规划方式、技术体系与营建机制。规划者、建造者和使用者共同建造、调适与传承这种生活与生产并不可少的营建活动。这种包含内禀生态智慧的规划和营建体系可以历久弥新，但是其传承是在封闭的、自然生长的社会环境中，且传承模式是单线的、不稳定的，难以承载人们对现代生活的居住需求，资源利用方式粗放性也会使日益恶化的环境雪上加霜。这种基于自发性、经验性与自然演替机制下的营造体系难以实现生态发展。

生态是生命生存、繁衍、发展、进化所依存的各种环境条件和生命主体间相互作用的耦合关系[1]。综合生态观以营造内禀生态历久弥新的、生态整合格局与功能的、生态宜居空间形态与容量的、生态完整道路网络与慢行系统的、生态弥合灰绿基础设施的、生态公平多元协作的、生态成境人文化育的历史街区为目的。基于综合生态观，历史街区在时空演替过程中构建一种耦合国家政策的，符合城市发展方向的，整合自然、文化、社会、宜居和经济五位一体的新秩序。

综合生态观是一门基于多尺度、不同时期生态理念的，以多学科交叉、多时空维度综合研究历史街区复兴的理论与方法。综合生态观还是一种自组织、自调节、自适应的定向进化过程，其演替目标是低的物质流通量、高的能值转换率、畅通的信息反馈、闭路的生命周期、发达的共生关系、强的自组织能力和生命力、高的应变力和多样性。生态演化，必须有生物主体、支撑环境、多样性的结构和反馈循环过程，必须具备开拓竞生、循环再生、适应自生和整合共生的动力学机制与正负反馈的自调节能力。

综合生态观基于历史街区内禀的生态性、融合古人的生态智慧和现代的生态理念与技术，以古代生态智慧的实践结合现代生态城市与街区的创建实例，将生态这个大概念与空间结合，尺度推释至更加可操作的街区层面。历史街区作为一个街区层级的古人生态智慧的载体，其自有的地域性和内禀的生态性将促使古今生态思想和技术的融合，从而达到创造适应现代城市环境

---

1 王如松. 生态整合与文明发展 [J]. 生态学报，2013，33（1）：1-11.

的生态历史街区的目标。综合生态观是基于生态系统良性循环的原则，建立在与五位一体和谐共生的基础上，结合现代生态理念与技术，发掘传统营建中的生态智慧与经验，运用多学科的集成成果加以控制，实现历史街区整个生命周期循环过程的生态要求，能够满足居住者弹性需求、适宜生态、体现在地性的历史街区的复兴。

综合生态观的理论构建分为七个部分：现状问题、整体构架、组织要素、研究框架、目标体系、组织动力、技术支撑（图4-3）。

①现状问题，以生态视角重新审视与探究历史街区复兴，提出了三个方面的现实问题：历史街区综合空间环境的失落；历史街区与历史城市文脉的

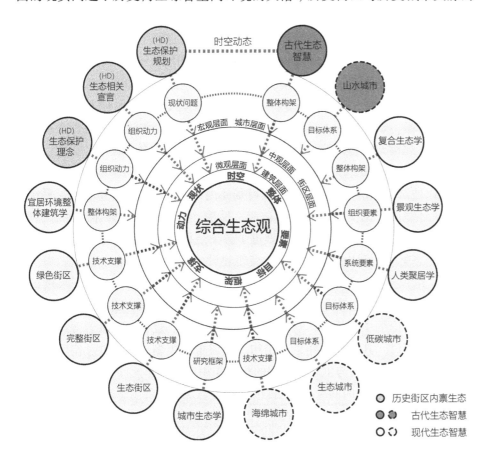

图4-3　综合生态观的支撑构架（资料来源：自绘）

断裂；历史街区与城市生态发展的割裂。从解决问题出发，根据整体系统分析，多时空维度、多学科交叉研究，运用社会调研、量化研究和实证比较分析等研究方法构建以历史街区为研究本体的"综合生态观"理论体系，并以此指导进行复兴策略的探究。

② 整体构架的理论支撑主要来自古代生态智慧、复合生态学和宜居环境整体建筑学。古代生态智慧是基于地域性认知、对资源有节制的，取环境之利、避环境之害的，适宜的，低能耗的，经过长期实践和修正的生态理念，它反映了中国传统的哲学生态空间体系，即生态时空论、生态本体论、生态工夫论、生态境界论，还有中国传统生态城市的结构与营建，以及城市空间发展深层结构。宜居环境整体建筑学提供了一种全尺度整体性的系统构架思维，将各个城市、街区、建筑的形态、功能和嬗变过程与宜居生态联系到一起。复合生态学重视中国几千年来形成的"观乎天文以察时变，观乎人文以化成天下"的，包括道理（自然规律：天文、地理、物理、生物）、事理（人类活动的合理规划管理：政事、农事、军事、家事）、情理（人的信仰及行为准则：心理、伦理、道德、宗教）的人类生态理论体系，通过结合先进的生态理念提供给综合生态观构架。整体构架结合中国特色的经济、社会、政治、文化、自然五位一体的生态系统方法及各子系统的结构与功能，进行科学的生态整合（核心），以便对健康的生态系统的主要特征（内禀生命力、资源承载力、系统协调力、环境应变力）进行开拓、适应、反馈、整合的还原整体的生态过程。同时，生态文明建设的国家形势推进了各个层面的生态环境的物质基础建设（自然生态整合）和生态文化的上层建筑建设（社会生态整合）。

③ 组织要素的理论支撑主要来自景观生态学城市尺度和中观尺度的指导。在人类活动与生态学过程相互作用日趋重要的时候，逐渐形成了现代景观生态学理论的主要构架，对空间异质性、格局、过程、尺度、等级等进行多方位的探讨。其研究范畴景观结构（组成单元类型、多样性、空间关系）、景观功能（景观结构与生态学过程的相互作用或结构单元间相互作用）、景观动态（结构和功能随时间变化）也提供综合生态观重要的生态过程和系统要素。景观结构单元"斑块—廊道—基质"模型是一切景观空间结构的基础。

④ 研究框架的理论支撑来自城市生态学的发展和不断更新的探讨，其中重点吸取玛丽娜·阿尔贝蒂和理查德·福曼（Richard Forman）对城市生态学的研究框架经验，其中街区镶嵌体概念成为本书重要的生态概念。福曼提出

的城市生态学的研究框架、空间格局与镶嵌体（生境的范围、镶嵌体的组成、要素的配置和位置、要素的分布密度）、流与运动（镶嵌体要素间的相互作用强度，相互交织的镶嵌体间的相互作用，水、气、生物运动，机械运动）、变化（干扰引起系统行为不停调整和自适应、演替，渐变系统的稳定性、平衡性，抵抗力，恢复力）对本书的研究框架建立有很大的支撑作用。

⑤ 目标体系的理论支撑主要来自低碳城市、生态城市和山水城市继承的古代生态智慧与山水人城关系。反思现代城市高速发展所带来的城市问题，探究历史如何保护、新城如何发展。生态城市的研究和理论体系，提供了很多国内外生态城市实践项目及生态城市评价体系与中观层面的生态评价体系的结合，使生态新城与历史城市联动发展。

⑥ 组织动力主要来自历史街区保护与发展现有的生态性的重要的宪章、公约、宣言和保护规划方法。已有的生态保护理念：整体新保护，小尺度有机更新，历史街区可持续发展，文化基因、针灸织补，历史街区的生态化保护，历史街区是一个生态系统等等，以及历史街区内秉的生命力，都是综合生态观构架的重要动力机制。

⑦ 技术支撑主要来自海绵城市倡导下的绿地基础设施（Green Infrastructure，GI）技术、绿色雨洪管理设施（Green Stormwater Infrastructure，GSI）、生态基础设施（Ecological Infrastructure，EI）技术。它们将支撑各个尺度的综合生态观的社会服务，雨水管理和生物多样性等可以实现。很多已实施的城市、街区、建筑的案例可提供可行性研究。生态街区理念将提供街区和建筑层级指标体系及空间研究和空间规划方面的支撑。完整街区理念作为公共空间公平性、生态性、安全性的理念，将为街区网络、街区结构、街区生态、街区活力的研究提供深入的实施策略构建体系，以达到安全街区、绿色街区、活力街区、公平街区的目标。绿色街区理念讨论了街区层面和建筑层面空间环境要素（用地布局、路网结构、街道空间、空间容量、开放空间、建筑形态、街区活力）以及互相之间的制约与促进关系，并对绿色街区尺度做了详细阐释。

综合生态观理论的全面营建如表 4-6 所示。

表 4-6　综合生态观理论的全面营建（资料来源：自绘）

理论支撑	理论项目	作用尺度	主要要素提取
现状问题	历史街区保护与发展	城市、街区、建筑	历史街区综合空间环境的失落；历史街区与历史城市文脉的断裂；历史街区与城市生态发展的割裂
整体构架	古代生态智慧	城市、街区、建筑	生态时空论、生态本体论、生态工夫论、生态境界论，中国传统生态城市的结构与营建，城市空间发展深层结构
	宜居环境整体建筑学	城市、街区、建筑	宜居与城镇形态、城市形态和建筑形态、建筑构型的关系
	复合生态学	城市	中国古代生态智慧（道理、事理、情理的人类生态理论体系），中国特色的经济、社会、政治、文化、自然五位一体的生态系统方法，生态系统的结构与功能，健康的生态系统的主要特征，控制论原理
组织要素	景观生态学	城市、街区	研究范畴：景观结构、景观功能、景观动态；理论主体构架：空间异质性、格局、过程、尺度、等级；景观结构单元：斑块、廊道、基质
研究框架	城市生态学	城市、街区	研究框架：格局、过程、功能；格局、驱动力、过程、变化；空间格局与镶嵌体，流与运动、变化。重要概念：街区镶嵌体
目标体系	生态城市	城市、街区	国内外生态城市实践项目，生态城市评价体系与中观层面的生态评价体系的结合，生态新城与历史城市联动发展
	低碳城市	城市、街区、建筑	国际"碳中和"发展趋势与国家 2060 碳中和目标。历史城市与历史街区低碳的交通方式、生活方式的继承与发展，及对现代城市及街区的反馈
	山水城市	城市	继承古代生态智慧与山水人城关系。反思现代城市高速发展所带来的城市问题，探究历史如何保护、新城如何发展
组织动力	历史街区生态保护理念	城市、街区、建筑	现有的生态保护理念：整体性保护，小尺度有机更新，历史街区可持续发展，文化基因，针灸织补，历史街区的生态化保护，历史街区是一个生态系统
	历史街区生态相关文件	城市、街区、建筑	重要的宪章、公约、宣言、保护方法中与综合生态观构建相关的陈述
	传统的历史街区保护规划	（现状问题）	根本性问题，价值取向问题，被搁置的居住型文化街区，空间形态失落，基础设施进退两难
技术支撑	海绵城市	城市、街区、建筑	海绵城市、韧性城市、弹性城市的目标理念，绿色基础设施（GI）、绿色雨洪管理设施（GSI）、生态基础设施（EI）各个尺度的技术支撑使社会服务、雨水管理和生物多样性等可以实现。各个城市、街区、建筑的案例可提供可行性研究
	生态街区	街区、建筑	生态街区评价指标：三个必要指标（公平、复原力、气候保护）和六个优先指标（活力、繁荣、健康与福利、连通性、生活基础设施、资源再生和可持续）；空间研究内容；空间规划实施内容
	完整街区	街区、建筑	目标体系：安全街区，绿色街区，活力街区，公平街区；研究内容：街区网络、街区结构、街区生态、街区活力
	绿色街区	街区、建筑	空间环境要素：用地布局、路网结构、街道空间、空间容量、开放空间、建筑形态、街区活力，互相之间有制约与促进关系；街区文化生态；绿色街区尺度

4.2 综合生态观下的历史街区整体营造的动力机制及影响因素

人类文明生态进化发展过程见图 4-4。

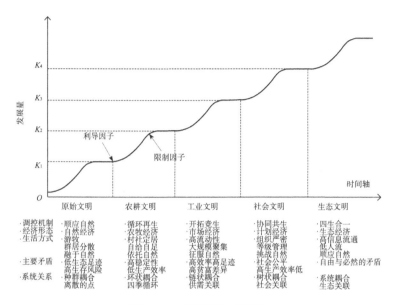

图 4-4 人类文明生态进化

[资料来源：王如松. 生态整合与文明发展 [J]. 生态学报. 2013, 33（1）: 1-11.]

4.2.1 文脉传承，地域性因素

是什么原因吸引人们居住于历史街区？其中最重要的原因是街区的历史特征所带来的归属感和居民人人共同记忆引起的内心共鸣，长期的、统一的，不需要更多言语的、默契的生活模式，通过各种方式潜移默化地沉淀于大地这个厚土上。文化认同感来自特殊的仪式感或社会关系，文化自豪感来自物化后的现实仪式所引起的更多人的文化认同。就如波士顿的自由之路，带领世界的人们走进美国起源的波士顿，带给贝肯山历史街区更多的文化自信，以及旅游者带来的经济价值，使更多为之自豪的人们愿意长期居住于此，或世世代代居住于此。

根据联合国教科文组织《世界文化多样性宣言》（2001 年）所述，文化是"一个社会或一个社会群体的一套独特的精神、物质、智力和情感特征，包括艺术和文学、生活方式、价值体系、传统和信仰"[1]。城市遗产是一种社会、文化和经济资产和资源，反映了历代发展、解释和传播的价值观念的动态历史分层，以及在多样性中承认的传统和经验的积累。新版《中国文物古迹保护准则》[2]在强调文物的历史、艺术和科学价值的基础上，又充分吸纳了国内外文化遗产保护理论研究成果和文物保护、利用的实践经验，进一步提出了文物的社会价值和文化价值。社会价值和文化价值不仅是大量文物自身具备的价值，同时社会价值还体现了文物在文化知识和精神传承、社会凝聚力产生等方面所具有的社会效益，文化价值还体现了文化多样性的特征和与非物质文化遗产的密切联系。

生态文明的"文"，是指个体人和群体人与自然、经济、社会环境关系的纹理、脉络或规律，是一种时间、空间的生态关联[3]。生态环境是人类生存发展的物质基础，而生态文化是社会持续发展的上层建筑，包括生态观念、生产关系、生活方式、生态制度、生态经济、生态哲学、生态美学等领域的物态、心态、体制和认知文明，涉及物质代谢、事权运筹、人情调理间的系统耦合关系、人文进化过程、环境融合机制及社会管理状态，表现在社会发展的机制、体制和进化功能上。生态文明融入文化建设，就是要处理好价值观念、思想境界、道德情操、精神信仰、行为规范、生活方式、风俗习惯、学术思想、文学艺术、科学技术等领域人与自然、人与人以及局部与整体的认知文明和心态文明问题，引导生态文化的传承与创新、人与自然关系的功利、道德、信仰和天地境界的健康发展[4]。

4.2.2 宜居环境，核心价值因素

中国古代生态智慧的生态本体论中，"宜"包含了自然和社会法则。中国古代"礼"的体系由五个基本要素构成：时、顺、体、宜、称。其中"宜"的内容为自然与社会空间的大小与发展符合其内在法则[5]。"宜"包含了礼制中的城市空间营造的系统控制，其原则以时、空或情境为准则。"宜"也包含了中观和微观层面的生态空间组合设计与建筑设计准则。

---

1 United Nations Conference on Housing and Sustainable Urban Development. HABITAT Ⅲ [R]. Quito, 2016.
2 国际古迹遗址理事会中国国家委员会. 中国文物古迹保护准则 [M]. 北京：文物出版社，2015.
3 王如松. 生态整合与文明发展 [J]. 生态学报，2013，33（1）：1-11.
4 王如松. 小康大智 生态中和 [J]. 前线，2013（2）：41-43.
5 张杰. 中国古代空间文化溯源 [M]. 2版. 北京：清华大学出版社，2016.

齐康院士在《宜居环境整体建筑学构架研究》中提出：宜居环境是一个复杂而整体的系统工程，包含自然因素和人为因素，每个地区、每个时段人们对宜居和幸福感都有不同的标准和要求，社会不同层次也有不同的要求，发达和较发达地区与欠发达地区会有所不同，我们要以制宜的态度去分析[1]。宜居环境强调的是针对居民的生态宜居的居住环境。居住环境是指围绕居住和生活空间的生活环境的总和[2]。建设部2007年颁布的《宜居城市科学评价标准》包含6个一级指标29个二级指标，指标包含社会文明度、经济富裕度、环境优美度（决定性因素）、资源承载度、生活便宜度、公共安全度。在基于历史街区复兴导向的生态评价指标体系提取中，宜居环境子项中包含了空间紧凑布局（综合容积率、开发强度、混合用地、地下空间）、土地利用合理（公共空间标准、生态空间补偿、特殊价值的自然区域禁止开发）、高效绿色交通（绿色出行比例、新能源汽车使用比例、智能交通系统覆盖率、道路质量）和建筑环保节能（单位面积建筑能耗、建筑节能、绿色施工）。

"吸引人们居住于历史街区的另一个原因，是街区拥有良好的城市区位和便利的居住环境。"[3] 良好的居住环境应包含安全性、健康性、便利性、舒适性和可持续性。除可持续性是全局指导外，其他四个都有明确的分类与定义。宜居环境形成过程具备安全性及由此而来的安全感是最为重要的，理应保障安全的对象首先是居民的生命、身体，其次是财产，接下来为活动和功能。宜居环境的安全性由日常安全性和灾害安全性组成，日常安全性包括防范性、交通安全、生活安全。灾害安全性包括灾害的总体安全、火灾安全、洪涝灾害安全、地基灾害安全、地震及城市型灾害安全。宜居环境中健康性即指提供不受周边环境不良影响的健康生活，大体上可分为物理环境（温度、噪声、光照、放射线）、化学环境（大气污染、光化学污染、有毒物质）和生物学环境（引起疾病与感染的细菌、微生物、病毒）。宜居环境中便利性大致可分为日常生活的便利性、公共服务设施利用的便利性、交通工具利用与公共交通搭乘的便利性、无线网络及信息流通的社区服务便利性。便利性与街区尺度、街区网络布局、交通方式都有密切的关系，是宜居要素的重要因子。宜居环

---

1 齐康.宜居环境整体建筑学构架研究[M].南京：东南大学出版社，2013：18-52.
2 浅见泰司.居住环境：评价方法与理论[M].高晓路，张文忠，李旭，等译.北京：清华大学出版社，2006.
3 蒂耶斯德尔，希思，厄奇.城市历史街区的复兴[M].张玫英，董卫，译.北京：中国建筑工业出版社，2006：97-101.

境对舒适性的捕捉主要在以下五个方面：使空间性能得以满足的地区空间结构、创造身边自然环境的绿色与自由空间、反映地区文化生活和历史的街道、综合表现地区活动的土地利用方式、基于环境价值的认同和环境管理的安定的聚居行驶等。

4.2.3 经济发展，效率性因素

城市既是历史文化的载体，又是社会经济的文化景观[1]。"为了成功地达到他们的目标，人们必须考虑到他们在其中活动的、由过去变化而来的现实环境。不考虑这些环境，人们就会注定以唯意志论的方式行事，那就是忽视对现实的认识，因而也就不能保证达到他们所追求的目标。"[2]

在史蒂文看来，所谓的历史街区的复兴就是缓解历史街区的功能与现代需求之间的不协调。这种不协调或因为物质结构本身，或来自街区内的经济活动。在历史街区保护的进程中，经济价值是支撑所有其他理由的基础价值。在《城市历史街区的复兴》中，史蒂文提出街区功能和经济方面的联系，经济上相互依赖、紧密联系的聚集性活动可以成为一个街区的特征。在里普凯马（Rypkema）提出"保护经常谈及各种历史资源的'价值'：社会价值、文化价值、美学价值、城市文脉价值、建筑价值、历史价值以及场所感的价值。事实上，一种最强有力的理由是，对其所在的街区来说一座历史建筑具有多层次的价值"的观点后，史蒂文提出支撑所有价值的基础是"经济价值"，保护的最终要求一定是一种合理的经济和商业目标的选择。如果历史建筑只是由于法律和土地利用规划的控制才得以保护，那么各种问题将会出现[3]。严格法规和规划只是为了对物质形态的保护加以控制而限制多方利益的乱拆乱建，但无法彻底激发街区的活力和提升价值，一个需要循环流动、协同共生的街区是需要自己秉持其经济生命力的，经济生命力也是效率因素的表现。具有经济价值的物质具有四个特性：稀缺性、购买力、需求和实用性。历史街区无疑具有稀缺性，但实用性和市场需求不足，要吸引投资，历史街区就一定要比替代方案有更大的经济价值。换言之，历史建筑的使用成本、街区本身的活化成本必须低于其他竞争方式。

---

1 张松. 历史城市保护学导论：文化遗产和历史环境保护的一种整体性方法[M]. 2版. 上海：同济大学出版社，2008：13-15.
2 托波尔斯基. 历史学方法论[M]. 张家哲，译. 北京：华夏出版社，1990.
3 蒂耶斯德尔，希思，厄奇. 城市历史街区的复兴[M]. 张玫英，董卫，译. 北京：中国建筑工业出版社，2006.

人类文明从原始文明发展到生态文明经历了自然经济、农牧经济、市场经济、计划经济等经济形态时期，生态文明的建设使生态经济成为未来经济发展的目标。在基于历史街区复兴导向的生态评价要素与目标体系中，体现为资源利用效率（碳排放、清洁能源利用比例、单位 GDP 主要污染物排放强度、单位 GDP 取水量）、经济活力品质（小型新型经济活动、第三产业占 GDP 比重、就业率、消费能力）。

4.2.4 社会政策，公平性因素

人类发展史上先后经历了原始社会、奴隶社会、封建社会、资本主义社会、社会主义社会等由低级阶段向高级文明的发展。18 世纪以前，原始社会以后，奴隶制和封建制造就了自然人从出身开始法理上天然的不平等，血缘、宗族成了控制权利和经济的主体命脉。直到 18 世纪上半叶，孟德斯鸠、伏尔泰、卢梭等杰出的思想家和哲学家提出了资产阶级民主思想，"人人生而平等"也是他们的根本观点之一。美国《独立宣言》开篇便提出了"人人生而平等"的"天赋人权"，并指出这些权利不应该被剥夺[1]。1789 年，《人权宣言》的纲领性文件在法国大革命时期被颁布。它采用启蒙学说和自然权论，宣布自由、财产、安全和反抗压迫是天赋不可剥夺的人权。其第一条言明："在权利方面，人们生来是，而且始终是自由平等的。"之后，新宪法所附《人权宣言》宣布"社会的目的就是共同的幸福"。

"居者有其屋"出自孙中山的民生思想，意指凡是需要定居的人都应当获得住所。"安得广厦千万间，大庇天下寒士俱欢颜。"杜甫一千多年前的诗文就表达了人类对居所的渴望，虽然这是人类最基本的需求，但到如今也还是世界一大难题。《世界人权宣言》中第二十五条规定："人人有权享受和维持他本人和家属的健康与福利所需的生活水准，包括食物、衣着、住房、医疗和必要的社会服务。"我国也是签约国之一。历史街区的居住权和住房权在土地改革、私房改公房、上缴归还等运动中逐渐变得产权复杂，产权密度较高，导致权责利界定模糊，客观上推动了很多利益主体对建筑的过度使用行为，为外力强行介入提供了机会。综合生态观中，住房公平是非常重要的项目，

---
1 美国《独立宣言》第一章第二段：We hold these truths to be self-evident, that all men are created equal, that they are endowed by their Creator with certain unalienable Rights, that among these are Life, Liberty, and the pursuit of Happiness.（我们认为这些真理是不言而喻的：人人生而平等，造物者赋予他们若干不可剥夺的权利，其中包括生命权、自由权和追求幸福的权利。）

其策略也会重视街区内的住房价格在可负担得起水平的住宅单位百分比、这种住房占居住单位的百分比、较差条件住房的百分比、该地区的住房和交通负担能力指数等问题。

综合生态观中，自上而下的政策推进、自下而上的公众参与、多方共同协作是社会生态的保证。综合生态观，不仅希望人人享有合适的住房，而且对教育公平、就业公平、公众参与、资源公平也非常重视，并应为居民提供公平的健康福利政策。在城市公共空间和街道规划中要求城市街道是整体规划、设计、建造、运营和维护以提供安全、便捷、舒适的进入和穿行体验，并且它对所有年纪和身体状况的使用者及所有交通方式提供相同的路权，一个社会生态的街区不但能保障交通安全，而且会带来环境、社会和经济方面的效益，使可达性最大化，满足服务多交通方式的街道，从而达到安全街区、绿色街区、活力街区、公平街区的目标。

4.2.5 自然环境，支撑性因素

自然环境要素是城市生态、街区生态的支撑性要素，是人类生存生活的背景，从古代生态智慧到现代生态技术就是一个从顺应自然，与自然协调均和到主动调节自然的过程。王如松阐释的社会生态整合机制就是指人类种群及其生境在世代适应自然、改造自然的生存发展过程中积累的文化和智慧。中国生态空间哲学观的构建中，"观象授时""天人合一""万物相生"的生态时空观、择吉择宜的生态本体论、城市营造的生态工夫论和山水城人的生态境界论就是在阐释人与自然在这几千年中适应自生、开拓竞生、循环再生、整合共生的过程。

人类聚居学中将自然系统作为构成城市系统的第一要素，"人类聚居环境首要的、最普通的元素是自然，尽管人们不生产自然，但有责任视之为一个有组织的系统"[1]。宜居环境整体建筑学中也提到"宜居最重要的就是要有好的自然环境"。在复合生态学研究中，自然环境作为人类生存发展的物质基础，包括了物质代谢环境（水、空气、生物质、矿物质）、生态服务环境（土壤、气候、水文、陆域、空域）、生物共生环境（植物、动物、微生物）。在城市生态学的研究中，自然要素主要以物质流与代谢的方式影响着城市空间形态，包括城市能源、城市气候、城市地质地貌、城市土壤、城市水文、城市生物。

1　Doxiadis C A. Ekistics, the Science of Human Settlements [J]. Science, 1970（170）: 393-404.

在历史街区中，综合生态观的自然要素展现主要也是以流与运动、变化与反馈的形式展现在对空间复兴的影响中，如自然山水与地质地貌对城市街区空间布局与发展的影响，水、能源、气候在纵向空间层级和横向镶嵌体间的流与运动及空间的关系，街区镶嵌体内部要素（能源、水、生物）的流的运动，小尺度生境、生物多样性街区的营造，等等。

4.3 综合生态观下的历史街区整体营造的基本规律

4.3.1 整体系统，有机复合

芒福德（Mumford）曾受盖迪斯（Geddes）启发，从生态学出发，强调生物的总体、环境的作用，人成为自然界的一部分。[1]地球上所有生命一起构成一个整体，这个整体能够使地球的生物圈满足它的全部需求，而且赋予它远远大于其他部分之和的功能。一个良好的人居环境是整体圆满的，人既是生物圈内"生物的人"，也是社会文化环境中需求多种条件满足的"社会的人"[2]。

西方的地学观念认为大气圈、水圈和岩石圈是没有生命的无机界，只有生物和人类智慧才是有生命的有机界[3]。而中国古代风水学的智慧认为天、地、生、人构成一个整体性大自然，有循环、轮回、新陈代谢。阴、阳是宇宙最基本的两种力量，生命在于阴、阳的结合。老子《道德经》曰："万物负阴而抱阳。"《周易·系辞》曰："一阴一阳谓之道。"阴、阳是事物内部对立统一的两面，二者相互依存，相互制衡，阴阳消长而万物化生。"道生一、一生二、二生三、三生万物""万物生于一，复归于一"，万物从虚无中化生，从简单向复杂演进，最后又复于简单。这是个生生不息的有机循环和演进过程[4]。

《周易·系辞》曰："易有太极，是生两仪，两仪生四象，四象生八卦。"天、地、生、人由一颗阴阳的太极之种生发，形成一个圆满自足的、自组织自循环的、自本自根的自然活体。这个活体在阴阳之气的作用下成倍、成对地裂变、演化、细化，逐渐形成多样、统一、有序、和谐的大自然。风水家认为天、地、生、人自有自己的法则，《吕氏春秋》曰："人与天地同。"人能主动参与天地，

1　Mumford L. The myth of the machine I: technics and human development [M]. New York: Harcourt and World, 1967.
2　吴良镛. 人居环境科学导论 [M]. 北京：中国建筑工业出版社，2001:48.
3　于希贤，于涌. 中国古代风水的理论与实践：对中国古代风水的再认识 [M]. 北京：光明日报出版社，2005.
4　杨柳. 风水思想与古代山水城市营建研究 [D]. 重庆：重庆大学，2005.

效法天地，但不能改变天地。天运旋转，地气应之，天气动于上而人为应之。若妄图更改天地气韵也是徒劳，自然会达到新的平衡态（图4-5）。

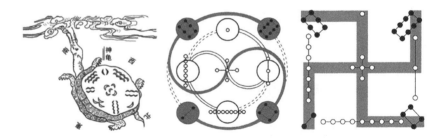

图4-5　龟背列书和洛书中的阴阳、五行、八卦
[资料来源：马步真.伏羲文化中的河图洛书[J].天水行政学院学报，2020（2）：121-127.]

中国传统生态思想中，将天、地、生、人各大系统都作为有机的、有生命、有轮回、有新陈代谢的一个整体性的系统。阴、阳是宇宙间最基本的两种力量，它们的结合产生生命的种子。

生态城市的核心思维就是整体性和系统性，所谓"Think Globally，Act Regionally"，即"放眼全球，解决地区"，生态城市不同层级的理论将指导历史街区等各个子系统结构合理、功能高效、关系协调，从而建立一个人尽其才、物尽其用、地尽其力、社会安宁平和、自然协调发展、经济平稳发达的城市。

生态系统是一个自组织、自调节的主动系统，一个与环境协同进化的开放系统。王如松先生在《生态整合与文明发展》中提道："现代生态学正从自然生态学向社会生态学转化……逐渐从古代整体论、近代还原论回归到未来的还原——整体融合论进化……成为人类社会、经济、政治和文化协同交叉的可持续发展科学。"[1] 认同历史城市形成规划与发展的生态整体控制论，并继承学习它与近代还原论结合形成现代生态理论。还原论本质上是结构（空间）分析法，整体论则是信息时间把握法，运用两种方法从不同途径考察系统功能，才能全面认识其机理，从而形成新的认知城市历史，形成还原—整体融合论历史城市生态学。

4.3.2　自主更新，共同生长

中国的"自然"一词始见于老子的《道德经》，"有物混成，先天地生……

1　王如松.生态整合与文明发展[J]生态学报，2013，33（1）：1-11.

地法天、天法道、道法自然",这里的自然,即"夫莫之命而常自然",是事物自然如此的,天然的,非人为的,自己生长、发展、变化的意思,天地是一个自给自足、自本自根的自然活体。古希腊"自然"一词是与动词"生成"结合起来理解的,即隐含着"事物在其自身的权利中具有生长、组织和运动的天性"。亚里士多德认为:"本性就是自然万物的动变渊源。"[1]

"共生"(intergrowth)来源于希腊语,在生物学中最早由安东·德·贝里(Anton de Bary)于1879年提出,指不同种属按某种物质联系而生活在一起。在生态学中,各种生命层次以及各层次的整体特性和系统功能都是生物和环境长期共生、协同进化的产物,共生关系是生物种群构成有序组合的基础,也是生态系统形成具有一定功能的自组织结构的基础[2]。雷姆·库哈斯(Rem Koolhaas)曾说:"城市就像空中流动的云朵。"城市处于永恒的动态环境下,城市的形式源自历史的肌理,而它的物质性则推动我们去寻找新的技术来合理推动建成形式的发展[3]。共同生长隐含了时间和空间轴上的意义。空间上,建筑、街区与城市共同在大地上立体生长;时间上,历史建筑、历史街区和历史城市逐渐动态自主地发展为适宜于现代人生活的,有集体记忆和融于社会历史文化环境的宜居场所。

能形成共生关系的几个单元特征一般包括:① 空间上的邻近性;② 时间上的长期性;③ 功能上的互补有利性;④ 个体之间的差异性;⑤ 作用关系的协调性。城市系统中共生单元存在着社会经济政治这一共生界面,在其范围内,生物体和人通过自身活动与城市资源、环境发生联系,使城市各子系统间有稳定的关联度,各共生单元的基础参量则具有较大的兼容性。共生不仅发生在单元与单元间,整体与部分、街区管理部门与人群也存在共生关系。共生关系根据类型可分为共栖、互利共生和偏利共生。

黑川纪章的"共生"思想表示时间轴与空间轴上的多样性[4]。向前与向后看的时间轴也暗示着历史象征,如历史形态中所存在着的看不见的思想、审美意识、生活方式、历史记忆、心象风景等。黑川纪章在广州珠江口地区城市设计中提出十项共生原则:自然与城市的共生;不同时代的共生;其他生物和人类的共生;传统与现代的共生;经济与文化的共生;科技与艺术的共生;多

---

1 杨柳.风水思想与古代山水城市营建研究[D].重庆:重庆大学,2005.
2 沈清基.城市生态环境:原理、方法与优化[M].北京:中国建筑工业出版社,2011:38-41.
3 Moneo R. Remarks on 21 Works[M]. [S.l.]: Thames & Hudson, 2011:168-181.
4 黑川纪章.新共生思想[M].覃力,译.北京:中国建筑工业出版社,2009.

种功能的共生；城市与农业共生；异质文化共生；传统产业和先进技术共生[1]。

历史街区承载着自然生长、自主更新的智慧，与周边的街区镶嵌体功能异质化和需求异质化是它们之间产生互补性相互作用和共生利益的基本条件。历史街区斑块与周边街区斑块在一个适应时代的社会背景和制度下提供了共生关系的背景条件，历史街区所依存的外部环境中具有生存资源的有限性、稀缺性和其他生存单元造成的环境压力提供共生关系的必要条件，相互邻近或邻接的空间关系提供了距离条件，城市公共空间和基础设施提供适当的共生界面也为共生单元提供更大的共生利益，降低共生生存成本。

4.3.3 循环流动，生生不息

中国传统哲学生态观中，释家讲究万事万物都处在因果联系的整体中，轮回、转世、时间与空间的一切事物都处在这个无限循环的缘网中。生态本体论的择吉也表达了中国传统生生不息的整体观和价值观：中国自古以来一切顺应天意的祈愿都是为了"生"，这也是中国文化的延续和传递。《周易》中有经典叙述："生生之谓易。"阴阳相生，生生不已无穷尽，则为易。生生不息具有永不间断的持续性和发展性，城市在存续的同时也在不断地发展着、变化着。人类聚居是协同现象，城市是动态发展的有机体[2]。历经几千年，中国人民追求可持续发展的美好愿望仍在营城和塑己中反映出来。

《葬经》中有云："生气行乎地中，发而生乎万物。"[3] 生气在地中发生、发展、变化，发出地面而生乎万物。反过来说，世界的万物都是生气所生的，当然，人也不能例外。"盖生者，气之聚。"生气生万物，人之所以生，就是因为生气的聚合所致。孕育新生命就是一种生命迭代、生生不息的血脉之意。

马世骏提出生态学是研究有机体的生死过程、物质的生灭过程、事物的兴衰过程与环境关系的系统科学，其提出生态整合的五大规律，第一规律就是物质循环再生和动态平衡规律。[4, 5] 多重利用与循环再生是历史城市和历史街区生态系统可持续发展的基本对策。生命周期闭合度和全生命周期运作体现了物质或生命再生再也没有资源或废弃物之分。街区作为生态系统的一个组

---

1 沈清基，安超，刘昌寿. 低碳生态城市的内涵、特征及规划建设的基本原理探讨 [J]. 城市规划学刊，2010（5）：48-57.
2 Doxiadis C A. Action for human settlements[M]. Athens：Athens Publishing Center，1975：6.
3 郑谧，缪希雍，萧克. 刘江东家藏善本葬书、葬经翼、山水忠肝集摘要 [M]. 台北：新文丰出版公司，1984.
4 马世骏，王如松. 社会—经济—自然复合生态系统 [J]. 生态学报，1984（3）：1-9.
5 王如松. 生态整合与文明发展 [J]. 生态学报，2013，33（1）：1-11.

分而整体地考虑对生态的作用，运用生态系统的生物共生与多级循环利用的原则，其营建运行模式是资源—建筑—废物—资源，形成循环流动的可持续发展的生态历史街区[1]。

4.3.4 协调均和，公平共享

综合生态观中协调均和、公平共享的基本规律包含了平等、共有、协调、节制四种含义。把城市生态系统看成一个功能实体的人体，其五脏六腑相互滋生、相互制约，气血、津液、经络、筋骨浑然一体，身体病变是由六淫七情变化而引起的功能失调。

综合生态观公平性要素中，自上而下的政策推进、自下而上的公众参与、多方共同协作是社会平等的保证。综合生态观，不仅希望"居者有其屋"，人人享有合适的住房，而且对教育公平、就业公平、公众参与、资源公平也非常重视，并认为应为居民提供公平的健康福利政策。在城市公共空间和街道规划中要求城市街道对所有年纪和身体状况的使用者及所有交通方式提供相同的、公平的路权。

这种平等不仅体现在"人人共享，人人平等"，也体现在人与自然的公平、人与生物的公平上。英国学者唐通曾说："中国的传统是很不同的，它不奋力征服自然，也不研究通过分析理解自然，目的在于与自然订立协议，实现并维持和谐，学者们瞄准这样一种智慧，它将主客体合而为一，指导人们与自然和谐。"

综合生态观中的共有，既包含物质环境与自然资源的共有，又包含历史文脉和社会关系的共有。均和性的生态基础设施，例如，历史街区中的历史景观是居民生活生产共有的生态支撑系统。城市居民共有的集体记忆，例如，城市公共建筑或传统宗庙宗祠、寺庙等，是历史文脉和社会关系共有的固化产物。综合生态观中强调的协调，揭示了城市或街区生态系统各要素间具有相互制约和依存的互生规律，也有相互补偿和协调的共生规律。综合生态观中的节制的含义，则是中国传统生态思想中崇尚"戒奢""节俭"的建筑道德观及对自然资源和营建材料"取之有度，用之有节"的可持续利用思想。

4.3.5 嬗变织补，生态整合

王如松在复合生态学的生态整合科学方法中阐释生态整合机制有两种：

---
1 王竹，魏秦．多维视野下地区建筑营建体系的认知与诠释[J]．西部人居环境学刊，2015，30（3）：1-5.

①自然生态整合,即生物种群及其生境在世代生存选择的斗争中协同进化而来的聚合能力和耦合规则,这种整合有近 40 亿年的历史。②社会生态整合,即人类种群及其生境在世代适应自然、改造自然的生存发展过程中积累的文化和智慧,虽只有几百年历史,却对城市生态系统造成了重大影响。

生态整合的要旨是生物和非生物环境的相互适应,形成一定程度的生态多样性和对环境扰动下维持稳定生态关系的应变能力,有开放式的能流输入和一定的资源承载能力,存在于一种非平衡态的时间过程中,有定向、不可逆的演化过程。

生态整合的目标是达到生态中和的状态,即中正平和的生态关系。这里的"中"指中正与庸常,认为任何生态因子过多过少,任何生态过程过激过缓,任何生态结构过单过多,任何生态机制过强过弱都是对系统有害的,利导和限制关系要取中;"和"即整合与和谐,关系、结构、过程、功能要整合、合纵连横、纲举目张,变混沌为有序、变浮躁为平和,正负反馈机制平衡,时空耦合关系谐调。生态中和的"生"是开拓竞生、整合共生、循环再生、适应自生的生命活力;"中和"是物态谐和、事态祥和、心态平和、智态悟和的整合行为。理、制、气、脉、数、形、神是生态整合的核心内容和精髓:理,指生态整合的哲学和科学基础,包括道理、事理、情理;制,指生态整合的制度和组织保障,包括体制、机制、法制;气,指推动和平衡生态系统功能和谐与结构整合的生命活力,包括天气、地气、人气;脉,指生态系统代谢完整性和过程畅通性的自然、经济和社会通道,包括水脉、路脉、文脉;数,指物质、能量、信息、资金、人口等生态功能流在时空尺度的平衡规则,包括法则、定数、阈值等;形,指生态系统的元、链、环、网间的耦合关系,包括形态、结构和格局;神,指生态系统的竞争、共生、再生、自生秩序和隐含的关系[1]。

4.4 综合生态观下的历史街区整体营造的维度与框架

4.4.1 整体营造的维度:时间与空间

中国的历史文化空间体系构建从古人的智慧中可以得到启发。《管子·宙合》提道:"宙合有橐天地。天地苴万物,故曰万物之橐。"其中"宙"指古

---

1 王如松. 生态整合与文明发展 [J]. 生态学报, 2013, 33 (1): 1-11.

往今来的时间,"合"则为空间,时空一体,包罗万象。中国古代的时空是一个辩证的时空观,空间由天地四方围合,其秩序以日月星辰、四时太岁为纲纪,是一切神灵万物生存的所在,形成"四时四方"的时空观。时令指导着古代农业发展,古人自然地将四时四方与星象结合,将方位确定与季节天象相联系,所以"时"与"方"的结合就是"天"与"地"的结合。

运用综合生态观重新梳理已调研过的案例在历史街区复兴于时空法则中所呈现的位置,横坐标时空轴是历史街区的保护与发展,从传统保护模式下的历史街区到生态理念下的历史街区。纵坐标时空轴是生态理念,从古代的生态智慧到现代生态理念。已有的历史街区复兴案例在时空法则中呈现出五种耦合状态和各自的特征,本书的最终目标是往坐标中心点聚拢,整合化一(图4-6)。其中包含五种时空法则:传统的历史街区保护,第一象限为现代生态理念与生态理念下的历史街区弥合,第二象限为现代生态理念与传统保护模式下的历史街区弥合,第三象限为古代生态智慧与传统保护模式下的历史街区弥合,第四象限为古代生态智慧与生态理念下的历史街区弥合(表4-7)。

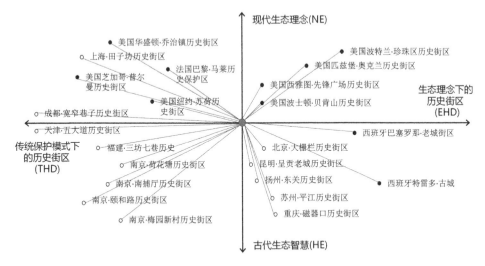

图 4-6　综合生态观下历史街区整体营造的实践案例时空法则(资料来源:自绘)

表 4-7 历史街区复兴的五种时空法则（资料来源：自绘）

象限	模式	目标/操作方法
	传统保护模式	① 博物馆式保护；② 直接改建成商业街区或者所谓的创意工坊，但无太多回迁和保留居民；③ 改造成商业旅游景区
第一象限	NE/EHD	① 契合城市发展规划的复兴计划；② 与城市肌理逐渐融合的边界；③ 空间规划、基础设施规划与政策福利注重公平共享的社会生态；④ 健康安全可达的街区网络与环境；⑤ 生物友好、生物多样与资源再生的街区；⑥ 文化认同与归属感的街区
第二象限	NE/THD	① 改善基础设施；② 改善居住条件；③ 有绅士化过程或可能较少保留原住民；④ 开展风貌整治与住房改造，拆除一部分危房为公共服务；⑤ 引入大量商业，主要以经济和旅游激活街区活力；⑥ 增加公共空间，增加步行道路
第三象限	HE/THD	① 原真性：保护核心的历史文化资源；② 整体保护：保护并延续民居特征的街区整体格局和风貌；③ 改善环境：维护和整修街区内建筑及各类设施，完善市政基础设施，提升街区环境品质；④ 优化功能，保留居民；⑤ 提升价值传承文化
第四象限	HE/EHD	① 在整体保护保证原真性的同时对本地区的功能定位需要满足经济振兴的需求。② 迈向持续发展的历史街区，对本地区的功能定位在营造现代生活系统的同时，延续地方性的历史文化传统。③ 以社会和谐发展为目标，使传统功能的延续与新功能的发展相协同。提倡发展传统手工业，鼓励发展各种功能。④ 经常以小尺度渐进式针灸织补方式进行复兴计划

传统保护模式下的历史街区特点：① 博物馆式保护。② 直接改建成商业街区或者所谓的创意工坊，但无太多回迁和保留居民。③ 改造成商业旅游景区，丧失居住型历史街区本身的社会关系形态和文化形态。

第一象限：契合发展，健康安全，公平共享，多维多样，文化认同。第一象限的案例注重对现代生态理念的运用，街区复兴规划与城市发展计划和旧城振兴计划非常契合，重视社会公平、文化认同、街区安全健康和自然生态。代表案例珍珠区在其发展计划中提出了 11 条绿色导则：城市发展边界的控制、公交引导开发、土地混合利用、小街区尺度、公平可达的公共空间与公共绿地、非机动车出行优先、公共交通便捷可达、小汽车控制、绿色建筑（LEED 标准）、可再生和区域能源的利用、水循环利用。

第二象限：经济激励，环境改善，功能置换，风貌整治。第二象限的代表马莱街区、田子坊和宽窄巷子是在传统的保护模式下，尝试与城市经济发展方向相结合，但田子坊历史街区与宽窄巷子历史街区的改造为整体式自上而下的改造，而马莱街区的改造则是小规模整治的模式。马莱社区的目标：

第一，改善居住条件，改造基础设施。第二，与城市肌理逐渐融合。第三，剔除疏解街坊内部空间，保持或新开辟一些公共空间或步行通道，将商业引入街区内部。混合了各种地位阶层的商业和住宅，尊重随着时间发展空间形态及结构发生的变化，重新认识街区的活力和社会多样性，稳定和保护这个地区传统的社会混合型，采用灵活的"刮除术"（以提供活力为先）以鼓励小商业继续留在这个地区，从而达到对现有居民社会或功能的保护，也是对历史空间结构的修复。结果并不尽如人意，在保护推行后，高昂的租金仍然导致小作坊商铺无力负担，仍有2万人被迫迁出街区。

第三象限：原真性，整体保护，改善环境，提升价值，优化功能，保留居民。保护区内通常有较为完整的一个时期的肌理和重点保护的历史资源，所以追寻保护核心的历史文化资源，包括文物保护单位、历史建筑遗存、历史街巷、院落、围墙、绿化、小品等。传承文化，彰显特色，兼顾发展，合理利用，适当鼓励旅游等文化产业，结合街区自身特点和优势，使用古代生态智慧和保护规划方法提升历史街区生态位。

第四象限：整体保护，袭旧创新，与现代生活结合，小尺度针灸织补，推动地区复兴。在整体保护保证原真性的同时，对本地区的功能定位需要满足经济振兴的需求，从而实现地区的功能提升。迈向持续发展的历史街区，对本地区的功能定位在营造现代生活系统的同时，应当充分延续地方性的历史文化传统。追求社会和谐发展的历史街区，以社会和谐发展为目标，传统功能进行合理置换，使传统功能的延续与新功能的发展相协同。提倡发展传统手工业，鼓励发展各类文化设施、商业、住宿、商务会所、创意办公等功能。经常以小尺度渐进式针灸织补方式进行复兴计划。

对已调研案例分类后，对其保护与发展规划文件和实践情况在社会、经济、自然、文化、政治生态方面绘制象限生态趋势图，得到图4-7，面积越大越接近综合生态观的复兴目标，当全覆盖时则表示达到该目标。分析可见，第一象限是最接近目标项的，该象限案例可作为综合生态观下历史街区复兴的决策参考项，其余图示中，第四象限与第三象限基本持平，其中实践案例可作为重点分析与决策解决项。第二象限与传统保护模式下的历史街区案例可作为具体的问题分析和策略研究项。

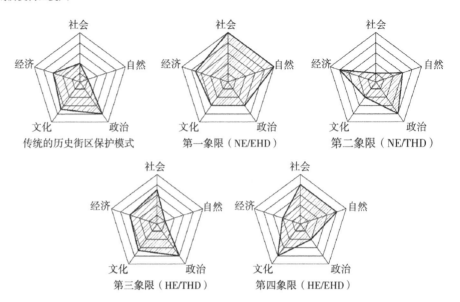

图 4-7 综合生态观下历史街区整体营造的实践案例生态趋势分析（资料来源：自绘）

4.4.2 整体营造的框架：全面的图景

综合生态观的构架就是一个系统整合的过程，以营造内禀生态历久弥新的、生态整合格局与功能的、生态宜居空间形态与容量的、生态弥合灰绿基础设施的、生态完整道路网络与慢行系统的、生态公平多元协作的、生态城市政策管理与经济激励的、生态成境人文化育的历史街区为目的。整个理论体系的提取通过现状问题、整体构架、组织要素、研究框架、目标体系、组织动力、技术支撑等理论构架基础上，结合历史街区为研究对象，形成全面的构架图景，全面的图景贯穿时间轴和空间轴，跨越城市、街区和建筑尺度。理论构建为目标的达成奠定了方法论基础，为下一步的策略研究奠定基础。策略的研究框架将由三部分组成：① 起势布局。镶嵌体的格局与功能从定性、定容、定形、定围四部分来阐释街区镶嵌体格局与功能。② 气韵流动。从应序、制序、交融三种方式来呈现城市系统要素间和街区镶嵌体间的流与运动、循环与反馈。③ 固本滋源。从政策激励、街区治理、多方协调，公众参与、人文化育等方面来呈现历史街区复兴的内在支撑系统、深层结构与驱动力如何在街区整体营造中运作（图 4-8）。

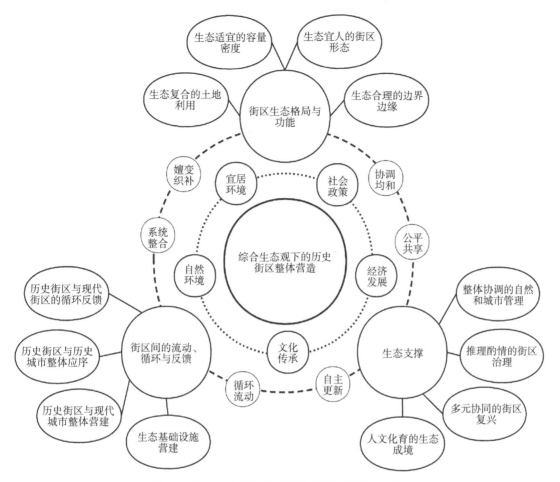

图 4-8 综合生态观的全面图景（资料来源：自绘）

4.5 本章小结

本章是全书重要的理论构架章节，主要内容是综合生态观的构架和综合生态观下的历史街区整体营建。

①从三个方面分析了综合生态观构建的可行性，阐释综合生态观的构建原则。综合生态观是一门基于多尺度不同时期生态理念的，以多学科交叉、多时空维度综合研究历史街区复兴的理论与方法。确立综合生态观构建的目

的与意义。综合生态观以营造内禀生态历久弥新的、生态整合格局与功能的、生态宜居空间形态与容量的、生态完整道路网络与慢行系统的、生态弥合灰绿基础设施的、生态公平多元协作的、生态成境人文化育的历史街区为目的。基于综合生态观，历史街区在时空演替过程中构建一种耦合国家政策的，符合城市发展方向的，整合自然、文化、社会、宜居和经济五位一体的新秩序。

②阐释综合生态观的构成要素，综合生态观由现状问题、整体构架、组织要素、研究框架、目标体系、组织动力、技术支撑七个部分构成并整合发展、全面营建。

③综合生态观下的历史街区营造的动力机制及影响通过五个要素体现：文脉传承，地域性要素；宜居环境，核心价值要素；经济发展，效率性要素；社会政策，公平性要素；自然环境，支撑性要素。综合生态观下的历史街区整体营造的基本规律为：整体系统，有机复合；自主更新，共同生长；循环流动，生生不息；协调均和，公平共享；嬗变织补，生态整合。动力机制与基本规律将全面指导整体营造的复兴策略。

④应用综合生态观下的历史街区整体营造的时空维度的五种法则分析指导现有的已调研案例，并构建整体营造的全面的框架和图景以指导后续历史街区复兴策略。

第 5 章 生态格局
——综合生态观下的历史街区镶嵌体格局与功能

5.1 定性：生态复合的土地利用
5.2 定容：生态适宜的容量密度
5.3 定形：生态宜人的街区形态
5.4 定围：生态合理的边界边缘
5.5 本章小结

人类的生态智慧高于生物的生存智慧体现在人类通过协调均衡的策略，维系包括人本身和动植物存在环境持续向好的发展[1]。福曼基于研究景观生态学和城市生态学的理论基础提出了土地镶嵌体，基于与现代城市发展结合提出了针对肌理明确、精细组织的人类大都市的街区镶嵌体理念[2]。综合生态观下历史街区的镶嵌体格局与功能内化街区镶嵌体的理念，通过定性、定容、定形、定围四个研究方向阐释（图5-1）。

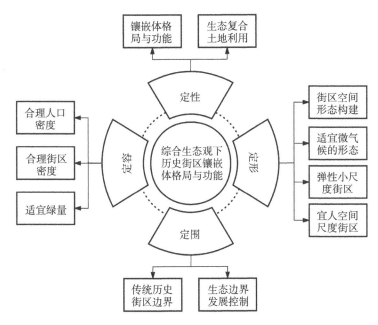

图5-1 本章研究框架（资料来源：自绘）

5.1 定性：生态复合的土地利用

5.1.1 历史街区的镶嵌体格局和功能

土地和空间是宝贵的资源，传统的空间规划和土地利用面临的主要挑战是找到既不浪费空间又不影响原地形特点及其优劣势的组织方式，最大限度地利用形态、功能和密度来规划，从而避免采用技术方案来纠正前期可避免

---

1 成实，成玉宁.生态与生存智慧思辨：兼论海绵城市的生态智慧[J].中国园林，2020，36（6）：13-16.
2 福曼.土地镶嵌体：景观与区域生态学[M].朱强，黄丽玲，李春波，等译.北京：中国建筑工业出版社，2018.

的问题。传统的历史街区土地利用是基于用地功能分类和格局的。综合生态观下的历史街区土地利用,将从格局、功能、尺度和过程上重新认知历史街区,将历史街区转译成一个基于空间异质性的镶嵌体,其又置身于一个城市的更大的镶嵌体群落系统之中,任何一个镶嵌体格局都由斑块、廊道和基质组成。

(1)历史街区镶嵌体的内在特性

① 定义与内在特性

镶嵌体(mosaic)是指和周边环境不同而表现较明显边界的地理单元。它是城市生态系统的核心空间特征,是具有高度混杂性且拥有广泛类型和宜居度的生境[1]。城市生态系统受到强烈的人为干扰,形成多样结构、多样功能和变化的镶嵌体群落。

任一尺度的镶嵌体都是由斑块、廊道和基质组成,它是陆地上所有格局的基本空间要素。斑块与廊道在空间上的排列形成独特的结构,是每一个街区镶嵌体的核心特征。在描述城市时,不同的生态系统、群落类型、演替序列和土地利用的空间格局都适用。福曼认为该模型将成为一种空间语言,便于不同专业学者与决策者的沟通。斑块性是多尺度上的特性,斑块和斑块间的相互作用能阐释相应尺度上的生态现象。生态系统是多尺度的动态斑块镶嵌体,斑块的个体行为和镶嵌体的综合特征决定生态系统的结构和功能。斑块动态是指斑块个体本身的状态变化和斑块镶嵌体水平上的结构及功能的变化,它是将空间格局和生态过程紧密相结合的一个核心概念。基础异质性、自然干扰、人类活动和生态学过程是促使形成斑块、廊道、边界的镶嵌体格局的必要条件。

② 邻接(proximity)与相互依赖(dependent habitat pairs)

街区镶嵌体的另一个核心属性是邻接,邻接可以理解为一个镶嵌体与另一个镶嵌体相邻且边界有接触。街区镶嵌体群落是一个相邻土地利用或生境积极相互作用的集群,积极的相互作用反映人类良好的社会经济生态,不好的相互作用则将破坏这一集群。要素与要素间、斑块与斑块间、镶嵌体与镶嵌体间是相互依赖和彼此互利的反哺关系。相互交织的镶嵌体是通过强相互作用的流与运动而联系在一起的空间要素,强调了一个和土地利用及栖息地紧密联系的活跃功能单元,而街区镶嵌体则强调一组具有正相互作用的相邻

---

1 福曼.土地镶嵌体:景观与区域生态学[M].朱强,黄丽玲,李春波,等译.北京:中国建筑工业出版社,2018:43-50.

要素集群。街区镶嵌体通过网络之间的相互作用将要素联系起来。物质、能量、信息、生物体通过要素之间积极的相互作用和反馈循环使斑块间或斑块与廊道间形成群落，通过流与运动将街区镶嵌体间联系在一起，形成镶嵌体群落。这一过程决定了街区镶嵌体的运作与功能，要素之间的流反映了一个镶嵌体的稳定性或持久性。"邻接"通过三种方式使街区镶嵌体要素间和街区镶嵌体间循环流动，即交界、散布和交错。

③ 要素

镶嵌体的组织原型也与拼贴城市相关，镶嵌体的街区元素也与城市意象中的五要素相关。凯文·林奇（Kevin Lynch）提出的五种静态的空间要素是地区、边界、路径、节点、地标。街区镶嵌体中的空间要素则是斑块、边界、廊道、节点、例外特征，再加上对深层空间结构的探讨，如物质能量流动、格局在时间轴上随空间和尺度的变化等。街区镶嵌体的节点是斑块与廊道的结合点，边界起到分离空间要素的作用，并在结构上富于变化。街区镶嵌体的空间要素不仅体现了静态的空间要素，还体现了时间轴上的空间要素，以及要素之间在空间与时间轴上的关系。

④ 结构特性

景观生态学中提出的土地镶嵌体的结构特性由生境的范围、镶嵌体的组成、要素的配置和地理位置四个部分组成，对应景观生态学的结构特性。街区镶嵌体结构特性的指标应为街区的范围（生境的范围）、街区的土地利用（镶嵌体的组成）、街区的布局与功能（要素的配置）、街区的位置与周边镶嵌体的关系（地理位置）。

⑤ 活力强度

对于街区镶嵌体来说，相互作用的相邻要素集群的作用强度可以衡量社区镶嵌体或地点集群体的紧密性。历史街区镶嵌体的活力强度由其内禀生态性（内禀生命力、资源承载力、系统协调力、环境应变力）或镶嵌体之前的相互作用决定，可以通过以下方式测算具有活力的镶嵌体大小和范围：

a. 确定主要的障碍和过滤器：通过估算跨越街区镶嵌体边界的流，可以估算历史街区镶嵌体与周边的关系活跃度以及镶嵌体间的关系。第一，物质的边界，如绿道、河流、铁路、城市轨道、桥梁、高速公路等。第二，划定的边界，如历史街区保护与规划范围的边界、不同土地利用的镶嵌体间明显的边界等。

b. 通过识别街区中的组织驱动力来确定范围和边界（衰减规律：街区边缘往外明显下降）：第一，宗教、政府、资源中心、文化广场、运输枢纽。第二，自组织原则，以局地为中心的镶嵌体（历史街区为中心的镶嵌体）。

c. 家域（物种和人类基本需求）：以社会生态学为基础研究个体的行为、流与运动，确定镶嵌体范围。

d. 相互作用（相互依赖）：斑块间的相互作用，镶嵌体间的相互作用决定了街区镶嵌体的持久性或稳定性。

e. 边界效应：历史街区的边界是历史街区与城市扩张共存但双方都不起支配作用的区域，其活动频繁，演替速率快。

（2）历史街区镶嵌体格局与功能

从动力学角度观察城市形成，人们经历了一个漫长的迁移时期，从孤立分散的运动场（游牧生活）到重叠的运动场（聚居），几千年漫长的过程中经历了分散—接触—冲突—融合—共域—规划等多种阶段，前期如细胞融合，后期聚居之后从被迫组织城市到自发地规划城市，中心区逐渐形成。分散（dispersion）和聚集（centralization）是城市空间生态发展的一种动态过程，它是规模效应、扩散效应和分化效应综合作用的结果。这是城市发生和发展在择优区位所进行的空间聚集，古代社会的集聚反映了人对安全防卫的需求，而现代社会则反映了经济活动的规模效应（图5-2）。在以自组织系统为主的自然村落和无人为干扰的自然生态系统中，自然生态的斑块之间通常通过复杂多变的边界进行大量邻接生境与邻近生境的物质与能量交换。自然生态中邻接格局的特点由以下几点决定：第一，邻接斑块的数量和边界长度；第二，邻接斑块的类型数量；第三，邻接斑块的大小；第四，连接或靠傍着重要斑块的廊道的数量和类型。

自组织系统以耗散结构为产生基础，超循环理论阐释其演化形式和发展过程，突变论剖析自组织干扰演替途径，分形学与混沌学对自组织过程时间复杂性和空间结构进行解析。耗散结构展现了自组织现象形成所需的前提条件：开放性、非平衡性和非线性。开放的聚居镶嵌体与外界不断地进行物质交换。自组织视角下适宜的村落将生命性、演化、历史和选择等概念引入，诠释了一个聚居系统如何组织起来实现从无序到有序、从低级到高级的有序演化的一般条件、机制和规律性。在村镇聚居空间自组织演进的过程中，村镇内部要素保持竞争与协同、无序与有序的往复循环，且受到外力干扰影响，当内力与外力耦合时的发展推动力占据优势地位，促进村镇聚居空间良好健康有序发展的状态是最为适宜村镇自身的自组织发展状态。

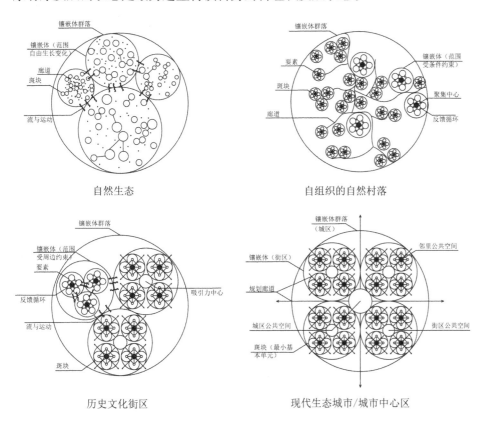

图 5-2　四种镶嵌体的格局与功能（资料来源：自绘）

伊利尔·沙里宁在《城市：它的发展、衰败与未来》中从建构方向分析西方古代城市空间格局时曾提及，中世纪城镇的结构形态是根据当地生活条件和地形环境天然形成的，这完全符合自然规律。古代城市空间发展没有整体的规划控制，是一种随时间缓慢的、渐进式的演化，建筑相互避让，功能与形式相互制约。设计者不是权力机构或设计师，而是社会本身，因而古代城镇呈现出自组织发展的有机痕迹，形成了和谐共生的镶嵌体整体群落。城市生态学认为城市空间随着时间发展是通过扩张、入侵、演替等形式对各种空间生态位进行开发、选择、竞争、共生，最终形成相对稳定有序的空间结构的过程。

历史城市空间形态的形成，一般按有机生长和规划建设两种方式。早期的城市很多只是皇宫和宫城部分精心规划设计，城市其他部分则按照有机生长方式，通过长期拓展、适应、反馈、调整、演替等过程逐渐形成现在的城市。工业革命以后，城市迅速扩张和过度规划，新城和新区快速形成，没有自然嬗变和演化的过程，才形成了老城和新城的分离及老城内快速的城市化，形成历史街区和新街区的分离。对于城市而言，城市空间发展不仅是一种生态过程，还有经济过程和文化过程。芝加哥学派曾指出，人类社会由生物学层面和文化层面组成。社会文化依赖生物层面的超结构，在空间竞争的后期，空间自组织化后趋向协同发展。城市中心区的空间结构既有主张竞争发展的生态学的秩序，又有强调协同的社会文化的超结构[1]。古代城市是由自组织系统发展而来的他组织系统协同控制的。新的生态城市多是以生态数据为标准，协同城市规划更多的是他组织系统协同控制的。

现代城市中的镶嵌体以街区镶嵌体形式呈现，历史街区就是一个与现代大都市中心区有明显边界的街区镶嵌体。

历史街区是其中的一个镶嵌体，由于空间发展的形态依赖[2]，街区空间结构相对稳定，出于交往活动需求、经济的限制、规模效益的要求、可达性的制约以及传统的象征性和吸引力等，通过物质、能量和信息的汇聚而呈现复杂度的增长，产生空间的自组织聚集、空间嵌套及功能复合，从而形成多样化的格局和功能的街区。但当历史街区无法承载现代化的空间需求时，历史街区与周边空间的关系从有序走向无序，历史街区逐渐沦为失落的临界状态，新的城市中心区开始孕育，新的镶嵌体结构形成，镶嵌体间通过边界建立各种新的关系及能量、物质和信息的流动，自创生的过程促使旧的城市空间结构重新分配和组合，促使历史街区向功能优化方向发展。

历史街区，从自组织聚落时期以廊道为中心的镶嵌体，过渡到了以斑块为中心的镶嵌体。不同街区的调研显示，很多街区镶嵌体之间的联系是通过一些紧密的相互作用，而不是如现今的生态城市或城市中心区那样由分级的中心管理分配。其与周边生境的关系或者说街区镶嵌体最重要的特性就是接近和邻近，其更类似于自然生境之间的联系。历史街区与城市其他镶嵌体间的联系与肌理断裂开，软质空间与硬质空间交融，以边界作为围合、保护和

---

1 段进. 城市空间发展论 [M]. 2 版. 南京：江苏科学技术出版社，2006.
2 形态依赖指城市空间发展一般都基于原有的城市形态和结构背景，其总体是个不断修正的渐进过程。

交流的媒介。其对应景观生态学中镶嵌的结构特性，街区镶嵌体结构特性的指标应为街区的范围（生境的范围）、街区的土地利用（镶嵌体的组成）、街区的布局与功能（要素的配置）、街区的位置与周边镶嵌体的关系（地理位置）。历史街区镶嵌体的组织原型也与拼贴城市相关，镶嵌体的街区元素也与城市意象中的五要素相关。凯文·林奇认为五种空间要素是地区、边界、路径、节点、地标。与镶嵌体中的空间要素（板块、边界、廊道、节点、例外特征）极其接近，再加上对深层空间结构的探讨，如物质能量流动、格局在时间轴上随空间和尺度的变化等。节点是斑块与廊道的结合点，边界起到分离空间要素的作用并在结构上富于变化（表5-1）。

表 5-1 四种城市主要镶嵌体结构特性（资料来源：自绘）

分类	自然生态系统	自组织村落	历史城市/历史街区	现代城市中心区/生态城市
垂直结构	与种群垂直结构和光照、物种、温度相关	与山形地貌、安全防卫相关	依山就势，安全防卫	建造技术、发展水平决定楼房高度
地理位置	森林或城市周边较远地区	依山面水，地势绝佳	观象授时，象天法地	现代城市中心区一般开始时依附历史城市向周边扩张，生态新城规划则远离传统城市
范围	由物种本身和周边镶嵌体决定	由生存条件与社会关系界定	由皇城城墙决定/由现代城市规划和保护规划决定	从无限制扩张到精明发展再到盘活存量/严格规划
镶嵌体的组成	斑块—廊道—基质	斑块（群落）—廊道（河流、小路）—基质	斑块（区块、街区）—廊道（河流、绿廊、道路）—基质	斑块（区块、街区、社区）—廊道（河流、道路、绿廊）—基质
要素的配置	自然保育	居住、公共、自然	混合功能	混合功能
邻近关系	靠自然边界邻接	离散或相邻	发展衔接	规划相邻

5.1.2 生态复合的历史街区土地利用

（1）综合生态观下的历史街区土地利用

传统的历史街区保护规划文本中，对历史街区土地利用狭义的理解是历史街区用地空间功能和分布图，广泛的理解是基于现状用地情况，对用地功能、保护边界、历史遗存年限及分级、建筑综合价值的规划和保护。其研究信息中传递出空间格局与功能的信息，以及少量的时间关系信息。

综合生态观下的历史街区土地利用，通过审视历史街区规划保护中的局限与困境,基于生态学理念重新全面认知历史街区,将历史街区转译成一个基于空间异质性的镶嵌体,将尺度聚焦在街区尺度的幅度与粒度上,从格局、功能和过程上将历史街区转译成由斑块、廊道和基质组成的镶嵌体格局(图5-3)。其目的是:通过制定一个土地利用的决策框架,可以影响未来历史街区的发展和经济生态方向;通过构建多层次多维度的历史层次和空间层次来突出历史街区五位一体的生态内涵,探讨完整、连贯、协调性的空间逻辑,强调街区镶嵌体与城市生态系统间结构功能的良性循环;通过构建完善的土地利用开放体系以营造宜居生态的历史街区。

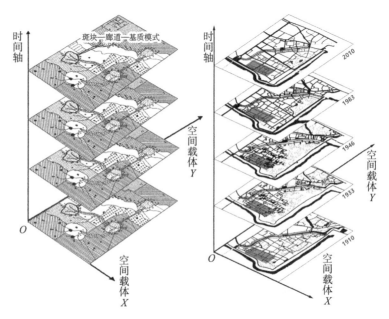

图 5-3 综合生态观下历史街区土地利用——以南京门东历史街区为例(资料来源:自绘)

(2)以斑块—廊道—基质解读的综合生态观下的历史街区土地利用

1986年,福曼和戈德罗恩提出景观结构由三大基本要素构成:斑块、廊道、基质。这一理论经常被景观生态学和城市景观空间分析运用。

将历史街区转译成一个"斑块—廊道—基质"格局的镶嵌体,不仅是对原来的概念中的景观生态格局进行一个历史街区镶嵌体空间格局的转译,最重要的是将时间叠层加入这个包含经济、社会、自然、文化生态的空间格局中,这种转译的结果不再是一个平面空间格局和功能,而是时间切片和空间切片,从而形成一个开放的、立体的、历时性的空间格局和功能体系。从空间结构和时间叠层上认知历史街区土地利用，形成结构间的良性循环反馈和互动（图5-4，表5-2）。

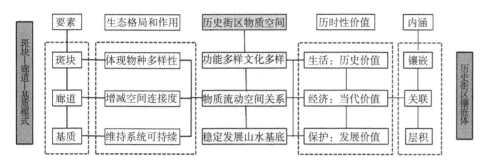

图5-4 综合生态观下的历史街区空间特征和功能特性（资料来源：自绘）

表5-2 综合生态观下的历史街区土地利用（资料来源：自绘）

模式构成	景观生态学空间特性和功能特征	综合生态观下的历史街区土地利用
斑块	尺度、形态、多样性、演替、均质性	不同时间和等级的保护单位，文化多样性与真实性（物质与非物质）
廊道	过滤、连通性、周边关系、内部结构（长度和曲率）	边界（规划与实际）、轴线、道路（连接与阻隔）
基质	空间尺度大、连续性、周边关系、重复而持续的干扰	自然基底、山水格局、历史街区保护与发展、城市政策和发展方向

① 斑块

城市如一个大的流体镶嵌体，包含着大量不同演替阶段的斑块，历史街区既可以被看成一个特殊的城市斑块，也可以看成一个包含不同时空阶段的动态镶嵌体。"斑块泛指与周边环境在外貌和性质上不同，并具有一定内部均质性的空间单元"[1]。

历史街区的斑块的空间特征和功能特性体现在以下几个方面：尺度、形态、多样性、演替、均质性。在尺度上，历史街区中的大斑块提供生态多样性价值，小斑块受边缘效应影响较大，较不稳定，易发生演替。在历史街区里，

---

[1] 邬建国. 景观生态学：格局、过程、尺度与等级[M]. 2版. 北京：高等教育出版社，2007.

小斑块围绕大斑块，大小斑块交替存在，大斑块反映基质的稳定性，小斑块反映演替的速率，重复而长期的扰动使历史街区所有斑块朝一个方向循环上升、发展和进化，当扰动停止，演替将成为主导。例如在城市这个大系统下，大的发展方向是从萌芽到演替顶级。历史街区这个动态镶嵌体里，斑块、廊道、基质都是动态变化的，演替仅仅是决定斑块变化速率和方向的众多因素之一。历史街区里的斑块的形态（延展度、曲度、内化程度、边界）对流动、循环等流有重要作用。历史街区镶嵌体的空间异质性包含了自然、社会、文化、经济生态的信息。大小斑块均质的散布镶嵌体里，斑块空间内部的要素也具有均质性，物质形态或属性应该一致。

在历史街区中可以将斑块看作是具有不同时间和空间特征的保护单位，斑块具有大小、形状的尺度特性，具有异质性和多样性特征。演替是动态的主导，它可以是不同时期的建筑肌理，也可以是各种古树、古井、绿地、公共空间等等。

② 廊道

"廊道是指景观中与相邻两边环境不同的线性或带状结构。"[1] 景观生态学中的廊道具有五大作用：栖息地、通道、过滤、源和汇[2]。但这是适用于更大的区域尺度。聚焦到街区尺度，综合生态观下，历史街区廊道空间特征和功能特性体现在以下几个方面：过滤、连通性、周边关系、内部结构（长度和曲率）。

过滤性体现在廊道作为边界和垂直于斑块流动方向的隔离带，这时的廊道通常以道路或实体边界的表征出现，它变成了一道过滤的细胞膜。对物质的穿越、大小和活动方式进行过滤。过滤性体现在历史街区中，如历史街区的边界或背街对居民和游客有着不同的功能和空间特性。由于廊道形状的特殊性，廊道与周边环境之间存在差异性，其内部结构的宽度决定了其流通量和绿廊的生态连通性，曲率和长度决定了其连通速率，而连通性决定了镶嵌体内部的斑块和基质的活跃程度及与周边斑块和周边镶嵌体的关系。

根据廊道空间的表征特征，历史街区中的线性空间要素如边界（其中包括规划的边界和实际的边界）、轴线、道路、自然河流、人工河道、绿带等等将发展为廊道的空间基础，同时基于宽度和连续性，又强调了廊道的尺度感，

---

[1] 邬建国. 景观生态学：格局、过程、尺度与等级 [M]. 2版. 北京：高等教育出版社，2007.
[2] 福曼. 土地镶嵌体：景观与区域生态学 [M]. 朱强，黄丽玲，李春波，等译. 北京：中国建筑工业出版社，2018.

如历史街区中的绿道，大于流通宽度的道路旁将会出现其他廊道要素。廊道作为能量流动和物质传输的通道，可以增加斑块之间的连接度。廊道不仅具有线性空间的内涵，还有文化、社会、经济内涵，其还促进了斑块之间及斑块与内涵之间的关联，廊道的种类更加丰富，斑块内涵的关联性也更加复杂。时间作为叠层的 Z 轴将牵引这些内涵呈现出特有的空间特征。

③ 基质

"基质是景观中分布最广、连续性最大的背景结构。"[1] 定义强调了基质空间特征：首先在整个历史街区生态系统中，基质的空间尺度是最大的，斑块和廊道镶嵌在基质空间中；其次基质在空间上具有高度连续性，表现为基质空间在历史街区生态系统中具有绝对的优势性，决定了整个系统的基础特征。历史街区廊道空间特征和功能特性体现在以下几个方面：空间尺度大、连续性、周边关系、重复而持续的干扰。

在理解综合生态观下历史街区的基质时，我们需要把历史街区放在更大的历史城市的尺度去分析。在应对现代城市建设对历史环境的冲击方面，历史城市的山水基底、国家保护与发展的政策都为历史街区的生态保护提供了有力稳定的基质，避免碎片化和镶嵌体之间的断裂。若聚焦到历史街区本身的基质，历史街区周边优良的自然环境、人们稳定有序的生活模式、历史街区的归属感、历史街区保护与发展政策等等都从综合生态系统的各个方面为历史街区提供了坚实的基础。

虽然在历史街区中，斑块是真正承载文化内涵的核心空间，廊道和基质随着时间进程，在不断演替和干扰中，衍生出多种空间形式或内部特征。但变化的复杂性也正是历史街区土地利用所关注的动态发展，如何在不断变化的城市空间中维系历史街区文化、社会、经济、自然生态的内涵关联，重新认识空间和时间，本体与环境的关系就成为关键。"斑块—廊道—基质"模式的历史街区土地利用转译所表现出的多种空间特征、功能特性和时间层级，有助于建立完整土地利用开放体系以营造宜居生态的历史街区。以南京门东廊道格局为例，灰色区域是现存的遗留下来的门东历史街区片区，历时性的门东的廊道格局包含了历史街区的街巷布局、绿道绿廊蓝线形成的黑色肌理。从历时性的廊道土地利用叠层上分析，现在的门东基本延续了历史上街区形成时的肌理，完整度较高（图 5-3）。除了历史街区本身，更大尺度的廊道脉

1　邬建国. 景观生态学：格局、过程、尺度与等级 [M]. 2 版. 北京：高等教育出版社，2007.

络梳理能从更系统整体的层面厘清历史城市形成半格网络的廊道结构的历时性演替关系，这不仅为研究南京老城南地区城市格局提供历史依据，也为社会生态与文化生态提供了依据，可以作为追忆南京古城的现实标尺，承载着相当多的历史影像、人物故事等信息，为南京老城文化补充不可或缺的一部分，是老南京人生活生产和尺度的再现，散发着老南京人质朴的民俗风尚。

（3）多样均衡的历史街区土地利用

历史城市是人类持续最长的创作和拥有同种特质的变化的有机体，城市在历时性演进中增长并越发复杂，承载越来越厚重的多层次、多样性和空间异质性，体现在功能、形态、类型等多种方面。在街区层面，最为明显的表现是时间层次上的功能多样性。多样性和空间异质性土地的多样性有利于生态发展，住区内居住、公共服务、绿化休闲等多种功能融合，历史街区的多样性表现在各种尺度、各种层次中：与城市交融关系的多样性、与周边街区镶嵌体关系的多样性、生物保护多样性、历史街区本身的形体肌理与功能多样性等等。从二十世纪九十年代开始，越来越多的科学家和城市建设者认识到，一个街区镶嵌体通过土地利用或生境作为组成部分而把人类和生态系统维度联系在一起[1]。广义的街区镶嵌体是一个相邻土地利用或生境积极相互作用的集群。

在生态街区的界定中，四种以上不同功能混合的街区称为混合功能街区。街区功能多样性，多种交通方式与短途长途交通的配比，都将决定公共交通如何有效地服务居民、工作者和旅游者。历史街区的土地利用将整合自然、社会、经济等多种因素，以市民的心理和使用要求为基础，在保护原生态环境和倡导土地复合使用的前提下，重新定义该街区交通方式的市场需求、建筑界面与街道关系、街区功能的混合度、公共交通和开敞空间的可达性、周边环境的承载力等等，对街道进行空间规划，为街区生活注入活力，实现综合生态观下的历史街区复兴。

生态复合的历史街区土地利用根据所处的现状生境，进行历时性的叠层分析和适宜性评价，构建历史街区及周边整体的生态系统，并留存生态历史街区周边现存的生态廊道、居住人群和生物群落。确定倡导生态原则和土地复合使用理念基础上的用地规模和开发强度。以生态原则和混合功能为基础，整合自然、社会、经济等多种因素，以市民的心理要求和使用要求为基础的

1　福曼. 城市生态学：城市之科学 [M]. 邬建国，刘志锋，黄甘霖，等译. 北京：高等教育出版社，2017.

生态更新，为街区生活注入活力，实现更新与生态的有机结合。

5.2 定容：生态适宜的容量密度

街道不仅是通道，也是有着一系列相互联系地点和供人驻停的"小领域"。最理想的街道是给人相对完整封闭的视觉印象的街道，当个人的视线总是有可注视之处而不至于消失在无限里的时候，他的体验是舒适的[1]。基于此，街区的密度、容量、尺度、比例等元素应提供街道以围合感，这些要素形成的街区网络设计已经是衡量社区特性和生活质量的一个决定性因素。

5.2.1 合理人口密度和居民保有率

（1）中国古代的街区人口密度

在古代，密度计算指标是以人口密度作为衡量标准，以城池作为基本的密度单位，在这个单位中，容积率的计算意义基本无用，常用的计量指标是人口密度＝居民人口／城池面积，这里的城市范围为最外圈城墙的面积[2]。

若聚焦到街区尺度的人口密度研究，则与历史街区的社会生态息息相关。居民的人口密度是社会生态中社会结构延续的重要保障。中国历史街区的紧凑肌理决定了其街区的高密度，而街区镶嵌体的紧凑肌理的形成基于中国"大家庭"的社会伦理结构。由于抚养和赡养的反馈家庭模式，形成了三代或四代同堂的大家庭，从而形成合院或者几进院落单元模式。血缘家族是组织斑块和要素关系的社会逻辑，街区镶嵌体容纳了叠层交错的社会关系，外化成物质空间，以其合院式的单元形态和斑块密集镶嵌，紧密连接形成的紧凑的镶嵌体具有高密度的物质形态特性。

从唐朝"里坊制"时期到宋代"街巷制"时期，再到元明清成熟的四合院时期，人口密度随着城市人口的聚集和增加有很大提升，如唐朝宣阳坊（52 ha）内约有 185 户，人口约 3 000 人，人口密度约 57.69 人/ha，容积率仅有 0.1。到宋东京最繁华的时期，街巷制重新组织街区关系，人均居住面积仅有 3～5 m²，街区人口密度平均可达到 260 人/ha。到元明清成熟的四合院时期，元代街区容积率达到 0.2，人口密度平均约 150 人/ha。明清时期北京居住型街区容积率约 0.35，人口密度可达 170 人/ha。而现代的居住区密度增幅很大，

---

1 Collins G R, Collins C C. Camillo Sitte: the birth of modern city planning [M]. London: Dover Publications, 2006.
2 易雷紫薇. 城市密度演变中的常态与分异现象研究 [D]. 广州：华南理工大学，2018.

如菊儿胡同，可达 400 人 /ha。探究历史街区密度数据，是为了给综合生态观下的历史街区提供复兴的参考数据，现在居住区高人口密度的居住模式显然不适用于历史街区的人口密度探究。

（2）综合生态观下历史街区的人口密度与保有率

阮仪三在《我国历史街区保护与规划若干问题研究》中强烈反对了大量居民迁出、改历史街区为文娱旅游区的做法，并提出历史街区失去了传统的生活方式和习俗，也就失去了"生活真实性"。生活真实性指历史街区不仅是保有过去人们生活的居住场所，现在仍持续它的功能，是社会生活自然而然的有机组成部分[1]。他提出了两个评判标准：①原有居民保有率；②生活方式保存度。在对比分析 13 个街区保护规划的现有人口数据和规划人口数据后得出 60% 的人口保有率能基本保证历史街区社会生活结构和方式不被破坏，同时也满足国家居住标准和现代生活标准（表 5-3）。

在中国的案例街区中，常根据社会经济发展现状的研究，参考居民意愿调查，对未来历史街区居民的人口构成、生活方式的变化发展作出合理预测。《城市居住区规划设计标准》（GB 50180—2018）中现有的规划保护常以人均居住建筑面积 25 m²（处于经济型和标准型之间）的标准反向推算居住用地面积而进行人口规划。

根据《苏州平江历史文化街区保护规划（2014 年）》，平江历史街区现有常住人口 1.9 万人，人口密度为 193 人 /ha，规划人口 1.8 万人，人口密度为 182 人 /ha，需要迁出约 1 000 人。排除老龄化和年轻人口流失等因素，从规划人口看，回迁率达到案例历史街区最高（95%），规划居住用地 46.22 ha，约占总用地的 42%，人均居住用地面积大于 25 m²，基本符合现代生活的标准。

根据《磁器口历史文化街区保护自查报告》，因磁器口历史街区商业氛围逐渐浓厚，部分居民为追求高质量的生活迁走或出租房屋，磁器口 2 000 年常

表 5-3 历史街区人口密度和常住人口保有率（资料来源：自绘）

类型	苏州平江路	重庆磁器口	南京荷花塘	扬州东关街	常州青果巷	成都宽窄巷子
人均居住用地面积 /（m²·人$^{-1}$）	25.68	46.42	25（建筑）	25（建筑）	22（建筑）	172.96
人口密度 /（人·ha^{-1}）	182	215	380	158	173	50.7
常住人口保有率 /%	95	68.9	38	59.9	59.1	11.7

1　参见《当代中国历史保护读本》中阮仪三《我国历史街区保护与规划若干问题研究》。

住人口为 4 900 人，2017 常住人口为 3 378 人，人口数量减少 1 522 人，常住人口保有率为 68.9%，人口密度为 215 人 /ha。

根据《南京荷花塘历史文化街区保护规划（2010 年）》，荷花塘历史街区现有的人口密度较高，以至于人均用地面积极度不足，现有人口 12 600 人，现有人口密度高达 1 000 人 /ha。人均用地面积仅 10 m^2，人均建筑面积仅 12 m^2，居民的生活质量完全没法保证。保护规划的街区设计容量为 1 370 户约 4 800 人，低层居住区可容纳 3 300 人，街区规划人口约占现有常住人口的 38%。根据规划还需迁出居民 2 220 户，约 7 800 人，规划人口密度较高，为 380 人 /ha。

根据《扬州东关街历史文化街区保护规划（2009 年）》，东关历史街区现有常住人口 20 354 人，居住用地面积约 39 ha。居住人口密度偏大。居住用地约占总用地面积的 47%。按人均居住用地面积 25 m^2 的标准进行规划，则街区人口规划为 12 200 人 3 486 户，约占现有人口的 60%。根据规划需迁出居民约 8 154 人 2 330 户，规划人口密度为 158 人 /ha。

根据《青果巷历史文化街区保护规划（2010 年）》，青果巷人口结构目标是保护街区内居民的回迁率不低于 50%。原有常住人口 2 553 人（1 085 户），规划人口 1 509（553 户），回迁率达到规划目标的 59.1%，人均建筑用地 22 m^2/ 人，规划人口密度为 173 人 /ha。

成都宽窄巷子历史街区原有常住户 944 户，根据居民意愿回迁 110 户，回迁率仅 11.7%，不符合综合生态观下的历史街区回迁率标准。最开始是以动迁为主的保护模式，但其并不是简单粗暴的拆迁，而是多居民参与的、尊重居民意愿、实施有力优惠条件的搬迁，留下的居民也加入合作建设和自我修缮的行列，这也间接地弥补了因为回迁率过低导致的社会生活结构发生巨大变化的缺陷。

绿色街区的评判标准中明确提出，若街区为低层住宅，则街区密度应为 12～30 人 / 亩（180～450 人 /ha），若为中高层住宅，则街区密度应为 75～100 人 / 亩（1 125～1 500 人 /ha）[1]。综合生态观下的历史街区人口密度和居民保有率，参考历史上街坊的人口密度、现代社区的密度、案例街区的规划密度和生态街区的密度，历史街区合理的人口密度为 150～300 人 /ha，为保有历史街区本身的社会生态，其居民的保有率应在 60% 左右。案例街区除了宽窄巷子大

---

[1] 格林，凯利特. 小街道与绿色社区：社区与环境设计 [M]. 范锐星，梁蕾，译. 北京：中国建筑工业出版社，2010.

量流失常住人口，荷花塘历史街区因人口密度过高而必须迁出一半以上的居民，以保证其留下的居民能过上正常的现代生活以外，其他案例街区均大致符合合理的人口密度，60%左右的回迁率是保有社会生活结构的人口密度。

5.2.2 合理街区密度与容积率

城市系统的不同层级尺度相互嵌套，不同体系系统类型相互耦合，共同形成了现代城市内在的结构特征。历史街区是城市重要的层级，也是城市疏密度的重要组成部分。历史街区是传统生活形态的缩影，给人的亲切感受在于"很好地运用了水平向连续的、具有宜人尺度的建筑群，建筑通常要大于外部空间的覆盖率，形成一种'合理的密集'"[1]。

从城市的发展进程来看，虽然城市在演进过程中增长并越发复杂，承载越来越厚重的多层次空间多样性，叠加和沉积成如今的街区镶嵌体群落。但不得不承认，从历史城市到现代城市，独栋点式的建筑形式逐渐替代了院落式建筑。纽约城市报告指出，曼哈顿历史街区、非历史街区和点式高层建筑中，每平方英里（约 259 ha）建筑面积可容纳人口数，历史街区（144 835 人）远高于另外两种街区（图 5-5）。萨拉特（Salat）发现，在可持续性和生态性的实验中，同样尺度大小的地块中，同样建筑密度和同样层数的点式建筑和院落式建筑，院落式建筑的组织和结构使我们获得更多有效的开放空间（图 5-6）。在同样是建筑密度 25% 的地块里，点式建筑提供的建筑之间的流动性的空间公共性很强，尺度大而不利于人休憩，这类似于现代重视二维生态指标而修建的生态社区，流动性的、宽阔的道路空间和线性的休息空间，让人归属感和休憩意愿欠缺。而密度为 25% 的院落式空间，则提供了私密度可设计调节的有效的公共空间。以同样进深设计的院落式建筑，能达到 75% 的建筑密度；在尺寸相同的地块里，相同进深的点式建筑和院落式建筑在容积率相同的情况下，院落式建筑的层数将是点式建筑的三分之一。这也为我们解答了为获得同样有效的开敞空间，历史街区的密度会大于生态社区或者现代居住区的原因，所以以现代居住区规范去限制历史街区的建筑密度是不合理的。

在综合生态观下，审阅已有的历史街区复兴的案例，我们将第 4 章中综合生态观整体营造的第一象限的案例作为优良的历史街区密度的目标案例进

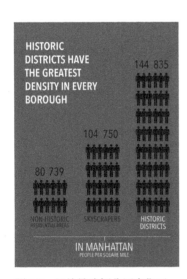

图 5-5 纽约曼哈顿非历史街区、超高层和历史街区的人口密度比［资料来源：place economics. Historic preservation: at the core of a dynamic New York city[R]. 2016.］

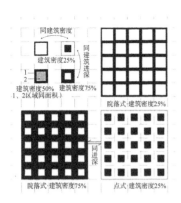

图 5-6 不同形态建筑的密度和肌理关系（资料来源：自绘）

---

1 王建国. 现代城市设计理论与方法 [M]. 南京：东南大学出版社，2004.
2 Salat S. 城市与形态：关于可持续城市化的研究 [M]. 陆阳，张艳，译. 北京：中国建筑工业出版社，2012.

行研究（图 5-7）。它们的优势是既契合城市发展规划的复兴计划，又符合综合生态观下自然、经济、社会、宜居、文化五位一体的生态理念；缺点是历史沉淀时间较短，空间叠层和积淀无法达到中国历史街区和历史城市的历时性。但其肌理保持完整，文化认同和归属感强，可作为优良的综合生态观下的历史街区复兴的案例。

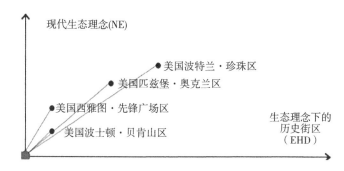

图 5-7　综合生态观下的历史街区第一象限（资料来源：自绘）

几个世纪以来，人类社会的聚居模式深深受到交通方式的影响。19 世纪末到 20 世纪初，在美国郊区形成了严重依赖汽车的容积率为 0.05～0.30［每英亩（约 0.4 ha）2 个住户］的市郊社区。这种单一的私有交通模式削弱了一种长期存在的与大众交通、步行社区和土地综合利用之间的联系，也削弱了社区经济的生命力。然而研究表明，如果要将人们从汽车中解放出来，街区密度必须高于每英亩（约 0.4 ha）7 个住户才能引入最基本的公交服务，而电车将在每英亩（约 0.4 ha）15 个住户的社区才变为可能，轻轨则需每英亩（约 0.4 ha）22 个住户。

街区建筑容量是综合生态观下历史街区复兴中一个重要研究项，街区的环境品质、空间舒适度、公共空间比重往往跟街区的空间容量密切相关。四个目标案例历史街区均以小规模、小尺度、中高密度的特点使生态环境保护、能源节约和资源循环利用等生态目标易于实现。这几个目标街区的密度基本相同，都在 45% 左右，其中珍珠区和先锋广场区为城市中心区的居住商业区，所以建筑层数较多，容积率在 2～3，虽然密度相同，层数更多，但街区空间却并不压抑。街区中低层的建筑和窄街利于塑造真正的人性化社区，结合地方日照和气候条件，街区绿化、建筑体量与间距等能有效地减弱高容积率给街区空间带来的压抑感（表 5-4）。

表 5-4　目标历史街区空间容量（spacemate 指标）（资料来源：自绘）

类型	波士顿贝肯山区	匹兹堡奥克兰区	西雅图先锋广场区	波特兰珍珠区
容积率（FSI）	1.7	1.1	2.3	3.1
建筑密度（GSI）/%	49.6	39.1	45.5	42.9
平均层数（L）	3.4	2.8	4.5	7.2
开放空间率（OSR）	0.30	0.55	0.24	0.18
200 m×200 m 街区肌理				

在目标街区波特兰珍珠区的发展研究报告中，没有对建筑密度和容积率的建议和规定，只有对绿地率的相关限制。报告中提到主要环境成效的公共绿地中，对公众开放的可使用绿色空间应占建筑面积的 20%~40%（在居住区内应占更大面积）。居住区 500 m 范围内都应有易于使用的公共空间。在生态街区和生态城市的指标中，对街区的建筑密度和容积率是没有明确规定的，一般是以绿地率或者绿量来限制建筑密度和容积率。生态新城或生态街区的评价标准中有明确的绿地率应达到 35%~40% 的标准。在现代居住区设计标准中，2018 年新出的《城市居住区规划设计标准》建立在确保居住生活环境宜居适度、保障城市居住区规划设计质量的基础上，如在夏热冬冷地区，住宅用地的容积率为 1.2~1.3，建筑密度最大值为 50%，绿地率最小值为 20%。参考国内外历史街区的现有指标，显然不太适用于历史街区（表 5-5，表 5-6）。

表 5-5　现有国内历史街区的密度（spacemate 指标）（资料来源：自绘）

类型	苏州平江路	重庆磁器口	南京荷花塘	扬州东关街	常州青果巷	成都宽窄巷子
容积率（FSI）	0.8	0.96	0.68	0.73	0.7	1.02
建筑密度（GSI）/%	40	39.5	58.7	65.8	47	50.8
平均层数（L）	2	2.4	1.16	1.11	1.49	2.01
开放空间率（OSR）	0.75	0.63	0.61	0.47	0.76	0.48
200 m×200 m 街区肌理						

表 5-6　低层或多层高密度居住街坊用地与建筑控制指标
（资料来源：《城市居住区规划设计标准》）

建筑气候区划	住宅建筑平均层数类别	住宅用地容积率	建筑密度最大值/%	绿地率最小值/%
Ⅰ、Ⅶ	低层（1层~3层）	1.0、1.1	42	25
	多层Ⅰ类（4层~6层）	1.4、1.5	32	28
Ⅱ、Ⅵ	低层（1层~3层）	1.1、1.2	47	23
	多层Ⅰ类（4层~6层）	1.5~1.7	38	28
Ⅲ、Ⅳ、Ⅴ	低层（1层~3层）	1.2、1.3	50	20
	多层Ⅰ类（4层~6层）	1.6~1.8	42	25

由于中国历史街区形成的时间更长，历史街区的层数都是以低层为主的街区，以夏热冬冷地区的 6 个历史街区为例，平均层数仅 1.7 层，因为层数小于目标街区平均 4.5 的层数，所以容积率只有 0.8。但因为长时间的沉淀和叠层，形成了更加复杂紧凑的肌理斑块，其平均密度大约为 50%，比目标街区的平均密度大 5 个百分点，其形态肌理单元分隔以家庭为单位，以血缘为群落，院落单元更小而密实紧凑。虽然密度更大，但开放空间率 0.62 却远远大于目标街区的 0.32，提供了更加有效的、可控的单位建筑面积的开敞空间。综上所述，中国的历史街区其本身对于被设定为综合生态观下目标案例的街区具有更鲜明和内禀的生态性，其拥有更紧凑密集的街区肌理和更合理有效的开敞空间，为综合生态观下的中国历史街区的复兴奠定了更坚实的基础。

密度与形态是不可分割的，荷兰代尔夫特贝格豪泽（Berghauser）教授以荷兰城市空间形态为样本，通过表征空间密度的"空间伴侣"（spacemate）指标，形成表征空间形态的"空间矩阵"[1]（spacematrix），建立一种评价密度和空间形态的关联性图表，将目标街区与国内历史街区的疏密度进行空间赋值，空间矩阵形成对街区形态疏密度分级关系的可视化图示。对目标街区与国内历史街区样本范围对比空间矩阵进行分析，从图 5-8 中可见目标街区多围绕 F 区域，形态以多层混合院落、板式建筑形态分布为主，国内历史街区样本则完全不同，其多分布在 C、D 区域或密度更高的区域，形态更偏向于高密度、低层院落与板式混合的建筑形态。这样的街区形态表征说明，国内历史街区相较

1　Berghauser P M，Haupt P. Space-matrix：space，density and urban form[M]. Rotterdam：NAI Publishers，2010.

国外目标历史街区具有更整体有序、更紧凑的街区形态,为之后生态环境保护、能源节约和资源循环利用等提供了基础,也为之后综合生态观下街区形态的研究奠定了基础。

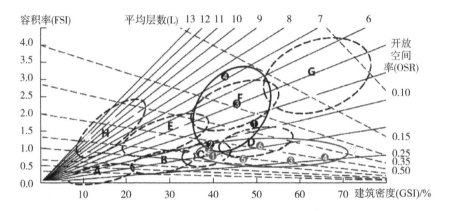

图 5-8　国内外历史街区 spacemate 和 spacematrix 图(资料来源:自绘)
(浅灰:国内案例历史街区;深灰:目标街区;A. 低层点式;B. 低层板式;C. 低层混合院落、板式;D. 低层院落式;E. 多层板式;F. 多层混合院落、板式;G. 多层院落式;H. 高层混合板式、点式)

5.2.3　综合生态观下的历史街区的绿地现状与类型

(1) 历史街区绿地的现有问题

城市更新的进程和规划中,很多历史街区的绿地布局结构及绿地的生态功能成为与历史城市对接的绿地系统规划考虑的重要内容,但是仅实现"点线面"的几何形态,停留于表面形式,忽视综合生态观和生态效益的综合提升。在历史街区绿地规划过程中复制其他大城市或国外经验,忽视城市独特的自然人文风貌、历史文脉及社会需求,导致城市长期发展过程中形成的自然肌理被破坏,历史遗迹被侵占,人文特色被忽视,绿地文化服务功能被弱化或降低。

① 历史街区与城市自然生态的关系

现存的历史街区的周边区域具有良好的自然生态基础,是顺应天时地利而延续下来的自然文脉。它们没有被现代城市发展迅速同化,也是因其及周边的自然生态和人文生态的承载力可应对现代城市的快速发展。但随着城市更新和建设力度的攀升,历史街区原有生态基础设施远远落后于周边城市建设发展，历史街区与周边自然生态关系逐渐断裂，再加上周边城市中心区急剧发展的包裹，历史街区在大范围的自然生态中逐渐失落。

②历史街区本身的绿地问题

历史街区的绿量普遍存在总量少、尺度小、密度高、强度低、物种多样性不足、绿化形式多样等特点，历史街区的绿地在雨洪管理、社会服务、防灾避险等方面的功能未能得到充分发挥。可见，单纯地追求布局形态造成绿地的生态效益无法形成社会、经济、文化、自然系统发展需求相协调，绿地承载的供给、支持、调节、文化多重服务功能被打折扣，面对市民对生态服务的多样化需求，绿地也无法进行有效的呼应[1]。绿量既不满足宜居生活所需的供给，也不满足生态街区营建的标准。

（2）综合生态观下的历史街区绿地类型

最新版的《历史文化名城保护规划标准》（GB/T 50357—2018）中，对历史文物的范围有了明确的界定，历史环境的构成要素不应局限于文物古迹和历史文化建筑本身，还包括各类附属构筑物、植被等。据此可知，在分析历史街区组成的过程中，应将历史建筑、附属构筑物、植被景观等一并纳入其中。所以历史街区中的绿化既是文脉的重要传承，又是保证其自然生态的重要组成部分。

历史街区内部及周边的绿地空间也是基于系统性、整体性、多样性的城市绿地网络的重要部分。城市绿地系统是城市自然生态系统重要的组成部分，人类直接或间接从生态系统获益形成生态系统服务的概念，生态系统服务是指一个健康的自然生态系统及其组成部分所提供的对人类生存与发展需求有支持和满足作用的产品、资源和环境[2]。千年生态系统评估（Millennium Ecosystem Assessment，MA）将自然生态系统和人工生态系统都作为生态系统服务的来源，将生态系统服务分为供给（对人类的食物资源供给）、调节（气候调节、预防灾害）、文化（美学、精神、文化服务）和支持服务四大类，支持服务是其他服务的基础，这些服务一起构成了人类的福祉。还有研究认为城市绿地系统功能可以进一步细化为改善环境质量、维持多样性、美化景观、休憩娱乐、文化创造、防灾避险、绿地经济7种主体功能和22种具体功能。

---

1 刘颂，杨莹. 生态系统服务供需平衡视角下的城市绿地系统规划策略探讨 [J]. 中国城市林业，2018，16（2）：1-4.
2 阎水玉，王祥荣. 生态系统服务研究进展 [J]. 生态学杂志，2002，21（5）：61-68.

基于这些分类原则，着眼于历史街区绿地功能分类，将历史街区绿地系统服务功能划分为社会服务功能、供给服务功能、调节服务功能、文化服务功能和绿地经济功能5个方面[1]（表5-7）。

表5-7 历史街区绿地的功能（资料来源：自绘）

功能	内容
社会服务	休闲游憩、防灾避险、促进就业、产业发展、运动聚集、慢行交通
供给服务	原材料供应、生物多样性供应
调节服务	气候调节、大气调节、净化环境、涵养水源、保育土壤、养分累积、生态防护、生物多样性保护
文化服务	景观美学、科技研究、文化教育、社区归属感与凝聚力增加
绿地经济	固碳释氧、滞尘吸污、蓄水保土、杀菌减噪、防风阻沙、降温增湿

2017年颁布的《城市绿地分类标准》是以"城乡统筹"的具体落实、"多规合一"的有效对接、"以人为本"的基本保障、"生态文明"的真实体现为目标，根据党的十八大以来"三生空间"的规定与用途管制，基于"绿色生态空间"来重新认识"绿地"。历史街区内及周边存在的绿地类型为公园绿地、附属绿地、广场用地和小面积的生态绿地。城市建设用地内的绿地与广场用地适用于历史街区的分类见表5-8。

表5-8 历史街区绿地的分类（资料来源：选取《城市绿地分类标准》，分类汇编）

分类			内容	功能	位置	规模/案例
G1	公园绿地		向公众开放，以游憩为主要功能，兼具生态、景观、文化与避灾功能，有一定有游憩与服务设施的绿地			
G1		G11 综合公园	内容丰富，适合开展各类户外活动，具有完善的游憩和配套管理服务设施	社会功能：生态服务、景观美化、社会服务	常见于历史街区旁，对历史文化街区做生态补给	规模宜大于10 ha，例如愚园（3.36 ha）（荷花塘历史街区西侧）
		G12 社区公园	用地独立，具有基本游憩和服务设施	社会服务、文化服务。主要为一定社区范围内居民开车就近日常休闲活动	常见于历史街区主要街道或边界	规模宜大于10 ha，以100 m×100 m为基本尺度街区的社区公园

---

1 邓生文.基于生态功能的城乡绿地分类研究[D].成都：西南交通大学，2009.

（续表）

分类		内容	功能	位置	规模/案例
G1	G12 街区公园	具有特定内容或形式，有指向性很强的游憩和服务设施的绿地	社会服务、文化服务。主要为一定社区范围内居民开车就近日常休闲活动	宅间空地、街道凹角、街道旁、宅前	尺度随意，根据居民需求变化，临时或永久存在
	G133 历史名园	体现一定历史时期代表性的造园艺术，需要特别保护的园林	文化服务	常见于历史街区内的私家园林	例如扬州东关街个园
	G139 专类公园	特定主题的绿地，街区尺度可包含儿童公园、体育健身公园、滨水公园、雕塑公园等等	社会服务、文化服务	常见于街区空地或街区滨水地带	绿化占地比例宜大于或等于65%，例如波特兰珍珠区坦普森公园
	G14 游园	用地独立，规模较小，形状多样，方便居民进出，有一定游憩功能的绿地	社会服务、供给服务、调节服务、文化服务	常见于街区边界滨河地带	带状有缘宽度宜大于12 m（生态服务），绿化占比大于或等于65%，例如荷花塘历史街区城墙外的滨水绿地
		街旁绿地	街区中的中小型开放式绿地，面积虽小，但具备游憩和美化城市景观的功能，是城市中量大面广的绿地类型	社会服务、文化服务，短暂停留及休憩空间	常见于居住型历史街区的小巷和公共空间旁	依据《公园设计规范》（GB 51192—2016）规定，街旁绿地占地比例应大于等于65%

5.2.4 适宜绿量的历史街区

（1）历史街区的绿量计算与对比分析

① 二维绿量评价标准

历史街区绿地系统有社会、供给、调节、文化和绿地经济五个服务功能，但其服务于历史街区物质空间的是其植物，这是切实作用于历史街区生态效益的部分，其主要方向包含：第一，街区植被对街区微气候的营造与气候调节。第二，街区植被种类的生物多样性。第三，为鸟类、昆虫等动物提供的栖息地或生态跳点。第四，绿地空间为人类所提供的亲自然性的归属感。覆盖了社会生态、文化生态和自然生态。历史街区中的绿植主要包括乔木、灌木、藤本、垂直绿化、植草屋顶、地被等，通过一定程度的蒸腾作用影响城市近地面热、湿环境。其中乔木和灌木还会通过局部遮阳，大幅度减少下垫面对太阳直接辐射的吸收得热。

常用的城市绿化、生态环境的评价中，二维绿量评价标准包括绿地率、绿化覆盖率和人均绿地面积等（表5-9），常作为一个重要的评价指标出现在生态城市和生态社区的评判标准中。但据数据统计，至2018年，虽然政府加大了北京城的绿地建设，但历史街区绿地率、绿化覆盖率始终与旧城保持着大约10%的差距。据考察和研究，33个北京历史街区中，生态效益最高的乔木植被占比高达65.2%。历史街区内的高密度、小尺度、多乔木、散点绿化的空间结构和植被配置方式很难匹配现行的生态社区指标（表5-10），其指标的构建也往往基于大区域、大尺度的空间范围。从量和范围上，二维的指标并不适用于作为衡量历史街区绿量的标准，而仅仅使用二维绿量和计算方式并不能完全反馈历史街区真正的生态效益。

表5-9 街区二维绿量计算方法（资料来源：自绘）

绿量计算方式	相关评价标准	算法
绿地率	《中国生态住宅技术评估手册》《城市居住区规划设计标准》《南京河西低碳生态城市指标评价体系》	$G_P=\sum A_Y/S_0$ 式中：G_P为绿地率；A_Y为各种绿地面积的总和；S_0为街区用地面积（绿化屋顶与立体绿化不计入，绿地覆土要求3 m以上）
绿化覆盖率	《中国生态住宅技术评估手册》《河北雄安新区规划纲要生态环境建设指标》《小街区与绿色街区》《波特兰珍珠区发展规划》《匹兹堡奥克兰区绿色计划》	$A_R=\sum A_Q/S_0$ 式中：A_R为绿化覆盖率；A_Q为街区绿化种植垂直投影面积总和；S_0为街区用地面积
人均公园绿地面积	《哈马碧生态城指标体系》《波士顿绿化行动：气候行动计划》	$A_{gym}=A_{gy}/N_p$ 式中：A_{gym}为人均公园绿地面积（m²/人）；A_{gy}为公园绿地面积；N_p为街区人口数量

表 5-10 国内外典型历史街区的绿地率（资料来源：自绘）

序号	历史街区	地区	面积/ha	绿地率/%	街区现状图片
1	荷花塘历史街区	南京	12.6	0.71（规划绿地率20%）	
2	南捕厅历史街区	南京	5.49（核心）	3.61	
3	平江路历史街区	苏州	116	7.81	
4	东关街历史街区	扬州	44.28	3.44	
5	青果巷历史街区	常州	8.7（核心）	4.76（规划绿地率14%）	
6	大栅栏历史街区	北京	47.09	4.01	
7	五大道历史街区	天津	120	4.26	

(续表)

序号	历史街区	地区	面积/ha	绿地率/%	街区现状图片
8	宽窄巷子历史文化保护区	成都	6.66（核心）	0.93	
9	磁器口历史街区	重庆	32.5（核心）	0.79～5.25	
10	三坊七巷	福州	38.35	1.43	
11	珍珠区	波特兰	121	5.0	
12	先锋广场区	西雅图	34	2.0	
13	奥克兰区	匹兹堡	519	3.5	
14	贝肯山区	波士顿	87	6.4	

国内外历史街区绿地率的调查研究证明，历史街区实际的绿地率远远低于生态社区或生态城市的评价标准，且在其既有的保护与发展的规划中，以及肌理紧凑、绿化分散、乔木比例高的空间结构中，很难大幅度地提升二维的绿量指标，那是否说明历史街区的绿化方式就是绝对的不生态？历史街区内禀的生态性在绿量上如何表达出来，如何充分挖掘历史街区的绿量生态潜能？在综合生态观的视角下，正确认知历史街区的绿量是如何提供更好的生态效益的，对之后生态复兴有着重要的意义。如何创造既传承和延续历史景观脉络，又有效提升历史街区整体综合环境品质和生态效益，同时切合当代居民生活生产功能是重中之重。

② 三维绿量测算方法

传统的绿化指标大多只重视绿地数量，没有对绿地产生的效益进行考虑，是一种追求数量的规划。在既有的测度指标中，人均绿地面积、绿地率和绿化覆盖率的计算均使用二维面积对绿化质量进行评价，很难反映城市中不同植物种类和绿化结构的功能。以相同面积的草坪和相同面积的乔灌草覆层结构为例，它们的绿化覆盖率虽然相同，但其产生的生态效益却有很大差距。乔灌草的覆层结构稳定，在降温增湿上效果显著，直接影响人群的环境舒适度体验。以屋顶绿化及建筑墙体的垂直绿化为例，虽然其不需要占用传统意义上的土地，却能够弥补城乡范围内平面绿化的不足，增加供氧量，缓解城市热岛效应，这均对城市产生了不可估量的生态效益。这样的绿化配置方式符合建设城市绿地的本质目的，虽然现在尚不被纳入既有的城市绿化测度指标，但理应被纳入以此类绿化方式为主的城市历史街区绿化状况的评估范畴。

历史街区绿化的意义不只在于对历史景观的延续和传承，更应该注重其本身的生态性，以满足街区的环境承载和居民的日常生活需求，尽可能提高绿地的生态效益。它突破了使用二维绿化指标评判绿化质量的局限性，可以准确反映街区的真实绿化水平，有助于准确分析对比街区绿化的空间结构，便于定量研究历史街区中绿地与周围环境的关系。

三维绿量的测算目的是为提高绿地生态效益等研究提供基础资料并实际应用到绿地建设中，但目前国内城市三维绿量的研究成果并没有太多，对历史街区三维绿量的研究更是稀缺。

植物叶片是进行光合作用、蒸腾作用和物质交换的重要同化器官和植物降温的主要产出器官。叶面积指数（Leaf Area Index，LAI）是指单位面积上叶面积总量，它隶属于三维绿色生物量（tridimensional green biomass）研究的一个主要研究方向[1]。在生态学中，叶面积指数是用来反映植物叶面数量、冠层结构变化、植物群落生命活力及其环境效应的重要参数，为植物冠层表面物质和能量交换的描述提供结构化的定量信息，在生态系统碳积累、植被生产和土壤、植物、大气间相互作用的能量平衡、植被遥感等方面起重要作用[2]，所以叶面积指数是历史街区生态效益相关的重要绿量参数。

a. 测算方法

从概念上看，绿色容积率应能更充分地将垂直绿化、屋顶绿化等绿化因素纳入绿化测算范围，从而得出更加接近真实的绿量数据。街区三维绿量和绿容率的测算需要经过以下步骤：

实地调研后将街区的植株分为乔木、灌木、藤本和地被，根据胸径或冠径等直接可测量的数值，换算该植株的树冠体积。统计叠加相同树种不同植株各自的树冠体积，获得该树种在样地内的树冠总体积。若栽种密集而导致树冠缺冠，则按实际体积叠加：

$$V_P = \sum R_Y \cdot \lambda_p, \quad V_P = (R_1 \cdot \alpha_1 + R_2 \cdot \alpha_2 + \cdots + R_n \cdot \alpha_n)\lambda_p$$

式中：V_P 为相同树种的体积之和；R_Y 是胸径或者冠径；λ_p 是对应的体积公式；α_n 是相应的缺冠体积系数。

该植株的体积总和结合该植株不同月份单位体积叶面积得到同一树种在测量当月的叶面积总量：

$$M_P = \sum V_p \cdot \beta$$

式中：M_P 为该月相同树种的叶面积之和；V_P 为相同树种的体积之和；β 为对应树种的该月的叶面积指数。

对该街区的所有树种的叶面积总量进行求和，最终得到该历史街区的总绿量：

$$\sum\nolimits_n = M_1 + M_2 + M_3 + \cdots + M_n$$

式中：$\sum\nolimits_n$ 为样本街区的绿量总和。

---

1 李同予，薛滨夏，王梓懿，等. 基于绿量产出效益的城市绿地降温设计策略 [J]. 城市建筑，2017（29）：42-45.
2 谭瑛，刘思，郭苏明. 城市历史文化街区的绿量测算方法研究 [J]. 现代城市研究，2018，33（9）：115-124.

求取街区的绿色容积率：

$$E_P = \sum_n / S$$

式中：E_P 为样本街区的绿色容积率；$\sum_n$ 为样本街区的绿量总和；S 为样本街区的用地面积。

b. 实证比较研究

现针对历史街区的绿化分布和绿量呈现特性，为更好地探究在两种绿量算法和标准中，历史街区是否就是绝对不生态的，为寻求历史街区自身内禀的生态性，对比二维绿量和三维绿量计算方式在不同样地上的呈现，现选取南京两幅样地进行详细的实地调研和实证比较研究，这两幅样地一个是历史街区样本，一个是以二维指标为规划标准的生态街区样本。

在筛选样本用地的过程中，为衡量二维指标和三维绿量之间可能存在的差异，衡量两种以不同方式形成和规划产生的样地的绿化生态效益，样地选择应主要依据以下三原则：使用功能上相似（均属居住区），两幅样地地块的绿化层次有较大差异，两幅试验地块属于同一城市。在南京反复筛选后，最终选择以南京荷花塘历史街区和朗诗国际生态街区为对比试验地块（图 5-9）。另有一个历史风貌区地块和老旧社区地块数据作为支撑数据[1]。

就南京而言，已有较为准确的常用本地植株的不同月份单位体积内叶片总体积的数据研究[2]，根据调研地块的植物种类，筛选需要的植被种类进行计算（表 5-11）。

（a）荷花塘历史街区

（b）朗诗国际生态社区

图 5-9 两块对比试验地块
（资料来源：自摄）

表 5-11 试验样地绿地率（资料来源：自调研数据与数据计算）

街区	用地面积 / ha	绿容率（三维）	绿地率（二维）/ %	街区	用地面积 / ha	绿容率（三维）	绿地率（二维）/ %
荷花塘历史街区	12.57	0.823	0.71	大油坊历史风貌区	4.69	1.317	0.21
朗诗国际街区北园	3.71	9.893	47.9（>35）	宏图上福园小区	1.79	2.529	48（>25）[3]

③ 实证比较分析

a. 样本用地 1：南京荷花塘历史街区

南京荷花塘历史风貌区位于南京老城西南部、内秦淮河西段以北，1~2

---

[1] 谭瑛, 刘思, 郭苏明. 城市历史文化街区的绿量测算方法研究 [J]. 现代城市研究, 2018, 39（9）：115-124.
[2] 郭雪艳. 南京市常见园林植物的绿量研究 [D]. 南京：南京林业大学, 2009.
[3] 《城市居住区规划设计标准》（GB 50180—2018）表 4.0.3。

层传统居住建筑覆盖广泛。历史街区内少有集中绿化区域。大乔木树龄较长、树冠较大,但数量不多。乔冠草层次多样性较低,居民自发种植的盆栽和果蔬花木较多,为区域绿化特色之一。垂直绿化、屋顶绿化、阳台绿化、盆栽绿化等绿化方式广泛分布在历史街区的各个区域。

b. 样本用地2:南京朗诗国际生态街区北园

南京朗诗国际生态街区北园位于南京河西生态新城,由7层和18层的居住建筑构成。居住区以生态新城的二维绿量标准出发规划,绿地率达到47.9%,大于河西生态新城生态评价标准的35%,内有大片集中的公共绿地,乔灌草层级丰富多样。

c. 对比分析1

根据二维绿化指标绿地率进行评估时,荷花塘历史街区绿地率为0.71%(用地面积125 660 m^2,绿地面积893 m^2),朗诗国际生态街区北园绿地率为47.9%(用地面积37 115 m^2,绿地面积17 764 m^2),从二维绿地率看相差66.5倍,朗诗国际生态街区北园是生态城市绿地率(35%)标准的1.37倍,荷花塘历史街区的绿地率远远低于国家标准。就二维绿量看,大油坊历史风貌区、荷花塘历史街区都有远远低于生态社区标准的绿地率,而老旧社区宏图上福园小区和生态社区朗诗国际街区都有差不多的二维绿量。所以单从二维绿量判断,四个街区处于两个截然不同的绿量层级。

d. 对比分析2

根据相关方程计算出荷花塘历史街区内42种乔木树种的树冠体积。对于16种灌草藤本植物,采用低矮植物树冠有效体积方程进行计算。通过模拟方程测算,可以得出历史街区内各类乔木树种及低矮植物的有效树冠体积。再选取既有的6月份植物的单位体积叶面积,最终得到荷花塘历史街区6月份的叶面积总量。同理计算朗诗国际生态街区叶面积总量。对比三维绿量,绿容率则只相差11倍。再加上两个对比街区,三维绿量呈现出明显的阶梯式绿容率:0.823(荷花塘历史街区)< 1.317(大油坊历史风貌区)< 2.529(宏图上福园小区)< 9.893(朗诗国际生态街区)。

前述研究证明叶面积指数是历史街区生态效益相关的重要绿量参数,或者说绿容率能直接反映出街区的生态效益,那我们拟定一个公式:

生态效益效率 = 街区绿地率 / 街区绿容率

$$生态效益效率比 = \frac{生态街区绿地率 / 历史街区绿地率}{生态街区绿容率 / 历史街区绿容率}$$

该公式中生态效益效率比表征单位绿地面积可在街区中创造的生态效益。若该公式结果为1，即表明在二维绿量的计算方式和三维绿量的计算方式中，历史街区和生态街区具有相同效力的生态性。若该公式结果大于1，即证明历史街区的生态效益效率更高。

$$生态效益效率比 = \frac{47.9\% / 0.71\%}{9.893/0.823} = 5.625$$

结果可证，荷花塘历史街区比朗诗国际街区在单位绿地面积可创造更多的生态效益，即生态效益的效率更高。

④ 结论分析

a. 从植物群落配置上分析：历史街区乔木有多样性优势

从植被群落配置表中可见（表5-12），随时间自然和人为栽种植被的历史街区和生态规划的社区之间在群落配置上有明显差异。对于以生态效益为主的乔木，荷花塘历史街区的乔木品种共42种，多于朗诗国际街区的乔木品种

表5-12 历史街区与生态街区植被构成调查统计（资料来源：自绘）

街区类型	植物群落				藤本/地被
	常绿乔木	落叶乔木	常绿灌木	落叶灌木	
荷花塘历史街区	木樨、棕榈、枇杷、石楠、雪松、香橼、杜英、樟、女贞、龙爪槐	毛泡桐、构、榉树、银杏、槐、鸡爪槭、乌桕、西府海棠、紫薇、二球悬铃木、香椿、榆树、水杉、枫杨、桃、蜡梅*、皂荚、白蜡树、美国山核桃、紫叶李、朴树、梧桐、玉兰、楝、梅、榔榆、垂丝海棠、桑、杏、樱桃、东京樱花、石榴	黄杨、枸骨、罗汉松、海桐、小叶女贞、红花檵木、石楠、木樨、女贞*、锦绣杜鹃、大叶黄杨、花叶青木、龟甲冬青	南天竹、蜡梅、紫薇	地锦、麦冬
朗诗国际生态社区	棕榈、杜英、荷花木兰、樟、乐昌含笑、木樨、枇杷、女贞、罗汉松、雪松	木槿、朴树、无患子、榉树、乌桕、银杏、鸡爪槭、构、垂柳、枫杨、紫叶李、合欢、东京樱花、玉兰、五角枫	山茶、早园竹、红花檵木、锦绣杜鹃、黄杨、金森女贞、木樨、海桐、贵州石楠、八角金盘、十大功劳、白蜡、日本珊瑚树、野迎春、龟甲冬青、大叶黄杨、小叶女贞、花叶青木	鸡爪槭、紫荆、蜡梅、南天竹、石榴	紫藤、麦冬、吉祥草

注：* 表示该植株因体积和形态原因算作植物群落，与其本身属性无关。

25种,所以在树种多样性上,历时性的历史街区在自然和人为选择中更有优势。而乔木种类中,历史街区采用的落叶乔木品种远远多于常青乔木,这是因为街区肌理紧凑的历史街区,居民对光照的要求更高,乔木散点式的布局和落叶类乔木可以更好地给予居民以夏季的遮蔽、冬季的阳光,所以这是在自然和人工选择下的结果。而灌木则都以常绿为主,荷花塘的品种16种,少于生态街区的23种。因为灌木的配置以景观效益为导向,其能提供的生态效益有限,且需要付出的经济和人力较多。

b. 从乔木所占数量和绿容率分析:历史街区乔木占比更大

在对朗诗国际生态社区和荷花塘历史街区的调查研究中可见,在所有植被配置中,乔木都贡献了一半以上的绿容率和更高的生态效益,所以对于乔木的研究能更好地反映历史街区和生态社区的差异。区别在于历史街区乔木绿容量所占比例更大,达到76.1%的绿容率占比,因为乔木叶面积总量较多,对绿容率影响较高,对比有明确乔灌草层级设计的生态街区,自然生长形成的历史街区使乔木的社会功能(一棵树形成的公共空间)和自然功能都得以充分地发挥。历史街区的乔木总量虽然远远低于生态社区,但多达42种的乔木树种却体现了时间层面的生物多样性。但要从整体生物多样性上考量,其数量基数则低于可对等评价的生态街区(表5-13)。

c. 历史街区给予了乔木充分的生长空间和时间

就现场调研来看,历史街区是分散式的大乔木布局,从时间和空间的自然选择上,传统的栽种方式给予了乔木充分的树冠生长空间,让其能形成完整的树冠。较小的绿地空间,需要大乔木占地少、遮蔽多的空间特性。而以

表5-13 乔木绿容率及优势种比较(资料来源:自绘)

街区类型	场地面积 / ha	乔木数量 / 种	乔木绿容率占比 / %(乔木叶面积 / m²)	种类数量 / 种	优势种
荷花塘历史街区	12.57	237	0.761(78 706)	42	木樨(40),枇杷(33),枸(12),二球悬铃木(12),毛泡桐(10),水杉(10),石楠(10)
朗诗国际生态社区	3.71	826	0.572(209 925)	25	木樨(200),香樟(158),榉树(91),广玉兰(88),无患子(85),杜英(51),银杏(35)

生态指标为设计基础的生态街区，则为了满足量而忽略了质，郁闭度过高的集中式栽种，不仅牺牲了树冠的完整度，而且也忽略了低矮楼层的住户对阳光的渴求。在现场调研中，许多居民反映，需要不停地修剪和砍伐高大乔木才能保证冬季正常采光（图5-10）。

图5-10 荷花塘历史街区大乔木和朗诗国际历史街区乔木缺冠（资料来源：自摄）

d. 历史街区丰富的立体绿化

除了乔灌草的设计层级，荷花塘历史街区有更丰富的立体绿化层次。荷花塘历史街区紧邻城墙，其墙体表面也经常附着藤本植物，所以历史街区内部形成了"藤本（爬山虎）+自种盆栽墙+藤架"的立体绿化层级，为历史街区提供了更多类型的绿量。

e. 街区乔木优势种分析

根据乔木种植配置的数量确立场地内的优势种，在两个街区各选取7个优势乔木品种，查看其叶面积指数，以判断历史街区是否在植株种类上具有生态效益的优势。从结果分析可见，除了本石楠这个植株品种，其他的植株品种并不具有叶面积指数上的直接优势（表5-14）。

综上所述，历史街区在自然生态方面具有其内禀的生态性。历史街区虽然在绝对绿量上远远低于生态社区，也不具有生态效益的绝对优势，但却具有更高的生态效益效率，我们应吸取设计绿化的生态社区的经验教训，一味追求量的生态标准的堆叠式植株种植方式是有很多弊端的：第一，经济生态。牺牲太多的用地面积，最后买单的还是居民。这样浪费的资源除了满足了绿

表 5-14　优势种叶面积指数分析（资料来源：自绘）

类型	优势种						
朗诗国际生态街区	木樨	香樟	榉树	广玉兰	无患子	杜英	银杏
叶面积指数 / ($m^2 \cdot m^{-3}$)	4.060	3.183	0.658	2.193	0.342	0.659	0.800
叶片密度 / (片·m^{-3})	1 461	1 611	421	225	18	6	527
类型	优势种						
荷花塘历史街区	木樨	枇杷	枸	毛泡桐	二球悬铃木	水杉	石楠
叶面积指数 / ($m^2 \cdot m^{-3}$)	4.060	2.193	1.403	1.096	1.403	0.817	23.092
叶片密度 / (片·m^{-3})	1 461	225	88	83	88	828	9 370

量标准，并不满足良好的经济效益需求。第二，社会效益。牺牲了太多的有效公共空间，现场调研和走访中，大乔木多被堆叠拥挤地种在建筑与边界空间里，居民根本不会经过，无法受益，且影响了低楼层的采光。在调研中，居民多次提出对种植方式和品种选用的质疑。第三，自然生态。堆叠的种植方式随着时间增长，郁闭度极高，越来越拥挤的树冠逐渐缺冠，植株生长受限。

（2）历史街区绿地的设计策略

历史街区一般都山水环绕，周边生态环境较好。但在城市更新改造的过程中，在不停的时代更迭中，周边环境逐渐失落，对植被造成不可逆的伤害。就现场调研来看，历史街区存在绿化分布和结构不合理、植物配置不合理、种植形式单一、乡土树种使用较少、植物没有季相变化等现象。未来如何优化绿地，布局横向竖向结构和植物搭配方式，提升绿化景观层次，提升历史街区的绿化生态效益，成为历史街区空间环境整治的关键[1]。综上所述，提出综合生态观下的历史街区绿地设计的如下策略：

进行历史街区绿地整体规划和设计，强调乡土树种的使用，强化促进历史街区空间氛围，所形成的植物景观系统必定具有一定的时代历史色彩。植物的亲人性会促进居民的归属感。从长远的生态保护发展角度考虑，分步骤、分年限地进行渐进式、微循环式的保护更新[2]，既呼应了历史文化固有的景观发

1　胡长涓，宫聪，汪瑞军. 基于双重对比分析的历史街区绿量生态效益 [J]. 中国城市林业，2023，21（05）：103-113.
2　姚枚妗. 杭州市历史文化街区植物景观研究：以五柳巷、清河坊、拱宸桥桥西历史文化街区为例 [D]. 杭州：浙江农林大学，2021.

展规律,又能达到当代生活生产所需的生态要求。对重点的保护单位内的景观应有详细的保护办法(图 5-11~图 5-14)。

图 5-11　荷花塘滨河集中绿道、城墙爬山虎和乔灌植物配置(资料来源:自摄)

图 5-12　苏州平江路多样的藤本绿化和植物配置(资料来源:自摄)

图 5-13　常州青果巷道旁乔灌配置方式和多样的垂直绿化模式
(资料来源:自摄)

图 5-14 荷花塘居民自发的垂直绿化模式、周庄盆栽墙、大栅栏通过建筑改造亲近大乔木
（资料来源：自摄）

① 文化生态

顺应历史街区文脉，顺应历史街区紧凑度和肌理，在街区内的绿地平面布局化整为零，散点布局，给予植物足够的生长空间，使其达到最好的生态效益。在边界缝隙、背街、滨河绿道、街区广场等处再布局集中的绿地，以满足生物多样性的需求。

② 社会生态

尊重历史街区景观内景观形成和发展规律，历史街区并不适合设计型的乔灌草模式，一颗大乔木往往能形成标志性的公共空间，古树、老树更可能使人形成集体记忆和社区归属感。顺应历史街区特殊的乔灌木配比方式，以大乔木为主营造良好的公共空间，给予人们历史街区特有的归属感。因地制宜，植被应多选择乡土品种，优化植物配置，适应季节变化的多样性。

③ 自然生态

尊重自然选择下的植被，遵循植被自然生长规律，考虑足够的生长空间和对光、水、土等的需求，密度适宜。若在平面布局上无法满足乔灌木多层次的多样性配比模式，就充分利用竖向，发扬多层级的立体绿化优势，鼓励自发性的绿化行为。

④ 经济生态

在历史街区绿地的整体规划中，选择适宜经济生态的方案，选用适合历史街区的、以大乔木为主的植被配置模式。多选用乡土物种、因地制宜的位置和绿化方式，多选用适应力强、维护成本较低的植被，鼓励多方共同维护历史街区空间环境，提供历史街区的总体经济生态。

5.3 定形：生态宜人的街区形态

形态并非一切，而是城市的物质和精神结构，具有强大的惯性和持久的生命力。城市形态的坍塌，同样会对社会、环境和能源方面产生影响。城市的整体性来自城市不规则的复杂秩序，而这种复杂秩序是由城市各个现象汇集而成。形态和空间上的不规则性必须确保城市的整体性。

5.3.1 综合生态观中历史街区空间形态的构建

（1）分形结构与结构优化

在城市精密规划的现代主义之前，尚未规划的城市在权力组织、环境决定和自组织下演化形成了有明确边界、适宜尺度、内部整合、内外平衡的城市镶嵌体群落，城市的基层结构在极大的干扰下仍保持极大的稳固。例如著名的古文明国家已在时间长河的演化中无一例外地呈现了相互作用的多层级结构，现代遗留下来的很多历史城市和历史街区呈现出不同尺度的院落形式，如中国的各个历史城市，欧洲的格拉纳达（Granada）、托莱多（Toledo）、巴黎（Paris）等等无一例外，均显示出一种整齐有序、和谐共生、循环均衡的多层级分形结构。分形结构确保高效率能量流的独特能力，同时增强了其适应环境的能力。

什么样的结构才能让城市的系统生态效率最大化？詹姆士·J.凯（James J. Kay）提出了工业生态学，其原理是尝试使用系统不同部分之间可能出现的共生现象提高其整体效率。他的研究表明，高度组织化和高度结构化的系统比无序的系统更加有效地利用能量。构型理论指出流量驱动系统若要存在并成长，则必须以能够轻易进入、流量能轻易运行的方式发展。热力学和构型理论给出的效率最优答案是帕累托分布组织（Pareto distribution）的分形层级结构。"逆幂律"是分形结构的规律，约翰·冯·诺伊曼（John von Neumann）证明帕累托分布与分形结构之间数学等价。帕累托分布以及与其相关的分形结构广泛地分布于自然界，在生命组织几十亿年的演变过程中，它确保了最优的流量效率，例如江河流域水文、肺泡结构等等。历史城市的物理和拓扑结构展示惊人效率和适应力是因为其组织结构与帕累托分布基本一致[1]。

---

1 Salat S. 城市与形态：关于可持续城市化的研究 [M]. 陆阳，张艳，译. 北京：中国建筑工业出版社，2012.

分形结构的适应力与其吸收波动、将历史与时间流转变成建设性力量的复杂化能力有关，分形结构是支撑街区空间形态复杂性的最重要要素。分形结构具有比例不变的性质，其分布在任何尺度上都相同。传统城市的理想"构形"有独特的连贯性，建筑序列及建筑轮廓间相互作用和影响。分形结构可优化城市流，为现今的城市提高适应力。城市结构越复杂，就越容易通过吸收扰动，不让扰动打乱结构的稳定性而在其受制的扰乱中发展。

分形几何学解释了城市内部空间组织结构几何学分析无法达到的复杂性分析。研究表明了城市形态及基层组织复杂的秩序：无序和有序交织、不同尺度非线性和自相似性。城市的分形研究主要是边界与内部结构分型的研究。分形是历史城市和历史街区不同板块的特征属性，也是长期和短期干扰下，历史街区复杂性的决定性保证。而复杂性在提高街区整体形态和能量系统适应力的同时能确保能量得到优化使用，从而达到很高的生态效率。

（2）半格结构与稳定性

历史城市始终能将城市的适应力在本质上与其自组织能力相关，自组织则需要长久的时间和空间的弥合作为基础。帕累托分布的历史城市与自然的互动、历史城市形态适应力与运行其中的流量、历史城市决定其适应力之系统效率之间的互动的效率都经过了时间与空间的评估与调试，而系统的稳定性则由复杂性和连接性承担。一个不同规模层级上有拓扑网络结构的城市在受到灾难性短期干扰时，能吸收波动，能从干扰中恢复，而现代城市面对灾难时却越发不堪一击。这不仅因为现代城市对能源与资源的过度使用，也因为其迅速发展后大自然的反馈。确保体系效率和完善的尺度层级是城市生态发展的第一要素。树形结构具有高度层级化特性，层级秩序决定效率高低，但是树形的连接性低，连接性也是城市生态测度的基本参数。网络结构支撑内在的极度自由和适应力。所以城市需要的是树叶形而非树形，这就是所谓的"半网络"结构，也就是兼具分形与网络特征的"半格"结构，这类结构的典型代表是多数落叶乔木的叶脉系统。

弗朗西斯·科森（Francis Corson）指出结构包含的闭合循环可更有效地管理可变流量。而在分配静态流量方面，树状结构的效率最高。因此一个动态系统比如城市系统中同层结构的连接性对系统很重要，而分形树两点之间只有一条可能的路径，因此只有网络结构才能抵抗扰动，而分形树只有在没有局部扰动影响的基础上才能确保效率最优化。城市流量的典型特征是时空维度的可变性，半晶格结构可以将流量分配到不同路径中吸收这些扰动，而树状结构不具备这种特性。树状结构可以视为一种静定结构，只有超静定结构才符合实际需要，因为它能够在抵抗环境变量波动的同时仍然保持一种稳定态。

现在的城市新区规划重视网络连接和简单层级的构建以达到连通性，但这种连接是对城市职能的一种简化和单线匹配式的廊道路径上连接（连接数为 $N/2$）。历史城市经过长时间的演化形成一种无序与有序混合、层级式、多重连接的结构，拥有半格网的分形结构。这种街区模式肌理丰富，廊道细密，节点连接度高，功能多样，增加了街区的活力，使形态在更小尺度上达到随机连接[连接数为 $(N/2)*\ln N$]和完全连接（连接数为 $N^2/2$）。在萨拉特（Salat）的理念中，在被快速发展的现代城市层层包裹以后，原有的综合生态的历史城市已不复存在[1]。以托莱多为例，因战争和严重缺乏资源，被现代城市不断挤压和索取空间后，城市的复杂性已经停止发展，原有的人群多样、功能混杂的社会生态已不复存在，仅存街区形态上的分形和网络结构（图 5-15）。

托莱多皇城空间形态

托莱多民居空间形态

图 5-15 托莱多（Toledo）历史城市空间形态 [资料来源：胡安·布斯盖兹. 托莱多的复兴，托莱多，西班牙 [J]. 世界建筑，2013（2）46-49.]

---

1 Salat S. 城市与形态：关于可持续城市化的研究 [M]. 陆阳，张艳，译. 北京：中国建筑工业出版社，2012：230.

(3)综合生态观下历史街区空间形态的构建

中国历史城市的街区形态，起源于城市和聚落的选址和规划，古代城市规划不是如现代城市一般的模式，其规划的步骤和参照更具有历时性与地域性，规划背景源于几千年的生态空间哲学，基于生态时空论的观象授时的宇宙观、天人合一的自然观和万物相生的整体观。基于本体论的择"吉"和"宜"，有生态工夫论的支撑，有生态境界论作为目标。中国历史城市不同于国外历史城市的分形逻辑，它的分形和网络构建原则是阴阳合一（实与空），层级结构明确，具有轴对称性、核心性、封闭性。阴阳合一在不同的层级和方面体现，如中轴分割后的东西城，实体建筑在排布后留下的虚实关系，院落的虚实关系等等。中国历史城市经过这种反复的迭代累加，形成层层嵌套式的结构。如宇文恺根据《易经》的风水格局排布而形成的隋唐长安，被认为是既密集又绿色的城市[1]，人口密度为115人/ha，人均土地占有面积为80 m^2，利用选址、结构、朝向和家庭居住关系达到最优能效，形成社会生态-自然生态一体。不动轴是王城的中心线，以正南北为基准作"天阙"格局。轴线决定了系统的整体循环与阴阳协调，核是城市的政治权利中心——皇城。隋唐长安根据易经八卦"遇阳则奇，遇阴则偶"阴阳交替的逻辑，不同层级遵从大同小异、灵活变动的分形逻辑。如《考工记》的"九经九纬"，整个隋唐长安的王城以中国择"吉"的阳单数3（或3的倍数）分隔第一层级空间，街道宽度尺度层级遵从逆幂律（分形维度系数近似2，街道宽度为135 m、45 m、15 m），145 m宽的中轴主干道将王城分为东西两部分，6条宽度为135 m的林荫大道将王城分为9个部分，这决定了中国历史城市分形的框架。而分形最小单位和层次最基层是院落式的传统房舍，阴阳融合，这一层则折减系数由1/3变成了1/2，这也体现了中国灵动变化的空间哲学。各种大小虚实的院落灵活散布在层级的分形形态中，整体分布也注重留白以达到生态效益（图5-16）。

中国历史街区是历史城市被割裂后遗留下来的空间，被现代的城市中心区包裹，但在原有的连接中形成一条暗藏的巨链。在中国历史街区案例的分析中，我们可以发现这条巨链在空间上包含了大小不一、明暗相融、开敞封闭的各种职能空间，也串联着人们的社会关系、生活方式、自然与人的关系、

1　Salat S. 城市与形态：关于可持续城市化的研究[M]. 陆阳，张艳，译. 北京：中国建筑工业出版社，2012.

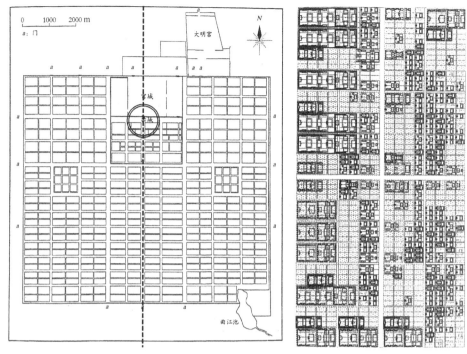

（a）唐长安分形结构与空间形态要素　　　　（b）唐长安的分形逻辑

图 5-16　唐长安空间形态（资料来源：根据《城市与形态》改绘）

政治权力与空间的关系等等。可持续城市发展的特征结构是高度复杂性与中度连接性的混合体。历史街区的空间形态特征正表征着这种可持续的空间形态，街区镶嵌体和穿梭其间的流的相互作用构建了这个全局结构。但这种多层次、多系统、抗干扰、效率和连通性并具的全局结构是不能被设计出来的，是需要历时性的生活累积沉淀下来的。分形结构在各个层级中连续出现，多样性的斑块廊道镶嵌在不同的镶嵌体中。这些不同层级的镶嵌体套叠在时间的长河中，在拓扑、流动、循环、反馈的空间运动中不断地演替和变换，改变着斑块的功能，形态却不曾被摧毁和抹杀。

　　通过案例分析，综合生态观下国内外的历史街区空间形态对比分析后有以下结论：① 国内外历史街区共同拥有细密的街道连接（窄街密网）。② 中国历史街区的廊道连接数多于树形的廊道网，少于国外历史街区网络构建廊道。③ 中国历史街区形态复杂性更强，多样性更高，无序与有序的微妙结合达到一致，这也是历时性生活沉淀下物化的体现，街区多样性的功能和便捷的生活服务也是重要的社会生态的支撑。④ 中国历史街区中斑块之间相互依赖度更高。这不但与历史上的家庭伦理及居住习惯相关，也与现代混杂人群混合居住在同一四合院的居住模式而造成的形态和社会属性的改变相关。⑤ 中国历史街区边界卷曲度更高，耦合力度更强。肌理之间更加紧密的镶嵌和各种功能的插入使边界的卷曲度更好，从而使斑块与斑块之间、镶嵌体与镶嵌体之间的耦合力度更强。⑥ 虽然从形态上中国历史街区编织的肌理和复杂镶嵌的形态具有实际的内禀生态性，但其实际的街区活力却不如国外优秀的历史街区，可能是因其边界的失落和周边功能的不匹配发展，还有链接的断裂等等原因（表5-15）。

表5-15 国内外历史街区的廊道格局（资料来源：自绘）

历史街区	廊道肌理	历史街区	廊道肌理
平江路		荷花塘	
磁器口		东关街	

（续表）

历史街区	廊道肌理	历史街区	廊道肌理
宽窄巷子		青果巷	
珍珠区		奥克兰区	
贝肯山区		先锋广场区	

综上所述，综合生态观下的历史街区镶嵌体的形态对镶嵌体内部的流和镶嵌体之间的流有决定性作用，在其形式与功能的原则中对空间形态构建有以下的关键点：① 历史街区的形态应顺应时间和空间动态的演进关系，时间是综合生态观的重要维度，也是维系街区稳定性和复杂性的重要因素。② 兼具复杂性与连接性的半格形态。坚持历史街区和历史城市可持续空间形态的

特征结构及高度的复杂性和中度的连接性，分形结构对街区形态的优化决定了街区的复杂性和生态效率，具有多层级的连接性和复杂性的半格网结构共同决定了系统的稳定性和适应性。③ 坚持"窄街密网"的紧凑街区模式。编织在网络层级里的斑块更容易发生物质交流、能量交换、信息交换。细密的街区廊道，不仅是道路，也包括里面绿廊、蓝线和所有的开敞空间。这种巨链不仅承载了街区效率和自然生态，也承载了居民生活和社会关系的时间沉淀。④ 增加街区边界的复杂卷曲度。复杂卷曲的形态对加强对外的连通度和互动是有利的，在两个镶嵌体或斑块交接的边界，其形态的复杂性决定了流的强度和作用。在历史街区生态保护与发展中，街区的开敞度决定了其社会、经济、文化的渗透率，街区肌理和街道形态决定了风流、水流等自然和人为流的方向和速率。这也与街区的分形维度相关。⑤ 增加斑块之间、镶嵌体之间的依赖度。这不仅要从各个边界的复杂度和卷曲度上努力，更要从社会关系和居住习惯上寻找深层的依赖关系以提高耦合力度。⑥ 顺应肌理和形态具有的实际的内禀生态性。通过综合生态的改善提高街区的活力。

5.3.2 适宜微气候的街区形态

现代城市化进程中，高层高密度的城市中心区带来了一系列微气候的问题：①人流车流集散地的城市中心区。大量的高层建筑造成城市风速下降，风场结构改变，城市中心区风速小，减少了热量的水平输送，城市中心区通风自净能力和散热能力降低，空气污染和热量累积，再加上城市人工热源的加热作用，以及生物体的热交换等，加剧了"热岛效应"和空气污染。②高层建筑周边强劲风造成安全隐患，绵延的高层建筑背风面形成涡流和旋流，影响污染物的正常排出，密集的高层街道会形成风速过快的"层峡效应""绕流效应"和"角部效应"，从而影响街道的安全性和舒适度。被包裹在高层大楼中的历史街区成为平缓高层密布的中心区所带来的不良风环境和热环境影响的契机，低矮的历史街区使连续建筑物的风场不发生相互作用，就有空气流重新回到街区界面。

（1）街区空间形态与街区微气候的关系

微气候是发生在高度为 100 m 以下的 1 km 水平范围内近地面处的城市气候。根据胡兴、魏迪、李保峰等人的研究发现[1]，街区空间形态与风环境大多数

1　胡兴，魏迪，李保峰，等. 城市空间形态指标与街区风环境相关性研究 [J]. 新建筑，2020（5）：139-143.

指标互相之间有着密切的理论联系。因此，这些指标虽由不同背景的学者提出，且时间跨度超过半个世纪，但仍然有并置讨论的可能性。在谱系中选取可能与历史街区相关的风环境指标，得到表5-16。

表5-16 历史街区相关的风环境指标（资料来源：《城市空间形态指标与街区风环境相关性研究》）

时间、人物	风环境指标	适用性
1993，Theurer（托伊雷尔）德国，环境学	迎风面建筑密度（λF）平面建筑密度（λP）	真实街区或城市简化模中重要的形态指数。仅适用于建筑单体间高差变化不大的条件
2001，Adolphe（阿道尔）法国，建筑学	孔隙率（P）、相对褶皱率（R）弯曲率（S）	针对深街谷会较为准确，而针对浅街谷可能会失效
1965，Toups（图普斯）美国，计算机	天空可视率（SVF）	首次用计算机计算SVF。垂直方向上的错落程度可能影响该组指标有效性
2005，Kanda（坎达）日本，工程学	天空可视率（SVF）	点式简化模型，垂直方向上的错落程度可能影响该组指标有效性
2010，Martilli（马尔蒂利）西班牙，环境学	堆积密度（λP，λF）、天空可视率（SVF）	条式简化模型，垂直方向上的错落程度可能影响该组指标有效性
2014，Edward（爱德华）中国香港，建筑学	街区迎风面建筑密度（λf）	仅表征城市形态中特定的高度区间，并加权本地风频率
2018，辛威中国，建筑学	综合孔隙率（P_0）	综合考虑与风向具有不同夹角的街道

天空可视率（SVF）、平面建筑密度（λP）、迎风面建筑密度（λF）中 λP 和 λF 在忽略周边情况的前提下，用以评价特定城市切片的通风潜力，是最核心的空间指标。但据胡兴等研究者在研究中实测分析后发现，λP 和 λF 这两个指标并不适用于城市冠层垂直方向上错落程度较大的切片，所以被城市中心区包裹发展的历史街区的研究可能会受到很大影响。若单纯的切片是可以讨论的，但这种矩阵模型不是真实存在的。通过研究推论分析，街区内街谷的深浅程度（由宽高比 D/H 反映）可能是影响孔隙率（P_0）、相对皱褶率（R_a）、弯曲率（S）有效性的主要因素，这组指标也只适合 D/H 较小的深街区。在实例测算中，将指标控制到 D/H < 5/6 的样本为深街谷，实测中证明街谷的深浅程度仅与孔隙率（P_0）有强相关性，所以在六个相关性的指标中，只有天空可视率（SVF）、相对皱褶率（R_a）、弯曲率（S）适用于全部类型的城市中心区历史街区，孔隙率（P_0）适用于深街谷的历史街区。

王振、李保峰等学者从尺度、维度和度量三个方面建立 Pressure（压力/城市形态）—State（状态/城市气候）— Response（响应/城市设计）的

图 5-17 罗城南北向街道的骑廊
（资料来源：自摄）

PRS 模型[1]，即以因果关系为基础，人类活动和城市发展对城市气候和微气候施加一定的压力，就会打破城市空间的能量系统平衡；因为这些压力，城市气候和微气候改变其原有的性质（状态），影响城市室外环境的安全、健康与舒适以及高效使用；人类又通过环境、经济、社会等领域的设计或者管理策略对这些变化作出反应，以重新获得良好城市微气候或减轻城市微气候的负面影响。历史城市、历史街区正是不断经历这种调适过后的结果（图 5-17）。结合研究分析，将街区微气候的度量与街区形态联系起来，可以从街区形态、建筑布局与密度、景观绿地的度量和要素等方面与街区微气候建立联系（表 5-17）。

表 5-17 街区微气候与街区空间形态的关系（资料来源：根据文献资料自绘）

度量 / 要素			与微气候的联系
街区形态	空间结构	风环境	水平自然对流
	D/H 值		垂直热压流以及局部涡流
	天空可视率	热环境	街道界面二次热辐射及空气中颗粒直接吸收的太阳辐射得热
建筑布局与密度	建筑群组布局	日射环境	建筑之间产生的阴影
	土地开发强度	热环境	街道界面和下垫面的太阳辐射吸收的热及可能潜能
	建筑密度与容积率		
景观绿地	绿植（乔木、灌木、藤本）、绿色屋顶、垂直绿化等	热环境	蒸腾作用
			绿植局部遮阳降低下垫面温度
	水体	湿环境	蒸腾作用（水体）
	裸土	雨洪管理	生态涵养与水文循环，裸土对雨水的渗透、滞留等

（2）适宜微气候的街区空间形态优化建议

综上所述，通过微气候要素的时空分布和动态趋势以及能耗分析，历史街区街巷空间结构、建筑群组布局等和城市室外热舒适性、城市能源消耗直接相关[2]。结合综合生态观，基于街区微气候与历史街区空间形态的关系，提出优化建议，优化的空间形态内容分整体控制、平面布局、层峡特征、公共空间、建筑设计、界面控制六个方面去呈现如何营造综合生态观下的历史街区微气

---

[1] 王振，李保峰，黄媛. 从街道峡谷到街区层峡：城市形态与微气候的相关性分析 [J]. 南方建筑，2016（3）：5-10.
[2] 王振. 夏热冬冷地区基于城市微气候的街区层峡气候适应性设计策略研究 [D]. 武汉：华中科技大学，2008.

候（表 5-18）。

表 5-18　综合生态观下街区形态上的微气候环境的优化建议（资料来源：根据文献资料自绘）

空间内容	途径	改进建议
整体控制	手段	在城市设计的大框架基础上，借助计算机仿真模拟等手段，对街区内微气候环境进行评估调整，进一步优化街区高度分区及天际线形态，并在局部地方鼓励轨道站点相对高强度的开发
	指标	注重环境资源承载力和节能减排目标，引入空地率、有效绿地率、可透水地面率等其他与热岛、空气污染密切相关的指标
		与城市设计相结合，将微气候因素纳入容积率、建筑密度、建筑高度、绿地率等指标制定考虑中
		引入街区天空可视率（SVF）、相对皱褶率（R_a）、弯曲率（S）、孔隙率（P_0）等指标，分析不同建筑群体组合下的街区热岛强度和空气污染水平与指标的关联性，并进行综合调整
		调整街道高宽比、长高比、两侧建筑高度比，在塑造生态宜人街道空间感受的同时兼顾促进空气流通
平面布局	角度	街区半格结构（可指路网）与太阳方向夹角。夏热冬冷地区与正北成 30°夹角，夏季可形成最佳遮阴。与夏季主导风向成 30°/60°夹角的历史街区不同走向层峡内综合风环境最好；与冬季主导风向正交最好，与冬季主导风向成 45°夹角则次之。在夏季和冬季街区布局不能兼顾的时候，则优先考虑夏季主导风向
	尺度	采用宽街为东西走向、窄巷为南北走向的长街短巷街区模式能够在夏季带来更多的遮阴，在冬季获得更多的日照
		合理丰富街区内部路网，缩小地块尺度，将自然风引入街区各个角落，提升通风换气能力
	模式	沿用低层高密度的用地模式，沿用院落式布局，可以提高建筑自身的遮蔽效率和日影连续性
	通风廊道	适当增加街区内与城市主要风道相接的入风口数量和尺寸，通过限制入口和通道的建筑群高度和密度降低下垫面粗糙度，尤其避免高层和大体量建筑
层峡特征	东西向街区层峡	$D/H \geqslant 1$，从阴影生长的角度，东西走向的街道应宽且长，顺时针旋转 30°
		$D/H < 1$，街道背阳面应采用退台设计，不应有植物遮挡，以保证足够日照；朝阳面底层采用骑楼模式，立面悬挑，活动遮阳及绿植配置以形成日影区
	南北向街区层峡	$D/H \leqslant 0.5$，南北走向的街区层峡应窄而短，顺时针旋转 30°，在满足采光、噪声隔绝、可视度等要求下尽量减小街道 D/H 值（一般不大于 0.5），利用相对曲折的层峡平面以形成更多日影区
公共空间	指标	合理规定和引导公园广场、水体绿带等不同公共空间的绿化覆盖率、遮阳覆盖率、透水地表比例、绿地水体的周长面积比等指标，充分发挥公共空间的冷效应
	河街	保护历史街区的河街调节微气候的价值，尽量使用可渗透的路面，以水体和绿地代替硬质铺地，同时需要控制绿地和水体面积，以免空气湿度过大

(续表)

空间内容	途径	改进建议
公共空间	周边	公共空间周边一定范围宜布置低层、多层等小体量建筑，分割大体量裙房，退距错落有致，通过丰富的开口和通道提高对街区内部的绿化渗透
	混合配置	混合配置乔灌木和地被，尽量多使用乔灌木以利于微气候，向阳一侧种植高大密集的落叶树木
	布局	于层峡朝阳一侧（近地面处日照区）配置更多的绿植比背阳对微气候的改善效果要好
		在一定绿植面积条件下分块集中配置绿植优于狭窄成片配置绿植
	立体绿化	利用历史街区现有的立体绿化优势，屋顶绿化和墙面绿化都有利于改善街道层峡内微气候
建筑设计	化整为零	控制建筑密度和建筑间距，适当以小体量分散布局的方式留出地块内部通风间隙
	迎风面	适当降低上风向建筑高度、宽度、迎风面积比、间隙率等指标，改善后排建筑通风效果
	骑楼	层峡两侧建筑底部作骑楼设计，可作为微气候缓冲层，能够有效改善街区层峡内微气候，特别是街区层峡向阳一侧
界面控制	引风	对临街、滨水、临山等特殊界面的建筑形态进行控制与引导。一般而言，后退距离大、来流风向建筑高度低、建筑连续性长度短等条件更有利于引风进入片区
	后撤	结合城市风道体系适当调整部分道路的建筑后退距离，提升区段总体通风换气能力
	断续	控制临街建筑连续性长度或设置首层架空通道，为街谷留出进出风口，稀释街谷空气污染
	退台	历史街区周边邻近高层建筑宜设退台式裙房或坡顶挑棚，防止来自上方的强风影响人行舒适度，同时兼顾气流进入街谷带走近地面污染

5.3.3 弹性的小尺度历史街区

综合生态观下的历史街区，汲取景观生态学中对资源有效利用和内部生境保护的相关研究发现，紧凑的街区形态对资源保育有利，其对抗外部伤害时可将暴露面减到最小，更有利于保护内部资源。在历史街区微气候的营造中以弹性的小尺度街区作为建立有效通风廊道的重要条件，在平面布局内容中强调了合理丰富街区内部路网和小尺度街区，将自然风引入街区各个角落，提升了街区通风换气能力。在建筑设计一项中也强调了需要控制建筑密度和建筑间距，适当以小体量分散布局的方式留出地块内部通风间隙。有研究认为，效率较高居住地块的合理尺度应在 3～5 ha[1]。《珠江区绿色导则》明确指出，小

---

[1] 韩冬青，宋亚程，葛欣.集约型城市街区形态结构的认知与设计[J].建筑学报，2020（11）：79-85.

街区基本单元的大小应不超过 2 ha，在历史街区中应有 70% 的地块符合这一标准。小尺度的街道尺度基本满足了市民的慢行交通、空间认知、心理需求、街区活力等方面的人文需求。

历史街区不同于现代街区的"窄路密网"的模式，是其内禀的生态性的重要体现，这样的街道模式对编织在半格格网的斑块更容易发生物质交流、能量交换、信息交换。可持续城市理念提出，适于所有交通方式、可安全舒适穿越的社区整合路网应满足平均周长小于 460 m，其中连续的街道长度应小于 137 m，相邻街道节点距离小于 183 m[1]。在新城市主义理论中也提到 91.5 m×183 m 的小尺度街区，周长在 549 m 范围内，拥有宽度 20 m 的社区慢行系统道路。从美国 Walkscore 网站的评分可以看出，将符合综合生态观理念下第一象限的几个美国的历史街区作为目标研究街区，在步行适宜度评分、自行车适宜度评分和公交车评分中这几个案例都名列前茅，它们的优势来源于小尺度和高密度。传统街区"窄路密网"模式对于解决国内外城市建设中道路交通和人类活动复杂关系有着明显优势，这在美国四个历史街区调研中均有体现。

同样是符合综合生态观的"窄路密网"模式，国内外历史街区的小尺度街区却是截然不同的。国外几个街区"窄路密网"模式以 100 m×100 m 左右为基本街区单元，路网密度较高，道路等级较低，较窄的路宽及较低的车速都表现出对步行者和骑自行车者的人文关怀。在四个街区中，60~100 m 的基本单元尺度和一系列单行道构成了街区慢行系统的基础，结合利于步行的街道宽度、街道设施、街道绿化等，构成了完整街区最重要的路网基础。而国内历史街区却不一样：首先，街区形态演替时间很长，逐渐形成半格结构的历史街区空间形态。再者，顺应山水自然条件而建，如磁器口顺应山地特性而建，平江路内部有天然河道，形成河街。中国的历史街区基本单元几乎没有正方形的格网，都是顺应山势或顺应更大的城市脉络所形成的路网结构，但其基本单元都大概符合 100 m×100 m 的小尺度街区原则（表 5-19）。

---

1 法尔. 可持续城市化：城市设计结合自然 [M]. 黄靖，徐燊，译. 北京：中国建筑工业出版社，2013.

表 5-19 弹性的小尺度历史街区（资料来源：自绘）

案例街区	基本单元/m×m	地块	案例街区	基本单元/m×m	地块
珍珠区	61×61		磁器口	43×115	
先锋广场区	90×90		荷花塘	80×110	
奥克兰区	80×170		东关街	106×122	
贝肯山区	80×85		青果巷	98×90	

（续表）

案例街区	基本单元/ m×m	地块	案例街区	基本单元/ m×m	地块
平江路	84×150		宽窄巷子	70×120	

5.3.4 宜人的历史街区空间尺度

街道空间是承载人类物质活动和精神需求的重要载体，是人与自然和谐共存的最重要的城市空间，良好的街道空间能满足人的需求。马斯洛需求层次管理把人们对历史街区空间的需求归结为四个层次：生理需求、安全需求、归属感和公共交往。街道在任何时候既是道路又是场所[1]，它应该作为公共开放空间的构架。街道的尺度、街道的凹凸关系都不仅为了穿越方便，更应为作为场所的本能服务。

街道空间尺度的探索中，参数宽高比通过研究街道性质、安全街区及市民认知心理来确定适宜的街道空间尺度，是街区文化生态和社会生态的重要量化参数。一般认为，$D/H=1$，内聚感适中，无压抑感，可营造舒适的心理视觉体验（达·芬奇认为最为理想）；$D/H>1$，空间有离散感，适合交通性较强的街道；$D/H<1$，意大利老城的空间尺度，满足人的心理和视觉舒适感，促进人们的交往需求，10 m以下的街道很容易加强社区要素的识别性[2]。D/H值较小的街道给人以街景的完整性和围合性感受。街道节奏加快，利于创造更有活力的生活型街道。在综合生态观下对历史街区微气候营造的研究中，宽高比是控制历史街区横向尺度和街区层峡形态与微气候关系的重要指标。通过分析国内外各个历史街区的尺度数据，探究历史街区空间尺度的营建（表5-20）。

---

1 芒福汀. 街道与广场[M]. 张永刚, 陆卫东, 译. 北京：中国建筑工业出版社, 2004.
2 芦原义信. 街道的美学[M]. 尹培桐, 译. 天津：百花文艺出版社, 2006.

表 5-20　国内外历史街区 D/H 值（资料来源：自绘）

案例街区（尺度）	D/H 值	地块	案例街区（尺度）	D/H 值	地块
珍珠区 （534 m × 694 m）	有轨电车道 D/H=1.67 步行道 D/H=1.11		磁器口 （807 m × 301 m）	主路 D/H=0.83 次街 D/H=0.5 支巷 D/H=0.33	
先锋广场区 （1 222 m × 588 m）	轻轨车道 D/H=1.83 公交车道 D/H=1.47 慢行道 D/H=0.4		荷花塘 （474 m × 334 m）	主路 D/H=1.33 次街 D/H=1 支巷 D/H=0.33	
奥克兰区 （2 357 m × 2 236 m）	街区班车道 D/H=2.78 混合车道 D/H=1.56 慢行道 D/H=0.44		东关街 （1 123 m × 1 092 m）	主路 D/H=2.57 次街 D/H=0.9~1 支巷 D/H=0.42-0.57	
贝肯山区 （776 m × 503 m）	有轨电车道 D/H=1.33 慢行道 （红砖） D/H=0.87 步行道 D/H=0.15		青果巷 （414 m × 233 m）	主路 D/H=1.33 次街 D/H=1 支巷 D/H=0.33	

（续表）

案例街区（尺度）	D/H 值	地块	案例街区（尺度）	D/H 值	地块
平江路 （河街） （1 151 m×1 041 m）	主路 D/H=1.2 次街 D/H=1.1 支巷 D/H=0.8~0.9		宽窄巷子 （388 m×151 m）	主路 D/H=1.33 次街 D/H=0.83 支巷 D/H=0.33	

（1）整体尺度

在城市微气候营建中，有学者提出历史街区作为缓解城市热岛效应和空气污染的重要契机，当整个街区尺度与周边高层建筑构成 D/H 值大于 2~3.3 时，则可引导风回流至街区层面。据观测，若将历史街区周边的建筑高度和城墙均设定为 50 m（实则周边有建筑控高），除了宽窄巷子的短边尺寸仅 151 m，所有街区的长短边尺度均大于 165 m，理论上满足其要求。在实地考察中，街区内层峡之前并不闷热，均有风流过，特别是与城市主要风道相接的主干道，及有水体和绿地调节的街道（如平江路河街）。

（2）街区结构

美国历史街区道路结构以整齐的网络结构为主，兼有穿越地块的步行道。中国历史街区层级结构分明，一般都有一条或两条贯通历史街区的主街，将街道分为三个层级：主街、次街、支巷。所有街道整合成一个半格的叶脉体系。若不分层次，所有街区的平均 D/H 值都约等于 1。

（3）街道功能

国内外街区的 D/H 值的梯度变化原因完全不同，国外历史街区的街道尺度明显宽于国内历史街区，因为允许机动车和公共交通系统进入历史街区的街道［轻轨、有轨电车、快速公交系统（Bus Rapid Transit，BRT）、街区班车］。所以国外街道的宽高比值的变化与街道混合交通和流通性高低相关。强调混合使用和交通流通性的街道如先锋广场区第一大街、珍珠区北十三街、奥克兰区福布斯街，其宽高比都略大于以绿道为主的先锋广场区东西向绿廊、以居住区慢行为主的奥克兰社区和以文化承载为主的先锋广场区背街。而国内历史街区因为基本都是步行为主的街道，其 D/H 值一般与街区更新改造后的街道功能相关，有商业和旅游加入的历史街区（如平江路、东关街），普遍大于纯居住的历史街区。

（4）街区微气候

中国案例街区均属于夏热冬冷地区，街区夏季热舒适性更倾向于南北走向有较大的街道 D/H。满足东西宽且长、南北窄且短的街区模式的历史街区有东关街、青果巷、磁器口和宽窄巷子。其中，宽窄巷子街区，宽街 $D/H=1.33 > 1$，且与东西方向成顺时针旋转 30° 夹角，有良好的街区层峡基础。东关街历史街区主街 $D/H=2.57$，支路 $D/H=0.42 < 0.5$，街区完全符合有利的光照和日影条件。无法满足街区形态微气候条件的街区，可以通过水体、绿化来调节南北向街道温湿度。很多历史街区都有良好的山水环境，如磁器口、青果巷、荷花塘均临水，平江路的河街体系也能有效地改善街区的微气候。

（5）河街宽高比

河街是中国历史街区特有的生态的街道形式，河街在历史上提供人们必不可少的生活生产用水，在现代既提供人们心理和视觉舒适感，也有调节微气候的作用。遇到河街，D/H 值应顺应河街的特色进行重新梳理。平江路历史街区的规划，对街区内主要的河街空间尺度比例进行了分析，在梳理历史信息、实地调研各个河街现状后，加入心理和生态原因的考量，将路、河、桥、建筑四者之间的宽高比定为 1:(1~2):0.5:(0.5~1.5) 较为适宜。传统路和建筑的 D/H 值仍约等于 1，但加入了河道与桥面的比例尺度（表 5-21）。

表 5-21　平江路主要河街的尺度比例［资料来源：《苏州平江历史文化街区保护规划（2014年）》］

内容	平江河	悬桥河	大新桥河	大柳枝河	胡厢使河
道路宽度 /m	6.0	3.5	4.0	5.0	4.5
河道宽度 /m	7.5	4.5	9.0	7.5	7.5
桥面宽度 /m	3.5	2.0	3.7	2.8	3.3
建筑高度 /m	2.8~5.2	2.8~5.2	2.8~5.2	2.8-5.2	2.8~5.2
比值	1:1.25:0.6:(0.5~0.9)	1:1.3:0.6:(0.8~1.5)	1:2.25:1:(0.7~1.3)	1:1.5:0.6:(0.6~1)	1:1.7:0.7:(0.6~1.2)

综合生态观下，历史街区是宜人生态的。因案例街区内禀生态性在 D/H 值平均为 1 的居住型街区已良好地体现出来了，若偶尔有朝向、宽窄不太适宜的街区，也有良好的山水环境和密集分形的肌理的补益。D/H 值结合历史街道完整围合的街景，利用植被与座椅等打破流通性的线性空间，创造宜人

的驻留空间。在历史街区的更新中,考虑生态要素和市民心理。在街道公共空间的设计中,结合小尺度街区的宜人和活力,利用植被、水体、座椅等打造宜人的驻留空间,打破流通性的线性空间,使其成为人们活动的最佳空间载体。

5.4 定围:生态合理的边界边缘

空间因为边界的确立才能形成空间,所谓的无界是因为有边界界定的对比才能标志无界。如果边界不复存在,那么空间就绝不会富有生气[1]。在现有的城市中,边界是有宽度、材质和厚度的。一个历史街区镶嵌体的空间结构由边界环境、内部环境、内部实体构成。边缘区和核心区的关系、边缘区与外部镶嵌体的关系主要由运动与流决定。自然界中空间异质性的体现存在两种表现形式:一种是渐变体(gradient),渐变体随距离的增减,动植物的密度或物种呈线性的变化;一种是镶嵌体(mosaic),镶嵌体的系统具有明显的边界。城市中的街区镶嵌体边界常以人工廊道(道路)或自然廊道(河流、绿带)形成清晰的边界,从而划分出街区或社区。

5.4.1 传统的历史城市与历史街区的边界

(1)历史城市的边界

①历史城市的防御边界

西方传统城市的边界观起源于中世纪以战斗为生活模式的围郭城市,不同于有自然山川为屏障的海岛城市,平原城市或者说是中原城市城墙城门的格局决定了城郭的"内部秩序",城墙界定了以防御和团结为属性的"内与外",成为"家域"以外的拥有集体归属感的"城域"。同时传统的街道和广场这样的公共空间的边界也受到了这种边界观的影响,这些连续的边界由连续的建筑界面和小且少的出口组成。如西班牙中世纪的首都托莱多(Toledo)古城,自 527 年西哥特人定都后,这座传承生活习惯和三教文化的古城逐渐地形成了一种由边界向新发展的城郭。凯文·林奇在《城市意象》中将边界定义为除道路以外的线性要素,通常是两个镶嵌体的边界线,使镶嵌体两边相互起参照作用。林奇以波士顿半岛与查尔斯河为例叙述了连续的、有方向的边界

---

1 亚历山大.建筑模式语言:城镇·建筑·构造[M].王昕度,周序鸿,译.北京:知识产权出版社,2002.

的强大作用。

东方的古代城池多是由皇城边界向外发展的城市。城郭对于古代城市的功能多为军事防御。中国城市军事防御设施的形成源远流长，对聚居安全和防灾减灾的务实考虑是个体乃至社会整体生物性满足的重要前提。从原始农耕时代开始，居住地的防御体系大概经历了栅栏、篱笆、沟壕、城垣等发展阶段。古代城墙的筑造智慧与价值主要体现在古代人民对自然与历史遗存的巧用，因地制宜、顺应自然的多样性手法，城市营建的格局与创意，人工与自然的多样性结合方法，城墙功能与居民生活的结合等等方面，对于思考历史城市、历史街区的保护和发展策略提供了长远与重要的思考。

筑城建郭巧用山水的案例，最早起于距今约 8 000 年的湖南澧县八十垱、彭头山，这些案例就把环壕、围墙和自然河道结合在一起，构成了严密的聚落防御体系。古代智慧集大成地体现在因地制宜的版筑夯土技术中，其在商代已经得到普及，距今约 6 000 年的澧县城头山城址城垣体采用堆筑法，墙基采用平夯叠筑法。与城头山时代接近的河南郑州西山古城，在技术上已经开始提高，采用的是小版堆筑法。最早载有"版筑"技术的文献是《诗经·大雅·绵》，其中曰："乃召司空，乃召司徒，俾立室家。其绳则直，缩版以载，作庙翼翼。捄之陾陾，度之薨薨，筑之登登，削屡冯冯。百堵皆兴，鼛鼓弗胜。"阐释了版筑技术"拉绳立板，填土削墙"的具体步骤和古代生态智慧瞬起百墙的伟岸功绩。随着东周铁制工具的广泛使用，版筑夯土技术在实际应用中更加精细，铺垫、原料和附加的防御设施呈现多样化，同时还充分利用了地理环境来提高防御性。

南京明城墙是世界上保留至今最长的城垣，1988 年 1 月被国务院公布为第三批全国重点文物保护单位，包括城墙和外郭两部分。南京明城墙总长 35.267 km，目前保存较完好的长度为 25.091 km。外郭总长 60 km。

南京明城墙是南京四套城制的重要组成部分。1366 年，朱元璋以元集庆路（后改名为应天府）为明帝国都城，逐次营建，形成宫城、皇城、京城、外郭四重城（图 5-18）。通常所说的明南京城墙以京城城墙为主体，初建于 1368 年，1373 年拓建加宽加高城墙，至 1386 年基本完成。城墙主要包括：西侧部分以孙吴时期建造的石头城遗存为基础，西南段则以南唐城墙为走向，扩展部分主要是东侧于宫城外沿钟山脚下进行环抱，西北段将狮子山、马鞍山等沿江山峦和鸡鸣山、覆舟山等沿玄武湖畔的山体进行包纳筑墙。如此形成的城墙包围城内主要有三个功能区，南为市场区，西北为军事区，东为皇宫区。1390 年，最外一重郭城粗具规模。外郭西侧以长江为防，连接城墙以南的外秦淮河，北自幕府山迤东而南再往西联络岗阜，将南京地区外围的丘陵包绕都城，全长约 60 km，形成南京的大版图。

a. 利用遗迹，巧用山水

南京城墙充分利用历史遗迹和巧用自然山水，以遗留的军事堡垒和军事瞭望基地和筑造的城墙结合形成更加坚固的抵外安内的武器，巧用自然山水形成易守难攻的天堑，与山体结合的城墙形成"驾山墙""骑山墙"，顺应山体蜿蜒曲折形成自然高大的自然防御体系（12~26 m 城墙）（表 5-22）。

b. 因地制宜，蜿蜒曲折

明城墙是不规则的，六朝都城建设已基本奠定南京繁盛格局，再经南唐和宋元，城市已呈现相对稳定的格局和深厚的社会积淀。朱元璋为保护旧城格局发展新城，避开老城急筑新城，利用老城东城壕为皇城西壕，又拓展和新置。再加之因天材就地利，顺应天然山水形势为天堑屏障，形成背山面水的开阔景观。城墙不仅在平面上不规则，在空间上也是蜿蜒曲折犹如神龙，抱山环水，跌宕起伏。南京独特的四套城制产生的过程、明智而大胆的传承创新堪称中国古代城市史的优秀典范。

图 5-18　南京明城墙四重外郭（1396 年）
［图片来源：胡阿祥，范毅军，陈刚. 南京古旧地图集 [M]. 南京：凤凰出版社，2017.］

表 5-22　南京城墙巧用山水（资料来源：自绘）

巧用名录	位置	朝代	功能	筑造
石头城	原长江边	汉代	军事	墙基础
伏龟楼	江宁城东南角处向南外凸	南唐建，南宋增建	军事瞭望守备，登高观赏	明城墙包围其外
清凉山	城西南	—	与山墙的关系使墙体高大（12~26 m）	包山墙/架山墙/利用冈阜
玄武湖	城北	—	以山水为屏障	自然城墙
钟山/琵琶湖/护城河	城西北	—	以山水为屏障	自然城墙
长江	城西	—	以江为天险	自然城墙
秦淮河	城南	东吴调适	城壕	自然城墙

c. 适宜生活，围穿得宜

明初蜿蜒城墙上开拓十三门，为京城内的交通与生活开路。明初朱元璋在南京定都后，经过一段发展后诏谕国策："生齿日繁，守备日固，田野日辟，商贾日通。"既要加强防守，又要广通贸易、便捷生活。因此，一方面在城墙建设上，于历代基础上增建、加高原有城墙，并新建城墙，形成不规则的蜿蜒城墙；另一方面，配合都城建设与生活辟建48条街道，改建城门以及增设瓮城共计13处。

d. 生态保育，植树造林

明南京在钟山脚下、城东和外郭之间建立园圃，深谋远虑。"国家递年海运粮储，及堤防沿海倭寇，其成造船只，所用桐油棕缆，皆出于民，为费甚重。皇上矜恤民力，乃经营布置，于朝阳门外蒋山之阳，建立园圃，广植棕桐漆树各数千万株，所以备国家之用，而省民供也。"建有漆园、桐园、棕园。蒋山即钟山（今南京风景名胜区），由此知，钟山的树木秀美自明朝始，先人的远见成就历史城市南京的福荫。

②历史城市边界的生态营建

a. 城市边界的控制——精明增长（Smart Growth）

20世纪90年代，美国环境保护署成立的精明增长网络（Smart Growth Network, SGN）提出城市"精明增长"理念，城市规划的政策工具逐渐由"控制"转向"引导"。这一理念主张将城市发展重点放在现有城区与社区，以紧凑城市形态渐进发展，强调挖掘城市内部潜力和资源，避免城市范围无限蔓延。10项精明增长规划基本准则为：第一，土地混合利用；第二，充分利用紧凑的城市建筑设计；第三，创造多样化住房选择机会；第四，创建适合步行的社区；第五，培养具有强烈地方性的、独特而有吸引力的社区；第六，保护开放空间、农田、自然美景和关键环境区域；第七，加强和引导现有社区的良性发展；第八，提供多样化的交通选择；第九，发展决策具有可预测性、公平性和高成本效益；第十，鼓励社区和利益相关者在发展决策中的合作。多样、紧凑、混合的街区空间促进了旧城的社会生态和文化生态；多选择、公平性、公众参与促进了旧城的社会生态；自然、公共空间的保护与发展促进了自然生态；发展决策、就业多样、住房多样促进了经济生态。"精明增长"的理念让美国从"新城建设"转向"盘活存量"，城市发展边界的控制促使老城更新，使老城逐渐建立系统整体、自主更新、均衡协调的自循环城市体系。

b. 历史城市保护边界生态营建

历史城市保护边界生态营建与自然生态边界的规划有异曲同工之妙。南京明城墙保护规划的范围由小到大分为安全控制区、保护范围和建设控制地带，为南京明城墙或其遗址与护城河内外两侧各外延一个街区或 200 m 的具体范围。这样尺度的边界空间为历史城市综合生态观的塑造提供了沃土。以城门为节点规划保护范围和权责分段分片区的保护与发展，表现了城墙的形成发展与保护是一个历史性的渐进式的过程（图 5-19）。从综合生态观理念分析历史城市边界的营建并提出优化建议如下：

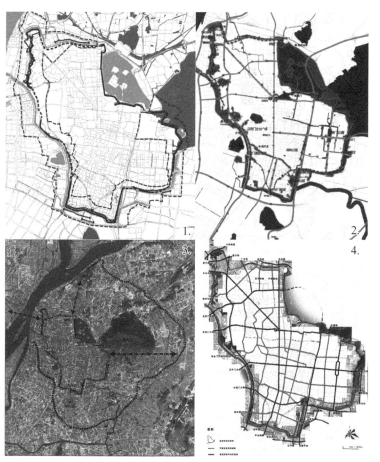

1. 南京城墙保护的边界空间；2. 蓝绿生态廊道；3. 南京整体空间景观格局与景观视廊；4. 贯穿城墙的交通梳理

图 5-19　南京城墙保护与发展
（资料来源：南京明城墙保护规划）

(a)文化生态：南京明城墙串联了城市"山、水、林、城"历史景观体系，是南京"城"的重要意象。它也是南京整体空间景观格局系统中的重要组成部分。从城市意象和集体记忆的角度出发，对城墙景观进行控制和改善规划，对四大景观认知段落沿线景观进行重点控制。对景观通视区域及环城墙区域等敏感区域的建筑高度进行控制。

(b)自然生态：闭合环状的城墙及周边的范围串联了南京主要山体与水系，成为城市重要的生态廊道。现有绿地环通率为44.13%左右，对城市自然生态起到了重要支持作用。增设新的绿地与公共空间，尤其是城墙内侧，构建环城墙公共空间系统。对城墙沿线本体绿化进行整治，沿城墙形成线形绿廊，与护城河形成蓝绿廊的连续的生境，进行景观树种的季节性规划，对护城河制定详细的整治建议。

(c)社会生态：置换工业用地、仓储等公共功能较差的用地，发展商业、文化休闲功能，使沿城墙用地公共功能提升。鼓励土地混合利用，包括老城南历史街区在内，置换旧的单一功能和预留用地，共新增混合功能用地16 ha。

(d)经济生态：通过串联、打通、治理疏通全线的经济命脉。制订详细的环境整治和拆除建筑计划，对影响城墙历史风貌的建筑进行整治。改善交通，结合现状增设城墙内侧城市干道及休闲步道，贯通城墙内外侧道路系统，预计共增设29条。适当增设到达城墙及护城河的道路，增强城墙及护城河的交通可达性。

(2)历史街区的边界

①历史街区保护规划中的边界

凯文·林奇认为边界（edge）具有可识别性和连续性，它也具有侧面参照、隔离和连接的作用，在城市空间形态构建中有十分重要的意义（表5-23）。中国历史文化名城和历史街区在保护规划标准中都会根据保护目标和原则，在确定保护区的整体空间尺度和历史风貌后划定保护边界线，之后会根据界线在保护规划中划定环境协调区。阮仪三提出历史街区的范围界定应满足三个标准：历史真实性、生活真实性和风貌完整性[1]，其中风貌完整性规定了历史街区要有合适的规模，既受限于风貌整治实施地区，又具有相对完整的社会生活结构体系，所以范围不能过大或过小。通过案例的规律提出，核心保护区的面

---

[1] 张松. 当代中国历史保护读本[M]. 北京：中国建筑工业出版社，2016.

积不小于 1 ha，宜为 15～30 ha，总规划面积宜为 30～55 ha，这样的大小也符合生态保育和内部生态多样性的需求，而不易受到过多的边缘效应的影响。

2005 年实施的《历史文化名城保护规划标准》明确指出，历史文化街区应划定保护区和建设控制地带的具体界线，也可根据实际需要划定环境协调区的界线。这里提到了三种边界：保护区边界、建设控制地带边界和环境协调区边界。2018 年实施的保护规划标准取消了环境协调区。实际控制性边界为核心保护范围界限和建设控制地带界限，但其内化了环境协调区的概念，强调了应保证核心保护范围内自然景观边界的完整性和建设控制地带中历史风貌自然景观、视觉景观的完整性。

在历史街区复兴的研究中，史蒂文·蒂耶斯德尔（Steven Tiesdell）认为有以下三种方法可用来限定或确认历史街区的范围：①通过划定的、模糊或明确的物质边界（physical boundaries），如自然的障碍物或地界，具体如河流或道路；②通过独特的街区个性和特色，如有着与众不同特征的街区（neighborhood）；③通过功能和经济方面的关联性，如空间内部社会结构的体现和尊重[1]。

中国的保护规划标准的边界是以保护为主的物质边界界定。它是内向性的，对外划定一条刚性的边界作为历史街区的边界，彰显着自我保护、对外

表 5-23　不同的边界区域（资料来源：自绘）

概念	代表人物或组织	相关研究	要素
柔性边界设计	扬·盖尔	《交往与空间》《公共空间与公共生活》	（特性）包容、渗透与联系；（角色）双向沟通；（感受）亲切、轻松
边界——活动的激发地	凯文·林奇	《城市意象》	（道路边界）连续性、可见性、方向性、识别性；缝合线作用（联系）；（场所设计）活动的激发点、设计的焦点
边界区域	法国建筑、城市和风景遗产保护区（ZPPAUP）	1943 年"历史建筑周边地区"1983 年《地方分权法》	1943 年规定历史性建筑周围 500 m 为"历史建筑周边地区"，对其中地块建设需要严格审议。1983 年提出灵活和因地制宜的建筑、城市和风景遗产保护区
里坊制里的边界	—		坊有墉、墉有门，逋亡奸伪无所容足
保护规划中的边界	—	《历史文化名城保护规划标准》	核心保护区边界，建设控制地带边界，环境协调区边界

1　蒂耶斯德尔，希思，厄奇．城市历史街区的复兴[M]．张玫英，董卫，译．北京：中国建筑工业出版社，2006．

排斥，充满强烈的冲突和对抗。但生态的街区边界应促进文化、社会、经济资源的物质交换与信息流动，促进街区功能的演替，进行生态保护的选择与形态控制；与边界产生关系的流与运动所彰显的柔性边界才是历史街区复兴活化和提升品质的最关键点，其联结性、过渡性、不确定性、多样性使历史街区的边界更有价值。

本书研究的历史街区镶嵌体边界区域是指居住型的历史文化街区和历史地段与城市其他相邻地块的交叉和弹性区域，包括对外街道的边界、建筑的边界、公共空间的边界和绿廊的边界等等。它兼有历史街区和周边城市中心区的肌理，个性独特且在功能上与内外相互联系。它提供了较大的流动、渗透和穿越可能性，提供了一定的控制与尺度，城市功能延续性在这片区域中表现明显，经济活动在这个区域活动频繁。它是一个有厚度、有宽度、有高度的区域，也可称其为边缘区。

②中国历史街区边界的现状与问题

在调研了国内外各个城市的历史街区的基础上，总结出正在不断更新发展的中国城市中的历史街区边界的一些主要现状和问题（图 5-20）。

a. 新旧界面的对冲

第一，历史街区与城市中心区肌理与界面的不协调和缺乏过渡在边界上体现得尤为明显，因为层数和形成年代的截然不同，若是存在一个不太宽的

1. 消极的城墙边界；2. 围墙边界形成的背街；3. 狭窄的无过渡边界

图 5-20　历史街区边界现状与问题

（资料来源：自摄）

边界,街道两侧将呈现截然不同的界面。第二,许多临城市主干道历史街区,主干道对街区边界有消极的影响,空气污染和噪声较为严重。

b. 消极冷漠的背街

第一,因为城市的快速发展和镶嵌体之间的挤压,城市为了最直接地区分用地和保护街区,会以建设围墙的方式来分隔不同性质的用地,这样的冷漠的隔断界面将会让这个边界沦为停车场或者是堆放杂物的消极的背街。第二,也有一些街区存在历史遗留的僵硬的界面,如荷花塘南侧的明城墙,在街区历时性发展中并没有处理好城墙与街区的关系,逐渐成为高背景墙的一个逼仄的死角和背街,从而形成恶性循环。

c. 边界功能混杂但空间单一狭窄

两个功能肌理完全不同的镶嵌体交接,必然形成高异质性的边界空间,人员混杂,活力十足,功能丰富。但单一狭窄的街道界面并不能承载这么复杂的边界功能和人员流动。所以经常看到历史街区的边界人车混杂,机动车、自行车乱停乱放,小商贩停停走走,街道界面没有分层的过渡空间和人车安全的分流。

d. 阻断生活的经济开发

旅游开发固然是经济发展重要的一步,有些历史街区的改造是从一个边界街道改旅游点开始,但其发展方式从经济支撑和生活便利上都并没有很好地使居民受益,而是在街区内创造了一个封闭的边界,妨碍居民正常的生活和通行。

e. 文化的阻断与社会关系的转变

很多仍以居住型为主的街区,硬质线性的边界空间并不能很好地容纳、消化和过滤物质和信息的传输与停留,以及人的运动和穿越。边界作为历史街区与外界接触的空间渠道,并没有很好地起到将历史街区凸显的文化意义传递出去的作用,而是逐渐内化。加之历史街区内部人口的变迁,历史街区文化的载体逐渐消失,社会关系逐渐断裂。

研究综合生态观下历史街区的边界,是为了让边界成为一个良性循环的、活力动态的小生境,是为了把历史街区边界编织进历史街区复合生态的镶嵌体,是为了把历史街区与城市融合为一个大的生态循环系统。

5.4.2 综合生态观下历史街区边界空间的发展与控制

生态学中的镶嵌体边界是一种生物交错地带,具有特殊性、异质性和不稳定性。发展良好的镶嵌体交错区可以包含两个相邻群落共有的物种和群落交错带里特有的物种。在自然生境中，边界地带为更多的生物提供了食物、住所和隐蔽条件，使生物多样性和生存环境具有更加复杂的特性，使边缘生物对外部环境具有更强的适应性。边界对于动物来说是一种"生态陷阱"，因为边界提供了捕食者对猎物集中捕食的场所[1]。

从人类心理学的角度看，人类往往对异质性事物感兴趣，而对同质性事物感到厌倦，边界在这里产生的特殊现象可以引起人们的注意，这就是通常所说的边界效应[2]。在镶嵌体内部生境接近边界的部分，由于受到周边镶嵌体的影响，生态系统内部环境条件难以在边界地区发展。所以边界是大量信息汇聚的地方。它具有异质性，是空间状态容易产生变化的地方。

（1）边界的功能与形态

①边界的分类

基于综合生态观的城市和街区镶嵌体，镶嵌体边界地带会呈现高多样性、高流通性、不稳定性和特殊性的特点。按照边界的性质分类，城市存在三种边界：第一，规划的边界，如历史城市、历史街区的保护规划边界，生态控制线，行政区划边界（zoning）等，它们的存在形式通常是道路、城墙、围墙等等。第二，自然的边界，如河流、绿廊等。第三，随着城市发展逐渐形成的边界，例如历史街区发展现状的边界，历史城市与新城规划形成的边界。边界在城市中的呈现，按照尺度划分有三种类型：第一，城市尺度。老城与生态新城的边界，历史城市与蔓延后的周边新城的边界。第二，街区尺度。历史街区与周边街区的边界。第三，建筑尺度。建筑地块和周边建筑的边界。

②边界的功能

a. 边界的内部结构

在综合生态观中，边界的内在结构是由物质要素和非物质要素两部分组成。物质要素是镶嵌体边缘的基本结构要素，在历史街区中它包括建成环境、微气候等，如边界界面、道路、景观、基础设施等影响人类和动植物生存与活动的自然要素和人工要素；非物质要素指人类和动植物的历史文化、社会关系、空间活力、生活习性、活动轨迹、食物链的关系等多方面要素，对于

---

[1] 福曼. 土地镶嵌体：景观与区域生态学 [M]. 朱强, 黄丽玲, 李春波, 等译. 北京：中国建筑工业出版社，2018.
[2] 王佳琪. "柔性边界"在北京老城历史文化街区规划设计中的应用 [D]. 北京：北京建筑大学，2020：9-12.

维系边缘的动态平衡和基本形态有至关重要的作用。在形态学意义上，边界和边缘都是有曲度、厚度和宽度的。自然的边界结构由四种要素决定，即小气候、土壤、动物和人类。这些要素相互作用，确定了边界的宽度、垂直度和长度。其中某些过程可能在特定的区位、特定的时间段起主导作用。

b. 边界效应

在城市和历史街区中，异质地域（包括不同自然属性与社会属性）公共边界的边缘地区，由于存在区域性的非线性相干协调作用，及生态因子互补性融合，使各地域组成部分的个体功能叠加之和的生态关联得到增强，使边缘区域乃至整个区域相邻腹地具有特殊效果与综合性生态效益的现象，称为边缘效应。

边界效应则是由于生态交错带生境条件的特殊性、异质性和不稳定性，使得毗邻群落的生物和功能可能聚集在该区域中，不但增大了该区域物种的多样性和种群密度，而且增大了某些生物种群的活动强度和生产力。

负熵和自组织是边缘区与边缘效应存在、产生及完善的基础。熵的宏观意义表征系统能量分布的均匀程度，表示一种能量的交易。熵代表的是无序，而负熵表示有序。城市和街区作为一个复杂的物质系统，其不同镶嵌体也是依靠摄取比排出更有序（更低熵）的东西而维持的，摄取与排出均需要建立从外围环境中吸取负熵的边缘区，而边缘区也需要核心区溢出能量的带动，两者的相互作用，使边缘效应的产生成为可能。这一过程也体现出自组织的特性，即需要通过自组织不断地完善相互作用的区域，因此要取得正面的边缘效应，就必须奠定核心区与边缘区的自组织基础，搭建从无序到有序的转化途径[1, 2]。

从外界能量的引入形成一个系统开始，空间异质性表现为渐变体和镶嵌体两种模式。镶嵌体模式是指在一个系统突然中断或边界干扰下形成的不同的斑块，渐变体模式则没有，所以渐变和边界是两种概念。

历史街区和周边城市中心区功能差异大，使用人群不同，空间密度和形态均差异性巨大，产生边缘效应。异质性是产生运动与流的必要条件，所以历史街区边界可以成为增加空间异质性从而增加流与运动的载体。对于高多样性的活力很强的街道，过于生硬、强制和隔离的硬边界又会形成极度萧条

---

1 邢忠，郑尧，刘玉龙. 边缘效应下的烟台历史文化核心地段更新设计方法 [J]. 规划师，2020, 36（3）：39-43.
2 王巍巍，贺达汉. 生态景观边缘效应研究进展 [J]. 农业科学研究，2012, 33（3）：62-66.

的背街。所以我们更希望形成软边界，这更利于物种的渗透，软边界会有更高密度或集中度的边缘物种存在。

c. 边缘功能

在景观生态学中，边界地带呈现高多样性、高流通性、不稳定性和特殊性的特点，边缘物种与一些普通物种生活在边缘。聚焦到历史城市和历史街区镶嵌体，边缘区自然的地质、地貌单元或人为划分的功能单元间，具有一定宽度且直接受到边缘效应作用的边缘过渡地带即为边缘区。许多历史城市的边缘也生活着很多外来务工人口和本地人口，低廉的租金和便利的生活条件使得他们聚集在历史城市的边缘，形成了大片的棚户区，如2018年以前的南京中华门片区。历史城市和历史街区的边缘区通常具有以下特征：第一，为相邻地域所共有，区位优势显著，在关联地域间起到纽带作用，是地区间物质信息交流的"半透膜"。第二，异质信息丰富，在环境方面具有多样性和高度异质性，可利用多种信息，使经济活动更加发达。第三，富含高质量生态位，可提高社会与经济活动的有效性。

生态边界的功能与廊道的功能有相似之处，其包含五个最基本的功能：栖息地、通道、过滤层、源、汇。在综合生态观下，历史街区的边界也存在这五个对应的功能（表5-24）。

（a）栖息地：生态学中，栖息地功能的实现依赖于多个栖息地物种，包括边缘物种和内部物种，这些有机体依赖界两边的生态系统或边界本身提供资源补充。从大的区域生境看，城市的起源经常选址在两个大生态镶嵌体

表5-24 综合生态观下的历史街区边界功能（资料来源：自绘）

功能	景观生态学	综合生态观下的历史街区
栖息地	边缘物种、内部物种	承载丰富功能的混杂人群的街道
通道	河道、绿廊（猎物和捕食者通过）	街区主干道、交通枢纽、车行地带
过滤层	索姆层（Saum）、曼特尔层（Mantel）和遮掩层（Veil）；载体（风、水、动物）	背街、河流、城墙、绿廊；载体（风、水、人、机械）
源	长度影响功能：廊道扩散到基质	边界旅游开发对居民的影响；汇入街区的小商贩；风廊带来的城市气流与热
汇	结构影响功能：从一个镶嵌体传输到第一个镶嵌体的基质	历史文化、社会关系对现代街区的影响

的交接边界上，多样的资源提供物资，也为可能的应激反应提供稳定性[1]。历史街区的边界区域是哺育两个镶嵌体缺失功能的地方，业态丰富，商业集中。相对于历史街区本身的人口管理，边界区较为松散，所以有很多外来的人流在此谋生。作为内外生活和工作需求的镶嵌体交界地，丰富的功能也会在这里孕育。所以这里可能成为一个人口混杂、功能混合的栖息地。

（b）通道：物质的流动方向平行于边界时，边界将成为通道，常见于边界为廊道时，如道路、绿廊、河流等。对于中国的历史街区，由于内部经常不能行驶机动车，所以边界为道路时，经常成为主要的线性交通枢纽地带，维系着内外的货物运输、车辆停靠等。因为人口混杂、功能多样，所以边界区域经常人车混杂、车行较慢，为慢行车道的建立提供契机。而绿廊，则可成为对抗气候变化的屏障或者调解地。

（c）过滤层：当物质和信息的流动方向垂直于边界时，边界"半透膜"的功能就呈现出来。细胞膜传输物质的机制是小分子被动扩散，大分子利用细胞膜暂时附着和相互作用使受体批量主动运输。所以，在历史街区边界的过滤中，风、水等能量的流动是顺应山势和空气流动的，但物质流动却要依靠人力、机械力来实现。边界两侧的物质丰富度和异质性是形成流的关键，流通常是由高聚集地向低聚集地流动，能源流动是顺应这个规律的，但社会和文化的流动方向则可能与之相反。其边界过滤功能由边界结构、渗透载体、边缘与镶嵌体中的种群密度、边缘垂直结构、边界的连续性、散布的汇和物种库的特点以及相对大小、镶嵌体被进入的适宜性、一个自然环境的边缘和该镶嵌体的相对位置等等因素决定的。

（d）源与汇：源是指线形的边界（廊道）跨越了镶嵌体，从别的镶嵌体将一些物质传递过来并渗透到基质里去。汇则是将该镶嵌体的东西通过边界带出去。宽度、断裂点和垂直结构会决定廊道内受流动影响的物质的堆叠比例，曲度和边缘形态会影响渗透率。对于历史街区，可能有好有坏，如将城市风带入历史街区的风廊（断裂点），其中也有可能有噪声、雾霾等等。如历史街区的文化故事、社会生态也通过汇的功能渗透出去。

③ 镶嵌体中边界形状与曲度

从城市生态学的角度来看，边界是镶嵌体形成的必然条件，物体的流动

---

1 福曼.土地镶嵌体：景观与区域生态学[M].朱强，黄丽玲，李春波，等译.北京：中国建筑工业出版社，2018.

方向可能是沿着边界、平行于边界或与边界垂直。最为常见的是垂直于边界且穿越边界的流。异质性土壤镶嵌体中运动的流有三个核心维度：方向、路线和速度。边缘是有长、宽、高和功能的一个空间。边缘的空间维度中，宽指分界线与内部生境间的距离，高包括高度和分层，长指沿边界线的长度。边缘的宽度和曲度的研究和控制是为了了解边界对运动和流的影响。

边界线在本书的概念是分离相邻镶嵌体的一条线，这条线可以是画定的一条虚拟的线，如历史街区的保护线，也可以是一个廊道的界线。直线的边界有利于物体沿着边界运动，包括风、水、人和动物的运动。边界长度也可以作为"分形维数"被量化，D 的区间为 1.0~2.0。当 D 趋近于 1 时边界几乎是一条直线；当 D 趋近于 2 时，为一个面的分形维数，就是一个无限盘旋为面的形状。由风传输的物体由于边界形态形成的漏斗效应，会从凹边界处进入。凸圆形的边界功能则显著性应该更大，其从形态暗示上吸引人类和动物进入，但从正常边界到凸出顶端的部分，物种丰富度会逐渐降低，这是"半岛效应"。

历史街区边界的粗糙度体现在空间形态层面和社会形态层面，粗糙度是一种边界"柔性"的体现，粗糙度在空间形态上包括凹陷程度、长度、几何形态边界拐点的数量、角度等。在社会形态层面上，边界秩序无序与有序的混合、人流的混杂结构、功能复杂性、交通层级式也使边界呈现出更丰富的粗糙度。当 D 趋近于 1 时，界定性和倾向性作用较强，镶嵌体间流与运动强度很低。当 D 趋近于 2 时，联结性、过渡性、不确定性较强，镶嵌体复杂性增加，街区开敞度达到最大，其社会、经济、文化的渗透率达到最高，街区活力提升，但历史街区的保护却会受到波及，所以对于历史街区边界的粗糙度应该适度增大但有所控制。

（2）边界的剖面结构与发展

在自然生态中，一个发展完整的镶嵌体边缘由索姆层（Saum）、曼特尔层（Mantel）和遮掩层（Veil）组成。它们基本奠定了镶嵌体的厚度与活态的基础。最外层多年生的草本层为索姆，索姆内部一层密集的灌木层叫曼特尔层（经常有两层，由灌丛层和小树层两层组成）。在垂直层次上，索姆和曼特尔层上方的层次为遮掩层，通常是一层树叶的薄膜，将曼特尔层和树冠层联系起来。索姆、曼特尔层和遮掩层都是为保护森林内部免受风的影响随时间逐渐形成的保护层。外部的长期扰动形成的扰动线和树的外层结构的相对位置关系决定了索姆层与曼特尔层的发展。只有当曼特尔层发展充分，才会有充足的支撑边缘效应中的鸟类和猎物特性的密集群体[1]。

人类在维持自然的边缘结构上起到支配性的作用，不仅能决定边界的形态，也能很大程度上影响边缘物种的多样性和数量。所以有效的边缘管理和缓冲区既是对自然资源的保护，也是对人类行为的约束。自然的边缘结构由四种机制逐渐塑造：小气候、土壤、动物和人。这些要素的相互作用决定了边界的宽度、垂直度和长度。其中某些过程可能在特定的区位、特定的时间段起主导作用。自然镶嵌体及其生态边界保护与管理对综合生态观下历史街区边界的保护与管理的启示如下：

（a）"分区分权"。依不同的周长段划分边界，每一段分段管理，再细分层次与职责。每段拥有不同的功能、权属、植被类型和边界类型。这为历史城市边界，例如南京城墙的保护与管理和历史街区不同邻接镶嵌体边界的管理提供了新的"分区管理""分层细化"的思路。

（b）"分层过滤"。三层过滤系统，对影响边缘结构形成的小气候、土壤、动物和人类进行过滤，以进行有效的规划、管理、保护与设计。这种分层过滤即是大自然自己的选择，第一层过滤层应对外部的干扰和抑制人的进入，管理边界就是第二层过滤层，公园边缘是第三层过滤层。如图5-21所示，很多管理的方式可以有效运用这三层过滤系统。在历史街区中，梳理边界空间中的形态要素和功能要素，利用分层过滤的方式调节粗糙度，控制街区的开敞度、界定度、连接性和不确定性。

（c）"互利互动"。边界的过滤层影响着镶嵌体与镶嵌体之间的运动和流的变化及比率。种子、泥土、植物和热能可以通过五种载体（风、水、动物、人、

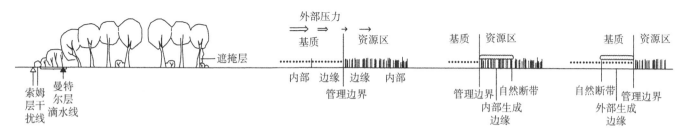

图 5-21　历史街区生态边界的解剖结构构建（资料来源：自绘）

1　福曼.土地镶嵌体：景观与区域生态学[M].朱强，黄丽玲，李春波，等译.北京：中国建筑工业出版社，2018.

机械）来跨越边界。过滤层具有半渗透半屏障的作用，防止人类或大型动物对镶嵌体或者是斑块内部生境的破坏，却允许有利镶嵌体和斑块内部的能源与物体渗透。边界结构、渗透载体、群密度、边界的连续性等支撑着镶嵌体之间的交互作用，如同历史街区与周边城市街区，周边城市街区为历史街区提供经济支撑、功能补足、就业机会和自然生态支撑，历史街区反哺周边城市街区以传统文化、城市记忆、历史景观等等，循环反馈。

（d）"厚度活态"。在自然界中，曼特尔层的宽度扮演着重要的角色，对风、光、热进行过滤。边界中宽和窄的部分都可能有很重要的生态作用。历史街区中，边界的宽度决定了其人群的混合程度、机动车的速度和人车分流的情况、周边业态的丰富程度，还有对外来冲击的过滤和承受度。所以边界的宽度和复杂度是街区活力的重要因素。

（3）综合生态观下的历史街区边界

① 综合生态观下的历史街区边界营建建议

综合生态观下，历史街区边界的复兴是一个包含了文化生态、自然生态、经济生态和社会生态的历时性拓、适、馈、整的过程。通过异质性的边界空间营造，自循环的基础构建，空间形态与结构融合，边界功能与双向镶嵌体的需求匹配与内化，历史街区边界剖面的营建，完成历史街区的生态复兴。综合生态观下的历史街区边界营建建议主要有以下几点：

（a）文化生态：尊重历史肌理和已有的空间环境，协调新旧建筑，延续历史景观和景观视廊。

（b）精细规划的历时性反馈的边界空间：边界空间作为历史街区与其他街区之间的纽带和保护边界，为促进居民的交往、接轨城市生活提供了巨大的发展空间。将边界的规划和城市的发展方向、信息的快速变迁融合起来，让历史街区的边界变成一个将历史街区生活编织进城市肌理的契机，让其历史与现代发展的结合点，成为物质、信息、能源传达的"细胞膜"，这个"细胞膜"既保护历史街区，又从外界吸收负熵以保持协调均衡与循环流动。

（c）生态功能的历史街区边界：将景观生态学中边界的功能融入历史街区的边界，深刻理解边界的栖息地、过滤层、通道、汇与源的功能在历史街区中的应用和发展，对历史街区的边界功能进行生态性的认知、分析和梳理，培育异质性历史街区边界。

（d）丰富的边界剖面：试图在历史街区中建立由索姆、曼特尔层和遮掩层为剖面结构的边界，从而使历史街区的边界建立起"分区分权""分层过滤""互利互动""厚度活态"的边界生态体系。

（e）柔性的边界规划：保留活力很高的边界的凹凸空间，从人体尺度出发，挖掘土地潜力，充分利用经营每一个凹凸空间，将边界的柔性和人们的日常生活结合起来，试图创造让人想停驻的场所（图5-22，图5-23）。重视自然生态，结合现状自然条件和小尺度街区的特性，以及街区内不规则肌理形成的边界凹凸空间，来建立小尺度的绿色生境和艺术化雨水管理设施（GI在街区间的见缝插针），为综合生态观下历史街区的复兴发展在价值观念、发展模式、技术手段、管理方法及可持续发展政策等方面提供试验场地。将历史街区复兴重点转移到提高生态环境品质，集约利用资源能源，实现存量规划与生态环境的动态平衡上来。

② 综合生态观下的历史街区边界营建实例

历史街区和周边其他街区镶嵌体形成的消极的边界，不管是生硬边界界面造成的空间消极，还是功能萧条、交通不便造成的人迹罕至，这样的街道被称为"背街"（alley）。而"器"既指有用的空间，又指改善的手段，通过

图 5-22　综合生态观下荷花塘历史街区边界优化1
（资料来源：自绘）

图 5-23　综合生态观下荷花塘历史街区边界优化2
（资料来源：自摄）

生态的营建，希望垃圾堆放地和犯罪多发地的背街能化废为器，绿脉融合。

美国西雅图先锋广场区提供了一个符合综合生态观的历史街区消极边界的改造案例，在先锋广场区的发展文件中重新定义了这些背街胡同的文化特性和生态特性，既让人们的活动进入和填满背街，使它成为承载先锋广场文脉的场所，又让其成了编织街区绿网的一部分，作为链接东西向绿廊的街区"绿肺"（green lungs）。

背街胡同项目（Alley Network Project + Alley Corridor Project）是从 2008 年正式开始实施的，实际包含了 2008 年胡同网络项目和 2012 年胡同廊道项目。西雅图背街胡同项目（Alley Network Project）认为活化背街胡同是城市走向宜居、活力、环境友好很重要的一步。胡同网络项目意在活跃每个街区中的背街社区胡同，将其作为一个室外集会、流动艺术展览和现场活动的举办场所，从而与划分街区的主要社区街道耦合为网络化的活跃街区。随着人们的逐渐重视，结合先锋广场浓郁的艺术与文化氛围，居民开始命名这些背街胡同，并用自己的方式提升背街空间品质。

胡同廊道项目为了更好地激活胡同而开始提升胡同的物质层面，如更新胡同立面，改进背街胡同基础设施等等。毗邻西方公园（Occidental Park）的两个背街胡同将作为实验项目为整个西雅图的胡同改造提供模板。背街改造计划将街道分为三类改造目标，其中主要的是绿巷、蓝巷。绿巷是为街区提供绿色呼吸的绿肺的复合功能的街道；蓝巷则是在过于闭塞和狭窄的街道，结合艺术化雨水设计为行人提供舒适安全的空间。稍微宽敞一点的背街配合交通梳理可考虑改造成更有活力的商业街道，配合绿廊与雨水设计（图 5-24，图 5-25）。

《西雅图市区公共空间与公共生活研究》提出，背街是高密度历史街区重要的空间资源，因其很低的汽车通行量，它成为种植各种植被，设置可渗透路面、雨水收集系统和净化设施的优良之选，在宜人的背街尺度中，人们逃离喧嚣，在此聚会，享受亲水空间和日常绿色，观看季节变化[1]。墙面、地面、顶面都可作为布置绿化、艺术化雨水设施、创新艺术技术设计的平台，胡同项目提供其安全的保障。其本身"内向"的街区属性更适应创造安全的步行网络，而不影响街区"外向"的交通系统，结合社区主要街道的步行道及街

1　GEHL Architects. Seattle public spaces and public life [M]. Seattle：Downtown Seattle，2018.

边停驻空间的改善可发展成为更好的步行活力街区网络（图 5-26）。下一步的计划中，这些背街秉承公平规划使其对所有人更可达。

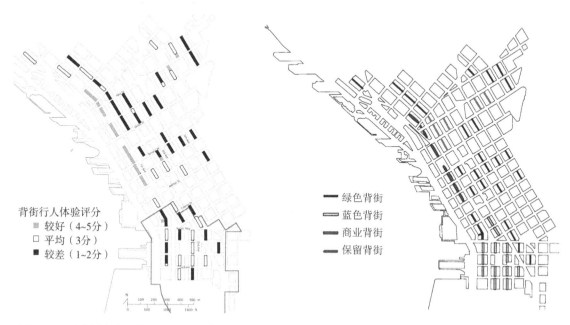

图 5-24　西雅图市中心背街行人行走体验调研　　　图 5-25　西雅图市中心背街改造计划
（资料来源：根据《西雅图市区公共空间与公共生活研究》改绘）

1. 蓝色背街营建；2. 绿色背街、绿肺（green lungs）营建；3. 商业背街的营造
图 5-26　西雅图市中心背街营建
（资料来源：根据《西雅图市区公共空间与公共生活研究》改绘）

5.5 本章总结

综合生态观下历史街区的镶嵌体格局和功能通过四个"定"实现。

（1）定性

① 基于综合生态观理念重新全面认知历史街区，将历史街区转译成一个基于空间异质性的镶嵌体，阐释其内在特性、生态格局、功能和结构特性。从更大尺度的历史城市聚焦历史街区从形成、发展、适应、变化、稳定到历史街区与现代城市形成的镶嵌体格局。

② 营建生态复合的土地利用，通过审视历史街区规划保护中的局限与困境，将尺度聚焦在街区尺度的幅度与粒度上，从格局、功能和过程上将历史街区转移成由斑块、廊道和基质组成的镶嵌体格局。通过构建多层次、多维度的历史层次和空间层次来构建完善的土地利用开放体系以营造宜居生态的历史街区。

（2）定容

① 基于综合生态观理念，发掘历史街区镶嵌体内禀的密度生态性，从而建立生态适宜的历史街区空间容量。通过古代历史都城密度和案例历史街区人口密度可得，在中国大城市人口膨胀之前，人口的合理密度为 150~300 人 /ha，历史街区居民保有率应为 60% 左右。历史街区内禀的密度生态性由院落形态表征，相同地块中同样进深的院落建筑密度能达到点式建筑的 3 倍。通过空间伴侣（spacemate）指标形成空间矩阵（spacematrix），分析国内外案例历史街区，高密度、紧凑有序的街区形态为综合生态观下的历史街区奠定了基础。

② 基于历史街区绿地现有的问题，研究综合生态观下历史街区绿地功能和绿地分类。通过案例数据对比分析二维和三维绿量评价标准对历史街区的适宜性，确定表征生态效益的三维绿量测算方法，更能真实反映历史街区的绿量。通过样地实际数据调研和测量做实证比较分析，通过数据分析和生态效益效率的计算得到重要的结论，历史街区比生态街区在单位绿地面积可创造更多的生态效益。结论分析通过多样性、乔木占比、生长时间和空间、立体绿化、优势种分析阐明原因，最后提出历史街区绿地设计策略。

（3）定形

① 营建生态宜人的街区形态，始于探究历史街区形态内禀的生态性，高

度复杂性、中度连接性的历史街区半格结构奠定了其稳定性和生态效率。中国城市人口密度和街区的选址、结构、朝向、轴线、单双数分形的变化、家庭居住关系构成了整体循环、阴阳协调、动静相生的居住空间形态。通过中外案例对比分析，发现更生态的形态特点，并提出综合生态观下历史街区空间形态构建建议。

② 通过现有的研究探讨历史街区空间形态与街区微气候的关系和可用指标，从整体控制、平面布局、层峡特征、公共空间、建筑设计和界面控制上提出综合生态观下街区形态上的微气候环境的优化建议。

③ 通过案例分析，突出弹性小尺度街区（100 m × 100 m）和宜人的街区空间尺度（$D/H≈1$）在综合生态观下历史街区空间形态构建中的重要性。

（4）定围

追溯历史城市和历史街区边界的产生和发展及现有的生态实践，从中国历史街区边界现有问题出发，从生态角度重新诠释历史街区镶嵌体中边界的功能、分类、形状、剖面结构等等。以营建案例为佐证，基于综合生态观提出历史街区边界营建建议。

第 6 章 | 生态循环
——综合生态观下的历史街区镶嵌体间的流动、循环与反馈

6.1 应序：综合生态观下的历史街区与历史城市整体营建

6.2 制序：综合生态观下的历史街区生态基础设施营建

6.3 理水：综合生态观下历史街区的灾异调适与水管理

6.4 理韵：综合生态观下历史街区的交通系统与公共空间营造

6.5 理气：综合生态观下的历史街区微气候营造

6.6 本章小结

在综合生态观中，流是反映镶嵌体的稳定性和持久性的重要指标。镶嵌体间流与运动的类型体现在物质循环、能量流动、信息传递等方面。城市中存在四种基本的流和运动：①空气流动。在城市与区域层面，表现为城市风水局，即城市营建与山水形胜的关系；在街区层面，表现为气韵的循环再生和能量的新陈代谢。②水流动，在宏观层面，城市的营建和发展对水域水系网络形成了顺应—调适治理—生态成境的嬗变过程，交织成时间与空间轴的动态有机体。对中观层面的街区，穿过街区或邻接街区的水流不仅影响了滨水斑块的功能和交通系统，也影响着小区域的微气候变化。③依靠自身动力驱动的流与运动、人的运动、动物的运动。④外在输入能源驱动的流和运动、水运机械流、机动车流、非机动车流。在历史街区复兴中讨论的流与运动基于城市宏观尺度，进而推抒到中微观尺度。相互交织的镶嵌体通过强相互作用的流和运动联系在一起，强调了内部机制和外部循环紧密联系的活跃功能单元[1]。这种强相互作用使得流与运动能作用于超越边界范围的斑块的大部分区域。城市的生态系统是无数个动态发展的复杂结构的有机斑块镶嵌体组合在一起形成的多层次嬗变体系。

本章研究路径是从应序到制序（图6-1），应序法则遵循中国古代生态智慧和生态理念，在不考虑强力干扰的基础上，空间上从城市尺度或更大尺度向小尺度推进规划，顺应山水脉络择址定轴，秩序由皇权或者国家自上而下制定。而随着时间的流逝，历时空间逐渐转化为自组织的复杂系统，小尺度空间权力逐渐分散转移，空间上组织逻辑转化为自下而上的时序性小尺度渐进式演替。

制序法则是多尺度、多维多元的法则，在无重大技术变革的时期，其呈现的是历史各个灾异节点的应对和调适法则，依旧顺应山水脉络关系。在城市格局因技术革命发生巨大变化后，历史肌理碎片化地散落，山水脉络和文化景观与城市肌理关系断裂。此时的制序法则是连接拼贴各层级尺度分散的镶嵌体、修补历史镶嵌体彼此的关系及历史镶嵌体与城市的关系。

在时间轴上，此时的法则既要回应古代山水林城的生态的空间格局关系，又要重新审视现代城市与山水脉络关系，从而调整和限制城市的无序蔓延。在空间尺度上，以自上而下的政策控制历史街区和历史城市保护与现代城市

---

1 福曼. 土地镶嵌体：景观与区域生态学[M]. 朱强，黄丽玲，李春波，等译. 北京：中国建筑工业出版社，2018: 235-267.

发展的关系，以自下而上的中观层面综合生态观下历史街区复兴推释到城市尺度，并反馈现代的城市街区和城市生态实践。技术手段上，回应古代生态智慧与技术，结合现代的生态智慧与生态技术，在地域上吸取中西方现代的中观尺度的生态实践与生态技术，以解决现代城市中历史街区的困局。最终形成一个嬗变织补、自主更新、共同生长、协调均和、生态整合的历史街区—现代街区—历史城市—现代城市的整体循环流动的系统（图6-2）。

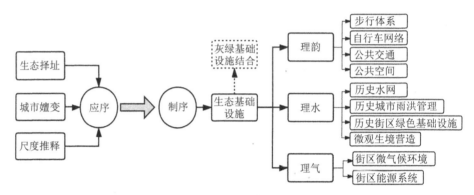

图 6-1 本章研究框架（资料来源：自绘）

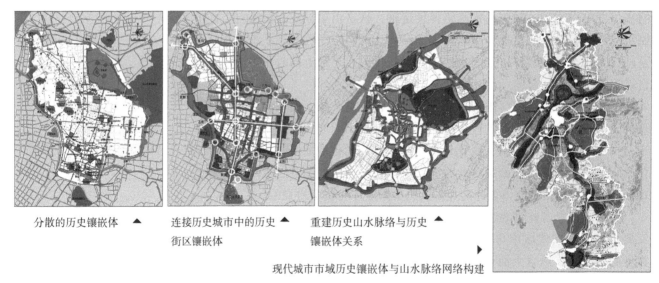

图 6-2 制序法则中关系的重构——从历史镶嵌体到与现代城市各要素的整合
（资料来源：根据南京历史文化名城保护规划改绘）

6.1 应序：综合生态观下的历史街区与历史城市整体营建

古代生态智慧的运用使自然环境为城市营建提供了优良的山水骨架，也为各种尺度的营建活动提供生态的支撑脉络。这种智慧逐渐被快速的经济建设所掩盖，城市规模早已突破原先的山水格局，城市山水形胜格局也发生着变化，山水形胜空间的外围边界也迅速扩大。人们渐渐遗忘了周边环境、文化习俗、社会对城市的裨益。现代生态思想的进入，让我们重新思考被遗忘的智慧，理清生态智慧与现代生态的在城市肌理上的连接关系，并让其更好地在城市系统中循环，这成为研究的重要方向。

6.1.1 生态择址与象天法地

（1）山水态势与城市择址

人类社会活动在时间轴上的轨迹与城市脉络和发展演变进程在空间轴上的物化最终显像成动态有机的镶嵌体集合。南京与西安作为千古帝王建都首选，在其山水林城关系长时间的生态整合和系统有机更新后，形成了城市山水形胜空间的框架（表6-1）。社会、经济、文化、政治与自然环境经过了长时间的相应、相生。社会、经济、文化、政治、自然五位一体的生态系统在时间轴的推移中逐渐磨合呈现出现在的城市空间。

西安自古就是宜居之地，数百座新石器时代的聚落遗址和数代都城的选择，使之成为一个十分稳定的城乡聚落镶嵌共同体。逐步形成的"城—郊—陵—苑"体系逐步构成了西安都城空间与环境选择及环境营建的关系。早期秦咸阳将源于周人的"自然之城"发挥到登峰造极的境界，秦始皇又迁六国财富于咸阳，为西安奠定了五位一体生态的基础。西安地处关中地区，渭河平原拥有原隰交错、山水供养的良好自然基础，又有四塞为固、山川环抱的防御地势。沃野千里，南有巴蜀之饶，北有胡苑之利，阻三面而守一面，独以一面东制诸侯。诸侯安定，河渭漕挽天下，西给京师；诸侯有变，顺流而下，足以委输，此所谓千里金城，天府之国也[1]。"泾、渭、浐、灞、沣、涝、潏、滈"八水不仅自身是整体水系系统的重要组成要素，而且也是西安水系当中水渠、护城河等其他构成要素的重要源泉，充分体现了西安自然水系与人工水系之

---

1 司马迁. 史记·留侯世家：卷五十五[EB/OL]. [2010-05-23]. http://www.guoxue123.com/shibu/0101/00sjj/062.htm.

表 6-1 西安与南京山水形胜与城市营建（资料来源：自绘）

	西安	南京
都城朝代	①西周（公元前 1046 年—公元前 771 年）：丰京与镐京（历史上第一个规划的都城） ②秦（公元前 350 年—公元前 207 年）：咸阳 ③汉代（公元前 202 年—公元前 8 年）：长安 ④隋唐（582—807 年）：大兴、长安 ⑤明清（1368—1912 年）：西安府	①六朝（222—589 年）：孙吴（建业）、东晋、宋、齐、梁、陈（建康） ②杨吴与南唐（919—959 年）：金陵 ③明代（1368—1659 年）：应天、南京 ④民国（1912—1927 年）：南京
主要的都城择址	①西周丰京、镐京：（优势）周丰镐京、秦咸阳城所在周边区域水系发达，河流众多，池沼密布。（劣势）丰京地处沣河与灵沼河之间，发展空间有限 ②秦咸阳：（优势）位于关中平原枢纽，粮食给养充足。北依高原，南临渭水，渭水横贯都城，与黄河相连，水上交通便利。（劣势）易遭水患 ③汉长安：（优势）位于龙首山北麓，山水格近渭水南岸，沿用秦时山水格局。（劣势）地势较低洼，水中含盐分高 隋大兴、唐长安：（劣势）迁都龙首山南麓，地势东南高西北低，坡地上建城。（转劣为优）宇文恺以《周易》乾卦配置城市功能以求吉求宜，最终形成"八水绕长安"之势 ④明清西安府：（优势）基本沿用隋唐轴线，明清的西安府领州六、县三十一，政治地位提升，农商并举，经济振兴，西安府城周边均处于"八水"河流的下游段。（劣势）唐宋以来，都城农林业生产大规模发展，秦岭山地垦殖，森林砍伐加剧，生态环境遭到破坏，秦岭涵养水源、调解净化能力变弱，夏涝冬旱，水土流失严重，使灌溉能力减弱，河水运载能力变小	①六朝：（优势）西北临长江天堑，东依钟山屏障，南调秦淮运达，北邻玄武风光，再加之内外城小山嶙峋于江河、湖泊、丘陵、平原之间，地形复杂，山川险固。（转劣为优）金陵有王气，秦始皇断东南方山天印，断狮子山、马鞍山山脉，引淮水贯穿东南以泄王气，改金陵为秣陵，但仍挡不住天道地运流转，嗣后果由六朝建都，明朝定鼎 ②杨吴与南唐：（优势）顺应东吴的建康轴线，都城位置较六朝向南移动，北邻鸡笼山，东依钟山，西侧到石头城，南临雨花台，将秦淮河纳入城内，由此秦淮河被分为内、外秦淮河。后将秦淮河水引入使其绕城入江，与东侧的青溪、燕雀湖等湖泊河流一起组成城市的护城河体系。（劣势）隋朝忌惮六朝，将建康夷为平地，社会与经济生态遭严重破坏，唐朝依旧抵制南京，至南唐建都，经济社会生态才复苏。南唐经济复苏，筑城以卫君，造郭以守民 ③明代：（优势）都城面积超过以往任何时期，创新性建造四重城郭套，外郭城的边界北面扩展到了今天的幕府山附近，南面为雨花山，东面为钟山，西面已经扩展到江边。为了防止敌人攻取周围山体而获得居高临下的战略优势，把周边的马鞍山、清凉山等山纳入外郭城。后来又陆续将雨花山、钟山、石灰山（今幕府山）等纳入外郭城。外郭城的形态受山体的影响，呈菱形布置。（劣势）皇城偏于东隅，系填筑燕雀湖而成。明太祖晚年悔，宫城之地，首昂中洼，形势不称 ④民国：（优势）民国政府推出"首都计划"，加大了道路建设力度（中山大道建设，中山南路、太平路、中华路、广州路、山西路），开辟城市公园（皇家园林对公众开放：紫金山、鼓楼、雨花台、莫愁湖）。（劣势）生产力不足，城市范围不再扩大
风水与星象	①秦咸阳：作信宫渭南，象天极（天极星、帝星），为中宫。作前殿阿房，周驰为阁道，表南山之巅以为阙 ②星象格局：天极星—阁道星—银河—营室星 建筑布局：咸阳宫（中宫）—复道—渭河—阿房宫 ③隋大兴、唐长安：宇文恺以《周易》第一卦象征"天"与"大吉"的"乾卦"来规划城市，将六条冈阜结合乾卦六爻设置，即"城郭（一六爻），宫室（第二），百司及庙宇"	明以前：西北临长江天堑，东依钟山屏障，南调秦淮运达，北邻玄武风光，再加之内外城小山嶙峋于江河、湖泊、丘陵、平原之间，地形复杂，山川险固，气象宏伟

（续表）

	西安	南京
天阙与点穴	天阙：表终南山以为阙	明以前，天阙即牛首山，双峰秀起。《建康实录》注：天宝初改名天阙山。明朝：以龙广山（今富贵山）为阙
皇城规模与功能	①西周丰镐：宫城的尺度 700～900 m²。 ②秦咸阳：以黄河作为城的东门，终南山作为城的南门，渭水作为城的西门。离宫别苑，亭台楼阁，连绵复压，三百余里，隔离天日。各宫之间以甬道相连接。吸收了关东六国的宫殿建筑模式，在咸阳塬上仿建了六国的宫室，扩建了皇宫 ③汉长安：平面近似方形，基本为正南北向。四城墙的长度也各不相同，东墙 6 000 m，西墙 4 900 m，南墙 7 600 m，北墙 7 200 m，面积约 36 km²。 ④隋大兴、唐长安：长安城面积约 83 km²（不包括后建的大明宫），城址东西长 9 721 m，南北长 8 651 m（古代最大城市）	①六朝（东吴）：《建康实录》卷二提及其规模"其建业都城周二十里一十九步" ②南唐：金陵城周长达四十五里（约 22.5 km）：西据石头岗阜之脊，南接长干山势，东以白下桥为限，北以玄武桥为界；城高三丈五尺，上阔二丈五尺，下阔三丈五尺，皆为土筑 ③明：四重城郭，城周九十六里，东尽钟山之南岗，北据山控湖，西阻石头，南临聚宝，贯秦淮与内外。考其疆域，盖混一六朝之建康，与南唐之江宁，西并石头城，东合宫城，北辟地至狮子山；盖其规模之大，远过六朝
轴线的趋势	历史轴线由西向东移动，隋之后相对集中，不脱离八水绕城之势	历史轴线在隋朝之前一直沿用东吴轴线，隋之后建康被夷为平地，南唐以江宁府为都，都城南移，但轴线基本不变，明之后轴线东移并呈正南北势

间兴衰存亡、息息相关的密切联系。

据唐代许嵩在《建康实录》言："刘备曾使诸葛亮至京，因睹秣陵山阜，叹曰：'钟山龙盘，石头虎踞，此乃帝王之宅也。'"李白于《金陵歌·送别范宣》中也有形象的陈述："石头巉岩如虎踞，凌波欲过沧江去。钟山龙盘走势来，秀色横分历阳树。"南京的起源北阴阳营一直作为典型的部落聚居地，位于金川河东岸的二级台地上，遗址三面池塘环绕，土地肥沃，另一面是森林密布的低矮丘陵（鸡笼山、覆舟山一带），利于狩猎活动的进行。其东边有通向紫金山背的道路，聚居地形成了有耕地、有牧场、有荒野及森林，交通便利的聚居地带。从地理学与风水学角度看南京，北临长江天堑，东依钟山屏障，南调秦淮运达，北邻玄武风光，再加之内外城小山嶙峋于江河、湖泊、丘陵、平原之间，地形复杂，山川险固，气象宏伟。吴大帝建都的选址除了军事上的考虑外,也非常讲究城市与山水文化。现有研究中对具体都城位置也有多种猜测。《宫苑记》书:"在淮水北五里。"《六朝事迹编类》中说石头城位置是"去台城九里"。但台城(宫城)的位置一直众说纷纭,2004年有了较为统一的研究成果。根据王志高先生绘制的《南朝建康都城及台城位置示意图》[1]可知,台城位于大行宫一带。南京自然地貌贴合风水中的"四象"与"五行",皇宫居中,占五行颜色中的"黄",东面"青龙象"的青葱郁郁的钟山,西面"白虎象"的凛伏嶙峋的石头山(清凉山),南面"朱雀象"涓涓不息的秦淮河,北面"玄武象"的逶迤绵延的覆舟山—鼓楼岗一线,构成南京城市山水城林的风水基础[2]。东晋后为避皇帝名讳,建业改称建康,之后又陆续经历了宋、齐、梁、陈四个朝代。在此期间,战争移民带来了北方中原的文化,城市出现了更多的寺观、园林、坛庙。同时城市中轴线对接城南牛首山的两个峰阙,城市融入山水自然[3]。

(2)城市轴线与风水格局

城市轴线与风水格局是综合生态观在古代城市营建中的集中体现,既包含了古代生态智慧中人们的生态哲学观,也包含了山水形胜与城市营建的相互制宜。《荀子·强国》有云:"其固塞险,形势便,山林川谷美,天材之利多,是形胜也。"中国古代的城市建设思想认为:"古之王者,择天下之中而立国,择国之中而立宫,择宫之中而立庙。"[4]我国古代都城里的中轴线就是"择中"观念的物化产物。它的存在是为了突出皇权至高无上的理念。轴线方向也以正南北轴线为多,城市正南北选址不仅与山水格局相关,也与古代生态中的静脉气韵相关,城市主阳,内部布局与轴线需顺应天体星辰,多指向北极星座,内部道路符合阴阳,多为奇隅交错,城市中心即"正穴"选较高地势,为宫城或府衙所在。历史古都中,无论是区域还是城市尺度中构建与山水的关系,都以"天阙"作为选择的基础,实际或是意向的轴线贯穿到城市布局和山水秩序阐释之中。"天阙"最早指天上的宫阙,古代星象之名,云荒山脉东方之山亦名为"天阙",后人择其吉意,用于城市择址。两峰对峙之处,因其形似双阙,即为"天阙"。

---

1 薛冰.南京城市史[M].南京:东南大学出版社,2015:33-40.
2 李玉文,程怀文.中国城市规划中的山水文化解读[M].杭州:浙江工商大学出版社,2015:71-86.
3 栾昭琦.基于时空视角的城市山水形胜空间营造模式研究:以南京为例[D].南京:东南大学,2018.
4 吕不韦.吕氏春秋新校释:上册[M].陈奇猷,校释.上海:上海古籍出版社,2002.

西安轴线变迁与山水关系中，都城的中轴线发生了多次变迁，但多次变迁中的中轴线始终以正南北为基准方向，"天阙"格局中，始终表终南山以为阙（图6-3）。历史都城轴线由西向东移动，隋之后相对集中，不脱离八水绕城之势。典型的秦咸阳宫以古代天文学做依据，以"天极星—阁道星—银河—营室星"的星象排布方式组织建筑格局：象天极做帝宫，周驰为阁道，表南山以为阙，引渭水灌都，作前殿阿房，形成"咸阳宫—复道—渭河—阿房宫"的与星象对应的建筑序列。隋唐长安城建立时同样运用山水关系与风水格局来规划设计。与秦汉总体布局不同的是，隋唐长安热衷于体现《周易》的"乾卦"意境。宇文恺以《周易》第一卦、象征"天"与"大吉"的"乾卦"为帝王尊崇来规划城市。朱雀大街南北尽郭，有六条高坡，将六条冈阜高坡结合乾卦六爻设置，第一爻与第六爻对应第一与第六坡，为半吉，修筑外郭城南北城墙；第二爻位"见龙在田"大吉，为帝王居，设立宫城；第三爻对应第三坡，至百司以应君子之数；第五爻为"飞龙在天"，九五之尊，不欲常人居之，设庙宇以镇之。坡地上建城给实施带来困难，但宇文恺巧妙运用"象天法地"之法，给城市规划以合理的、在地的、生态的依据，将城市轮廓线、山水态势、视觉美感与古代人民的生态时空论及生态本体论结合，创造出有层次感的立体的城市。

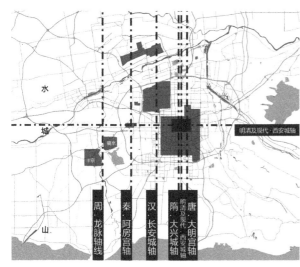

图6-3　西安各朝代都城轴线变迁
（资料来源：自绘）

图6-4　南京各朝代都城轴线变迁（资料来源：自绘）

南京轴线除明代都城以外,自有城邑出现就非正南北方向,其轴线不是正南北,是北偏东25°,顺应风水局,为牛首山双阙—鸡笼山—玄武湖。其朝向顺应青溪、运渎水道的走向,再加之北有长江天堑,南有秦淮河,四面水势、重山环绕,形成了宫城防御的天然屏障(图6-4)。东吴选址之时虽有建阙之意,但没有明确指定。东晋定都之初,司马睿见城南牛首山双峰秀起,正对宣阳门,曰此天阙也。《建康实录》曾记录相关信息。清人陈文述曾曰:"双阙横天起,苍茫接石头。飞扬龙虎气,拱翊帝王州。形势齐中夏,烽烟息上游。大风云起处,犹作晋时秋。"南京历史上的择址与营建皆以整体的山水形胜为依托。四方虎踞龙盘的山水脉络与风水形势以及内外城市营建,将城市与外部山水交织成一个天地生人的整体有机循环系统,加之各朝各代对内外城水系的梳理与改造,山水林城态势逐渐有序、连续和完整。明代城市轴线的偏移,使南京城的格局发生了大的不规则的变化。明太祖朱元璋曾曰:"朕当天地循环之初气,创基于此,非古之金陵,亦非六朝之建业也,道里之均,万邦之贡,顺水而趋,公私不乏,利亦久矣。"[1] 朱元璋急就宫城以稳定政权,择址城东为皇城新城,

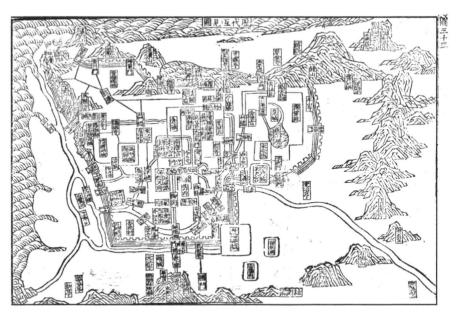

图6-5 历代互见图 [资料来源:[明] 陈沂撰. 金陵古今图考 [M], 1515.]

---

1 饶龙隼.《明太祖文集》阙文轶事 [J]. 古典文学知识, 2000 (4): 106-108.

避开六朝以来沿用的轴线，以南唐和宋元遗留的积淀深厚、稳定繁华、肌理密布的城壕为西壕，背依富贵山，南以外秦淮为护城河，形成新的背山面水的城市格局，并沿袭礼制"三朝五门"，再加上大胆创新加筑外郭而形成的四套城制，成为中国建城史上的典范。从"历代互见图"（图6-5）中可见古代智慧对旧城的保护，以及利用旧城来发展新城的思路。

6.1.2 城市嬗变与山水形胜

（1）山水形胜与循环流动

综合生态观的古代的生态智慧中，最重要的就是系统的整体循环与阴阳协调。天、地、生、人各自的系统组成一个整体性的生态系统，循环，轮回，新陈代谢[1]。

古代风水理念千百年实践经验总结为"山环水抱必有气"，也能运用到复杂的城市环境中。不同尺度的城市环境赋予了"龙、砂、水、穴"以新的含义[2]。中医把人体看作一个功能实体，其五脏六腑相生相克，气血、津液、经络、筋骨浑然一体，身体的病变是由六淫七情引起的功能失调。风水学中"大地经络活体观"将一个地域上的所有物质实体比拟成人的血肉之躯，古人将水域网络看作一个有机整体，它如形成人循环系统的血脉和呼吸一样，理解其水系结构和水量的涨退，就像理解人体一样，需要将其整体系统性作为前提。

南京历史上的择址与营建皆以山水的有序性、连续性和完整性为依托。四方虎踞龙盘的山水脉络与风水形势与内外城市营建，将城市与外部山水交织成一个天地生人的整体有机循环系统，加之各朝各代对内外城水系的梳理与改造，山水林城态势逐渐有序、连续和完整。金陵有王气，秦始皇欲疏浚秦淮以泄王气，但疏浚的结果却是天道地运流转，嗣后果由六朝建都，明朝定鼎。东晋后为避皇帝名讳，建业改称建康，之后又陆续经历了宋、齐、梁、陈四个朝代。在此期间，战争移民带来了北方中原的文化，城市出现了更多的寺观、园林、坛庙。同时城市中轴线对接城南牛首山的两个峰阙，城市融入山水形胜。六朝时期是南京文化最鼎盛的时期，先民保护南京山川形胜形成的丘陵岗地与平原周地，成为他们生存的土壤（图6-6）。

图6-6 南京山水城市意向图
[资料来源：于希贤，于涌.中国古代风水的理论与实践：对中国古代风水的再认识[M].北京：光明日报出版社，2005.]

---

1 于希贤，于涌.中国古代风水的理论与实践：对中国古代风水的再认识[M].北京：光明日报出版社，2005.
2 陈炜.风水理论在人居环境水景营建中的运用研究[D].上海：上海交通大学，2009.

现在的南京城作为长江流域沿江发展性城市，顺应历史山水形胜，山水林城形成"拥江依山，三环抱城"格局。三环格局为：一环明城墙绿环，二环滨江环（栖霞山—幕府山—燕子矶—江心洲—秦淮新河—绕城高速绿环），三环山脉绿廊（季山丘陵—老山—牛首山—方山—汤山—平山）（图6-7）。《灵城精义》云："天运有旋转而地气应之，天气动于上而人为应之。"若妄图更改天地气韵也是徒劳，自然会达到新的平衡态，整个城市终将会成为圆满自足的、自组织自循环的、自本自根的自然活体。

（2）城市嬗变与生态格局

城市发展与规模是一个连续渐变的过程，南京自有大事记的周朝以来，在城市大发展以前，大视域下的山水格局整体变化不大（图6-8）。城市选址与山水格局关系顺应"观象授时""天人合一"的生态时空观和"择宜"的生态本体观。城市水网体系构建、城市营建与宫城选址都遵循"乐和礼序""天材地利"的规划理念和"象天法地"的生态工夫论。

观南京的生态空间格局，南京是低山岗地、河谷平原、滨湖平原和沿江河地等地形单元构成的地貌综合体。主要水系长江自西南滔滔而来，绕南京折向东去，古为天堑，屏障江南，六朝以前长江水面宽阔，直抵清凉山石头城下，是南京北部的绝对天险。宁镇山脉自东向西分三支，或入市区，或切

图6-7 现代南京山水形胜与循环流动
（资料来源：南京市总体城市设计）

图6-8 南京城市范围变迁图
（图片来源：根据董鉴泓《中国城市建设史》改绘）

于市郊，形成一个较为开阔的丘陵盆地，市郊群山拱卫古城，起着屏障和军事防御的作用。中部山群钟山与其四面的余脉富贵山、覆舟山、鸡笼山、鼓楼岗、五台山、石头山连成连绵山岗，延伸入城内成为制高点，为历代名胜古迹聚集之处，同时也是城内南北水系分水岭，山丘以南属于秦淮河流域，山丘以北属于金川河流域，并且沿河形成冲积平原，形成玄武湖、莫愁湖、燕雀湖等历史湖泊景观[1]。稽考南京城市建设最重要的时期，可大致归为六朝时期、南唐时期、明朝、民国时期与现代。

古人以山水秩序延续为出发点，营建城市环境，追求整体形胜，又以文化的兴盛为归宿，是一种自然与人文交融的生态实践模式。孙吴时期，中国文化、政治、经济中心点也渐次南移。汉人"衣冠南渡"，从山瘠地广、自然稀少的黄河流域迁徙到山明水秀、山水林城的扬子江流域。自孙吴迁都至此，于秦淮入江口"石头山"上建石头城，形成"虎踞龙盘"的山水格局，成就山水城林之势。东吴建业城的规模、布局与具体位置的史料都很含糊，只认识到其没有厚重的城墙作为防御屏障，这使得在《金陵古迹图考》[2]中研究南京第一个都城与山水格局的关系变得困难（图6-9）。在有规模记载的史籍中，《建康实录》卷二提及其规模"其建业都城周二十里一十九步"。这是根据东晋都城长度倒推而来。经历了隋唐时期的毁灭性打击和缓慢的城市和经济发展，到南唐定都江宁府，城市经济稍有复苏。都城南移，则按照"筑城以卫君，

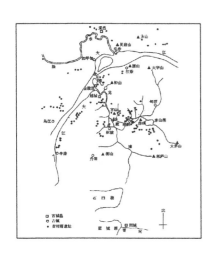
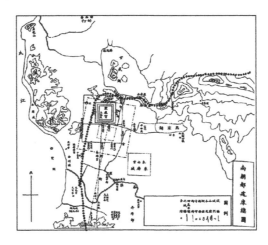

---

1 周艳华.南京城市二元论：南京古今山水格局的传承与延续[J].城建档案，2008（1）：37-40.
2 朱偰.金陵古迹图考[M].南京：南京出版社，2019：70-75.

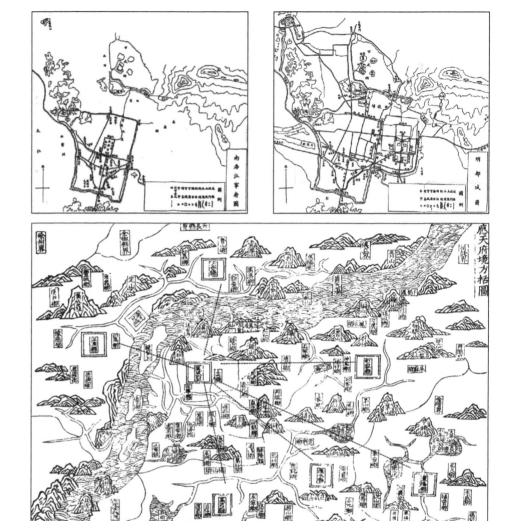

图 6-9 历史重要时期山水格局和城市的关系
（资料来源：根据《金陵古迹图考》各年代都城图改绘）

造郭以守民"的规划思想建设都城，虽形胜不及六朝，攻守之势，不可同日而语。"吴徐知诰广金陵城周围二十里。"[1] 拓展了原有城墙，增筑羊马墙，金

---

1 司马光.资治通鉴 [M].胡三省，音注.北京：中华书局，1956.

陵城周长达四十五里（约 22.5 km）：西踞石头冈阜之脊，南接长干山势，东以白下桥为限，北以玄武桥为界；城高三丈五尺，上阔二丈五尺，下阔三丈五尺，皆为土筑。南朝都城乃今日南京繁华之区和人烟稠密之地，当时北面较为荒凉，还未大力开发。到了明代朱元璋定都南京，南京迎来了又一个建设高潮，都城集政治、经济、军事多种功能于一身，修筑四重城郭，成为世界建城史的首例。从外到内为外郭城、京城、皇城和宫城，外郭城的边界北面扩展到了今天的幕府山附近，南面为雨花山，东面为钟山，西面已经扩展到了江边。为了防止敌人攻取周围山体而获得居高临下的战略优势，把周边的马鞍山、清凉山等山纳入外郭城。后来又陆续将雨花山、钟山、幕府山等纳入外郭城。外郭城的形态受山体的影响，呈菱形布置。民国时期生产力水平较低，大力发展的范围仍在明城墙内，山水林城空间格局清晰可见。随着"首都计划"的推行，将西方科学思想与我国传统文化相结合，城市的交通与公共基础设施都得到很大的推进。道路建设特别是中山大道的建设，铁路建设的加入（津浦铁路、沪宁铁路、宁省铁路）和水路港口的加强（下关码头）使得南京再次成为南北货运枢纽，再加上皇家园林（紫金山、鼓楼、雨花台、莫愁湖）对公众开放成为城市公园，南京进入新的人文化育的山水形胜时期。历史时期南京主要城市营建事件如表 6-2 所示。

表 6-2　历史时期南京主要城市营建事件（资料来源：自绘）

历史朝代	重要的城市营建事件
六朝	①确定天阙与轴线：玄武湖—北极阁—雨花台—牛首山双峰之间。②修筑城郭三重：宫城、都城和外郭，外郭未筑城，以篱为外，设 56 篱门。③开挖人工水系：开挖运渎、潮沟、城北堑、清溪，连接宫城与秦淮河。④建主要街道御街。⑤建石头城。⑥南朝大肆建立寺庙。诗传四百八十寺，据考二百二十六寺
南唐	都城择址南移，再次确立燕子矶牛首山轴线。①将秦淮河纳入城内，由此开始，秦淮河被分为内秦淮河和外秦淮河。将秦淮河水引入，使其绕城入江，与东侧的青溪、燕雀湖等湖泊河流一起组成城市的护城河体系。②开凿护城河：开凿南唐护龙河，东引清溪水，西引运渎水。以桥连接宫城内外
明代	①建四重城郭：外郭城、京城、皇城和宫城。②改道自然水系，建设人工水系：改道长江，形成莫愁湖，开凿明御河。③水陆两种运输方式盛行：旧城沿袭前朝道路骨架；南部路网河道较密集，新城以宫城为核心，以御道为轴心，建桥连通道路
民国	①改变交通工具，使陆运盛行、铁路兴起：江宁马路、下关码头、津浦铁路、沪宁铁路、宁省铁路等的开通，使得南京再次成为南北货运枢纽。西北部路网完善，与城中、城南联系加强。②建设各种大道，改变城市轴线：建设中山大道，建设中山南路、太平路、中华路、广州路、山西路。③更改公共空间政策：皇家与私家园林向公众开放，如紫金山、鼓楼、雨花台、莫愁湖

现在的山水格局是对山水城林新时代背景下的整体塑造。城市快速发展，与原有山水格局相冲突，城市规模早就突破原先的山水格局，南京的山水形胜空间的外围边界迅速扩大，逐渐从玄武湖、钟山、秦淮河为主的主城小山水空间向以长江、灵岩山、青龙山、老山、云台山、方山为主的城郊大型山水空间转变。跨江新城的建设，使城市林盘格局迅速扩大，古时城市的山水形胜空间格局已经逐渐消隐在茫茫都市之中。随着城市建成区不断扩大，对原有的生态格局与系统形成了强烈的扰动，城市内部的钟山西侧余脉等山体已淹没在高楼大厦之间，山水林城等景观要素之间的生态廊道、视觉廊道、文脉轴线被切断，新旧城联动困难，各自孤立，难成体系。因此，在新的时代发展背景下，需要在更大的地域范围内为城市建立新的城市山水形胜空间格局，需要多层次、多样性、多方位考虑。《南京城市总体规划（2016—2035 年）》中，新的生态格局规划将形成一带、两片、两环、六楔的生态格局（图 6-10）。"一带"为市域绿地空间网络主轴，长江绿地生态带由长江及其洲岛、湿地和两侧带状绿地构成；"两片"是南京主要生态基底和斑块，以生态保护和休闲功能为主，结合南北田园乡村建设和南北部生态片区；"两环"即利用快速通道空间建立的绕城高速公路绿环和绕城公路绿环；"六楔"即联系外部山水生态空间和城镇内部结构性绿地的郊野绿地以及绿地开放空间，是城市重要的通风廊道，又是城市缓冲地带，楔入城市内部，具有污染防护和隔离功能。

图 6-10　南京现代视域生态骨架
［资料来源：《南京城市总体规划（2016—2035 年）》］

6.1.3　生态营建中的空间尺度推释

（1）综合生态观中的空间尺度

景观生态学概念中的尺度（scale）一般指在研究某一物体现象时所采用的空间或时间单位，也可指某一现象或过程在空间和时间上所涉及的范围和发生的频率。也可以概括为以某种物体为参数，主体对客体的主观感知，即指感觉上的大小和其真实大小之间的关系。组织尺度（organizational scale）是指在由生态学组织层次组成的等级系统中的相对位置，生态学尺度具有三种概念：维数、种类和组分。从组分来看，尺度包括粒度、幅度、间隔、分辨率等度量概念。景观生态学中的尺度具有动态和可分解的特征，常以粒度（grain）和幅度（extent）表达，空间粒度指最小可辨识单元所代表的特征长度、面积和体积，时间粒度指某一现象或事件发生的频率或时间间隔。幅度指研究对象在空间或时间上的持续范围或长度。

在历史城市生态系统中，城市、街区、建筑是三种组织尺度，因为城市尺度中的空间粒度可指一个街区，街区中的空间粒度可指一个基本的街区单元（block）或建筑物。但城市尺度、街区尺度和建筑尺度的生态空间是属于同一种类、不同组分的尺度。因为粒度和幅度的不同，在考虑综合生态观作用于不同层次生态空间时所需要解决的问题是不同的。历史城市尺度的生态空间更需要关注其整体系统的均和协调，文化、社会、经济、政治、自然组分的系统支撑和生态整合历史城市尺度发生的生态现象要比小尺度上的更加持久和稳定，例如其各个镶嵌体之间互补互斥关系的循环流动，城市生态空间历时性的山水形胜和城市营建等等。历史街区尺度的生态空间则需要考虑街区镶嵌体本身的属性、社会属性、功能、容量、形态、边界及相邻镶嵌体之间的关系。历史建筑尺度的生态空间，则需要考虑建筑自身的生态性（embody energy）、建筑形态对街区生态的影响、建筑的功能及建筑再利用等等。

（2）从历史城市到历史街区的生态空间

城市生态学的系统、整体思想为空间发展提供了重要的理论基础。从理论方面看，空间发展研究将区域与城市看作是一个完整的、内在的、多因子互动的生态系统。城市生态空间结构指城市各物质要素的空间区位、尺度、分布特征及其组合规律。究其实质内涵和发展而言，它是一种复杂的自然、经济、社会、文化和政治活动在历史发展过程中交织作用的物质呈现。在时间—空间双重轴线上以发展的视野看待空间，才能对社会过程和历史内涵孕育下的组成空间结构的因素做出确切的解释，才能把握真正的空间逻辑。

尺度推释（scaling）是指在不同时空尺度和不同组织水平上的信息转译[1]。进一步区分为两种类型：尺度上推（scaling up）将小尺度上的信息转化为大尺度上的结果，尺度下推（scaling down）将大尺度上的信息转化为小尺度上的结果。尺度推释最早出现在景观生态学研究中的原因是小空间上的研究结果很难说明大的时间尺度，而大的尺度现象往往很重要，它代表了整体构架的环境的格局和过程。但最后落实到实际操作层面则需要小尺度研究和实施。大尺度研究可以使我们了解全局，从而促进小尺度到大尺度的推释。但在历史城市和历史街区中，时间尺度的难点则被物质空间所具有的历时性所淡化，使物质空间上的尺度推释可以更容易地进行。综合生态观下的城市生态空间

1　邬建国. 景观生态学：格局、过程、尺度与等级 [M]. 2 版. 北京：高等教育出版社，2007.

在尺度推释时，街区生态空间作为城市生态空间的一个组织单元，建筑生态空间作为街区生态空间的一个组织单元，它们虽在各自组织尺度上需考虑不同的问题，但本身物质空间和历时性是一脉相承的。

其实古代生态智慧早在不同尺度生态空间的推释中做了实践，如古代风水理念千百年实践经验总结"山环水抱必有气"，也能运用到复杂的城市环境中。不同尺度的生态空间赋予了"龙、砂、水、穴"以新的含义[1]。中观尺度的街区环境，通过房屋、绿地与道路元素，将人造环境与自然环境和谐地统筹起来，以构建以建筑为背景的山峰峦头，左右护砂，青龙白虎，朱雀玄武；以道路为中景的四通八达、阴阳平衡、动静则宜的溪水，以空地、水池为前景的聚气之地。风水学认为蕴藏"气"的地方是最佳的居住位置，是经历时间考验的连接人与自然、自然与文化的地方，这在历史街区与周边历史城市的形成中都尤为明显。

6.2　制序：综合生态观下的历史街区生态基础设施营建

6.2.1　综合生态观下的生态基础设施

"生态基础设施"（Ecological Infrastructure，EI）一词早期来源于1971年联合国教科文组织的"人与生物圈计划"（Man and the Biosphere Programme，MAB 计划），是城市可持续发展赖以生存的自然系统，也是整个城市居民享有自然服务的根基，譬如新鲜空气、食物、游憩、安全庇护以及审美和教育等[2]。国内部分学者研究的 EI 是和美国 GI 比较接近的概念，如俞孔坚等人提出的"反规划"与景观安全格局，将 EI 视为一种规划方法，同样强调土地生态安全和保障生态系统服务功能的基础性作用，还包含了自然为背景的文化遗产网络[3]。联合国教科文组织于1984年发布了"人与生物圈计划"，提出了生态城市规划的五项基本原则：①生态保护战略；②生态基础设施；③居民生活标准；④文化历史的保护；⑤将自然引入城市。绿色基础设施的概念也许没有 EI 这么广泛，但它可渗透于宏观、中观、微观多尺度的实施层面。在宏观层面强调总体控制，在中观层面强调生物多样性、绿色资源的"连通性"、

1　陈炜. 风水理论在人居环境水景营建中的运用研究 [D]. 上海：上海交通大学，2009.
2　王芳. 城市生态基础设施安全研究 [D]. 武汉：华中科技大学，2005.
3　俞孔坚，李迪华，刘海龙. "反规划"途径 [M]. 北京：中国建筑工业出版社，2005.

雨水管理和社会功能属性，在微观层面则强调与公共空间、交通体系的结合，从而发挥更广泛的生态效应。并且 GI 在微观实施方面更为具体，如绿道、雨水花园、生态湿地修复等概念多数依据 GI 提出。景观基础设施由加里·斯特朗（Garry Strang）在 1996 年首次提出[1]，针对城市基础设施，运用景观的设计手法，改善基础设施对城市环境的影响，强化基础设施自身功能的发挥，并对基础设施赋予更多的综合功能，形成具有环境、经济和社会多元价值的景观与基础设施有机融合的整体。它可以是绿色的，也可以只是社会生态的体现[2]。

综合生态观下的生态基础设施是均和协调、公平共享、整体系统的，是适用于历史街区尺度和空间的，是与城市灰色基础设施功能互补和增益的，是综合了生态基础设施（EI）、绿色基础设施（GI）、低影响开发（Low Impact Development，LID）、景观基础设施、海绵城市、水敏城市等概念和技术的，可持续的、宜居的、生态的、必要的基础设施。

基于历史街区的特殊性，综合生态观下的生态基础设施主要以面状、线状、点状形态方式存在（表 6-3）。在历史城市中主要以古生态智慧中形成的城市基础设施、历史城市生态营建的调适与治理措施、城市水网和水生态基础设施、交通系统与绿道等为主；在历史街区中主要以自行车道、步道、街区公园、街区雨水花园、街区行道树、历史建筑生态再利用（雨水屋顶、小雨庭）等为主。

表 6-3 综合生态观下的历史街区生态基础设施（资料来源：自绘）

形状类型	内容
面状 （公园、广场、绿地）	城市级：城市公园、城市广场、历史景观、农田、湿地、湖泊及其他城市级生态用地，古水利水运工程（堰、坝、圩），历史生态调适产生的工程与社会基础设施 街区级：街区公园、街区广场、雨水花园及其他功能的街区尺度场地
线状 （道路网、沟渠、管线）	水网河流廊道、绿道、道路、自行车道、步道、街区序列行道树、街区序列花坛、种植渗沟等其他线型生态基础设施
点状 （植物、小花园）	行道树、生态洼地、街边花坛、街角花园、屋顶绿化、池塘、雨水花园、历史建筑生态再利用形成的小型雨水设施和绿化设施等等

---

1 Corner J. Recovering landscape：essays in contemporary landscape architecture [M]. New York：Princeton Architectural Press，1999.
2 宫聪. 绿色基础设施导向的城市公共空间系统规划研究 [D]. 南京：东南大学，2018.

6.2.2 综合生态观下历史城市的生态基础设施规划

（1）中国历史城市生态基础设施建设

苏州是长江三角洲重要的中心城市之一，其水乡城市风貌驰名中外。1989 年后，苏州城市用地向东、向西扩张形成"一体两翼"的城市总体布局，城市东西交通联系问题日益突出。在环路形成困难的情况下，将干将路作为联系城市东西的交通性干道，穿过古城连接两片新城。干将路穿越或邻靠如平江路历史街区等重要的街区。从 2002 年至 2004 年，苏州平江路通过拆除违章建筑，大力实施河道清淤、码头修整、驳岸压顶、绿化补种、路面翻建、管线入地和维修老房子等方法，使平江路从白塔东路到干将路的主要部分（全长 1 090 m）得到了复兴。这项历史街区的更新获得了联合国教科文组织颁发的 2005 年度亚太地区文化遗产保护荣誉奖。

干将路的规划是历史城市中生态基础设施建设的重要篇章，干将路拓宽改建不仅满足了西部新区和东部园区之间的交通需求，也解决了古城中部的小街小巷多少年来无法解决的基础设施问题，水、电、煤气、通信等各种管道得以在城市中心地带向两侧辐射，为各个街坊改造提供了基础设施的先决条件。它是综合生态观下的历史城市尺度的生态设施建设操作实例。

预规划干将路存在土地利用功能不合理、交通混杂、道路尺度与古城关系不协调、生态基础设施过于分散等问题。干将路规划理念设定为空间的整体、道路的通畅、环境的优化、功能的完善、人性的体现、地方风格的创造等。整体规划分近期、中期、远期三期整合调整，具体整合措施为：土地利用与建筑功能调整；人行道生态改造（架设游廊与自然景观的结合，铺地与雨水措施的结合，过渡空间与绿地雨庭的结合、绿化设计）；河道绿廊（码头公园与游憩设施、日常户外活动设施的结合，干将河周边设置绿廊满足城市微气候调节、雨水调节和休憩功能）；景观节点环境优化（设置座椅、雕塑、景观基础设施）；景观天桥架设（人车分流）；整体交通系统规划（减少古城段车流量，减少南北出入口交汇点，建立完善的步行系统、便捷的公共交通换乘系统，研究背街交通，合理设置停车场和库）；闲置地块规划（结合景观、绿色基础设施、文化活动等）；城市广告整治；景观小品设计（艺术化雨水设计）。

干将路规划作为生态理念和技术还未全面发展（在 2002 年）的城市设计与生态基础设施建设，提出了很多前瞻性和创新性的生态基础设施想法（图 6-11），如文化元素、公共空间、游憩功能、自然生态相结合的连廊步道空间，

第 6 章 生态循环——综合生态观下的历史街区镶嵌体间的流动、循环与反馈 | 253

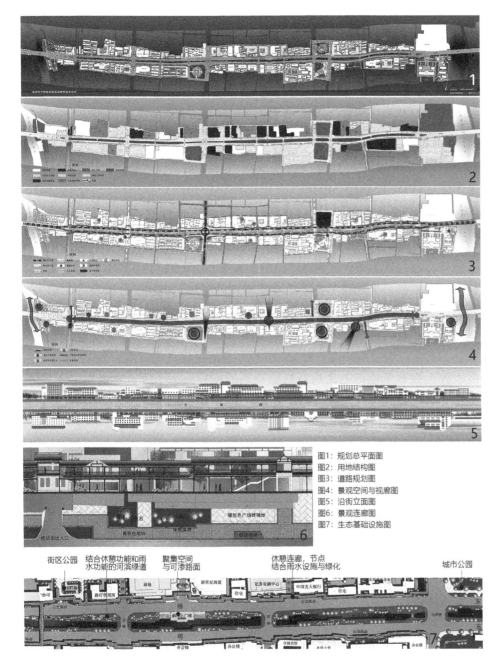

图1：规划总平面图
图2：用地结构图
图3：道路规划图
图4：景观空间与视廊图
图5：沿街立面图
图6：景观连廊图
图7：生态基础设施图

图 6-11 苏州干将路设计规划图纸（资料来源：东南大学建筑研究所）

城市水网、道路交通廊道与自然生态和社会生态的结合，背街的交通梳理与环境整治等等。但以生态技术蓬勃发展的现在来看，有一些方面也考虑不足：第一，对道路规划的安全、完整、公平性体现还不够充分，道路交叉未做静稳化处理，人行道未做太多对特殊人群的公平性使用考虑。第二，雨水管理设施的运用仅限于创造更多的可渗透路面，与自然生态的结合，应进一步将多种生态和雨水技术与绿地和道路集合，如滨河绿地与有调蓄功能的生态植草沟结合。第三，对生物多样性未做考虑。但不可否认，干将路的规划给历史城市生态基础设施建设奠定了坚实的基础，为新旧城联动发展提供了有力的土壤。

（2）美国历史城市中的生态基础设施建设

现代保护运动（The modern conservation movement）统称为应对美国城市化的"智慧的开端"，而保护运动的结果却远远超过了城市尺度。弗雷德里克·劳·奥姆斯特德（Frederick Law Olmsted）将自然带入美国许多城市的核心地带，也包括波士顿、西雅图这两个城市[1]。他预见到连续的开放空间和滨河带的重要性，他的作品把矛盾变成潜在的资源，展示了公园设计的需求和价值，呼应了19世纪上半叶美国城市公共空间的极度匮乏和人们极度的渴望。城市公园被系统地保护并惠及后代，他是引领"花园城市"运动和"城市美丽"设计的典范。奥姆斯特德"智慧的开端"开启了优良的城市生态规划。

波士顿翡翠项链是奥姆斯特德规划的世界第一个绿道系统和公园系统，其保护、更新和振兴为城市的景观文化生态学提供了重要线索。"翡翠项链"与正在打造的70 km长的城市修补及工业生态修复的"蓝宝石项链"——查尔斯河改造计划，一起将贝肯山区包裹起来。它们不仅成为波士顿重要的"城市之肺"，也将城市文脉和自然生态通过"前人的智慧"的延续完美地弥合在一起。它们与社区内的公共绿地、口袋公园、道旁绿地相结合，创造了一个隐形的生态走廊，共同支撑起这个片区的生态环境承载力。

1903年，在总规划师奥姆斯特德家族公司的帮助下，西雅图拥有了美国公认的保存最好的公园系统。与东部很多零星分布的奥姆斯特德公园不同的是，西雅图公园计划是由林荫大道相连的遍布城市的公园系统计划。奥姆斯特德家族为西雅图工作了34年，设计了37个公园、广场和绿道[2]。该计划启

---

1 Platt R H, Rowan R A, Muick P C. The ecological city: preserving and restoring urban biodiversity[M]. [S.l.]: University of Massachusetts Press, 1994.
2 http://www.seattleolmsted.org

发和引领了西雅图之后的公园和绿廊规划，一百年后，城市中心区公共空间百年计划继承蓝链（Blue Ring）并延续绿链，且成功将城市尺度的研究转化为街区尺度的公共空间深化研究（图 6-12）。2011 年更新的绿带规划也将尺度延伸至社区空间，沿用其思想，用绿色街道连接现有的斑块公园，创建网络型的公园组团、线性公园和绿色街区，为行人和骑行者提供了丰富多样的、安全的通行路线和驻停空间。同时通过完善网络，激发未充分使用的公共空间活力。

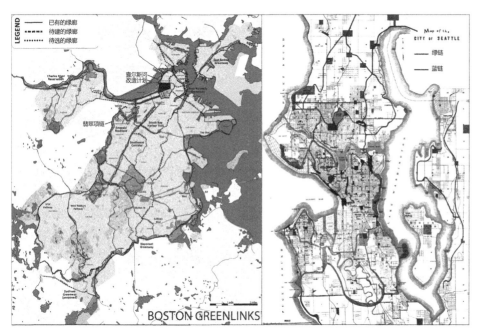

图 6-12　波士顿与西雅图的绿廊
（资料来源：根据参考文献 Go Boston 2030[1] 与 Seattle Blue Ring[2] 改绘）

6.2.3　综合生态观下历史街区的适应性灰色基础设施

城市基础设施（urban infrastructure）是城市生存和发展所必须具备的工程性基础设施和社会性基础设施的总称，是城市中为顺利进行各种经济活动和其他社会活动而建设的各类设施的总称。广义城市基础设施分为城市工程

1　Matin W. Go Boston 2030：Vision and action plan[R]. Boston Transpotation Department，2017.
2　Greg N. The Blue Ring connecting places：100-year vision[R]. Seattle City Design，2002.

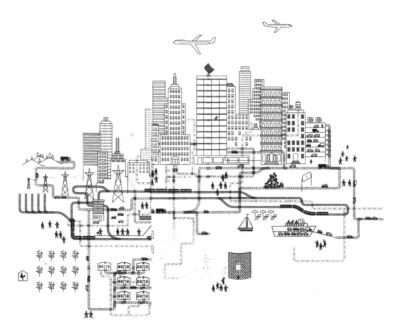

图 6-13 广义的城市基础设施系统（资料来源：《生态都市主义》）

性基础设施和社会性基础设施两大类（图 6-13）。工程性基础设施一般指能源系统、给排水系统、交通系统、通信系统、环境系统、防灾系统等工程设施。社会性基础设施则指行政管理、文化教育、医疗卫生、商业服务、金融保险、社会福利等设施[1]。狭义的基础设施和市政工程的概念基本接近，都是指为保证城市生产生活等各项经济社会活动的正常进行所需的交通、供电、燃气、供热、通信、给水、排水、防灾、环境卫生设施等各项城市工程系统。《生态都市主义》对基础设施进行了更全面的探究，从而做出了更广泛、更符合现代城市发展的范围界定。城市基础设施的主要网络覆盖了机场、港口、道路、铁路、排水管、燃气和供热、堤防、大坝、电力走廊、终端、处理厂等方面。

　　历史街区是城市重要的镶嵌体，其中观尺度中的灰色基础设施应与城市系统相通且互补，包含工程性和社会性基础设施。工程性基础设施包含道路交通、给水排水、电力电信、燃气和供热、消防、市政管线等。社会性基础设施包含公共空间、公共设施、社会福利、文化教育、行政管理等等。

　　改善历史街区的基础设施是历史街区保护与发展的前提，但往往也是历

---

[1] 宫聪，胡长涓. 绿色基础设施导向的生态城市公共空间 [M]. 南京：东南大学出版社，2019.

史街区遗产保护和工程建设最突出的矛盾之一。历史街区灰色基础设施的常规技术手段和现行保护规范的空间要求之间存在显著的矛盾。除了道路交通改善和拓宽难以实现外，街区内密集而狭窄的空间特点，使得历史街区工程建设常面临无法在狭窄地下空间解决管线的管网铺设和安全问题，如：天然气管道无法敷设，仍以液化气罐为主要供气方式；给排水水压不足，管网陈旧，消防水管压力不足，敷设杂乱，雨污合流，悬浮物淤积严重；电力电信线路杂乱，明铺老化，安全和风貌堪忧。再加上缺乏适应历史街区的技术手段、技术观念、操作方法和市政工程规范，所以历史街区灰色基础设施改造很难实现。

图 6-14　小西湖微型市政共同沟（资料来源：小西湖街区保护与再生项目）

南京老城南小西湖街区的保护再生提供了良好的微型基础设施营建和管线综合的案例。小西湖街区是南京市 22 处历史风貌区之一，也是南京为数不多的保留比较完整的明清风貌特征的居住型历史街区。

在小尺度渐进式的动态设计进程中，在基础设施设计方案中，根据多方会谈和现场调研，经过多轮边施工边动态修改的方案，达到了创新性的基础设施方案设计（图 6-14）：①微型市政共同沟。因历史肌理现状，全直埋式的管线设计方案宣告失败，转而采用适应性微型市政共同沟敷设所有市政管线，根据街巷格局和尺度设置三种类型的主、支沟以适应不同的管线数量和管径。共同沟的做法也征询了多方平台意见，随建设进程不停更新，最终采用在主街和干路布置传统青石盖板的不同尺度的共同沟，可随时随地掀开盖板维修和扩容。小于 3 m 的部分狭窄支路仍选用直埋和沿山墙布置双结合的方式。施工与设计方共同认可了共同沟的创新价值与秩序美感，并于堆草巷转角处设置共同沟展亭，达到创新人文化育的目的。②平衡功能与使用需求的基础设施。保有原有宜人、步行的街区肌理，电缆沟移至主街下方，保证施工车辆通行宽度和电缆沟的开挖检修。街区南部院落肌理、商铺和公共空间结合已施工的变电所和消防水池的布置，最终达到使用功能与基础设施共赢的效果[1]。

6.3 理水：综合生态观下历史街区的灾异调适与水管理

城市中的镶嵌体的流与运动一般不会漫无目的地耗散在基质或斑块中，通常会通过介质传递，快速有效地流通。其常会通过廊道传递，廊道在综合

1　董亦楠，韩冬青，黄洁. 从南京小西湖历史地段小尺度、渐进式保护再生看城市设计的过程性和参与性 [J]. 时代建筑，2021（1）：51-55.

生态观下的历史城市和历史街区中有河流、绿廊、交通廊道等呈现形式，有时也会成为镶嵌体实质的边界，有时是垂直于边界的廊道，廊道在镶嵌体中具有重要的功能。廊道对流的规训作用包括传播、过滤器和障碍。以廊道的形态与镶嵌体边界位置的关系对镶嵌体生态的影响（平行、垂直、轻微弯曲和复杂弯曲对生态效应的影响）作为通道，廊道能传播正与负的流。作为障碍或过滤器，流和运动被廊道阻隔和减弱。所以廊道的分布、连通性与网络性都非常重要。

6.3.1 综合生态观下历史城市的水网调适与气韵流动

环境史学家约翰·R. 麦克尼尔（John R. McNeill）曾说中国的水系工程是"整合了广大而丰饶的土地之设计"。《葬书》有云："风水之法，得水为上，藏风次之。"[1]《三元地理水法》有云："未看山，先看水，有山无水休寻地，有水无山亦可裁。"儒学大家们以水比德，孔子《论语》曰："智者乐水，仁者乐山。智者动，仁者静；智者乐，仁者寿。"[2] 水在儒家学说中彰显着智慧者的胸襟气度，从容不迫，冷静应对。道家自然观中以水论道，《道德经》曰："上善若水，水善利万物而不争。"[3] 上善之人应如水之品性，善处卑下、诚信不欺、有条不紊、灵活变通，也彰显了"道法自然"下天地与我并生的生态伦理观。

综合生态观下的整体观、系统观和循环流动，生生不息的水生态智慧在城市自然水网与人工开凿流域一直发挥着重要作用。城市水网的生态营造即水为生命脉络、构建人与自然和谐生存环境的营造观。风水学中，"大地经络活体观"将一个地域上的所有物质实体比拟成人的血肉之躯，古人将整个水网区域看成一个有机整体，用"血脉"和"呼吸"理解水系结构和水量的涨退。建设和利用都需要以尊重和维持其整体有机性为前提。水网的建设形成了一个人工自然生态单元。古人对这种地区性的自然单元的利用不局限于单纯的自然秩序的观念性想象，还和居民的生产生活紧密地联系在一起，水系在农业生产、减灾防灾、社会管理、环境改善、文化繁荣、居住建设等方面发挥着综合作用。正因为有对水系限定的地区自然单元的有机整体观念的存在，才使得人们在发展人居环境和生产生活的同时还能充分地尊重自然秩序，

1　郭璞. 葬书 [M]. 郭同，校. 北京：九州出版社，2000：3.
2　孔子. 论语·雍也 [M]. 北京：中国书店出版社，1985：3.
3　王弼. 老子道德经注校释 [M]. 楼宇烈，校. 北京：中华书局，2008：13.

使得水系的整体生态的维护与地区发展并行不悖[1]。

所有发展到现在的历史古都都拥有天然的几千年的聚居经验，都是结合天气、天象、资源、微气候等总结出的顺应自然的生态宜居地域，如隋大兴之后的八水绕城的西安，山水如画的苏州、扬州，南京的山水形胜格局也一直延续至今。在水陆交通作为主要交通方式的民国时期以前，人工水网的开凿、人工水网和自然水网的相辅相成也随着朝代更替渐渐壮大起来。

南京因水而繁荣和富庶，亩均耕地占有水量十分丰富，但因气候原因，水害频发。南京按照次一级水系划分，可分为6个水系，分别是沿江水系、秦淮河水系、石臼—固城湖水系、西太湖水系、滁河水系和淮河水系。其中秦淮水系就有13条支流。南京的发展史，就是一部自然与人工水系交融，用水之利、避水之害的历史。

水网是古代物资运输的主要通道，长江虽然河宽水深，但风大浪急，运输代价大、风险高。这些因素促进了南京周边运河的开凿。历代曾在长江两岸开挖过9条运河，其中4条为通太湖运河，5条为避江险运河。其中通太湖的胥河就是其中一条，胥河原名胥溪河，位于高淳固城镇（现固城街道）与定埠镇（现东坝街道、桠溪街道）之间，全长30.6 km，是我国最古老的人工运河之一，公元前551年伍子胥奉吴王之命开挖胥溪运河，东接太湖支流青溪，西连长江支流青弋江、水阳江。胥河开通连接了长江和太湖流域，为南京的对外物资交流提供了便利的水上交通条件，至今这条河仍在发挥作用。

南京最早的水利建设可追溯到春秋时期的吴国，东周景王四年（公元前541年），吴国在现今高淳区固城湖畔修筑相国圩，"相国圩……周四十里"，这种建筑可以"筑土御水，而耕其中"。据《天下郡国利病书》和《高淳县志》记载，相国圩是我国湖区最早兴建的第一座大圩。相国圩近几百年来没有破过圩，1954年发生特大洪水，这里依然固若金汤。相国圩在水利史上的地位很高，它是生活在湖区的人民与湖争地、开垦利用湖滩地的"代表作"。这种蓄泄并筹、排灌兼施的水利系统，以及湖泊滩地围垦方式的水生态基础设施，不仅维护了城市雨涝调蓄、水源保护和涵养、地下水回补、雨污净化、栖息地修复、土壤净化等重要的水生态过程，而且可以在空间上被科学辨识和落地操作。

---

1 袁琳. 生态基础设施建设中的地区协作：古代都江堰灌区水系管治的启示 [J]. 城市规划，2016，40（8）：36-43+52.

六朝时期的城市轴线和城市结构基本遵循东吴构建的水网体系,孙权迁都秣陵前曾言:"秣陵有小江,百余里可以安大船,吾方理水军,当移居之。"[1]其中"小江"即指唐以后的秦淮河。孙吴时期对建业水道网络重新进行梳理与规划,建立了南京水运史中两条重要的经络运渎与青溪。公元240年,孙权开凿南京历史上最悠久的一条人工河道运渎,以沟通秦淮河与皇宫仓城的水运。打通运渎后,就可以沿着长江、秦淮河,一直将物资沿着上浮桥、斗门桥、红土桥运送进城。随着朝代更迭,城内水道长久失修,斗门桥至草桥段于民国年间湮没为街道。如今鼎新桥至铁窗棂一带,就是古运渎的一段。青溪是建邺城东部护城河,三国时为了泄玄武湖水,屏障建邺城东部防线,开凿东渠,这就是青溪。它北接潮沟,南入秦淮,逶迤九曲,长十余里,阔五丈,深八尺,为南京当时极为重要的大河。青溪至桃叶渡与秦淮河相交。青溪河道至今还保留着两段,一段是"前湖—后宰门—竺桥"河道,入杨吴城濠,称为"上青溪";另一段"内桥—四象桥—淮青桥"入内秦淮,叫作"下青溪",这段为青溪的古河道,钟山水源段早已消失。

五代杨吴建造金陵城,把今天内秦淮河包入城内,又在城周开濠25里,史称"杨吴城濠"。他把扬州定为东都,而把南京定为西都。人工开凿的杨吴城濠,在明初筑城时被截为两段。在城外的一段,自通济门外绕城墙西南流,经长干桥到水西门外的觅渡桥,成为外秦淮河的一段。到了南唐统治时期,南唐定都江宁府,城市经济开始复苏,都城南移。整个城市水网空间最大的变化是将秦淮河纳入城内,由此开始秦淮河被分为内秦淮河和外秦淮河,相对来讲外秦淮河当时水量较小,是条入江的小河。后来城市将秦淮河水引入使其绕城入江,与东侧的青溪、燕雀湖等湖泊河流一起组成城市的护城河体系。在此期间城市山水形胜空间进一步发展。

到了明代朱元璋定都南京,南京再次成为全国的都城所在,同时也迎来了又一个水网建设高潮。据《溧水县志》记载,为了改善航运,明洪武二十六年(公元1393年),朱元璋在溧水县境内"焚石凿河"开胭脂河(现名天生桥河)以沟通秦淮河与石臼湖。胭脂河工程的石岗段长约4.5 km,河底宽10 m。由于长江改道,在外郭城的西南方形成了莫愁湖,莫愁湖逐渐成为当时又一个旅游胜地。城市的水系被整体性地加以梳理,将城墙内外的水

---

1 周应合. 景定建康志 [M]. 南京:南京出版社,2009.

系互相沟通。由于水流通畅，逐水而建的厂房、桥梁、市场、民房也发展起来，形成了繁荣的市井文化。同时产生的山水空间也呈现出山、水、城浑然一体的姿态[1]。南京历史各朝代水网调适图如图6-15所示。

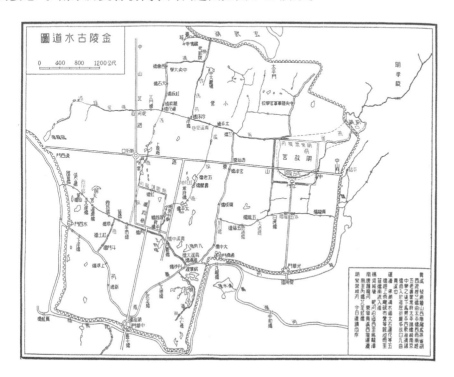

图6-15　南京历史各朝代水网调适图
［资料来源：朱偰．金陵古迹图考[M]．南京：南京出版社，2019．］

6.3.2　海绵城市技术在历史城市中的应用

中国生态环境建设和调适中，伴随着频发的自然灾害。洪涝灾害是我国最主要的自然灾害，每年洪灾造成的经济损失占国民生产总值的3.5%左右，是美国、日本等发达国家的10~20倍。从各省份的统计来看，中国水灾主要集中在河北、河南、山东、安徽、江苏等地。江苏省历年来洪涝灾害严重，截至2018年，江苏拥有国家历史文化名城13座，分别是南京、苏州、扬州、徐州、淮安、镇江、常熟、无锡、南通、宜兴、泰州、常州、高邮。南

1　栾昭琦．基于时空视角的城市山水形胜空间营造模式研究：以南京为例[D]．南京：东南大学，2018．

京市作为省会，其城镇化率高达82%，当雨季来临时都会受到洪涝灾害的严重影响。南京因水而繁荣和富庶，人均占有水量和亩均耕地占有水量十分丰富，因此很多帝王将都城修建于此。但长江南京段受海潮顶托和亚热带季风气候影响，河湖水位季节变化大也是一个明显特点，所以南京水灾害频发（图6-16，图6-17）。历史城市的灾异调适技术与现代雨水管理技术的结合显得尤为迫切和重要。

美国荷瑞然（Herrera）公司在探讨历史城市的洪涝管理与现代技术的结合时，以镇江为实践案例为海绵城市技术与历史城市建设的结合案例做了典型规划与设计流程：

①历史城市海绵城市规划目标：30年一遇洪水发生时无城市内涝；水质处理（总固体悬浮物去除率达到60%）。

②数据勘测：地形勘测、城市控规、降雨资料、土地勘测、管道布置资料。

③现状分析：建立模型分析现状雨水系统情况；判断设计可能性和限制条件。

④方案设计（30%）：根据初步雨水管理方案进行模型分析计算；校核图纸，确保设计满足国家和地方标准；图纸落地。

⑤扩初设计（75%）：完成雨水设施平面设计；进行断面及细节图设计；提供材料规格规范。

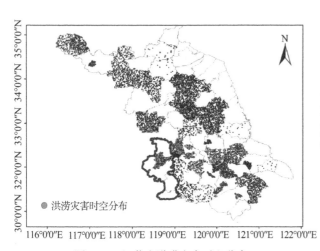

图6-16 江苏省洪涝灾害时空分布

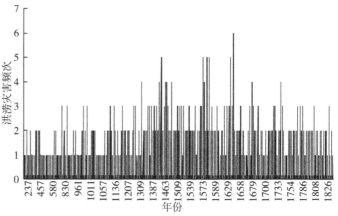

图6-17 江苏省各个历史时期洪涝灾害发生频次

[资料来源：葛云健，吴笑涵.江苏历史时期洪涝灾害时空分布特征[J].长江流域资源与环境，2019，28（8）：1998-2007.]

⑥施工图设计（100%）：审核最终图纸；整理及打包最终图纸；校核图纸，确保设计满足国家和地方标准；图纸落地。

⑦施工监理：在施工县城进行指导，确保设计细节落实到位。

镇江作为国家历史文化名城已有3 500年历史，拥有得天独厚的山水形胜与城市营建关系，更有星罗棋布的文物古迹。如何将历史古城与政府要求达到的22 km²海绵城市规划范围内的雨洪控制目标结合在一起？荷瑞然公司在详细调研的基础上，做了一系列各种尺度的契合场地的历史城市和历史街区的雨水管理措施。

荷瑞然公司在方案设计阶段，开发了城市尺度的雨洪管理模型（Storm Water Management Model，SWMM），量化城市目前所存在的问题。通过精密的地图定位分析，逐个甄别在城市特定地点使用特定雨水管理措施的可行性或限制性，最后利用专利技术优化并运行SWMM模型，并评估输出结果。该技术在保证达到规划目标和使用雨水管理工具箱的前提下，极大限度减少了模型运行时间。在选取适宜的雨水技术和实施措施时，荷瑞然公司从众多雨水管理措施中选出雨水设施的汇总"雨水管理工具箱"，其中包括每种管理措施的详细造价、大型集中式处理设施、分散式小尺度设施、低影响开发设施的性能等等。

在具体实施阶段，荷瑞然公司选取了契合历史城市和历史街区现状的集中与分散处理相结合的方式，在历史城市靠江边或河边相对集中的空地上采用梯田式水质处理系统，处理来自上游合流制污水溢流中的污染物载量、入水（图6-18）。首先进入独特的升流式砾石填充槽，其溢流进入相邻的下一级常规重力下渗过滤系统。升流槽在入水进入过滤系统前进行预处理，通过沉降作用拦截大颗粒悬浮物。重力下渗系统内铺装专利工程介质，有选择性地搭配植物种类，利用过滤、吸附以及生物拦截等一系列工程手段达到去除污染物的目的。同时，根据场地条件和污染物载量调整梯田式系统的台级数，优化设施性能。

雨水处理过程可分为三个阶段：源头汇集、中端传输、末端处理。镇江海绵城市集中处理方案中采用的梯田式水质处理系统是雨水处理末端的GSI，这种方式在西雅图的高点社区雨洪设施（point defiance stormwater facility）中也有采用，其主要功能为雨水的储藏、调蓄及净化，如以雨水净化为目标的生态驳岸、雨水湿地公园及雨水塘，场地尺度的雨水塘中雨水净化后可储藏

图 6-18　镇江梯田式水质处理系统（资料来源：荷瑞然公司案例资料）

再利用，历史城市尺度的驳岸与湿地可以结合滨水空间形成丰富的公共活动场地，结合艺术化雨水设计后形成公共教育和景观功能（图 6-19）。

6.3.3　历史街区的绿色基础设施营建

历史街区与历史城市其他区域的空间关系都是对峙互望的，但覆巢之下安有完卵，当大水过境时，历史街区由于地势更低，亲水性更强，在周边城市环

图 6-19　西雅图高点社区雨洪设施
（资料来源：自摄）

图 6-20　2020 年重庆市洪峰过境时磁器口历史街区与城市关系（资料来源：自摄）

境包裹下,将受到更大的自然灾害冲击(图6-20)。除了利用城市大型的生态基础设施,其自身也应有适宜的雨水管理措施。历史街区一直处于不能大规模改造、基础设施相对落后、公共空间不足的境况,而低影响开发技术(LID)和绿色雨洪管理设施(GSI)规划的小尺度且分散型的雨水截流系统和处理措施恰好与历史街区雨水问题相适应。面状、线状、点状的雨水管理措施结合历史街区的物质空间特性可形成以下策略(图6-21):第一,针对公园与广场,GSI与周边城市公园结合为历史街区及周边的雨水调蓄设施,与社区、口袋公园弥合形成有效的雨洪滞蓄系统,可结合艺术化雨水设计,用环境空间重现历史街区的故事。第二,针对街区绿廊,适用于历史街区的线型GSI为两类。设施类(可渗透铺装、渗水沟、过滤带等)通常与历史铺装和路面停车位结合。绿地类,如雨水滞留带、线型下凹绿地、浅草沟等,既是雨水廊道又是社区绿廊。另外,基于历史街区中"窄路"的肌理,除线型分布的生态树池外的点型GSI,通常结合街道静稳系统设置。第三,针对建筑与场地,历史街区建筑密度大,顶界面为降雨主要的接受面,屋顶面成为最好的源头雨水控制的采集面,宜采用生态屋顶对

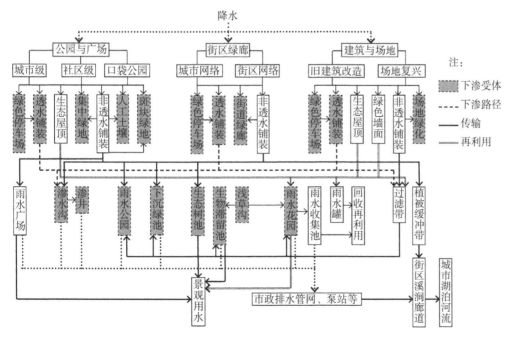

图 6-21 历史街区物质空间与雨水管理(资料来源:自绘)

雨水源头截污与过滤。常因风貌限制，多使用范式或半集中绿墙[1]，且多用于背街和非重点的历史建筑，渗透的水汇入绿色墙面进行二次净化，收集至雨水收集罐，也排入宅前和周边雨水花园调蓄回用到景观用水或供卫生间使用[2]。

从1972年开始，美国国家环保局（Environmental Protection Agency，EPA）提出法律法规，利用低影响开发技术（LID）和绿色基础设施（GI）逐步构建了径流峰值流量、体积削减和污染控制相结合的多目标控制体系，并提出了适合本土环境特点的最佳管理措施（BMP）。LID和GI小尺度且分散型的雨水截流系统和处理措施，适用于建设空间有限的历史街区，并且可以与历史街区中景观绿化提升相辅相成，协同发展。历史街区的雨水管理主要有两个目标：控制地表径流量，雨水就近净化处理。实现两个目标需要用到六项基础措施，即"渗、滞、蓄、净、用、排"。在美国四个街区的计划与实践中均有体现。到目前为止，在中国的历史街区保护规划中，GI的运用并不是必要的，现阶段重点关注社会生态和灰色基础设施的铺设和全覆盖[3]（表6-4，图6-22，表6-5）。

表6-4 历史街区对GI的运用程度（资料来源：自绘）

		珍珠区	先锋广场区	奥克兰区	贝肯山区
绿廊网络规划		●	●	◉	◉
线型GSI	绿地类	●	●	◉	◉
	设施类	◉	●	○	◉
点型GSI		●	●	●	●

注：●表示已实施或有详细规划，◉表示已有意向计划，○表示计划暂时没有提出或不适用。

---

1 建筑绿墙主要分为三类：范式绿墙、半集中绿墙和集中绿墙。其中范式和半集中绿墙都是没有雨水措施的，区别是，范式绿墙是使用自攀爬的植物直接附着在外墙上，而半集中绿墙使用一个支撑系统来攀爬植物以保护外墙。——参自 http://www.greenrooftechnology.com
2 胡长涓，宫聪. 基于"完整街区"理念的历史街区生态更新研究：以美国四个历史街区为例[J]. 中国园林，2019，35（1）：62-67.
3 胡长涓，宫聪. 基于"完整街区"理念的历史街区生态更新研究：以美国四个历史街区为例[J]. 中国园林，2019，35（1）：62-67.

第 6 章 生态循环——综合生态观下的历史街区镶嵌体间的流动、循环与反馈 | 267

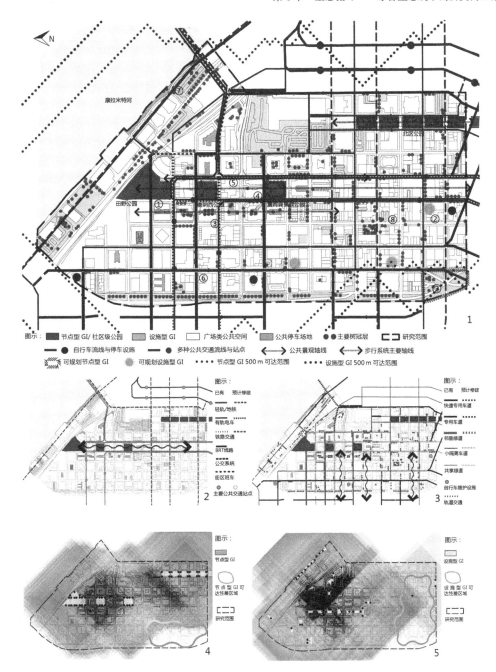

图 6-22 珍珠区绿色基础设施（GI）的运用
[资料来源：官聪，胡长涓.绿色基础设施导向的生态城市公共空间[M].南京：东南大学出版社，2019.]

表 6-5 历史街区现有绿地、生态政策和 GI 布设（资料来源：自绘）

	珍珠区（波特兰）	先锋广场区（西雅图）	奥克兰区（匹兹堡）	贝肯山区（波士顿）
前人智慧	奥姆斯特德公园绿链（1902年）及波士顿绿廊（Boston green links）	奥姆斯特德公园绿链（1903年）	原始保留的绿地网络及公园斑块，奥姆斯特德报告（1910年）	翡翠项链（1860年代）及其他绿地网络和公共空间
周边生态	毗邻威拉米特河（Willamette River）	坐落于埃利奥特湾（Elliott bay），西边为滨海绿道，东边为神户花园	南邻莫农加希拉河（Monongahela River），东邻182 ha申力公园（Schenley Park）	西邻查尔斯河（Charles River），东边毗邻波士顿公地（Boston Common）和波士顿公园（Boston Public Garden）
现有社区公园和口袋公园	滨水带状绿地，社区公园（The Fields Park, Tanner Springs Park, Jamison Square, North Park Blocks, Pocket parks）	蓝链——公共空间战略（2002年），滨海公园绿地链（James Corner设计），社区公园，先锋广场，西方公园（Occidental Square），市政厅公园（City Hall park）和联合车站广场	城市绿地（Schenley Park），滨水带状绿地，社区公园（Schenley Plaza），道路绿地，口袋公园（Oakland Square, Zulema Parklet, Junction Hollow, Frazier Playground）	查尔斯河滨公园，翡翠项链（Boston Common and Boston Public Garden），蓝宝石项链，社区口袋公园（Louisburg Square, Phillips Street Park, and Myrtle Street Playground）
生态街道政策实施	所有开发项目实现雨水管理目标，循环可饮用水和能源。系统整合开放空间规划	可持续的、有特色的、有吸引力的、合理的、有活力的、动态的历史街区	在所有经济发展政策中整合绿色基础设施（绿道、公园、古树、雨水管理设施）和公共艺术	全气候使用的街道，道路易维护的雨水管理设施（可渗路面、生物滞留池、绿墙）
街区公共绿地占比	5.0%	2.0%	总3.5%。北部：4.6%；中部：6.9%；西部：0.8%；南部：1.66%	6.4%
街区绿廊网络	将主要的公共交通和步行网络与绿廊结合起来	强调东西向绿廊和社区绿道，"绿肺"背街与绿廊编织成网	在4个小街区间创建绿廊网络，并与城市现有的绿廊、城市公园和周边社区连接；增加社区的口袋公园	利用周边城市绿地与街区口袋公园连接形成绿地网络系统
可渗透路面	加强原有可渗路面，减少5%不可渗路面	背街改铺可渗路面，加强和更新历史材质	更新和加强历史可渗铺地材质	更新和加强红砖铺地材质
道路绿化+雨水管理	使用生物滞留池管理100%渗透，80%径流	路口路缘扩展设置生物滞留池，使用传统铸铁和不锈钢结合材质做不同尺度的树池和休息座椅组合体	将生态树池和可渗透停车场运用到关键的街道。私人住宅可运用庭院做雨花园	人行道和路口路缘扩展设置雨水种植池和生物滞留池（植物洼地、植物槽、过滤池）

（续表）

	珍珠区（波特兰）	先锋广场（西雅图）	奥克兰区（匹兹堡）	贝肯山区（波士顿）
行道树	街区树冠覆盖率95%	统计现有树群及品种，列出以英国梧桐为首的主要品种，保护街道景观，激励居民参与维护树木	在主要商业区重点加植树木。住宅区结合街道静稳系统和私人住宅前院种植行道树	调研本地树种与街区功能结合。（市区）2020年种植10万棵，树冠覆盖率从29%上升到35%
建筑生态改造	啤酒厂街区改造和老磨坊改造（Ecotrust）	建立区域内限高，17座LEED认证建筑	私人住宅：屋顶改造成生态屋顶，有效运用雨水收集罐	设置街面绿墙运用到雨水管理

（1）集中绿地，社区公园，口袋公园——"滞、净、蓄"措施

四个案例街区都重视现有社区和周边公园的提升改造。街区周边的城市级集中绿地如先锋广场区和珍珠区的滨水绿地、奥克兰区旁的申力公园、紧邻贝肯山区的波士顿公地等，对维持城市生态平衡、调节区域气候有不可替代的作用，在雨洪管理方面，可很大程度上分担历史街区及周边街区的地表径流和补充城市地下水。此外，社区公园和口袋公园也是有效的街区层级的雨洪滞蓄系统，结合公园可渗的游憩活动区下垫面，设置雨水湿地或湿塘，因为标高通常低于街区其他区域，所以能够有效地避免街区内涝。通过街区绿廊、渗管等传输设施将自身不能消纳的雨水径流传输至集中绿地或雨水调蓄设施。

社区公园和口袋公园因其宜人的尺度，经常将街区文化融入艺术化的雨水设计[1]，用环境的空间表达讲述历史街区的故事。如珍珠区的坦纳斯普林斯公园，位处珍珠区有电车路线的交通主街NW10街，南北两个社区公园以宽木质步行道连接。1850年被开发为工业用地之前，基地是含丰富物种的湿地，德国戴水道景观设计公司以此为目标，设想用"现代的新技术来再现过去"，试图在这块工业废弃地上重现其湿地的渊源，并以水和湿地栖息地作为新公园的特色。公园设计充分利用了地形从南到北逐渐降低的特点，收集来自周边街区的雨水。种植的植物种类、从坡地高处到低处的水池分布的变化，反映的是基地土壤含水量从干到湿的变化过程。收集到的雨水经过坡地上植物过滤带的层层吸收、过滤和净化，最终多余的雨水被释放到坡地下方的水池中。

---

1 艺术化雨水设计把水作为资源，从源头开始，通过艺术化设计使雨水管理的每个过程以让人感受、欣赏的互动景观方式呈现，使人从中得到启发和教育，进而产生愉悦的美的体验。——参见 Echols S，Pennypacker E. Artful rainwater design: creative ways to manage stormwater[M]. Washington，DC：Island Press, 2015.

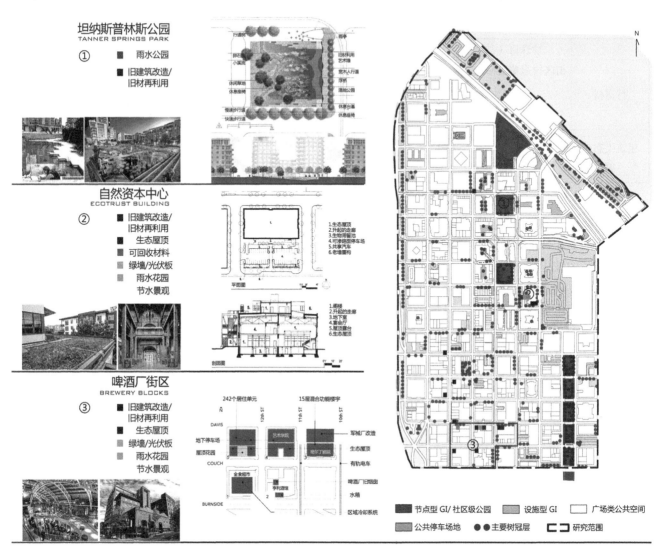

图 6-23 珍珠区的生态改造（资料来源：自绘，所有照片均为自摄）

另外，公园在传统的湿地基础上，还被赋予了历史文脉元素，如横穿水池的曲桥和由象征波特兰往日城市肌理的旧铁轨所组成的波形艺术墙，将这里曾经生存的生物图案绘制于热熔玻璃上，并镶嵌在艺术墙内。这些艺术作品将场地与当地的文化历史紧密联系起来，激发了人们的归属感和情感共鸣[1]。在

---

[1] 顾晶. 城市水利基础设施的景观化研究与实践[D]. 杭州：浙江农林大学，2014.

这个繁华的市中心地带，生态系统得到了恢复，人们可以尽情徜徉在大自然中，社区参与和地产调查显示，这个公园是当地人实现都市生态梦想的地方（图 6-23）。

（2）街区绿廊——"滞、净、排"措施

综合生态观下的历史街区很重视道路绿化与雨水管理要求的结合。条状的道路绿化既是雨水廊道又是社区的绿色廊道，四个案例都有意在街区尺度利用现有的交通廊道将绿廊连接成网络。除行道树的生态树池外，雨水管理设施通常设置在人行道缓冲区和结合街道静稳系统的路口路缘凸出区域，因为宽度只有 1~1.8 m，所以一般以雨水种植池和条状的生物滞留池（雨水花园）两种形式展现（图 6-24）。其中有所区别的是，珍珠区北区规划中明确提出了雨水管理的目标；先锋广场区将历史的材质使用与休息座椅和种植池联系起来；奥克兰区希望将人行道与住宅的雨水管理结合起来；波士顿将道路使用的雨水花园又细分为植物洼地、植物槽、过滤池，并指出雨水花园比起种植池拥有植物多样性和亲人的优势。

（3）可渗透路面——"渗、滞"措施

透水性铺装可以接近自然土地的环境，基地的保水性能越好，其涵养雨水的能力就越好，且有助于土壤微生物的活动，改善土壤活性，维护基地内自然生态平衡。据地表透水率的研究，现代大都市当硬质表面达 80%~90% 时，降水的 55% 成为地表径流[1]。人行道铺面设计在保证强度和平整度的同时应达到透水和保水的功能。历史街区石材、砖材、木材耐磨表层材质比起新城市中心的水泥人行道有更良好的透水性。珍珠区在历史建筑改造中将地块路面改造成可渗路面。波士顿完整街区导则对有历史意义的铺装做了专门研究，表明应在保证表层历史材质完整性的同时，对基层承载面进行改善，并拓展应用于人行道的缓冲区和通道区。

（4）绿色屋顶、绿色墙面与宅前雨庭——"滞、净、蓄、用"措施

绿色屋顶、绿色墙面和雨水花园是建筑层面生态平衡的三要素，它们不仅能减少热岛效应、净化空气、提高建筑隔热保温性能、降声减噪，还能改善雨水管理，提供生物栖息和迁徙中间地。历史街区建筑密度较大，顶界面成为区域降雨主要的接受面，若还使用屋顶直排到地面或雨水口，不仅造成

---

1 Forman R T T. Road ecology: science and solutions[M]. Washington, DC: Island Press, 2003.

水资源的浪费，还使街区的基础设施压力增大。建筑屋顶和建筑立面是雨水径流产生、传输的路径。绿色屋顶对雨水源头截污与过滤，渗透的水汇入绿色墙面进行二次净化，可收集至奥克兰社区结合住宅使用的雨水收集罐，也可经过雨水管将其排入宅前和周边小型、分散的雨水花园调蓄回用到景观用水或厕所用水等。数据显示，在夏天，绿色屋顶的基质层和蓄水层可保留70%~90%的降水；在冬天，也可保留25%~40%的降水（图6-25，图6-26）。

图6-24　波特兰苗圃市场（nursery market）自然生长的街区绿廊（资料来源：自摄）　　图6-25　波特兰珍珠区Ecotrust生态屋顶（资料来源：自摄）　　图6-26　波特兰弗莱德梅耶生态屋顶与垃圾分类回收（Fred Meyer Ecoroof & Waste recycle）（资料来源：自摄）

因历史街区街区风貌的限制，建筑绿墙的实施是相对困难的，多使用范式或半集中绿墙[1]，且多用于背街和非重点的历史建筑。可喜的是，绿色屋顶和雨庭已在四个案例街区推广开来。珍珠区老磨坊生态改造（Ecotrust）[2]将绿色屋顶、范式绿墙和雨水花园很好地结合在一起。先锋广场区背街充分利用了集中绿墙与地面设施形成艺术化雨水设施。奥克兰区明确提出了针对居住区雨水管理的雨水收集罐和雨庭。贝肯山区也在商业街和交通主街推广绿墙的使用。

6.3.4　历史街区微观尺度的生境营造

行道树是小尺度生境营造的重要因素，行道树冠层、行道树下的生态植

---

[1]　建筑绿墙主要分为三类：范式绿墙，半集中绿墙和集中绿墙。其中范式和半集中绿墙都是没有雨水措施的，区别是，范式绿墙是使用自攀爬的植物直接附着在外墙上，而半集中绿墙使用一个支撑系统来攀爬植物以保护外墙。——参自http://www.greenrooftechnology.com
[2]　Ecotrust Building是俄勒冈州第一个历史建筑的生态更新项目，由1895年磨坊建筑改造，2001年建成，评级LEED-GOLD，建筑运用可回收材料、节水景观和自然天光，结合雨水管理设施的生态屋顶、可渗透路面和生物滞留池。

草沟都是历史街区绿色廊道的重要组成部分,它们不仅为步行和骑行者带来了基本物质环境的裨益,也带来了精神上的享受(图6-27),总结来说有三方面效能:

① 环境效能:减少能源使用和热岛效应;减少温室效应和净化空气(可去除60%街道层面空气中的颗粒物);改善水质和补充地下水;支撑街区的生态多样性(为鸟类昆虫等提供栖息地),可以成为城市灰绿基础设施很好的组分。

② 社会效能:在历史文脉上,老树围合的空间形态创造了街区的历史氛围,它使街区肌理与自然形成一种整体的历史形态。在宜人空间上,它给人舒适的有吸引力的街区和公共空间,减小的竖向空间尺度使街道产生亲人的围合感。同时,它过滤了紫外线,防止皮肤癌的产生。

③ 经济效能:维护完好的绿色植被提升了街区的价值,提高了街区商业街的人气和吸引力。

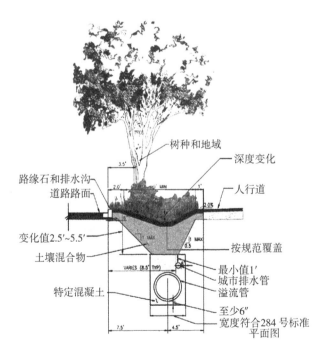

图 6-27 "一颗树"与灰绿色基础设施的关系
(图片来源:美国环境工程师协会 LID 模型技术委员会主席佘年)

在实际考察了作为综合生态观下的历史街区样本的美国四个街区后发现，四个街区对行道树都做了调研与规划，在计划中都预备加植行道树。珍珠区预备使树冠层对人行道的覆盖面达到95%，奥克兰区在短期内决定加植商业区的树木，贝肯山区保持并加强已有的历史环境，西雅图市区公共空间研究与先锋广场区规划都对街区的老树做了详细的调研、统计和规划。先锋广场以七种主要的树种、十八种配合树种营造了整个街区的绿色和历史氛围（图6-28）。在街区规划中，东西向的四条老街作为连接滨水绿地和神户露台公园的绿廊，将成为树种丰富的景观大道，南北向树种相对统一的街道如英国梧桐第一大道、西方大街将被保护作为该历史街区的意象和名片。并且，规划建议保护街道树木的延续性以激励居民自发雇佣园艺师修剪并保护周围树木。

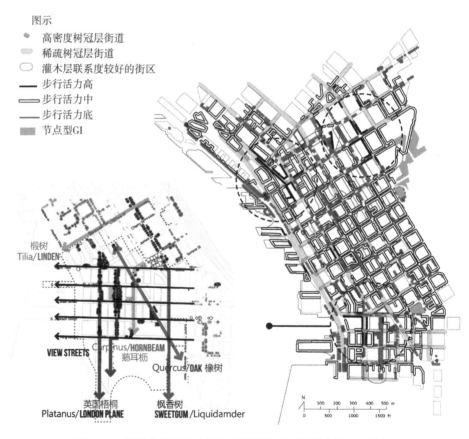

图 6-28　先锋广场区的小尺度生境的营造（资料来源：自绘）

6.4 理韵：综合生态观下历史街区的交通系统与公共空间营造

中国第一个自上而下规划的全国性交通网络就已经考虑了道路与自然生态的结合。它出现在秦始皇统一中国后第二年。为皇权能有效控制全国，满足采取军事行动和运输物资需求，秦始皇下令修筑以咸阳为中心的通往全国的驰道和直道。修道路、置驿站、挖运河，开辟各条交通干线，根据"车同轨"的要求，秦始皇将过去错杂的交通网络连通、合并、整修形成阡陌交通。"为驰道于天下，东穷燕、齐，南极吴、楚，江湖之上，濒海之观毕至。道广五十步，三丈而树，厚筑其外，隐以金椎，树以青松。为驰道之丽至于此，使其后世曾不得邪径而托足焉。"[1]据汉书记载，驰道宽50步，约69 m；隔三丈，合7 m栽一棵树；十里建一亭，作为道路管理、行人暂歇和小驿站。路中设皇帝专用车道，车轨宽六尺（约1.38 m）。"直道"为更为快速便捷的通道，全国著名驰道共9条，其中路过南京的最早的国道经由丹阳、江乘与咸阳相通。中国街道网络对称是为了平衡与稳定。街道分级时，主要街道巨大，内部有许多亲民的蜿蜒的互通和地区性街道。

20世纪，现代主义运动及大城市无节制的扩张导致了历史复杂且整齐有序的城市肌理分形层级的消失。城市变得过于简单且杂乱。连接多重性增强了城市适应力和进化、变动与改造的可能性[2]。道萨蒂亚斯（C. A. Doxiadis）在《人的运动和他的城市中》一文中提到人的城市已经失去了适宜人居住的尺度，而是根据机械运动的尺度来放大城市。他认为，人类聚居城市结构的逐渐形成总是遵循五项原则[3]：①自由——最大化满足人类接触自然，接触人造设施，与接触其他人的潜在需求；②便利——尽量减少人达到各种需求所做的努力；③安全——优化人的保护空间，既满足第一条又保证心理的舒适距离；④秩序与审美——优化人与环境（自然、社会、建筑物、网络）的关系；⑤整合——组织聚居点，实现其他四个原则的最佳组合。城市受到生活半径和交通方式的限制，早期以步行为交通方式的城市规划一般不超过2 km×2 km，居民人数不超过5万。工商业的变革、交通方式的精进，使运动场的许多系统相互

1　班固. 汉书·卷五十一·贾邹枚路传第二十一.
2　Salat S. 城市与形态：关于可持续城市化的研究 [M]. 陆阳，张艳，译. 北京：中国建筑工业出版社，2012.
3　Doxiadis C A. Ekistics, the Science of human settlements[J]. Science,1970, 10: 393-404.

交织，居民的终极目标是满足这五个原则，原则①和原则②使我们达到大城市阶段，但是我们没法满足原则④与原则⑤。

1933年《雅典宪章》所希冀的新的交通方式、机动车的普及致使新的功能分区理论得以产生，虽然这使人们意识到了人车分离的必要，致使道路格局发生了整体变化，但这种"城市需要大规模变革"的暗示也成为很多城市历史遗产消失殆尽的罪魁祸首。

在历史街区中，道路交通建设是阻碍遗产保护的主因，但历史街道又是建筑遗产保护的重要内容。综合生态观下的历史城市和历史街区的交通策略应遵循安全、公平、便捷、舒适、社会生态、文脉传承等原则，街区结构完整宜居，街区网络安全可达性高，街区自然生态舒适，街区活力充盈有归属感。在案例调研中发现，美国很多历史街区已开始尝试利用综合生态观来复兴街区的交通系统，其中以完整街区的政策与理念运用最为广泛与成熟。

在对美国历史街区的调研中发现，第一象限（图4-6）目标历史街区能达到综合生态观下历史街区复兴的关键点是：第一，政策响应。21世纪初，美国很多大城市中心区的历史街区更新规划总是响应城市可持续和生态政策。第二，可操作的尺度。街区尺度是介于生态城市与绿色建筑之间的可实际操作的尺度。历史街区划定一个中观尺度的限定边界，其地域文脉有助于建立更适应的街区层级生态化实践和管理机制，从而促进生态城市策略在街区层面的完美实现。第三，完整街区的合理运用。生态理念对美国历史街区更新的引导总是从最体现公平、公众参与的交通系统起始。作为街区尺度的生态理念自2005年起至现在在美国已有889条政策条款，且被150个城市采用，完整街区的实践在美国各历史街区逐渐展开。探讨综合生态观下的历史街区交通系统复兴，可以以完整街区的政策理念与实践案例为核心进行讨论，下面将结合四个典型历史街区的交通系统生态复兴进行阐述：波特兰珍珠区、西雅图先锋广场区、匹兹堡奥克兰区和波士顿贝肯山区（图6-29）。

6.4.1 营造宜居友好的步行体系

历史街区的步行空间具有三个层面的概念：其物质空间本身；目的地或穿越的功能属性；公共场所属性。从公共空间发展历史的角度来看，步行空间的使用已经逐步从以基本需要驱动的必要性活动演变为选择性活动[1]。根据四个城市的步行空间规划分析，步行系统建设的工作重心在六个方面：①增

---

1 盖尔，斯娃若.公共生活研究方法[M].赵春丽，蒙小英，译.北京：中国建筑工业出版社，2016.

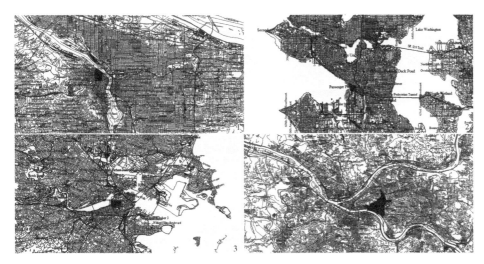

1. 珍珠区；2. 先锋广场区；3. 贝肯山区；4. 奥克兰区
图 6-29　四个历史街区区位图（资料来源：自绘）

加行人安全；②增加步行道穿越性和可达性；③完善和维护步行系统；④设计建设完整街区；⑤创造有活力的公共空间为行人使用；⑥为了健康，提高在交通、休闲中的行走意识。

（1）安全属性——速度控制

设计速度是道路安全设计的重要参数，适宜的设计速度能使街道交通有序运行。为了保持街道的可步行性，设计速度通常限定在 25 mile/h（约 40.23 km/h）。美国完整街区政策中都采用了 Vision Zero 政策[1]，它提出了实现安全街道最简单最重要的方法是降低车速，Vision Zero 的真正含义在于驾驶视觉零盲点（图 6-30）。研究表明，当车速降到 20 mile/h（约 32.19 km/h）时致死率只有一成，因为司机视觉盲点很少。该政策将城市划分成不同的速度片区，如主干道 30 mile/h（约 48.28 km/h）限速区、社区 20 mile/h 限速区等等。波士顿于 2018 年 1 月通过了市区道路限速 25 mile/h 的法案；贝肯山区将使用 20 mile/h 社区限速；先锋广场区划分了市中心的 25 mile/h 限速区；波特兰珍珠区因其以行人友好街区和儿童友好型社区定性，街区限速为 20 mile/h。

1　Walsh M M J. Vision Zero Boston Action Plan[R]. Boston：City of Boston Transportation Department，2016.

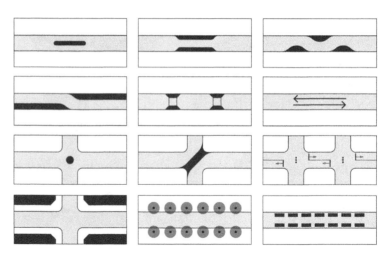

图 6-30 历史街区可采用的街道静稳系统（资料来源：根据波士顿 Vision Zero 政策绘制）

  道路交叉入口也是历史街区重要的安全要素之一。道路交叉口所有交通模式汇聚在一起，是最容易起冲突的地方，运用完整街区政策为综合生态观下历史街区复兴服务的交叉路口，应满足使用者四个基本需求：安全、交通便利、最小延迟和场所营造（表 6-6，图 6-31）。

表 6-6 历史街区安全的路口营建（资料来源：自绘）

	行人	自行车	公共交通	私家车
安全的交叉路口	①降低车辆速度；②减小穿行距离，设置让行标识，减小路口冲突；③设置专用的等候空间	合理设置车站、公交专用道，所有车门设置无障碍坡道，设置明亮的站台并与人行道配合	改善视觉盲点，设置让行警示标识、更安全的转弯信号和车道	
	符合 ADA 的无障碍穿行设施和信号灯	标识建议速度，专有的穿行道		
便利	①设置建筑开口向街面；②设置便利方式到达车站；③设置行道树；④设置垃圾桶、咖啡厅等服务设施	设计自行车友好的路口，使用减震材料铺地，设置相互连通的车道、停车架、路牌	各方式驳接点：服务行人、自行车共享车站，设置指路牌。更舒适的站台：太阳能遮阳板、智能垃圾桶、智能站牌	维护良好的交叉路口：铺地完整，路标清晰
最小延迟	有频繁穿越街道的机会（过街按钮和倒计时）	专用信号灯、直达通道	频繁发车，信号灯优先，行使优先车道	反馈信号设计：检测器和定时
场所氛围营造（竖向元素）	①历史建筑立面、行道古树、自由的艺术装饰墙、墙面涂鸦、雕塑。②公共建筑：图书馆、邮局、社区中心。③街区服务：街角杂货店、餐厅、小商店			
场所氛围营造（平面设计）	①地铁站出入口、公交车站、自行车共享站。②人行道拓宽形成的临时集会平台。③交叉口凸出人行道形成的加宽街角：生物滞留池、街角商业。④凸起的减速带的视觉引导和空间转换。⑤街角建筑出入口对人流量、路线与周边节点的影响			

图 6-31 波士顿希冀的安全街区交叉路口
（资料来源：根据 http://bostoncompletestreets.org 改绘）

（2）文脉属性——步行场所

步行是人类最古老的交通方式，也是综合生态观中最推崇的健康交通方式。从历史街区保护与发展来说，街区步行网络的设置能适应多种多样的空间条件，与初始设计步行为主、"窄路密网"的历史街区物质空间完美耦合，它是城市发展进程中对街道空间环境最小改变的通行方式。从驻留空间场所氛围来说，在贝肯山区人们自发组织的保护铺地和砌筑"红砖"的革命表明，正是城市大清理对步行道材质的更替引发了人们保护历史环境的意识，从而促进了贝肯山区的收录。珍珠区计划继承并发扬街区特色，将西北十三大街历史街区作为街区内主要步行街道，计划通过步行和骑行桥延伸至滨水绿道。历史街区的文化氛围、古树和历史建筑形成的空间围合感、城市记忆形成的归属感无不吸引着更多选择步行的人（表 6-7）。

表 6-7 历史街区安全的步行环境（资料来源：自绘）

步行评分[1]（Walk Score）	城市：64 珍珠区：98（排名 1）	城市：73 先锋广场区：98（排名 2）	城市：61 奥克兰区：91（排名 2）	城市：81 贝肯山区：98（排名 3）
人行政策	行人友好街区、可用、可达、便利、安全、吸引力	安全、活力（连通性、可持续性）、公平、健康	平等的街道	保护街区的文脉——红砖人行道
安全穿行	街区限速 20 mile/h（约 32.19 km /h），停车让行标识，加宽路口人行道	街区限速 25 mile/h（约 40.23 km /h），完整的道路交叉口设计，人行道改善计划	街区限速 25 mile/h（约 40.23 km /h），绿化结合静稳系统配合道路交叉口设计	街区限速 20 mile/h（约 32.19 km /h），单行道，加宽路口人行道，停车让行标识
无障碍设施	升级人行道入口坡道，创造连续无障碍网络	结合梯田树池，对人行道横坡做无障碍坡道，升级入口坡道	历史街区和主干道新增入口坡道，创造连续无障碍网络	查尔斯主街人行道间有连续入口坡道，路口建筑退避，人行道变宽
人行道铺面材质	木质板材、水泥石板、广场石、马蹄石	红砖、青砖、广场石、水泥石板	水泥石板、马蹄石、条石	红砖、鹅卵石、青石、花岗岩
连续宽敞的步行道	① 5.12 km/km² 人行道，宽度 >3.65 m；② 主要步行街道：NW10、11 街、NW13 历史街区、NW Lovejoy、NW Hoyt（城市步道）	街区重新拓宽和设计人行道（1.8～4.8 m），背街梳理增加步行空间与东西向绿廊形成连续的步行网络	主要交通道和商业街设大于 2 m 连续人行道，社区型街区设 1.2～1.8 m 人行道	1～2.4 m 的红砖人行道，交叉路口局部放大与建筑凹角，形成驻留聚会空间
驻留空间	四个社区公园及滨河步道，NW10 街北部贯穿的宽步行道；建筑灰空间与步行空间的结合	结合梯田树池，纵斜坡路做驻留空间；第三大道增加公共空间；文化背街	城市公园、街区公园、口袋公园	街区公园、橡子街；私人花园与街道；查尔斯街步行道与建筑凹进形成休息空间

（3）功能属性——交通互达

根据人流通行量，步道也被分为三个层级：主要城市交通要道，城市步行道、街区服务步行道、绿道。四个案例街区都基本符合以下几个特点：1 km² 左右的街区面积，60～100 m 基本街区单元，人性化的空间尺度，街区公共空间 5 分钟可达（考虑居民年龄层，各个年龄层应公平共享）。这些历史街区的条件为步行提供了适宜性基础。根据美国西部城市数据统计，先锋广场现有步行道面积占全部街区面积的 12.6%，步行为主导的街道占街区街道的 25%[2]。在珍珠区这两个数据分别是 14.9% 和 95%。西雅图作为美国最适宜步行和无障

---
1 评分来自美国 WalkScore.com 网站热点图，以步行评分测试地区的步行可行性，以百条线路测量周边设施的可达性；5 分钟以内则为满分，30 分钟以外不计分。自行车评分测试地区是否利于骑行，以自行车相关设施、坡度、目的地和道路连通度作为评价基础。公交评分来源于公交机构，以公交线路效率及站点可达性为评价基础。
2 Smith L G. Pioneer Square 2020 Neighborhood Plan Update[M]. [S.l.]: The Alliance for Pioneer Square, 2015.

碍的两个城市之一，步行是其增长最快的交通方式，先锋广场区通过背街改造和东西向绿廊连接，形成与滨水连接的步行网络。珍珠区也在"精明旅程"（Smart Trips）等一系列项目推动下，形成一个交互通达的步行网络。同时，周边建筑也将其檐下灰空间贡献给街道网络，成为贯通的步行系统的一部分。

（4）场所属性——界面适宜

人行道连接了街道两个属性界面，即静态的建筑界面和动态的车道界面。充满活力的人行道剖面设计能使连通性街道升华为生活性街道。为了促进人们之间的互动和人与街区的互动，从而提升街区的活力与归属感，人行道剖面设计由四个不同的功能区组成，整个系统建议宽度是 3.65 m+1.8 m（路口扩大）[1]，其中：第一，边界区（0.15 m）+ 加宽路口人行道（雨水管理设计、座椅区）（最多 1.8 m）设置与车行道的必要隔离；第二，缓冲区（1.22 m）设置植被、自行车架、休息座椅、垃圾箱等设施；第三，通道区（1.83 m）按流量计算宽窄，通常大于 1.8 m；第四，灰空间区（0.45 m）为行人提供必要遮蔽（图 6-32）。

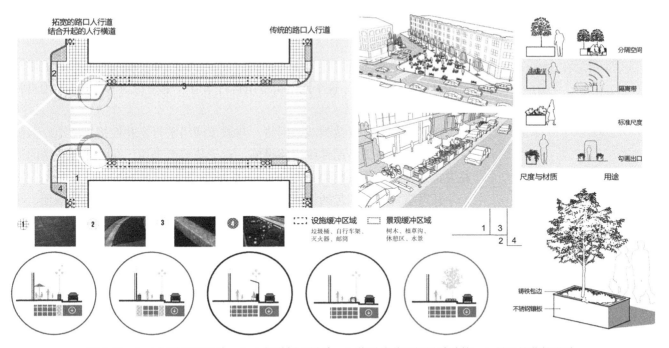

图 6-32　1.人行道平面设计；2.人行道剖面设计；3.临时公共空间设计政策；4.景观植草箱设计
（资料来源：根据《先锋广场人行道改善计划》改绘）

---

[1] Nacto. Urban street design guide[M]. Washington, DC：Island Press，2013.

历史街区的公共空间是灵活多变的，四个案例中，步行道、建筑空间和公共空间的多种弥合激活了历史街区的生活环境：①灰空间与步道的弥合；②步道与公园融合的空间延伸；③建筑立面与街道围合形成的驻停空间；④历史小巷作为驻停空间。同时，综合生态观下街区政策中临时公共空间设计策略遵守对街道的最小影响和灵活性的原则，也为历史街区的复兴提供了助力，如线性的步行空间加宽形成的节点空间（Parklets），结合街道静稳系统和三岔路口搭建的临时公共广场等等。

6.4.2 营造安全舒适的自行车网络

自行车网络的铺设很大程度上受到地形限制，对于地势相对平坦的城市，铺设自行车网络是历史街区慢行系统建构的重要选择。安全舒适的自行车道网络在历史街区的铺设，应遵守对历史环境影响较小的准则，引导人们采取更健康的生活方式，减小汽车的使用率，减少肥胖率，这也是综合生态观下历史街区道路政策的初衷。通过四个城市与历史街区的自行车道规划策略探究，将自行车道网络分为两个类别，以提高网络的可识别性，并明确界定使用者的年龄和能力。

城市网络是满足"各个年龄段和能力"的自行车设施和与机动车道路分离的舒适的网络系统，这个网络由专用自行车道[1]、邻里绿道[2]和快速专用自行车道[3]组成。

街区网络可以驳接到城市网络，与城市网络平行，并连接目的地。但街区网络可能部分仍沿用传统道路设施。对于骑行者来说，在没有隔离带的道路中，一些街区网络可以提供捷径。

其网络设施类型包括快速专用自行车道、专用自行车道、邻里绿道、小隔离自行车道[4]和共享车道[5]（表6-8）。

---

1 专用自行车道：又称循环车道或受保护车道，通常有特殊颜色标识，在道路上与机动车道和人行道分离，双向或单向均可，在街道上或高出街道少许。单车道 1.5～2.1 m，双车道 2.4 m。
2 邻里绿道：社区绿道使用路面标志、交通标志和街道静稳系统限制机动车的流量和速度，街道被设计为自行车和行人通行优先。
3 快速专用自行车道：通常是双向车道，与其他非机动车通行用，常与道路分离设置或是设置完全独立的廊道。
4 小隔离自行车道：适用于当车辆行驶速度和流量高于共享街道限制，以及当街道静稳系统不可用或不适当时。宽度 ≥ 1 m。
5 共享车道：自行车和汽车共享道路空间。为了向骑行者提供信息，共享车道将使用特殊标识。由于路权限制，在主干道上限速应 ≤ 48 km/h（波士顿 ≤ 56 km/h），在次干道或更安全街道上使用共享街道。

表 6-8 安全自行车道网络铺设（资料来源：自绘）

	城市网络			本地连接				
	专用自行车道	邻里绿道	快速专用车道	快速专用自行车道	专用自行车道	邻里绿道	小隔离自行车道	共享车道
珍珠区	3	3+*4	1	*9	3+*1		1+*4	7
先锋广场区	*4	*1	*1		1	*1	4+*3	1+*3
奥克兰区	1+*1（双向）	*3	4		10	7+*3	4	2
贝肯山区	*2（1 双向）		2+*1			*6	*3	*1

注：*表示计划修建。

美国西部城市的安全街区政策推行力度和实现程度总体大于东部两个城市，从城市规划和设计资料中可以发现，自上而下的详细规划、宣传教育和自下而上的积极参与、推行实施相互推动循环上升。从自行车道路网络的实施、计划长度和连通度观察，波特兰已成功实现了北美现今最长的自行车网络（488 km），并在舒适性、安全性和便利性方面吸引着越来越多的骑行者，邻里绿道将成为其主要研究和实施的方向。西雅图自行车道综合规划提出了自行车道路设计决策量化的几个关键点：安全性（40%），道路网络连接度（20%），公平性（20%），共享性（10%），宜居性（10%）。在五年计划中，西雅图市中心区以专用自行车道为主的安全街道网络将结合绿色基础设施，形成连接内陆和滨水绿色廊道的网络。

当自行车网络的铺设遇到山地城市，平铺式已很难实现，分级处理成为必要（表 6-9）。如奥克兰区和贝肯山区，自行车安全街道的主轴集中在：①街区主要的商业街，包括贝肯山区的查尔斯街，奥克兰区的福布斯大街（新建约 3 m 宽的双向专用自行车道，贯穿连接整个奥克兰西部社区和公共空间）；②平缓的临水和公共绿地区域，包括奥克兰区东部申力公园周边和临水的连续快速专用车道；③紧邻的城市主干道，包括贝肯山区剑桥路预设双向专用自行车道。主轴与城市网络连通，其余坡度较大的社区部分由次级的邻里绿道和共享车道实现与主轴的连接或互相成网。

表 6-9　历史街区安全舒适的自行车网络营建（资料来源：自绘）

自行车评分（Bike Score）	城市：72 珍珠区：97	城市：63 先锋广场区：62	城市：40 奥克兰区：57	城市：70 贝肯山区：73
自行车道术语归类（城市）	快速专用车道：Multi-use Path 专用车道：Bike Lane（higher traffic） 邻里绿道：Neighborhood Greenway 小隔离车道：Shared Roadway（Moderate Traffic） 共享车道：Shared roadway（Lower Traffic）	快速专用车道：Off-street Trails 专用车道：Cycle Tracks（Protected Bicycle Lanes） 邻里绿道：Neighborhood Greenways 小隔离车道：In-street, Minor Separation 共享车道：Shared Streets	快速专用车道：Trail 专用车道：Cycle Tracks 邻里绿道/共享车道：On-street Bike Route 小隔离车道：Cautionary Bike Route	快速专用车道：Off-street Path 专用车道：Protected Lane 邻里绿道：Shared Road 小隔离车道：Exclusive Lane/Buffered Bicycle Lane 共享车道：Marked Shared Lanes
自行车道（城市）	现有：303 英里（692 km） 计划：430 英里（692 km） （2030 年）	现有：135 英里（217 km） 计划：600 英里（966 km） （2035 年）	—	现有：120 英里（193 km） 计划：356 英里（573 km） （2043 年）
自行车共享平台（街区）	自行车共享平台（Smarttrips）	2 个共享自行车站	10 个共享自行车站（Health Ride）	4 个自行车共享站点（Hubway）
自行车设施（街区）	① 自行车街区（Bicycle District） 自行车分区（2030 年），90% 居民骑行或步行通勤 ② 公共交通周边的自行车架；街面停车架；3 处自行车商店，1 处自行车打气和修理工具（周边）	① 停车设施分级：短暂停车(停车架)，长时停车（安全储车厢）；设施密度：1/460 m²（办公、商业），0.5 个 / 住宅（社区），≥ 23 200 m² 的楼房配备淋浴及衣帽间 ② 结合历史材质的停车架，及空间更合理的停放方式	1 个自行车商店，1 个长时停车点（Trail Head Parking），2 个自己动手的自行车修理站，2 个周遭的自行车修理站	增加设计过的自行车架 新增 2 000 辆共享自行车

自行车服务设施是自行车安全网络必要产物，近期的城市发展计划中，美国四个城市主要研究自行车停车设施和共享平台的建设。根据街区发展规划，自行车停靠点与共享自行车总是与周边公共交通运输与换乘系统相辅相成，从而形成更便捷的城市安全网络体系（图 6-33）。

6.4.3　营造复兴发展的公共交通

随着人们对舒适和便捷的诉求日益增高，他们更加渴望在交通和住房上拥有更多的选择权，这些都促进了老城区的二次发展和公交投资的增长，公交导向型发展（Transit Oriented Development，TOD）应运而生。TOD 已经被

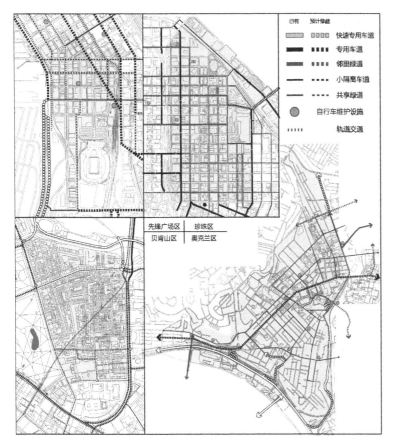

图 6-33　历史街区自行车道路计划（资料来源：自绘）

人们广泛看作一种有效的杠杆，通过在公交站点步行范围内建立功能混合的社区来促使人们使用公共交通，以实现一个整合式的发展，从而达到用地多元化及以行人为本的街区设计思路。复兴和发展较为成功的这四个历史街区及周边公交系统主要分为以下几种：有轨电车、地铁、轻轨、火车、常规公交、快速公交系统（表 6-10）。

表 6-10 历史街区的公共交通系统（资料来源：自绘）

公交评分 Transit Score	城市：51 珍珠区：86	城市：57 先锋广场区：100	城市：54 奥克兰区：68	城市：74 贝肯山区：100
公共交通	公交导向型开发（TOD）（2007 年），保护再开发的有轨电车 2 条线，公交 4 条线	①高质量、高效网络：增加电车线路，实现具有强连接性的社区内及社区间的 BRT[1] 系统。②在主要的 BRT 站建立"流动中心"；建立连接 BRT 站的统一班车系统；轻轨站点 3 个，有轨电车站 2 个（周边 2 个）	①创造福布斯/第五大街 BRT 线路；②创造班车线路与 BRT 站对接；③建立"流动港"使 BRT 与汽车自行车共享和停车系统对接；④开发与周边社区相连的环线	提高公共交通设施的可达性
公共交通多样性选择	MAX 轻轨、有轨电车、公共汽车、城际铁路（Amtrak）	轻轨、火车、地铁、有轨电车（新增零排放高质量线路，伴随增加自行车道 2 个）[2]、滨水电车、渡船	BRT 线、公共汽车、市区环线、分区班车（Shuttle）	MBTA 轻轨、公共汽车
公交站点及可达性	所有区域都在公共交通站点 500 m 可达半径内	2024 计划：第三大道交通廊道更新计划增加公交空间、站点。所有区域都在公共交通站点 500 m 可达半径内	2025 计划：BRT 站 6 个，有完整停车和联运服务配套的重要车站 5 个，智能公交站	①周边配套 3 个地铁站点；②所有区域都在公交站点 500 m 可达半径内[3]

（1）公共交通的复兴

公共交通的复兴牵动了人流和资金涌向站点的各个片区，从而带动了历史街区的振兴（图 6-34）。珍珠区的更新基于城市生态发展，讲究"平衡"二字。波特兰有轨电车的成功运营正是以多种公共交通系统平衡发展为前提的。有轨电车 NS 线于 2001 年建成运营，是第二次世界大战后美国第一条有轨电车线路，现波特兰有南北线 NS 和中心环线 CL，主要服务于市中心区各功能组团，两条线路均穿越珍珠区，位于十街和十一街。波特兰将有轨电车的发展与旧城空间更新、环境生态改造结合起来。同时，TOD 导向的珍珠区与轻轨系统形成良好的接驳和补给关系。据统计，其带动了珍珠区 1 万套以上新住宅，550 万平方英尺（约 51 ha）办公、零售和宾馆建设。随着公园、社区服务基

---

1 快速公交系统（Bus Rapid Transit，BRT），是一种介于快速轨道交通（Rapid Rail Transit，RRT）与常规公交（Normal Bus Transit，NBT）之间的新型公共客运系统。
2 Seattle Department of Transportation. Move Seattle：10-year strategic vision for transportation[R]. Seattle：Seattle Department of Transportation，2015：44.
3 胡长涓，宫聪. 基于"完整街区"理念的历史街区生态更新研究：以美国四个历史街区为例 [J]. 中国园林，2019，35（1）：62-67.

础设施的更新，就业机会的攀升，珍珠区成为有轨电车的主要客源，有轨电车成为片区发展和沿线土地激活的催化剂[1]。随着波特兰案例的成功，越来越多的美国老城区如马赛、南特也在这种发展思路中受益。

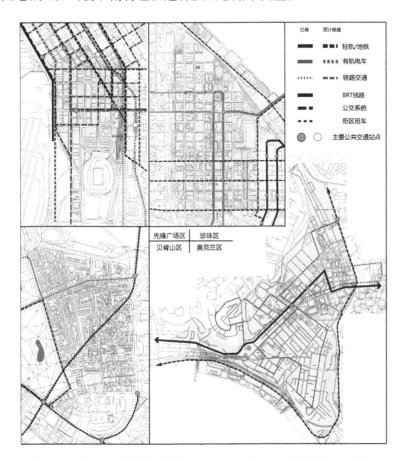

图 6-34　综合生态观下的历史街区公共交通计划（资料来源：自绘）

（2）公共交通系统的机遇与挑战

综合生态观下的完整街区政策在历史街区中的应用总体政策是以自行车和行人为导向的，但多种多样的公共交通系统分担了大部分长途交通，从而减少了私家车辆和环境污染。完整街区政策在历史街区的实施，对传统的和先进的公共交通都是一种激励与挑战。

1　周天星，魏德辉，杨翌朝. 美国波特兰市有轨电车发展经验及启示 [J]. 综合运输，2014，36（10）：71-75.

历史街区公共交通站点的设置方式，结合完整街道政策和城市道路设计，需注意以下几点：①在人口密度高于每平方千米2 000人的市中心，公交站点间的间距应为228.6 m（750英尺），每个站点都必须符合无障碍标准［美国残疾人法案（Americans with Disabilities Act，ADA）］。②为公共交通网络的"结缔组织"步行和自行车网络，规划合理优质的公交等候和交通转化空间。③关注各站点人群的动向，历史街区的著名建筑、文化广场和老街入口等应作为公交站布置的依据。④使用公交专用道，保证公交系统竞争力和最小延误。

公共交通廊道与历史街区和城市发展密切联系，形成了富有年代感和生命力的历史建筑群落。街区的公共交通系统依靠大量的交通廊道，形成从主干道到地块的毛细血管微循环，从而连接拓展到整个城区的网络系统。公交廊道的功能、场所属性常常随着沿线站点人们活动的变化而变化。廊道将历史街区人们的活动串联起来，形成一个整体。综合生态观下的历史街区设计应鼓励多样密集的土地利用，这也更需要高品质的公交系统。

6.4.4　营造生态可达的公共空间

（1）历史街区公共空间主要人群及空间类型

居住型历史街区普遍居住人口结构老龄化严重。2018年4月13日，南京首部养老白皮书发布。与过去5年相比，南京市老年人口净增21万。截止到2017年，60岁以上人口占比为20.8%，65岁以上人口占比为14%，南京已经进入"深度老龄化"社会。预计未来十五年，南京市老年人口增长的态势将依然迅猛[1]。笔者在对南京荷花塘历史街区的调研中，发放问卷调查表110份，回收有效问卷101份。在居住人口的数据反馈中，大于65岁的居住人口比例已经高达37.63%，居民居住于该历史街区的年份大于10年以上的为53.47%，说明该历史街区已经属于高度老龄化的街区（图6-35）。在其他历史街区的调研中发现均有类似的情况。在年龄与公共空间需求的交叉分析中可得，所有人群对室外广场和绿地公园的需求度最高，老年人对室外广场的需求量最高。所以，在公共空间的类型划分和可达性分析中，应注意适老性的公共空间研究。

历史街区中居民心理需求、行为模式和行为路线都与公共空间的形态与布局有密切关系，因老龄化严重，老年居民将成为街区公共空间的主要使用者，其在心理需求层面有亲情需求、交往需求、隐私需求和自我价值需求。对应

1　李航. 税收递延型养老保险的方案设计：以南京为例[D]. 南京：南京农业大学，2016.

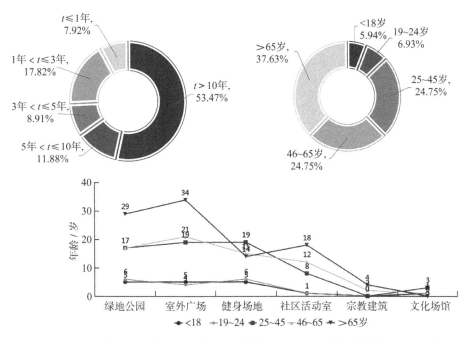

图 6-35　南京荷花塘历史街区的居民人口结构图（左上）、居住年限图（右上）和公共空间需求图（下）（资料来源：自绘）

的公共空间特性为安全性、归属感、舒适性、便捷性、交往性、私密性、康体性[1]。老年人的交往时间依据其规律的作息，同时依据季节和地区的不同而不同。根据以往的研究数据[2-4]及实地观测发现，夏热冬冷地区，老年人每周外出活动频率为 4～5 次[5]，在处理好家庭事务后，老人的活动集中时间一般为每天早饭后 7：00—10：00，午饭午睡后 15：00—17：00，晚饭后 18：30—20：30。由此可见老年人喜欢在饭后进行活动，夏季持续时间长，冬季持续时间相对较短。大约一半的老人选择每次活动 1～2 小时。老年群体户外活动时空特征上持续时间长且具有规律性，大概分为体育锻炼类（器材健身、器具健身、广场舞、健身操）、休闲锻炼类（散步、慢走、慢跑、登山）、社交

1　王凯. 基于老年人行为模式的养老社区景观设计研究 [D]. 南京：东南大学，2018.
2　谷雨丝. 南京城市社区公园适老交往空间评价与优化研究 [D]. 南京：南京林业大学，2019.
3　李泉葆. 南京市老年人口日常活动的时空特征探析：以购物和休闲活动为重点 [D]. 南京：东南大学，2015.
4　吴岩. 重庆城市社区适老公共空间环境研究 [D]. 重庆：重庆大学，2015.
5　江乃川，杨婷婷. 基于景观需求调查的适老性公共空间景观设计要素调查研究 [J]. 住区，2019（2）：102-107.

娱乐类（有组织聚会、棋牌、访友、闲坐聊天）。对于老年人的生理需求而言，户外休憩空间的可达性、安全性、舒适性尤为重要。历史街区范围普遍不超过 1 km²，其范围内及其周边日常活动的公共空间可承载的活动相对有限。在调研过程中，发现的规律见表 6-11。

表 6-11 老年群体历史街区公共空间需求（资料来源：自绘）

需求	街区内的公共空间需求
公共活动项目	绝大部分街区内活动以聊天和散步为主
公共活动时长	1～2 小时占多
公共空间私密性需求	因缺乏安全感和不想受外界干扰，超过半数的老年群体更需求半开敞半私密空间
公共空间活动吸引因素	超过 70% 的人选择离家近、绿化好的公共空间
交流地点需求	散步步行道旁、建筑出入口成为最受欢迎的交流地点
休憩地点需求	散步步行道旁、建筑周边小栖息地成为最受欢迎的休憩地点
空间要素需求	景观环境好、空间趣味性强、空间安全感足、座椅舒适度高成为最重要的空间需求

根据上述的主要居民的活动需求，结合文献梳理和调研过程中的观察记录，可将历史街区的公共空间按空间形状分为：①点状公共空间，如宅前庭院、宅间的组团公共空间、建筑单元出入口等尺度较小、临时停留的空间。②线状公共空间，如滨水开放空间、绿廊空间和道路两边的线性空间。③面状公共空间，如街区尺度以上的公共空间。点、线、面状公共空间在特定情况下，在尺度转换的视角下可相互转化。

（2）历史街区公共空间的基本功能与耦合条件

居住性历史街区不同于其他历史街区，街区具有"历史遗产"和"居住使用"的双重属性，空间、文化积淀赋予街区特质，人群活动、组织社会关系赋予街区功能。历史街区本身的地理与环境优势和历史街区公共空间的保护规划为其与综合生态观的结合提供了条件。

①历史街区价值的整体性保护：严格保护核心保护范围内历史形成的空间格局和传统风貌及多样化的传统建筑形态，保护构成历史风貌的各个要素（包括建筑、园林、庭院、街巷、河道、古井、树木等）以及具有地方特色的人文景观和民俗风情。历史的层叠和底蕴增强了历史街区的核心竞争力和生

态位。

②街区公共空间与城市公共空间功能与结构的整合：在历史城市中，城市自然景观与重要街区主要的公共空间会形成远借、邻借、融合等视觉联系。历史街区的主要景观轴线往往都是与城市自然景观相互呼应的。此外，历史街区的公共空间将成为连接各个层级的公共空间的重要节点。

③公共空间系统层次与问题解决：保护规划中，主次分明的公共空间等级结构、自高向低的等级设计层次形成了一个有序系统，为如步行空间不足、环境质量差、设施配套不全等问题的解决性的设计和定性到定量的转化提供了可操作的依据，也为后续的生态复兴提供了有效路径（图6-36）。

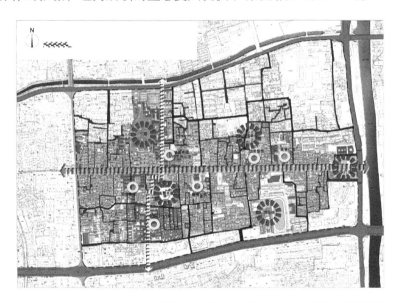

图6-36　扬州东关街公共空间与轴线分级（资料来源：东南大学城市规划设计院）

④街区空间环境特色的恢复：现代历史街区的复兴中，现代历史街区以苏州平江路历史街区与扬州东关街为例，在保护规划中，它们都保持了其山水特色，并恢复了原本在城市化进程中覆盖的河道，在街道空间适当增加公共绿地与开放空间（图6-37）。

⑤社会关系和场所功能的保护：从规划保护文件上看，传统的历史街区公共空间规划追求文脉、历史、场所感的表达。强调公共空间是为人服务的社会性宗旨，这是街区能达到社会生态的重要保证。空间表达上，公共空间

成为协调传统建筑和现代生活的重要场所，继承适宜的空间尺度，根据视线关系与场所精神协调周边的现代与传统建筑的关系。结合公共建筑的复兴，为居民配置社区文化娱乐活动场所。

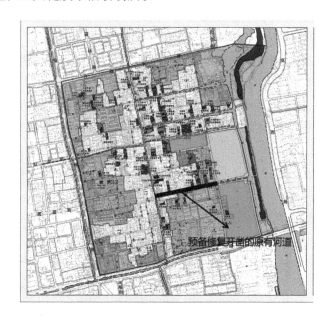

图 6-37　苏州平江路历史街区生态复兴的河道（资料来源：根据保护规划资料改绘）

（3）营造生态可达的历史街区公共空间

根据美国可持续社区对可达性的研究表明，适于步行的街区基本单元的规模应在 40～200 英亩（约 0.16～0.81 km^2）之间[1]。多数行人步行适宜的最远距离为 400 m（折返），再之外则选择开车或骑行代步。在智慧城市的指标里，适宜的公共空间或社区中心应在 500 m 的可达范围内[2]。

对美国波特兰珍珠区、西雅图先锋广场区、匹兹堡奥克兰区、波士顿贝肯山区等四个历史街区的研究发现，奥克兰社区分为东、西、南、中四个社区，均控制在 1 km^2 左右，其他三个街区总规模也均在 1 km^2。这种区划大小有利于生态循环和保护，社区内部均有多于一个的社区中心且漫射分布在公共空间及绿地。除奥克兰社区外，每片街区区域都在公共和绿地空间 500 m 可达

1　法尔. 可持续城市化：城市设计结合自然 [M]. 黄靖，徐燊，译. 北京：中国建筑工业出版社，2013.
2　胡长涓，宫聪. 基于"完整街区"理念的历史街区生态更新研究：以美国四个历史街区为例 [J]. 中国园林，2019，35（1）：62-67.

范围内，且每处街区内部与周边配有完善的绿地系统。此外，每处街区的公共空间占比在 2%~8% 之间[1]，区域公共和绿地空间基本在 500 m 可达范围内，街区功能多样性有所差异（表 6-12）。

表 6-12　四个目标历史街区多样性、公共空间占比、公共空间可达性研究（资料来源：自绘）

	珍珠区（波特兰）	先锋广场区（西雅图）	奥克兰区（匹兹堡）	贝肯山区（波士顿）
街区多样性	住宅 500 m 辐射范围内 6 类便利设施（26% 底层用于零售）	城市混合社区（4 种以上功能混合）	居住区为主，混合功能	居住区，较少混合功能
公共空间占比	5.3%	2.1%，2024 年第三大道增加公共空间	总 5.6%；北奥克兰：1.4%；东奥克兰：16.2%；西奥克兰：0.1%；南奥克兰：6.3%	7.6%
公共空间可达性	区域公共和绿地空间 500 m 可达范围内	区域公共和绿地空间 500 m 可达范围内	中奥克兰 30%、北奥克兰 50% 地区超过 500 m 可达范围	区域公共和绿地空间 500 m 可达范围内

不同概念下公共空间可达性值研究如表 6-13 所示。

表 6-13　不同概念下公共空间可达性阈值研究（资料来源：自绘）

公共空间	可达性阈值
公共空间公共生活（扬·盖尔）	居住区街道与活动的相关性分析，最常用到的尺度是 100 m 和 90 m
波特兰与西雅图中智慧城市/精明增长	500 m
老年人宜居家域公共空间（对国内历史街区调研）	250 m
15 分钟社区生活圈（上海步行生活圈的目标）	针对老人与儿童 5 分钟内可达的社区文化设施为 250 m
20 世纪初邻里单元（佩里）	500 m
小街区与绿色街区[2]（辛西娅·格林）	400~800 m，要求每户公寓拥有不低于 15 m^2 的绿地，300 m 距离范围内必须有 1 处 25~30 m^2 的花园或公园，要求花园中有不低于 15% 的面积能够在春秋分保证 4~5 小时的光照

根据文献调研与国内外案例分析，基于现场调研与数据研究，通过中国历史街区公共空间人群特征、空间功能、特性与耦合条件分析，综合生态观下的历史街区公共空间按可达距离与尺度也可分为三级：①宅前庭院、宅间的组团公共空间、建筑单元出入口等。它们是老年居民使用次数最多、

---

[1] 公共空间占比是包括公共绿地和对公众开放的广场的总和占总用地面积的百分比。
[2] 格林，凯利特. 小街道与绿色社区：社区与环境设计[M]. 范锐星，梁蕾，译. 北京：中国建筑工业出版社，2010.

停留时间最久的场地，活动以聊天为主。②基本生活圈、街区模块级的公共空间（60~180 m）。根据历史街区路网切割的街区尺度大小，这类空间符合"窄路密网"的街区基本单元特征，其内部为适宜街区尺度的微型公共空间。③邻里生活圈、组团级的公共空间（5分钟，250 m）[1]，如邻里生活圈，适宜的康体、休闲活动场所。④扩大邻里生活圈、社区级的公共空间（10分钟，400~500 m），如扩大邻里活动圈、周边街区的公共空间、本身的社区级公共空间。

中国历史街区慢行系统的使用者多为老年人，根据老年人的心理需求、行为模式和行为路线，他们户外交往活动主要以家为中心，其半径辐射多为住宅区及其附近地区1 km内。历史街区社区公园多位于距基本生活活动圈10分钟内的扩大邻里活动圈的范围内，在老年人力所能及的出行范围之内，使用率高。通过对不同概念中公共空间可达性适宜距离的研究，历史街区公共空间可达范围阈值定位为250 m，以此检测范围内的城市基础设施与绿地是否容量适宜。

6.5 理气：综合生态观下的历史街区微气候营造

人对空间环境的客观需要是营造活动的原始动因。人对街区空间的舒适性要求与纯自然气候有着不同程度的差异。街区形态是街区空间和物质要素的组织化结果，从基本格局上建立了空间环境与自然气候的性能调节关系。历史街区的微气候环境营造，就是大大依赖于这种与地域气候处于长期平衡态的街区结构和形态，再加上适应性调节的被动式措施的调节效果，大大增加了街区的生态性。在必要的情况下，主动式技术措施用于弥补被动式措施的不足。现代以来，城市与建筑设计中前两种措施逐渐被忽视，转而走向更多依赖主动式设备调节的方式。过度着眼于设备技术的"能效"追逐，却掩盖了建筑整体高能耗的事实，这正是导致建筑能耗大幅攀升的重要缘由[2]。综合生态观下的历史街区复兴研究提供了一个机会，去探索历史街区与环境长期互动下的肌理、形态与能源的关系，历史街区复兴中储备能源的作用，以及历史街区被动节能与主动节能结合后在复兴中的效率。

---

1 王博嬿，徐皓. 老旧社区邻里交往空间的适老化改造研究 [J]. 城市建筑，2019，16（24）：15-16.
2 韩冬青，顾震弘，吴国栋. 以空间形态为核心的公共建筑气候适应性设计方法研究 [J]. 建筑学报，2019（4）：78-84.

6.5.1 营造舒适的街区微气候环境

气候是作用于一个区域范围内的太阳辐射、大气环流环境长期作用的结果，是大气物理性能在长时间内显示出的环境特征。微气候指由下垫面的某些构造引起的近地面大气中和上层土壤中的小范围气候[1]。微气候的水平范围主要为 0.1~1 km，竖向范围为 10~100 m，这正是街区层面人们生活生产、植物生长的尺度和主要空间[2]。街区微气候是包括太阳辐射、温度与热、水、大气、光等气候要素的气候环境。扬·盖尔将城市区域划分为三种气候尺度，关注建筑物、树、道路、街道等设计元素对气候的影响，关注地形对气候影响的地方尺度，关注整个城市地区的天气和气候的宏观尺度[3]。

综合生态观下的历史街区微气候的营造应以城市环境的小气候特点为基础，寻找影响历史街区的微气候环境营造要素。研究对象的历史街区所在的城市中心区域的小气候有以下特征：

① 城市的辐射和光照状况：紫外辐射大量减少 25%~90%，太阳散射辐射减弱 1%~25%，红外辐射吸收增加 5%~40%[4]。城市排放大量固体、液态和气态污染物质，其中有 80% 的物质将在空中停留数日。城市的辐射和光照受空气污染物的影响，减少了到达城市地面上的太阳辐射，散射辐射也被削弱，市区的日照时数、照度都有所减少。

② 城内的温度状况：年均温度增加 1~3℃，（上升）热通量增加 50%，城市热储存量增加 200%[4]。上空的污染物增加了大气逆辐射，减小了有效辐射而具有保温作用。城市下垫面由无数建筑物、街道以及硬质铺装地面组成，城市灰色基础设施将雨水污水迅速排走，蒸发耗热少，获得的净辐射主要用于加热空气。城市中心区风速小，减少了热量的水平输送。再加上城市人工热源的加热作用以及生物体（包括人）的热交换等，即形成"城市热岛"效应。

③ 城市多样化的空气流：湍流强度增加 10%~15%，近地面风速降低 5%~10%，风向改变 1°~10°。不同高度的建筑物形成特殊的粗糙面，对气流运动、湍流扩散影响很大。密集的高层建筑物迫使在陆地上水平流动的空

---

1 刘念雄，秦佑国. 建筑热环境 [M]. 北京：清华大学出版社，2005.
2 埃雷尔，珀尔穆特，威廉森. 城市小气候：建筑之间的空间设计 [M]. 叶齐茂，倪晓晖，译. 北京：中国建筑工业出版社，2014.
3 盖尔. 人性化的城市 [M]. 欧阳文，徐哲文，译. 北京：中国建筑工业出版社，2010.
4 福曼. 城市生态学：城市之科学 [M]. 邬建国，刘志锋，黄甘霖，等译. 北京：高等教育出版社，2017：160.

气抬升，这是因为当空气流经城市时，因受建筑物的阻碍，在迎风面，一部分气流被迫上升，在城市上空风速增大，乱流加强。湍流将污染物和热量带离城市地表，区域风有助于通风，清洁城市和空气，将污染物带到城市下风向。

④ 城市的湿度和水分：蒸散发作用减弱50%，（夏季白天）湿度降低，雷阵雨增多，降雪减少，总降水量增加。城市中的大气水分主要来源于本地的植物斑块、水体、机械燃烧释放和毗邻区域的水平移动。在两个高层建筑物中的街道和优先的空气流动条件下，被充分浇灌的绿地系统和水体可以提高相对湿度。

历史街区的选址都有着背山面水的地理优势，古人早就发现了如何应用自然环境造就宜居的风环境和热环境并与风水理论相结合，运用到城市择址、建筑择址和群落布置中。"枕山、面屏、环水"的风水格局，营造了良好的循环微气候，对太阳辐射、温湿度、风等气候因素进行整体性调控和规划：背山以阻挡冬季西北冷风入境，向南向阳以获得更多的有效日照时间，环水可利用日夜的水陆风效应，也能将生活污垢与污染排出，缓坡建造增加了排水，避免内涝[1]。

综合生态观下的历史街区微气候环境营造应强化局部自然生态要素并改善其结构。根据气候和地形及建筑周边环境和建筑形态肌理来改善通风和热环境，组织绿地和水体来达到有效补益，并为街区中热量传递提供有效的过渡空间和缓冲空间，形成热量梯度变化的传递。历史街区长期与自然磨合的建筑形式多样性中，合理的平面布局、屋顶形式和经济的体型设计是被动式技术的集大成者，其基本与地区气候相适应。湿热地区自然通风、遮阳和降温，寒冷地区保温隔热，并具有地方性和多样性特征。

综合生态观下的历史街区微气候环境营造策略如下：

（1）充分利用自然光和优化光环境

居民的宜居环境的选择，最重要的是阳光和活力，其次才是可达性、美学、舒适性和社会影响度[2]。在夏季炎热地区，应尽量避免太阳辐射过多，综合绿化种植和周边建筑物的遮蔽实现部分遮阳，设置骑楼、连廊等，既加强通风效果，又增加遮阴面积。历史街区本身的建筑密度、建筑群布置、街道尺度、街道

---

1 魏秦. 地区人居环境营建体系的理论方法与实践[M]. 北京：中国建筑工业出版社，2013.
2 徐小东. 基于生物气候条件的绿色城市设计生态策略研究[D]. 南京：东南大学，2005：118-122.

界面等与光环境的营造都有密切关系，其本身的物质空间就是与地域性和气候特征长期作用的产物。充分发挥和理解街区本身的生态性，是优化光环境的基础。

历史街区中，街区与城市山水关系、街区中街巷的布置、建筑的朝向都是符合气候条件、地域条件的协调结果；小尺度的基本街区单元，多条巷弄穿插，增加了公共空间和道路的面积，再加上建筑体量较小，都利于阳光的摄入；建筑的不同形式和变化的角度，与街道空间形成大大小小的凹凸公共空间，方便人们暂歇与营造良好的光环境。据调查，目前全球大约有50%的人口居住在湿热型气候区域[1]。在湿热地区的街区中，历史街区的"窄路密网"的特性能提供自我遮阴，高大乔木浓密的冠层又提供了很好的遮蔽场所；街区经常出现深屋檐的坡屋顶，既利于屋顶排水，其所形成的檐下灰空间又是夏季室外活动的主要场所，是街区活力的主要体现，容纳所有穿行和休憩活动（图6-38）。在夏季漫长的地方，这种灰空间基本与室内空间有同等的地位和面积，其既满足采光的需求，又建立了通风的廊道，带走污浊的空气和湿度。在冬季，为获得足够的采光，深屋檐上的瓦片可以用透光的材质替换。

图6-38 四川罗城古镇檐下空间
（资料来源：自摄）

（2）综合自然和人工手法调整局部气温和湿度，优化热环境

街区内的热环境主要来自街道界面吸收太阳辐射后的二次热辐射以及空气中颗粒直接吸收的太阳辐射得热。在对室外热舒适指标对比研究中发现，环境参数温度、湿度、风速与人体参数温度、代谢等共同组成了以人的热偏好为主的舒适性指标[2]。在气温低于12.7 ℃或高于24 ℃的极端气候时，居民的户外活动会明显减少，这时应有效地实现气候防护，增加环境舒适度，关注街道使用者的需求，引入自然要素，结合人工要素建立遮蔽空间，如完整街区的人行道加宽，方便街边店铺雨棚和树冠遮蔽，充分使用过渡空间和室内公共空间为常年的气候庇护并满足人们亲近自然的心理需求。

研究表明，建筑密度、平均高度、天空可视度、植被覆盖率和不透水面积比、绿地率、街道朝向与高宽比、围护系数、阴影系数、围合度、反照率与表面材质等指标都与热环境优化有显著相关性[3]。对于新建街区或其他老旧街区我

---

1 徐小东，王建国，陈鑫. 基于生物气候条件的城市设计生态策略研究：以干热地区城市设计为例[J]. 建筑学报，2007（3）：64-67.
2 张伟，郜志，丁沃沃. 室外热舒适性指标的研究进展[J]. 环境与健康杂志，2015，32（9）：836-841.
3 张玺. 历史街区街道空间夏季热环境分析及优化：以济南芙蓉街—百花洲历史文化街区为例[D]. 济南：山东建筑大学，2019.

们可以通过设置合理的容积率，控制街道尺度、高宽比等手段去调节街区内部空间形态，从而达到热环境优化的目的。由于是历史街区，我们要保护其现有风貌和建筑布局，因此容积率、建筑密度、街道高宽比等指标不可进行大的改变，街区热环境优化宜采用改变街道空间下垫面类型的方式进行。

古人早就发现水体对生态环境的调节作用。现代科学的发展揭示了水体温度变化比陆地慢，水的比热容大，与硬质地面相比，水面上空气温变化相对较小，所以能达到夏季吹冷风与冬季吹暖风的水陆热交换，形成"水陆风"，从而调节、稳定近水陆地的气温，改善热环境。再加上水域作为历史街区及周边城市中心区的水汽蒸发的湿度来源，能在夏季保持上方与邻近区域较高的空气湿度。水分子的分解又能产生负离子，吸附空气中的污染物，从而形成宜居的环境。

（3）积极引导和利用自然要素和人工设施，改善局地风环境

街区内微气候的风环境包括水平自然对流、垂直热压流以及局部涡流。城市中心区历史街区周边的高层高密度环境带来了一系列的局部区域微气候问题：①人流车流集散地的城市中心区。大量的高层建筑造成城市风速下降，风场结构改变，城市中心区风速小，减少了热量的水平输送，城市中心区通风自净能力和散热能力降低，空气污染和热量累积，再加上城市人工热源的加热作用以及生物体的热交换等，加剧了"热岛效应"和空气污染。②高层建筑周边强劲风造成安全隐患，绵延的高层建筑背风面形成涡流和旋流，影响污染物的正常排出，密集的高层街道会形成风速过快的"层峡效应""绕流效应"和"角部效应"，从而影响街道的安全性和舒适度。

低层高密度的城市中的历史街区虽然有利于平缓高层密布的中心区所带来的不良风环境和热环境的影响，但是，因街区面积一般都小于 1 km^2，四周都是高大的建筑物，其地基因为反复的建设，经常高于历史街区的地基高度，历史街区成了内凹型的地块。再加上突然的高度转变导致历史街区边界区域成为高层背风面的涡旋区或空穴区，所以历史街区常成为空气污染聚集地，没有通风的渠道，温度升高，潮湿无法排出。

经过长期的磨合，历史街区的肌理、密度、窄路密网形式、屋顶形式、建筑朝向等等要素都是符合综合生态观的宗旨的，但周边的异化环境无法发挥它们的优势。那么如何重新营建更适宜的风环境呢？可从以下几方面入手：

①高层建筑物之间的间隔足够大：埃维特在城市小气候研究中指出，当

建筑物之间的间隔相对比较大,即高宽比(H/W)小于 0.3 时[1],连续建筑物的风场不发生相互作用,就有空气流重新回到街区界面。若周边为 100 m 高层,则场地横向尺度应大于 200~330 m(图 6-39)。

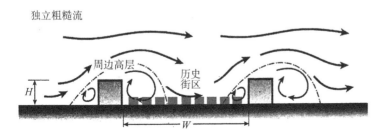

图 6-39　历史街区风环境营造(资料来源:自绘)

②充分利用历史街区内部及周边的绿地水体:在历史街区调研中发现,历史街区虽然开敞空间有限,但其周边几乎都有绿地与水体补益街区。绿化不仅能净化空气,也能促进空气流动,成片的绿地与周边密集的建筑物之间因温度升降速度不一,可出现 1 m/s 的局地风。水体与陆地的比热容不同,也能出现局地的水陆风。连接街区内的行道树列、绿地水体与相邻街区或城市的绿地水体形成袋状绿地、滨水绿道、街边绿带,可形成通风的走廊,带走空气污染和热量,也能将自然气流引入街区。

③建立风通道:公元前 1 世纪,古罗马建筑师兼工程师维特鲁威(Marcus Vitruvius Pollio)曾建议,街道应该能调控风向,因为风会令城市潮湿而滋生疾病[2]。他构想出八边形的理想城市,既为了防御,又为了控制八面来风(图 6-40)。建立风通道有两种方式:第一种方式,新建建筑注意在历史街区上风向留出风口,若上风向高于街区坡地绿地和水体,将大大增益风的质量和风速,有助于产生局地风。第二种方式,高层的街道峡谷顺应历史街区内街道肌理布置。当连续建筑街区紧密相邻时,高宽比大于 0.65,街道峡谷中可能形成一个稳定的循环涡流,主气流只从高层建筑顶部划过,不进入街道。稳定的气流顺着高层层峡进入历史街区肌理,带走湿热流,净化空气。

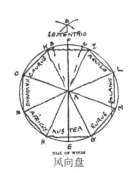

风向盘

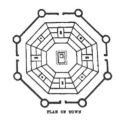

城市平面图

图 6-40　维特鲁威的理想城市 [资料来源:索斯沃斯,本-约瑟夫.街道与城镇的形成[M].李凌虹,译.北京:中国建筑工业出版社,2006.]

1　埃雷尔,珀尔穆特,威廉森.城市小气候建筑之间的空间设计[M].叶齐茂,倪晓晖,译.北京:中国建筑工业出版社,2014.
2　索斯沃斯,本-约瑟夫.街道与城镇的形成[M].李凌虹,译.北京:中国建筑工业出版社,2006.

6.5.2 营建节能高效的街区能源系统

历史街区作为与城市共产共生的物质空间，有其自身的储备能源，历史街区是不可再生资源。《中国文物古迹保护准则》（2015 版）第六条提出，文物古迹具有不可再生的特点，所以在合理利用时需考察其价值特性、对使用的承受能力，以最早和最低限度干预，最大可能保护其真实性和完整性[1]。

在本书第二章中就历史街区内禀的生态性做了详细阐述，历史街区内禀生态性体现在其历史、意识、情感、社会、使用、环境的价值体系中。历史建筑的每一个构建都同时服务于多项功能，这些功能在很大程度上相互依赖。一座建筑就是一个生态系统，一个微妙的相关联机制的内在平衡，这种关联是一个整体的连通性。历史建筑本身就是低能耗、可再利用、可再循环的 3R 材料（Recycle，Reduce，Reuse）。多重利用与循环再生是历史城市和历史街区生态系统可持续发展的基本对策。生命周期闭合度和全生命周期运作体现了物质或生命体再也没有资源或废弃物之分。街区作为生态系统的一个组分而整体地考虑对生态的作用，运用生态系统的生物共生与多级循环利用的原则，其营建运行模式是资源—建筑—废物—资源，形成循环流动的可持续发展的生态历史街区。历史街区内禀的生态性也对城市的自然子系统、文化子系统、社会子系统、经济子系统的生态多样性做出了巨大贡献。在继承历史街区自身的生态性后，我们更应该利用现在先进的街区能源技术和建筑节能技术等主动调节技术来应对现代的城市发展需求，在历史街区保护条例允许范围内，将其适宜地运用到历史街区中来，提升历史街区的生态性，使之达到综合生态观下的历史街区复兴的目标。在这方面的实践中，波特兰珍珠区提供了很好的案例。

2000 年，波特兰可持续发展署启动了一个项目，为波特兰绿色建筑提供技术援助、教育和财政激励机制。2001 年，波特兰市要求市政府主管的服务设施和基础设施项目、政府资助的建设项目都应采用绿色建筑的技术和方法进行设计、施工、运营和维护，以达到美国绿色建筑协会颁布的能源与环境设计建筑银质认证系统，波特兰也因此成为全美第一个应用这套绿色建筑标准的城市。2006 年，波特兰市又将政府公共建筑的绿色标准提高为 LEED 金质认证，同时在能效、雨水处理、水保护、生态屋顶安装和建造、废料再循

---

1 国际古迹遗址理事会中国国家委员会. 中国文物古迹保护准则 [M]. 北京：北京文物出版社，2015.

环方面对 LEED 原标准进行了修订和补充。由此波特兰将绿色建筑项目与提高能源和水的利用效率、雨水管理、室内环境质量和材料选择等结合在一起。此外，波特兰市还形成了一套制度，即市政府基建局每三年对评级体系做出调整，使得重大建设项目建设、运营和维持方面能紧跟绿色建筑的理念演进过程，保持变化[1]。

如果一个街区层级的能源公司能更有效地使用剩余的资源流，向客户销售热和冷，这样客户就不再需要向城市索取矿物燃料来获得热量，节约了大量的资源。

波特兰珍珠区采用了街区能源系统，这个系统在北美有悠久的使用历史，系统在中央工厂加热或冷却水，然后通过内置在公共道路右侧的地下管道将水分配给住宅和商业建筑。大多数情况下，水被循环回主工厂再利用。个别建筑物不需要安装锅炉、冷水机组或类似设备，以产生现场供暖和制冷，这套系统比传统的加热和冷却系统更有效，对客户来说整体成本更低。波特兰还开发了供热厂，将绿色废物用作燃料，并采用清洁空气技术，大大降低了碳排放废物在大气中的释放。

啤酒厂街区（Brewery Blocks）地处珍珠区和市中心交界，是珍珠区中历史建筑复兴的五个地块，约 2.4 ha。21 世纪初，啤酒厂街区以环境可持续、历史保护、场所营造、财务可行为指导原则的再开发，带动了珍珠区逐渐变成以步行友好、智慧公共交通为主的街区。历史建筑的再利用、18 600 m² 零售、242 户公寓、2 栋办公楼，更明确了开发者的目标：创造更好的居住、工作、购物和文化相融合的混合街区。可持续更新的目标让五个地块既通过建筑保护保持了历史的场所感，又使更新修缮的老建筑都符合美国建筑委员会 LEED 标准。整体规划的措施有（表 6-14，图 6-41）：①啤酒厂街区采用了区域冷却系统（District Energy）技术，4 000 t 冷却系统由珍珠区供冷公司（威立雅子公司）管理和运营，可帮助该街区实现商业办公建筑减少 25% 能源消耗，居住建筑减少 40% 能耗的能效目标。②该街区内 70% 的建筑材料都是可回收利用的 3R 材料。③五个地块都是以小商业为主的集办公、教育、艺术、住宅为一体的混合街区。④啤酒厂街区 Block 4 的建筑立面上安装了太阳能光伏板。在每个拱肩上都安装有一个四方阵列，共 192 个独立模块（其中两个未启动），

---

1 胡天新. 美国波特兰发展绿色建筑的政策历程与借鉴 [J]. 动感（生态城市与绿色建筑），2010（3）：36-39.

表 6-14 啤酒厂街区生态复兴（资料来源：自绘）

	地块 1	地块 2	地块 3	地块 4	地块 5
历史建筑	雪佛兰大楼（1923 年）	温汉德啤酒厂（1906 年）	军械厂（1891 年）	—	—
改造后	全食超市	亨利酒馆（24 小时社区服务）	格尔丁剧院 亨利大厦	M 金融大厦 艺术学院	路易莎大厦
LEED 证书	银级	金级	铂金级、金级	金级	金级
生态措施	历史建筑功能置换、更新再利用	作为街区象征的大烟囱的加固保护与再利用，老建筑更新再利用	历史建筑更新再利用，雨水回用补给节水景观	生态屋顶，立面太阳能光伏板（192 个模块），节水水龙头，节水景观，雨水回用	生态屋顶、雨水花园

图 6-41　啤酒厂街区生态复兴（资料来源：根据啤酒厂街区更新规划改绘）

预计每年可生产 8 200 kW·h 电力，即每个有效模块输出 43.1 kW·h。扩展部分使得阵列倾角可以大于 90°，从而输出更多电力。整个系统每年可产生 2.16 万 kW·h。屋顶阵列含有 77 个多晶模块（BP Solar BP 3160），为一个并网逆变器（Trace PV 15208）提供能量，每年可输出 1.34 万 kW·h，即每个模块输出 174 kW·h。⑤本地可再生能源发电的比例应占居民区用能的 5%～15%，占商业区的 2%～5%。⑥所有建筑应当 100% 采用节水设备，建筑周围的绿色空间应种植耗水量低的植物。所有用水必须计量，至少 20%～30% 的供水应当来自废水或雨水回收再利用。

6.6　本章小结

本章基于遵循中国古代生态智慧和中国时空观的应序法以及多尺度、多维、多元的制序法则，从时间维度和空间维度建立双重织网型研究框架来阐释整体营造系统中的流动、循环、反馈与变化。

空间上，从宏观整体系统营造—中观镶嵌体间循环流动变化—微观生态措施的实践运用和落实三个层次来阐释影响历史街区与历史城市系统、历史街区与邻近镶嵌体间进行物质循环、能量流动、信息传递的决定要素、技术手段和实践运用。

时间上，历时性研究了从古代生态智慧作用于城市择址起始，人类活动与城市嬗变经历了长期拓适馈展的生态调适过程，从应序被动地顺应自然，到制序主动地生态调适使城市与自然系统达到平衡态，再到建立多维多样多尺度的制序法则，形成理韵—理水—理气的人、城、自然和基础设施的和谐共生、循环流动的历史街区——城市系统。生态智慧的演变发展始终支撑着城市这个动态有机的镶嵌体群落整合。

第 6.1 节应序，古代生态智慧作为综合生态观时间轴上最重要的整体构架支撑，对各个层级的生境营造提供了最源泉的补给与反馈。第一节彰显从应序到制序的过程，从宏观整体营造尺度推释到中微观尺度实践。宏观尺度上通过两个城市的对比研究阐释综合生态观下的历史城市整体营造的城市择址与轴线、城市营建与山水形胜的关系。通过南京的历时性研究，阐释城市嬗变与生态格局的关系以及历史城市发展进程中的生态调适。综合生态观下的空间尺度推释有助于从历史城市到历史街区的生态空间的深入和实践。

第 6.2 节制序，阐释现代生态智慧与古代生态智慧的交融对历史城市营建及综合生态观下的历史街区复兴营建的理念指导与实践规划。历史街区从灰色基础设施的创新性改造到灰绿基础设施的结合运用，综合生态观下的历史城市生态基础设施奠定了整体规划与历史街区建设的实践基础。

第 6.3 节理水，水网营建在历史城市发展前期的军事商业社会发展中占据了重要的地位，结合综合生态观分析城市水网营建中顺应自然—调适治理—生态成境的过程。除了运输作用的水网廊道，还有与土地、生物、人类生活交融的雨水、污水等等。研究综合生态观下海绵城市技术、绿色基础设施技术在历史城市与历史街区中的应用，并结合其文化社会特殊性提出具体的实践方式和案例研究。

第 6.4 节理韵，结合综合生态观中现代生态理念和技术解决历史街区中道路交通与街道网络和公共空间的现实问题，并且通过其流动、循环与变化的调适营造宜居友好的步行体系、步行友好的街区空间、安全舒适的自行车网络、复兴发展的公共交通、生态可达的公共空间。

第 6.5 节理气，历史街区与周边镶嵌体气韵的流动循环和能量的新陈代谢在街区层面通常以微气候环境营造体现，探究历史街区的节能系统和微气候环境营造要素，以达到综合生态观下的历史街区复兴。

第 7 章 生态支撑

——多元协作下的历史街区文化保护与整体风貌营造

7.1 整体协调的自然和城市管理
7.2 推理酌情的街区治理
7.3 多元协同的街区复兴
7.4 人文化育与生态成境
7.5 本章小结

在综合生态观构架研究中，道萨蒂亚斯的人类聚居环境学（Ekistics）提供了系统要素的支撑，且在时间和空间层面的动态链接上也提供了很大的助力。他在考虑自然、社会和人为因素（经济、政治、技术）的基础上，建立了人类聚居发展城市五要素：自然（Nature）、人（Men）、社会（Society）、建筑（Shells）、支撑网络（Networks）。在这个动态发展过程中的人的需求决定了城市发展（流动）、城市结构的复杂性与人的平衡（循环再生与新陈代谢）及变化中的城市结构（嬗变）[1]。只有社会性的族群才具有营造以本种群需求为主导的环境系统的能力，当种群在生态系统中占主导地位，这种特性将作用于整个生态系统。人作为城市生态系统的设计和主导，重新定义了城市"空间"与"资源"。空间资源再也不是强调生存，而是强调"容器"功能以外的新资源[2]，如文化、社会、政治、技术、经济等。本章从经济激励、多元合作、政治政策、文化生态、公共服务五个方面开展研究（图7-1）。在城市生态系统中，各个镶嵌体以人引起的生存发展的空间需求是城市生态系统空间结构演化的内因，而复杂多变的城市环境状况则是城市空间结构演化的外因，它们共同作用，通过拓展、适应、反馈、整合形成了镶嵌体格局。

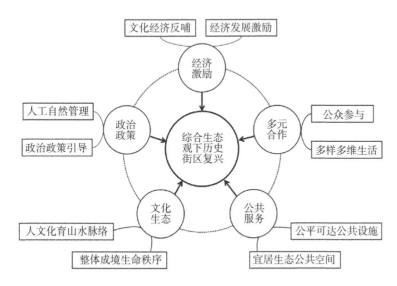

图 7-1　本章研究框架（资料来源：自绘）

1　Doxiadis C A. Ekistics, the science of human settlements[J]. Science，1970，10：393-404.
2　毕凌岚. 城市生态系统空间形态与规划 [M]. 北京：中国建筑工业出版社，2007.

城市生态系统各个镶嵌体中各单元生存发展的深层结构是由社会行为结构—经济技术结构—自然环境结构—人文环境结构—政治政策结构支撑而形成的。生态是耦合关系[1]，前两章讲述了空间显性的物质的结构表征：镶嵌体的生态格局及镶嵌体间的流动循环与反馈。本章将阐释综合生态观下历史街区空间表征背后隐性的深层结构，而这些支撑体系的主体是人的需求。

综合生态观下的历史街区营建的支撑体系将从以下几个方面来阐释：整体协调的自然与城市管理（人工自然系统管理，自然和城市的整体生态调适），推理酌情的街区治理（自上而下政策激励，切合城市发展的历史街区复兴），多元主体的渐进复兴（自下而上的公众参与，多维多样的街区生活），人文化育的生态成境（山水脉络与人文化育，整体胜境与生命秩序）。

7.1 整体协调的自然和城市管理

7.1.1 均和协调的人工自然系统管理

城市生态系统是以人类活动为主导的人工生态系统，人类在大量观察错综复杂和不确定性的天然自然以后，建构易于人类理解、调控和反哺的人工自然，建立系统均和的人工自然系统，是构建一种宏观调控人与生态平衡的媒介。通过追溯中国历史上人工自然系统管理制度与实践，重新认知古代人工自然系统建设与维护管治经验，以历时性的眼光重新看待现代城市对历史街区的政策激励和生态调适。

中国古代人工自然的系统管理是对"顺应自然"思想的回应，在数千年的发展中，积累了一套根植于中国生态建设与管理的智慧。大量的山林川泽归国家所有，随着工商业和城市的发展，土地兼并情况的不同、历史上朝代的不同，山川林泽向民众开放的程度各有不同。

生物生态资源的利用原则，生态资源的管理与控制，生态资源的分配的人本生态思想奠定了中国"遵天时，尽地利，假外物"的天、地、生、人的关系，也奠定了人们因地制宜、节材节地、就地取材的营建方式，还有诗意乐居的审美情趣（图7-2）。

---

1 王如松. 生态整合与文明发展 [J]. 生态学报，2013，33（1）：1-11.

人本生态思想奠基	务实的生态举措	资源的利用与保护	灾祥观与动物伦理新变	资源开发预警及动物保护	务实的生态思想与实践	动物伦理与农林生态	人和动物与生态改造
先秦时期	**两汉时期**	**魏晋南北朝**	**唐代**	**宋代**	**元代**	**明代**	**清代**
①以礼出发的儒家"节位"的生态依据 ②生态资源利用原则 ③生态资源管理与控制 ④生态资源的分配	①西汉政治实践中的"灾异说" ②东汉的生态"灾异"和生态"祥瑞" ③西汉生产和消费思想与生态保护思想的创新 ④东汉民生政论与乡村农政中的生态举措 ⑤东汉"诗意栖居"与生态伦理	①生态平衡理论 ②改变原来的生态格局以利民生 ③山川泽林的归属 ④自然资源的保护	①"灾异"和"祥瑞"新变 ②动物保护实践 ③动物灾害应对	①山泽资源开发与警示 ②水利事物中的生态思维 ③《陈旉农书》 ④放生等动物保护实践 ⑤蝗灾应对与灾异观突破	①人与动物关系 ②生态的农业政策 ③三种农书中的生态思想	①"仁爱与万物一体"的动物伦理思辨 ②"杀生"与"放生"动物伦理思想 ③生物灾害的应对 ④创建科学的农林生态系统 ⑤生态环境改造	①动物保护思想 ②动物与社会的关系 ③灾祥说与生物灾害应对 ④耕地拓展、海田拓展、湖田开发、山地开垦 ⑤人口与粮食关系

图 7-2 各个时期主要的生态思想（资料来源：自绘）

先秦时期对人与天、地、外物关系的探讨奠定了人本生态思想的基础，唐朝以前包括唐朝前期（唐太宗）都崇尚节俭，以尧舜禹时期建筑节俭概况为最[1]，汉文帝（刘恒）也是崇尚建筑节俭的帝王代表。孔子、孟子、荀子的著作中都有提倡"节用"的论述。老子的"节俭"提倡节俭、节约、戒奢，限制和减少人类的欲望。儒家"节用"思想与相关著作提供了生态依据，这里的"节用"与墨家的"节俭"不同，而是将物质生活所消耗的生态资源控制在"礼"和生产能力范围内。

从秦开始，人们就加大了疏浚治水、防灾灌溉的步伐。都江堰灌区人工自然系统的管理、使用和维护的结构充分展现了古人均和协调的自上而下的生态思想。秦代自开辟之始就建立了相应的职官体系，开展自上而下多层次协作管理：国家决策与地域监管、多县统筹与地域融合、县与县之间的合作管理、县域管理和乡村自治。分层级的管理制度形成了政治政策、社会治理和自然生态的统一。通过宜善养、防独占、均水道等措施达到居民的公平享用，其平等的结果也促使了均布的水网格局与林盘格局的形成，以及符合综合生态观的人工自然系统的构建。地区社会通过建立和水系生态过程相协调的管治机制开展有效的维护，使得整个地域生境良好运转，并保障国家公共工程

---
[1] 唐代虞世南所撰写的《俭德》一文中有记载"堂阶三尺，土阶三尺，尧白屋，禹卑宫，括柱茅茨，柱弗藻；地无黝丹，垣无白垩……"，勾勒出唐以前崇尚节俭的历史和尧舜禹时期建筑的概况，尧舜时期的宫殿建筑成为古代宫殿建筑节俭的楷模。

为地域居民生活带来广泛的福祉[1]。

宋代时,土地兼并现象是严重的社会问题,加之人口增长迅猛,北方人口南渡,导致土地资源紧缺、无足够的土地耕种。若将其作为社会问题解决,则不得不使用政治或者军事手段,必付出更为严重的代价;但若将其作为生态问题,则有诸多的好处。宋代出版的《陈旉农书》正是以生态学的角度解决社会问题的典范。《陈旉农书》目的是通过生态手段提高单位面积的作物产量,它从生态哲学辩证生产力与生产资料的最佳配合,以及如何发挥两者最大的效益以创造财富。土地紧缺的矛盾在一定程度上得到缓解。宋代关于生态性的思想和创建,来自对改湖造田实践的反思。"改湖造田"起源于唐代,南宋建都杭州后日益昌盛,政府、军队和移民大量集中到江南,土地需求增加,拓荒难度巨大,从而促使人们把水域和滩地甚至湖改造成农田,称"湖田",但从生态角度看,改湖造田得不偿失:①水域丧失,城市调蓄能力大幅下降。水旱之灾更易导致颗粒无收。②湖变湖田后,生物群落和生境结构遭到破坏,生物多样性降低,该生态系统可提供的食物种类更是急速降低。③生态文化遭到破坏。相比二十世纪六七十年代"围湖造田"等重新安排河山的壮言,古代改湖造田还是考虑了季节性的可持续应用,比如湖与湖田季节性两用等等。后为恢复破坏的生态环境,退耕还林、还田为湖等成了可持续性发展和恢复生态承载力的手段[2]。

古代重要的人工自然系统管理的生态政策如表 7-1 所示。

表 7-1　古代重要的人工自然系统管理的生态政策(资料来源:自绘)

朝代	政策目的	颁布政策	政策主要内容
秦汉	生态资源的分配	儒家"布利"《礼记·玉藻》《孟子》《荀子》	生态资源集中的自然资源不征收赋税,无偿交于公众开发使用,不可垄断
	生态资源的管理	《周礼》	设立管理生态事务的专职官员:①按时令开禁田猎采伐;②禁止不当的田猎采伐;③服务与配合官方田猎;④收纳产出与税务;⑤山川祭祀;⑥防火防灾
	垦田,野生动物保护	《秦律十八种·田律》《四时月令诏条》《淮南子·说山川》	"四时禁""以时禁发":二月至七月春夏两季,山林川泽作为野生动植物栖息地受到国家法令的保护

1　袁琳.生态基础设施建设中的地区协作:古代都江堰灌区水系管治的启示[J].城市规划,2016,40(8):36-43+52.
2　赵杏根.中国古代生态思想史[M].南京:东南大学出版社,2014.

（续表）

朝代	政策目的	颁布政策	政策主要内容
秦汉	山林川泽分类管理	秦牍，秦简	为山林川泽分类：禁苑（不准百姓进入），以时禁发的自然资源（向民众限时开放）
秦汉	自然资源丰富的地区	《汉书·地理志》	①专设官员管理；②禁止百姓随意利用；③把提封田分为不可垦、可垦不垦、定垦田三种，约各占总数的70.6%、22.2%、5.7%
秦汉	节俭，节用	《尚书·商书》《国语·周语》《俭德》	①（儒家）以节俭为社会基本道德：处事三宝之一（减少欲望），以节俭的生活方式为乐；②当政者尚俭节用，体恤百姓则国兴；③唐以前的尚俭之风（以尧舜禹时期为最）
魏晋南北朝	禁地的生态平衡	《谏明帝兴众役疏戚属疏》《魏志·高柔传》	①生态平衡：利用自然生态资源，让动物繁殖、成长；②宏观调控：对造成生态灾害的物种调整捕杀方案（魏明帝时期鹿的捕杀）
魏晋南北朝	改变生态格局以利民生	《全晋文》	开荒种植：以产出食物为首要条件的自然开垦（沼泽）
魏晋南北朝	疏浚导水，防灾灌溉	岁修 水则	李冰六字心法：深淘滩，低作堰 ①截水初淘；②冬日枯水季节挖淘；③控制挖淘深度与水面高度（深挖滩）；④控制鱼嘴高度、堰长、堰高（低作堰）
隋唐	治水（都江堰）	中间官制的成熟	较为完整的管理体系，国家—区域—地方共同协调管理
宋代	治水	王安石变法：《农田水利约束》《宋会要辑稿》	中央：水务司、都水监 地方：县级官员、漕司 ①奖励集思广益的耕种和修建农田水利；②为工程做预算；③水利管理分层级；④县级工程监管与审查制度；⑤允许增设辅助官吏；⑥私人垦田与水利项目可向官府和富户贷款；⑦设施建设维护计入官吏考评
宋代	改湖造田	对"湖田"的反思	弊端：①水域丧失，城市调蓄能力大幅下降；②湖变湖田后，生物群落和生境结构遭到破坏；③生态文化遭到破坏。相比二十世纪六七十年代"围湖造田"等重新安排河山的壮言，古代改湖造田，还是考虑了季节性的可持续应用，比如湖与湖田季节性两用等等，后为恢复破坏的生态环境，退耕还林、还田为湖等成了可持续性发展和恢复生态承载力的手段
宋元明	灾异说，人与动物的关系	"节杀"与"戒杀" 生态调适	对政治政策、统治者德行的规范；增加人对自然的抗灾能力，人对城市生态系统的顺应和调适
清、民国	古代公众参与官民协调综合治理	官堰岁修 民堰 乡绅参与管理	①负责灌区综合治理，设立专门管理机构，设立专业人员（水利同知）；②府（州）县级长官让乡绅也参与到治理中，形成史上第一次公众参与，都江堰管理也出现了官堰和民堰

7.1.2 综合生态观下整体营造和生态调适实践

古代人民经历了崇拜自然的"巫"的远古时期，进入认识自然的时期。随着生态工夫论的推进和社会经济的发展，开始对城市生态采取调适措施，不仅出于对生态时空观和生态价值观的辩证的回应，更出于对"灾害"的回应。灾害是城市建设需要面对的永恒主题。

自汉代以来，人们"天人感应"的灾异观在中国古代灾害应对过程中成为衡量为政成效的晴雨表[1]。董仲舒的"天谴论"中叙述了"灾异"与国家"失变"的严肃关系。"灾"既包含天灾也包括人祸，它的发生是因为人类活动与天地运动相违背，中国古人应对灾害讲究"人与天调"的积极主动的调适精神，只有适当调整才能消灾。历史来看，古人为建立宜居生态的环境，不断运用各种手段应对灾害。据考，在各种古文明中，调适总出现在灾害发生之后的反思中，人们强化灾害的预备，以史为鉴，在破坏之后积极地恢复、复兴和重建。在不断调适的过程中，人们获得了相对安全的居住场所。其中所蕴含的观念、伦理、方法，正是综合生态观下历史城市营造的实践过程。

追溯南京从远古到民国的城市形成和发展史，探究在城市形成和发展的过程中，综合生态观的整体营造，自上而下的文化、社会、政治、技术、经济举措在人和自然的关系演变中所承担的角色，人工自然系统管理的逐步形成。在深层结构的影响下，城市生态系统的山水秩序构建和人类认识自然山水中，以及在应对灾害时，形成生态调适的实践见表7-2。

表7-2 南京山水秩序构建与生态调适（资料来源：自绘）

发展阶段	历史时期	时间	重要事件	要素类型	尺度控制	生态调适
崇拜自然	远古	14 000万年前	六合方山（古滁河和长江汇合处）火山活动剧烈	WR ▲	—	雨花石形成，城市物质文化遗产
		公元前3000	沿水系出现了"聚"和"邑"，原始的道路出现	S □ =	—	古村落古镇遗址、原始道路，影响城市选址
		公元前2600	皇帝封姜雷六合方山侯赐方姓	W ▲	—	梵天寺雷祖殿堂，传统祭祀文化
认识自然	夏商	公元前1500	湖熟文化形胜	W ▨	—	文化遗址遍布南京市，城市传统文化

---

1 赫治清. 中国古代灾害史研究 [M]. 北京：中国社会科学出版社，2007.

（续表）

发展阶段	历史时期	时间	重要事件	要素类型	尺度控制	生态调适
认识自然	夏商	春秋后期	固城：最早的建城活动和城邑出现［距金陵一百二十里（60 km）］	SZ□	—	早期城市雏形，影响城市选址和发展
		公元前551	伍子胥奉吴王命开挖胥溪运河。运河东接太湖支流青溪，西连长江支流青弋江、水阳江	SR≈	区域尺度	我国开凿最早的人工运河，将城市群的水系都编织在一起，形成城市群水网的循环体系
		公元前541	高淳县固城湖畔修筑相国圩	SR≈	城市	南京最早的水利工程。我国湖区第一大圩。这种建筑可以"筑土御水，而耕其中"，就是说这种圩可以防御洪水，人们在里面种田
	战国	—	"吴头楚尾"交通要道，三条向西南、东、南延伸的重要道路	S=	国家	城市间的流与运动
	周	公元前333	周显王置金陵邑	WZ□	—	南京称金陵之始，城市传统文化
		公元前221	秦采用郡县制，建三十六郡，实行中央集权	Z□	国家	行政区划确定城市监管制度
		—	秦始皇凿山以泄王气，改金陵邑为秣陵县	Z□▲	—	山水态势气韵更改，影响城市建都和文化
		—	以驰道为主配合直道的全国性交通网络建立	S=	国家	国道、道路规范与道路分级首次出现，大大推进城市营建
		—	隔三丈（合7 m）栽一棵树	R=	国家	第一次全国性交通网络就考虑了与自然生态的结合
		—	十里建一亭，功能兼具道路管理、行人休憩、接力传递的邮驿	S▨	国家	多功能复合型驿站建立，建筑多样性和休憩空间的推进
理性认知	汉	198	孙策为讨逆将军封吴侯	Z	—	—
		211	孙权徙治秣陵，改秣陵为建业	ZJ□	—	第一次成为郡治所在，第一次大发展时期开启
		212	建石头城，城周七里一百步，南开二门，东开一门	Z□▨	国家	军粮和器械储备地建立
	东吴	229	建都自此始，建业城宫城（台城）建设，功能包含宫殿、官署与仓库	Z□	城市	以自然山水和人工沟渠为天然屏障的无城墙的宫城
		—	太初宫，苑城沿用恒王故府，新建南宫、昭明殿、皇家园林西苑	Z□⛨	建筑	建筑的再利用和重要宫殿新建

（续表）

发展阶段	历史时期	时间	重要事件	要素类型	尺度控制	生态调适
调适顺应	一	230	沿着秦淮河口筑长堤横塘，以防止洪水泛滥	ZR□	城市	（城市防洪工程）从中华门到水西门的内秦淮两岸
		240	凿城西南自秦淮北抵仓城名运渎	ZS≈	城市	（城市水运工程）古城第一条人工水道与自然水道联通
		241	凿东渠名青溪通城北堑潮沟	ZS≈	城市	（城市水利工程）贯通人工和自然水系，形成水网和护城自然屏障
		245	凿破岗渎连通句容与云阳西城	ZS≈	城市	（城市水运工程）贯通人工和自然水系，形成水网和护城自然屏障
		247	立建初寺，方山立洞玄观	WS▨	建筑	天竺康僧初达建业，营立茅茨，设像行道，大帝为建塔立寺，江东初有佛法，为以后大量的文化民俗和寺庙建筑提供土壤
	西晋	282	分秦淮水南为秣陵，北为建邺	Z□	城市	以自然山水分隔区域
		303	石冰破扬州，修建建邺宫居之	Z▨	建筑	—
		313	改建邺为建康	Z	—	—
	东晋	336	钟山疏曲水以宴百僚	WS⇧	—	—
		372	就长干寺（阿育王寺）造三层塔	WS▨	建筑	长干寺为今大报恩寺旧址
		378	谢安做新宫内外殿宇大小三千五百间，又起朱雀门朱雀观	Z▨	城市	—
	宋	424	置竹林寺定林寺	WS▨	建筑	佛寺代有增筑
		425	置清园寺严林寺	WS▨	建筑	佛寺代有增筑
		427	置永丰寺南林寺	WS▨	建筑	齐高帝萧道成生
		438	立儒学、玄学、史学、文学为四学以雷次宗	WS▨	建筑	宗派逐渐创立
		446	堰玄武湖与乐游苑北兴景阳山于华林园	WS⇧	—	—
		463	于玄武湖大阅水师祀梁山	ZW▲	—	起药王寺，立双阙于梁山
		465	以石头城为长乐宫，东府城为未央宫，北邸为建章宫，南第为长杨宫	Z▨	建筑	政变引起的宫城变迁

(续表)

发展阶段	历史时期	时间	重要事件	要素类型	尺度控制	生态调适
调适顺应	宋	—	初立国学	WS	—	基础设施的提升与完善
	齐	499	洪灾泛滥,民众死伤严重。始安王反,江州刺史反	ZR	—	灾害与国家失变
		500	火烧皇宫屋舍三千余间	Z	—	灾害与国家失变
	梁	502	立长干寺、智度寺、佛窟寺、永修观	WS▨	建筑	梁朝时佛教达到全盛时期,都下塔寺达到五百余所
		503	置法王寺永建寺	WS▨	建筑	南朝四百八十寺,多少楼台烟雨中
		506	立建兴苑,立孔子庙,置敬业寺,置净居寺	WS▨	—	—
		507	京师洪灾,水入御街七尺	WR□	—	帝舍宅为光宅寺,置明庆寺
		510	武帝在秦淮河口新开缘淮塘,北岸起石头迄东冶,南岸起后渚篱门迄三桥,以防淮水泛滥	ZSR≈	城市	人工水利工程,"人与天调",积极主动地调适精神,灾害与国家的反思与应对
		511	初作共城门三重及开两道	ZS⇧	建筑	—
		533	京师大水御道通船,置法苑寺	ZRW=	—	灾祸与国家失变,第二年魏内乱分为东西魏
	陈	588	大风至西北激涛水入石头城,随遣晋王广帅来伐	ZR	—	灾害与国家失变,大风拔朱雀门,建康城遭破坏
		589	建康城邑宫室,并平荡耕垦,更于石头城置蒋州	Z□	国家	南京历史上遭遇的第一次文化浩劫。朝代更迭,城市文化遭破坏。建康城及东府、丹阳诸城遭平毁,六朝都城毁于一旦
	隋	601	敕建舍利塔于栖霞寺内,千佛崖旁	WS▨	建筑	当时为木塔,后毁于唐武宗年间
		603	开凿从洛阳经山东临清至河北涿郡长约1 000 km的"永济渠"	ZSJ≈≈	国家	为控制江南,便于物资运往洛阳
		605	开凿洛阳到江苏清江(淮阴)约1 000 km长的"通洛渠"	ZSJ≈≈	国家	为控制江南,便于物资运往洛阳
		610	拓浚整治镇江至杭州长约400 km的"江南运河"	ZSJ≈	国家	继公元前495年吴王夫差开河通运,从苏州经望亭、无锡至奔牛,达于孟湖,形成最初的"江南运河";秦汉时期又基本接通了杭州至镇江入长江的水运通道;隋朝疏浚"江南河"全线畅通

（续表）

发展阶段	历史时期	时间	重要事件	要素类型	尺度控制	生态调适
调适顺应	隋	—	对春秋时期开凿的邗沟进行改造	ZSJ≈≈	国家	人工河道连接自然水系建构全国交通大动脉：可通船舶的1 700 km河道，流经现今的北京、天津、河北、山东、江苏、浙江六个省市，连接了海河、黄河、淮河、长江和钱塘江五大河流，大大促进了经济和人流迁徙
	唐	620	扩建栖霞寺	SW▨	建筑	李渊扩建栖霞寺，增殿宇四十余座，唐初是栖霞寺全盛时期。唐高宗在寺前立碑
		783	镇海节度使筑石头城	Z	建筑	—
		755—762	昇州（南京）经济开始复苏	J	城市	北方因战乱经济萧条，人口南下，江淮远离政治中心，免遭战乱，经济得以正常发展。农业、手工业、商业得到发展。无大规模城建
	杨吴	920	改昇州大都督府为金陵府，金陵城建紫极宫于冶城故址	ZS□	城市	杨吴时两次在金陵筑城，先称金陵府城，后称江宁府城
		932	徐知诰广金陵城周围二十里，这个新城就是后来的南唐都城	ZS□	城市	拓展原有城墙，增筑羊马墙，使金陵城周长达到四十五里（现今20 km余）。城高三丈五尺，上阔二丈五尺，下阔三丈五尺，皆为土筑
		933	沿城开挖护城河"杨武城壕"	ZS≈	城市	壕于竺桥会青溪，西经浮桥会珍珠河，再西经北门桥，入乌龙潭，再入江；自竺桥向南经玄津桥、大中桥至东水关，与淮水合。自明祖截壕筑城，壕分为二，其在城外者，绕城东南角，后称外秦淮
	南唐	937	改建江宁府为宫城，宫城以护龙河环绕，对外以桥连接	Z≈≈	城市	城周四里二百六十五步，高二丈五尺，下阔一丈五尺，护城河水源自青溪，绕城三面，至西虹桥与青溪合一
		937	石头山改名清凉山，建清凉寺	SW=▲	建筑	中国佛教禅宗法眼宗发源地
		—	杨吴和南唐都采取保境息民、轻徭薄赋的政策	SJ	国家	促进社会和谐和经济复苏，社会生态的体现
		—	筑城以卫君，造郭以守民	SZ	国家	以荒芜300年的原六朝都城边界筑宫城，都城南移至秦淮河畔繁华之"市"。"郭""城""市"共处于一个体系中

(续表)

发展阶段	历史时期	时间	重要事件	要素类型	尺度控制	生态调适
调适顺应	南唐	—	"天阙"格局不改，中轴线沿用六朝，修复并繁华御街，并建东西向主道两条，南北向两条	SJW≈	城市	南唐都城南移但中轴线不变，坐落在元六朝七里的城外御道上，御街从南门至宫门前虹桥1.5 km，延续六朝道路绿化，杂植槐柳为行道树，两旁为官署，路面铺装，两侧开沟渠，道路设施沿用至明代
		944	于宫城中建百尺栖霞阁，北苑建清晖殿	ZW▨	建筑	彰显着江宁又重回政治、经济、文化、中心的地位
			于城市东南隅建伏龟楼	Z▨	建筑	地势较高，军事瞭望点
			李昪开设太学，广招人才	SW	—	社会经济相对繁荣，金陵形成文人社会
	宋	1027	江水溢，破坏官民庐舍，凿义井与天禧寺侧	SR	—	灾害与生态调适
		—	莫愁湖出现	SR⇧≈	城市	长江主泓道向西北迁移，江中白鹭洲与陆地相连，秦淮河原入江口附近的低洼地成塘，莫愁湖为最
		1048	江宁府大火，宫城大部分被焚，仅存玉烛殿	Z▨	城市	灾害与国家失变
		1127	以建康为行都	Z☐	城市	以南唐宫城为皇城，修行宫于皇城内
		1162	修固建康城	ZS☐	城市	行宫周边集中军事设施，官署府学位于行宫东南，居民于行宫南面和西南，商业区为秦淮两岸，增立女墙
		1163	江东大水，通青溪水入江，修筑建康城	ZSR☐	城市	灾害与生态调适
		1168	江南贡院建立	SW	城市	社会文化生态的体现
		1260	浚城壕四千七百六十五丈，浚青溪，重修诸桥，创栅寨门、瓮城及更楼、闪门。城壕之内、城墙之外皆筑羊马墙	ZSR≈	城市	增加城池的防御力，增加河道运载能力
	元	1301	疏浚玄武湖	SR≈	城市	北宋废湖为田后，水患不断。在下钟山乡后开湖河道，使玄武湖恢复一个池
		1338	疏浚青溪	SR≈	城市	宋元以来，青溪古道淤塞，排水不畅
		1343	开玄武湖河道	SR≈	城市	南至钟山乡珍珠桥，北接龙湾大江，通十七里，恢复玄武湖
		1365	以集庆路学为国子监	SW	国家	宋朝创立贡院，入元改为集庆路学

（续表）

发展阶段	历史时期	时间	重要事件	要素类型	尺度控制	生态调适
调适顺应	明	1368	以应天为南京	Z□	国家	首次以南京为正式地名
		1366—1393	修南京城垣	Z□	城市	朱元璋对迁都南京虽有犹豫，但已按帝都计划建设南京，明南京四重城郭：宫城—皇城—都城—外郭
		1378	改南京曰京师 因天材，就地利，新旧城联动发展思想	Z□	城市	旧城繁华经济中心，新城政治中心；皇城中轴线转移至南唐城东，避开大量拆房扰民，填燕雀湖做宫殿，以富贵山为中轴线起点
		1381	建国学于鸡鸣山下名国子监，以旧国学为应天府学，建蒋山寺	SW▨	—	文化社会生态与城市发展齐头并进
		1386	造同济、聚宝、三山、洪武等都城门，新筑后湖城，廊房街道	ZW▨	城市	四重城郭完整体系逐渐形成
		1402	朱棣发"靖难"，于南京称帝	Z		经过朱元璋二三十年建设的南京已经规模空前，壮丽无比
		—	护城河	ZR≈	城市	都城护城河，南部沿用杨吴城壕，加宽至120 m；西面用外秦淮，较远角落，增挖城壕；东北利用玄武湖、前湖、琵琶湖；北面、东南面新开宽阔城壕
		—	于城门内设瓮城	ZS▨	城市	城内设瓮城，反旧制，明朝首创。聚宝门，城堡东西宽 118.5 m，南北长 128 m。占地面积 15 000 m²，设计巧妙，结构完整。四道城墙隔三道瓮城，城门高 21.45 m，千斤闸开启，堡内藏兵洞 27 个
		1381—1405	明孝陵建设	ZW▨	建筑	明孝陵三进院落为帝王陵寝的一代新制。1382 年马皇后葬入，1398 年朱元璋与马皇后合葬。陵墓由陵前道路、神道和陵区组成
		1412	敕工部建报恩寺	SW▨	建筑	重要历史建筑
		1421	朱棣迁都北京	Z		经济文化中心依然保留在南京
		1431	报恩寺落成	SW▨	建筑	重要历史建筑
		1600	修报恩寺塔	SW▨	建筑	重要历史建筑
		1613	南京工部上书疏浚秦淮河	ZR≈	城市	防止灾害，利于运输

(续表)

发展阶段	历史时期	时间	重要事件	要素类型	尺度控制	生态调适
调适顺应	清	1645	清平定南京，以南京为江南省首府，改应天为江宁	Z	城市	仍辖八县
		1654	江宁织造署建立	ZSW▨	—	官用缎匹官办织局，掌握政治信息职能的特殊机构。毁于太平天国运动。曹雪芹诞生地
		1662	芥子园	WR⬆	建筑	李渔于蒋寿山下建2 000 m² 芥子园
		1645	瞻园	WR⬆	建筑	南京现存历史最久的园林。明代万历年间已初具规模。瞻园昔以石胜，传系北宋宣和。有厅曰静妙堂，前后方二池，有沟可通
		1647	煦园	WR⬆	建筑	1.4 ha，江南总督署
		—	愚园	WR⬆	建筑	2.4 ha，清末最著名私家园林。"金陵狮子林"
		—	"南闱"江南贡院成为专门乡试场所	ZSW▨	—	考生号舍多达20 664间
		—	城南故居	SW▨	城市	荷花塘、横塘、长干里、乌衣巷等门西门东片区都是重要的社会生活文化的遗产和延续
		1760	两江总督署设置	ZWJ	区域	管辖江南省（江苏、安徽、上海）和江西省。江宁府成为东南地区的中心
		1842	签署《南京条约》	Z	—	赔款，割让香港，开放广州、上海等五处通商口岸
		1853	太平军攻陷南京以为天京	Z	城市	又一次文化浩劫
		1865	下关的兴起，金陵机器制造局建立	ZJ	城市	近代工业兴起，下关成为南京近代市政设施建设集中地和重要的码头
		1894	张之洞支持修建江宁马路	ZSJ=	城市	南京第一条近代道路。宽6~9 m，可通马车、人力车
		1908/1911	沪宁、津浦铁路通车	ZSJ=	—	下关车站（沪宁终点站），大小平房18间，建筑面积520 m²。经三次扩建形成贯通南北、东西的大道
生态成境	民国	1912	中华民国定都南京	ZJ	国家	
		1925	南京市政计划	ZSJ	城市	通过旧城改造，改善城区内外联系和环境。包括交通、工业、商业、公园、名胜开发、住宅、教育、慈善、财政计划

（续表）

发展阶段	历史时期	时间	重要事件	要素类型	尺度控制	生态调适
生态成境	民国		皇家与私家园林向公众开放，建设新的五大公园	SW🏛	城市	东城、南城、西城、北城、下关公园、紫金山、鼓楼、雨花台、莫愁湖
		1927	国民政府复都南京为都后，以明外郭以内范围为南京特别市。"首都计划"实施	Z	国家	"首都计划"是中国最早的现代城市规划，是民国时期中国最重要的一部城市规划
		1929	中山大道建设通车	ZSJ=	城市	西北起中山码头至南京鼓楼，转南抵新街口，折东止于中山门，"三块板"道路断面，节点（鼓楼、新街口、山西路）处布置环形广场，两侧种有十万余株悬铃木。1930年以南京鼓楼、新街口为节点，分出中山北路、中山路和中山东路三段，统称为中山大道，后又增辟中山南路
		1929	飞机场建设	ZSJ=	国家	两个主要机场，五个小飞机场
		1936	灰色基础设施建设	ZSJ	城市	自来水厂1933年开始供应沉淀水，污水处理厂1936年日处理1 000余吨生活污水

注：要素类型图例：山（▲），水（≈），城墙（⊙），城市（□），建筑（▨），园林（🏛），交通（=）。
动力机制图例：文化（W），政治（Z），自然（R），社会（S），经济（J）。

    南京城市山水构建和生态调适经历了崇拜自然、认识自然、理性认知、调适顺应、生态成境五个阶段。从国家—区域—城市—建筑的尺度层级，从文化、自然、社会、政治、经济五位一体生态观及山、水、城、林、道的空间镶嵌体物质层面，全面重新认知历史性的生态调适。从整体上看，儒家文化对南京文化生态和社会生态的建设影响深远，建寺建庙事件频繁，且对百姓有较深远的文化影响。整个调适历时性过程与山水关系密切，以山势择城址，以水患通渠着堤，因天材，就地利，这个不断的生态调适过程让城市逐渐嬗变形成现代的城市。但在所有古代生态调适中，直接作用于街区层面的较少，或者说在历史城市中以街区层面作为调适目标的几乎没有，原因是自汉到唐的一千多年"里坊制"的街区制度让所有城市街区都在高度严密的封闭式体系和管理中，虽然保证了城市的井然有序和安全高效，但也一定程度上对居民的生活和行动形成了规训和监视，影响了社会生态和经济生态。宋代里制瓦解，民居和商铺交错布置，邻里生活气息的"街坊制"形成，这些奠定了现在城南历史街区的生态肌理。1929年，中国最早的城市规划，统筹南京的"首都计划"出世,这是一场政治政策的革新,也是人对自然改造的全面变革。南京的城市建设逐渐有序,经济发展迅速,灰色基础设施大量建设,皇家园林向民众开放,旧城区道路网络全部改造,四通八达。政治政策以科学技术为基础,以经济发展为导向,以顺应自然为本心,全面改造了人们的社会生活和文化生活,使人们逐步走向了现代城市的道路。

中国生态实践过程中,"裁成天地之道,辅相天地之宜"[1],自然提供人类生存需求,人应顺应自然,辅助完成天地的生命过程,同时又"情理交融",重视人在山水环境中的和谐存在与体验。古代的生态实践是综合生态观下的历史城市发展与演化的一种历时性的进程。它是顺应天时地利的古代城市规划和发展,也是历史街区形成和现代城市形成的基础,是时间序列对五位一体的综合生态观的生态实践的不停完善和复兴。

7.2 推理酌情的街区治理

7.2.1 政策激励的历史街区复兴

中国古代"里坊制"到"街坊制"时期完成了有层次、有秩序的演化过程,古代城市具有家国同构、肌理分明、灵活演化、生产多变、功能复合、职住一体的历时性的肌理特征。而现代化以来,大规模的拆建后遗症城区和滞后的旧城,使现代城市演化过程呈现出东拼西凑、斑驳淋漓的失序现状。未来城市发展要求将越来越复杂、多元、包容,若在此过程中继续忽视城市发展政策对历史街区发展和复兴的影响,忽略历史街区与周边其他镶嵌体的生态整合和层次秩序,城市发展将很难达到国家生态文明建设的整体目标,世界将很难达到共同、综合、合作、安全、公平、开放、包容、共赢的发展观,和而不同、兼收并蓄的文明交流,尊重自然、环境友好的生态文明"人类命运共同体"的宏愿[2]。从世界—国家—城市—街区—建筑,大家秉持着同样一颗生态共和的初心,从世界"人类命运共同体"宏愿到国家"生态文明"的必然趋势,到"城市双修"和生态城市发展政策,到城市修补旧城更新,我们不能再遗漏历史街区发展和生态复兴的诉求,应

---
1 周文王姬昌.周易·泰·象辞.
2 中华人民共和国商务部.习近平:高举中国特色社会主义伟大旗帜 为全面建设社会主义现代化国家而团结奋斗——在中国共产党第二十次全国代表大会上的报告[EB/OL].(2020-10-25)[2021-01-20].
http://www.mofcom.gov.cn/article/2t_20thCPC/toutiao/202211/20221103366898.shtml.

将它串联到整个经济 – 社会 – 宜居 – 文化 – 自然的综合生态观目标体系中。

在中国历史街区保护与更新进展中，历史街区的保护和发展与城市发展方向相吻合的自上而下的政策机制驱动方向主要来自以下几个方面：

（1）保护政策与法案

①与文化遗产保护相关的国际组织和机构所发布的亚洲或中国文化背景下的保护政策与法案（《会安草案》《中国文物古迹保护准则》），它们可以指导和提供历史街区和历史城市保护的大方向以及最新的保护技术。②中国历史街区的保护必须根据《中华人民共和国文物保护法》《历史文化名城名镇名村保护条例》《城市紫线管理办法》的要求进行保护，并公布名录。保护规划应按《历史文化名城保护规划规范》《江苏省历史文化街区保护规划编制导则（试行）》的要求进行，需达到详细规划的深度，保护规划必须通过专家论证，并报江苏省人民政府审批。

（2）城市更新发展

①"拆"与"留"的矛盾抉择期：改革开放后，空前的城市更新速度虽改善了居民生活环境，但造成了旧区形态的破坏，对历史街区"拆"与"留"的矛盾抉择引发了历史街区保护的意识，政府部门、学术机构、民间团体、开发商、居民各方力量皆主动或被动地卷入这些公共事件，随后学者们在研究过程中产生了各种重要的保护理论。②城市"双修"的政策推进：城市"双修"是内外兼修，是城市转变发展方式的重要标志。它既是物质空间环境的修复修补，也是社会文化、公共服务的修补，多尺度规划层级的合作重新振兴和塑造了自然生境、经济活力、社会治理、文化认同、空间场所、优质设施。该政策拉动了新旧城的联动发展，推进了历史街区更新发展空间及与城市发展政策相结合的手段和方式。

（3）保护规划

历史文化名城保护规划作为承接城市发展计划和统筹历史街区的保护方向的总体性规划，起到了很好的协调保护与发展的关联作用。以南京历史文化名城保护规划为例，它制定了历史城市整体风貌格局、历史地段、古镇古村、文化古迹、非物质文化遗产的保护内容框架，在2010—2020年的规划中制定了顺应城市发展方向的"保老城，建新城"、老城"双控双提升"的战略方针，确定了历史地段的保护原则、保护等级和保护要求，确定了历史街区的保护措施和保护名录。而更具体的《江苏省历史文化街区保护规划编制导则（试行）》

则作为沿袭名城保护规划的技术指引，明确规定了保护分项：历史文化遗存保护再利用，用地、人口与空间规划，交通与市政设施规划，技术指标与经济测算和规划实施政策建议。

综合生态观下的历史街区复兴应与国家和城市发展方向相耦合，城市发展给予街区以经济、政策支撑，历史街区本身的保护和复兴可以反哺新区和城市的发展，历史街区镶嵌体与城市镶嵌体通过物质流动、能量流动、信息流动、资金流动和人口流动形成良性的循环和反馈，从而整合成一个自上而下的政策保障、自然生态的物质基础、文化生态的复兴灵魂、社会生态的发展目标、经济生态的建设中心，以宏观指导微观，以微观贯彻宏观的生态系统（图7-3）。

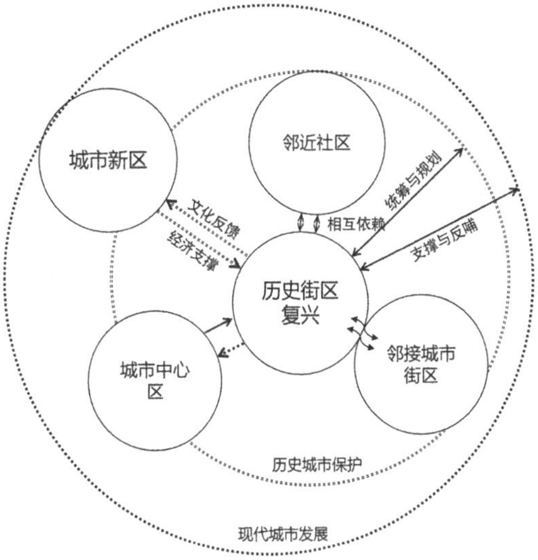

图7-3 综合生态观下历史街区复兴与城市发展的关系
（资料来源：自绘）

7.2.2 契合城市发展的历史街区复兴实践

在顺应现代城市发展方向、遵循历史城市保护规划的框架下，综合生态观下的历史街区与现代城市的其他镶嵌体形成了循环反馈和相互作用。历史街区与周边邻接与邻近的城市街区形成了相互依赖和彼此互利、强相互作用的关系，与城市的生态新区形成内禀生态性和外放生态性的远程对峙与反哺。历史街区作为城市特殊属性的镶嵌体，具有重要的文化生态内核和社会生态的核心竞争力，所以与其说是城市发展政策引导了历史街区复兴，不如说历史街区成了城市发展重要的政治政策导向，影响着城市发展的方向。

从美国的第一象限生态街区实践案例中，我们可以探究城市生态政策对历史街区保护与发展的影响，也能从生态复兴实践中探寻历史街区实践对城市发展方向的反哺与规训。美国历史街区的保护发展主要有四种推动模式：城市规划主导、城市更新拉动、社区组织推动和保护基金带动。这四种推动力量相辅相成，形成合力，共同推动历史街区的保护和发展[1]。在对美国历史街区的调研中发现，美国的一些历史街区已经开始综合生态观下历史街区复兴的实践关键点是政策响应和政策反馈。自21世纪初，美国很多大城市中心区的历史街区更新规划政策总是响应城市可持续和生态政策，而历史街区的

---

1 李和平，王敏. 美国历史街区保护的推动模式[J]. 新建筑，2009（2）：31-35.

保护与发展同时反馈制约城市的无序扩张,也促进老城的发展(图7-4)。例如,精明增长理论与历史街区保护策略相融合,为历史街区的复兴提出了明确而实际的指导策略。在实践过程中所呈现的这种相互交织的紧密关系,为美国的历史街区在保护与发展之间创造了一种动态平衡(表7-3,表7-4)。

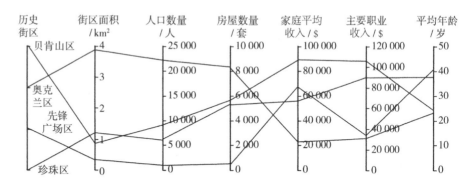

图7-4 历史街区基本社会情况(资料来源:自绘)

(1)波特兰珍珠区——城市更新拉动

珍珠区位于波特兰市中心西北部、维拉玛特河(Willamette Rivers)以南。经济危机前,珍珠区聚集了一批制造业和轻工业,它们是城市的经济发展引擎。20世纪70年代经济危机之后,面临"内城衰退"的波特兰开始寻求城市发展和治理模式。1979年,在政府机构(Metro)的协调管理下颁布了未来50年的城市发展控制边界(UGB),20世纪90年代提出了"2040年增长理念""精明增长"等一系列可持续发展的规划理念,来控制城市扩张,促进城市中心的复兴。历史街区复兴被作为推动城市精明增长的杠杆,在城市中心区规划中作为核心项目重点规划,而一些历史街区保护规划中也将精明增长理论作为重要的保护规划引导。

1971年,俄勒冈州颁布了第一个完整街区政策(Bike Bill),要求道路能够容纳行人和自行车,并要求每年至少1%的州预算必须投资到人行及自行车道路基础设施上,此后16个州立法机构采用了完整街区的法律。波特兰交通部门(Portland Bureau of Transportation,PBOT)于2003年开始颁布了很多"精明旅程"(Smart Trips)的项目,意在采用创新和高效的方法,通过在线数据资源发送步行和自行车地图、社区便利地图,以及通过定性和定量评估等来达到每年减少10%左右独自驾驶量并使步行、骑自行车、公共交通工

表 7-3　历史街区的保护与更新政策（资料来源：自绘）

项目	珍珠区	先锋广场区	奥克兰区	贝肯山区
历史街区定名	波特兰十三大街历史街区（1987年）	先锋广场国家历史街区（1970年）	申力牧场国家历史街区（1983年）；奥克兰市民中心历史区（1992年）；奥克兰广场历史街区（2005年）	贝肯山国家历史街区（1955年）；拓展区域（1958年和1963年）
保护政策及设计指南	西北十三大街历史街区（1996年）	先锋广场保护区指导（2003年）；先锋广场区条例；北部新建筑设计指南；建筑内部修复标准	奥克兰市民中心历史区设计指南；奥克兰广场历史街区设计指南	贝肯山区建筑手册
历史街区更新复兴规划	波特兰市中心再生计划（1972年）；珍珠区发展规划（2001年）；北部珍珠区发展规划（2008年）	先锋广场社区规划（1998年）；先锋广场健康影响评估（2014年）；先锋广场2020（2015年）；先锋广场街区概念计划（2016年）；先锋广场街区活力街区策略（2014年）；先锋广场商业发展计划（2010年）	奥克兰计划（1977—1979年）；奥克兰改善政策（1998年）；奥克兰的未来（2003年）；奥克兰2025计划（2012年）；奥克兰绿色计划（2010年）	为未来而共同努力——社区计划（2013年）

表 7-4　城市—街区生态政策（资料来源：自绘）

尺度	波特兰（珍珠区）	西雅图（先锋广场区）	匹兹堡（奥克兰区）	波士顿（贝肯山区）
城市尺度层面	城市发展控制边界（UGB）（1979年）；交通系统规划（2007年）；2035综合大规划（2016年）；自行车及人行道计划（Bike Bill）（1971年）；精明行程（2003年）；珍珠区通行计划（2012年）；波特兰人行道规划（1998年）；波特兰2030自行车规划（2010年）；有轨电车系统概念规划（2009年）；可持续的雨洪管理：由灰色向绿色基础设施的转变（2010年）	西雅图2035综合规划（2016年）；10年交通规划移动的西雅图（2015年）；西雅图人行道规划（2017年）；西雅图自行车规划（2015年）；西雅图公共交通规划（2016年）；路权改善手册（ROWIM）（2017年）；树木和人行道操作计划（2009年）；行人信号灯计划（2009年）；西雅图有轨电车（2006年）；西雅图气候行动计划（2013年）；2015—2020西雅图绿色基础设施规划（2015年）	匹兹堡滨河愿景计划（2001年）；匹兹堡气候行动计划（2012年）；匹兹堡开放空间计划（2013年）；PWSA-绿色匹兹堡天气计划（2013年）；"河滨开发指南"将社区与水相连（2010年）；公共交通复兴投资计划（SMARTRID）（2004年）；绿色基础设施：匹兹堡机遇（2013年）；匹兹堡自行车计划（1999年）	波士顿2030年城市住房；绿色和可持续的住房（2014年）；建造弹性的波士顿（2013年）；波士顿绿化行动：气候行动计划（2014年）；波士顿公交交通计划（Go Boston 2030年）（2017年）；波士顿自行车网络计划（2013年）
街区尺度层面	绿色街区政策及报告（2007年）；"20分钟"社区计划：道路规划（2016年）；LEED-ND试点社区（珍珠区）；波特兰生态屋顶指南（2010年）	开始采用完整街区政策（2007年）；西雅图Vision Zero计划（2015年）；西雅图可持续社区评估分析（2014年）；西雅图滨江街区计划；西雅图市区公共空间与公共生活研究（扬·盖尔）；宜居西雅图南部中心区计划（2009年）；胡同网络规划（2008年，2012年）；绿带规划（2011年）	采用完整街区政策（2016年）；2030匹兹堡街区能源基础规划（2013年）；保护匹兹堡及其社区的特色（2012年）；活力的阿勒格尼（Active Allegheny）（2010年）（实际完整街区政策的起始）	波士顿完整街区设计导则（2013年）；生态街区（2013年）；波士顿自行车网络计划（2013年）；波士顿Vision Zero行动计划（2015年）

具、拼车和汽车共享遍布城市。

珍珠区小尺度、高密度的街区网格，多种选择的公共交通，前人的生态智慧，生态技术和绿色技术耦合为综合生态观理念在历史街区的实现提供了重要的支撑。2001年提出的珍珠区发展规划探讨了如何在振兴历史街区、营造良好街区环境的同时保持当地特色及地域文脉的问题，即珍珠区的独特之处如何维护，如何在现有条件下让珍珠区变得更有吸引力。2008年的北部珍珠区发展规划中明确地提出了"完整社区政策"和"可持续发展政策"，在街区层面为珍珠区的生态复兴提供实践方向。伴随着可持续发展的革命，历史保护与生态发展微妙的平衡在珍珠区的复兴中逐渐显现，珍珠区成为引导许多历史街区生态复兴的典范。西北十三大街不仅是连接滨河和高度生态复兴的啤酒厂街区（Brewery Block）的走廊，也是城市级的历史街道。为保证历史文脉的主导地位和传承，社区规划将其作为混合功能的街区主要步行廊道，并且加强它与珍珠区的连接与互动。

珍珠区白墙上"保持奇异的波特兰"（KEEP PORTLAND WIRED）的标志口号表明了市民对城市的期望。这个期望不是让这座城市成为一个国际大都市，而是成为一个文化、社会、经济、政治、自然五位一体的生态的城市。自上而下的众志成城促进了各种事宜切实的公民参与，这也推动了波特兰在历史街区保护、智慧交通、生态社区、旧城更新和绿色建筑等方面的融合和进步。

（2）西雅图先锋广场区——城市规划为主导

先锋广场区参与了过去一个半世纪的西雅图历史，是西雅图第一个市中心。先锋广场区现有的历史建筑在1889年的大火后经历了一个持续重建和发展的过程，现以19世纪后期的砖石建筑和罗马式复兴风格建筑为主。该区于1970年被提名为国家历史街区和城市历史街区，重点保留其独特的历史环境和建筑特色，确保建筑物的敏感修复。控制街区内建筑的限高和建筑的变更，有效引导和推动历史街区的保护与发展。

西雅图为先锋广场区的复兴是以城市规划为导向的，一系列自上而下的计划和理论使综合生态观渗透到街区规模的实践中（图7-5）。先锋广场区作为市中心多种交通方式主要的交通枢纽，完整街区政策很自然地被应用其中。1998年社区规划和2014年活力街区报告，均提出改善街道公共空间的重要性。西雅图2035综合规划包含了一系列路权分配和街区使用的政策，这些政策提出了 6 个重要的街道功能：流通性、人行出入口、商业出入口、激活、绿化、仓储。2015 年，市长提出了 10 年交通规划移动的西雅图（Move Seattle），该规划希望西雅图始终秉持着五个核心价值：安全城市、互联城市、活力城市、实惠城市、创新城市。目标强调了对生态街区建设的重要性。西雅图秉持街道是为所有人服务的理念，从以下几个方面建设其完整的交通蓝图：①公交、有轨电车；②受保护的自行车道；③智能的交通信号灯；④可渗路面；⑤智能信号灯；⑥智慧停车；⑦有活力的街道和人行道；⑧行道树；⑨商业区卡车装卸空间。

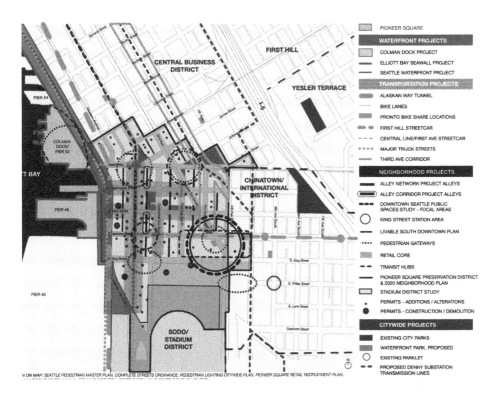

图 7-5　先锋广场区范围正在实施的发展计划的叠加（资料来源：先锋广场街区概念计划）

先锋广场区加入了"城市中心复兴计划"，历史街区生态复兴的动力正推动着这些规划及法案的运行，从而促进了区域的更新和发展。在文化生态方面，"先锋广场保护区指导""先锋广场区条例""先锋广场 2020"扶持了邻近城市中心街区和社区共同达到文脉保护和文化积极发展的目标。在社会生态方面,"先锋广场街区概念计划"充分考虑居民的宜居需求,深入街区层面实施和加强基础设施建设。落实到多元合作和公平共享上,"先锋广场街区步行审核和活力街道报告"通过深入的公共研究和切实的公众参与改善了基础设施,为建设活力街区提供了社会基础。在经济生态方面,"先锋广场商业发展区计划"为市中心经济的可持续发展奠定了基础。在自然生态方面,奥姆斯特德34年的工作为西雅图提供了全国最好的网络状的公园系统,为西雅图铺陈好了绿色的基底。历史街区保护法案从根本上保证了街区复兴的基础和方向,它与大约30个宏观到中观的不同范围城市发展计划重叠交织,先锋广场联盟(Alliance for Pioneer Square)分析调研并合并这些计划,通过两个关键点——要素和条件,从而制定了可行的历史街区生态方针和完整的街区实施方案。

(3)匹兹堡奥克兰区——保护基金的带动

匹兹堡是一个拥有250多年历史的工业之城。从世纪之交到20世纪60年代,匹兹堡经济不断衰退(图7-6)。1945年,城市重建局(Urban Redevelopment Authority,URA)决心重塑匹兹堡的形象,使城市逐渐从"锈带城市"转型,再次成为美国的经济中心。这种持续的城市大清洗夷平了市中心"金三角",也波及周边的历史社区。为了捍卫城市的历史文脉,匹兹堡历史和地标基金会(Pittsburgh History & Landmarks Foundation,PHLF)被创立。在国家政策激励和循环的基金系统运作下,很多国家级和城市级的历史街区的基金会借助城市更新的契机就此建立,以获得更加稳定的经济环境,同时保护社区空间结构和归属感。市民逐渐意识到,社区的信心(Community Pride)来自持续稳定的历史空间环境。

图7-6 1908年匹兹堡金三角和奥克兰区(资料来源:PRESERVE PGH[1])

在19世纪末期,从破败的市中心逃离的富裕居民在金三角以东的山丘上

---

1 Luke R, Noor I. Preserving the Character of Pittsburgh and Its Neighborhoods. [R]. Department of Pittsburgh City Planning,2012.

建立了奥克兰文化区。奥克兰是宾夕法尼亚州第三大商业区，包括西中北南四个街区、三所大学、五所医院、两家博物馆、两个商业区，除毗邻 450 英亩（约 182 ha）的申力（Schenley）公园外，内含约 40 英亩（约 16 ha）公共绿地，巨大的年轻化流动人口和医疗研究实力使奥克兰成为区域经济的驱动力。奥克兰区历史空间结构和生活模式保存较好，它包含了三个国家级历史街区（申力牧场/奥克兰公民历史街区、舍利公园、匹兹堡公立学校组团）和三个城市级历史街区（奥克兰市民中心、舍利农场和奥克兰广场）。奥克兰拥有丰富的自然环境、教育背景和经济基础，这些都成为支持创造生态和繁荣的历史街区的重要条件。

由于匹兹堡两江三岸及山地的地形限制，其街道布局顺应山势的随意性，匹兹堡的地块的连接性和可达性一直是交通系统的奋斗目标。历史的交通创新如斜坡滑道、步道、桥梁等，早期拥有的有轨电车\轻轨和公共汽车都成了现在的交通资源。近年来，随着步行和自行车道环境的全面改善，完整街区的全城采用使短距离的可达性得到很大的提高。2012 年，奥克兰正处于人口和社会经济数据显示的临界点，作为理想的居住和工作地点，交通运输和住房必须协调同步发展，奥克兰区这个经济引擎必须拥有更好的可达性、连通度和宜居性。奥克兰改善政策（1998 年）、奥克兰的未来（2003 年）、奥克兰 2025 计划（2012 年）是为了指导和支持奥克兰的生态复兴。伴随着这些计划，文件"保护匹兹堡及其社区的特色"被认为是历史街区振兴的综合保证。

（4）波士顿贝肯山区——社会组织推动

美国历史遗产保护源于民间组织的推动，几乎每一个美国社区都有相关的民间组织关注"身边的历史"，在全美 3 000 余个有影响力的历史保护组织的推进下，历史街区保护得到政府重视，从而纳入城市保护体系之中，贝肯山区就是其中的典型案例。贝肯山区是美国最古老的街区之一，以联邦风格、希腊复兴风格和维多利亚风格的建筑而闻名，它西边毗邻查尔斯河和波士顿重要的生态修复案例查尔斯河滨公园（Esplanade），东边毗邻波士顿公地（Boston Common）和波士顿公园（Boston Public Garden），是翡翠项链重要的组成部分，内含美国"自由之路"（Freedom Trail）的一站马萨诸塞议会大厦。

1922 年，贝肯山居民协会（Beacon Hill Civic Association，BHCA）成立，致力于保护街区历史和建筑协调性。大规模的城市更新波及了贝肯山区的重要建筑物和街道铺地，"红砖"革命兴起，在 BHCA 的努力下，1953 年，贝肯山南坡进入了国家历史街区名录，山顶平台和北坡也于1958年和1963年相继进入了历史街区名录。贝肯山区实现了教育、文化、经济和社会公平的全面发展。为了指导建筑的保护与修复，BHCA成立了多个咨询委员会，并编制了《贝肯山建筑手册》。贝肯山的历史街区保护证明了参与式规划（Co-planning）的有效性。

古典的路灯、红砖人行道、鹅卵石铺地的胡同，使贝肯山区始终保持着18世纪和19世纪的家园和邻里的记忆。几十年来，贝肯山区的保护促进着公众的教育、文化、经济和社会福利。波士顿将该地区作为建筑史上的里程碑，并作为早期波士顿社会形态人民活态展现。但社区居民仍希望在街区的更新中运用最佳的绿色实践和生态技术，为此，他们希望将绿色、健康、可持续的生活模式与历史保护结合起来。这些实践主要在交通方式、废品回收和房屋更新方面。2013年，波士顿完整街区联盟对现有街道进行了详细的调研，制定了详细的完整街区指导方针，将完整街区政策运用到波士顿的9种街道样式和多种多样的交通方式上，完整街区政策在整个波士顿得到全面实施[1]。

7.3 多元协同的街区复兴

综合生态观下社会、经济、自然、政治、文化五位一体的科学方法，中国古代道理—情理—事理的人类生态理论体系，整合形成物质循环再生、社会协调共生，以及修身养性自我调节的生态体系，使中国维持着稳定的生态关系与社会结构。

中国自古以来就有"兼利天下"的社会行为准则，"兼利天下"指的是使天下万物皆受益，不仅是人类均等收益，也指人类的社会行为应利于万物的生长。"兼利天下"为"多元合作"提供了社会生态的土壤。早在秦代开辟都江堰灌区伊始，"多元合作"的雏形就呈现出来了。

（1）公众参与和多层级协作

古代都江堰灌区水系建设与维护中采用了多层次协作管理，即国家决策与地域监管、多县统筹与地域融合、县与县之间的合作管理、县域管理和乡村自治。国家—区域—地方通过建立和水系生态过程相协调的管治机制，开展有效的维护，使得整个地域生境良好运转，并为地域居民生活带来广泛的

1　参见 http://bostoncompletestreets.org

福祉，形成了"均和协调"的政治政策、社会治理和自然生态的统一。发展到清代，专门管理机构分化而出，专业的人员变为常设，在府（州）县级长官的突出管理作用下，乡绅也参与到治理中。这种专业化和多层次管理的趋势也使得都江堰管理中出现了官堰与民堰的分化，呈现着官民协调综合治理的面貌[1]。

（2）公平共享和均和协调通过两个方面体现

通过"抑善养、防独占、均水道"等措施达到居民的公平享用，其平等的结果也促使了均布的水网格局与林盘格局的形成以及符合综合生态观的人工自然系统的构建与维护。

都江堰水利系统体现了"流域公平水权"的社会准则。都江堰四六分水和低作堰的生态原则使总用水量被限制在流域总径流量的40%~50%之间，而这个数字恰恰与今天国际上的河流水资源承载能力一致。如果所有河流60%的水都能够流入下游，就不会出现下游主干河流断流的情况，并可能消解上下游的冲突[2]。

7.3.1 居住型历史街区公众参与的现状问题

居住型历史街区多位于历史城市主要的市中心地段，相对于其他街区更易受到经济和政策冲击，因为其既具有社区属性，又具有历史街区的历史特性，其与周边街区镶嵌体联系薄弱，市场竞争力较低，所以更应注重历史街区的社会生态建设。居住区历史街区社会生态一般从三个方面体现：管理组织的政策执行、多元主体的公众参与、公平共享的公共设施。三个方面指向一个目标：以人为本。管理组织引导参与、保障多元主体的公众参与、公平共享的公共设施保障了人对街区的满意度和幸福生活。三个方面循环、流动、反馈、再生形成道理—情理—事理的人类生态系统，使街区维持着稳定的社会生态结构。

现在我国的居住型历史街区的多元合作实践仍存在以下一些问题：

（1）表面的公众参与

虽然理论研究上公众参与这个论题已经很多，在历史街区复兴实践中，设计者或规划者在制定保护规划前期也会对居民进行调查研究，但这种公众

---

1 袁琳. 生态基础设施建设中的地区协作：古代都江堰灌区水系管治的启示[J]. 城市规划，2016，40（8）：36-43+52.
2 颜文涛，象伟宁，袁琳. 探索传统人类聚居的生态智慧：以世界文化遗产区都江堰灌区为例[J]. 国际城市规划，2017，32（4）：1-9.

参与在时序上是单一的。很多历史街区的公众参与仅停留在规划前期的调研和民意收集，并没有长期听取和采集民众意见和诉求，更偏重于短期目标和获取研究结论。片面的、单一的公众调研无法满足居民实际的诉求和普遍民众的集体利益。在方案实施阶段，设计者与管理机构在规划过程中并没有成果展示和互动调整，人们无法获知设计和实施的具体环节，这种公众参与表面而被动[1]。

（2）无法满足诉求的公众参与

在面对现在居住型历史街区复杂产权问题、人群混杂问题或管理问题时，一方面，模糊复杂的产权关系无法为居民获取相应利益提供依据和保障，居民普遍不愿意主动开展自主保护与更新行为。另一方面，政府虽然有对街区进行改造、更新的愿望，但其中涉及利益主体复杂，投入与收益不成正比，多方利益难以兼顾与平衡，因此对居住型历史街区的保护与更新行为也是或片面操作或放弃不理。

（3）不可持续的公众参与

面对多元主体意见协调的复杂问题，虽可能经常开展公众参与的项目会议，但活动组织的团队多为设计师、学者的临时性团队，而不是驻社区的团队。随着更多元化的群体加入参与讨论，要协调更多元主体间的意见。面对这样的复杂问题，临时团队无法做到公众参与日常维护和规律性会议，常常选择取得阶段性成果就离开，所以公众参与行为常常停留在公众参与讨论阶段，距离公众参与决策与实施的理想阶段还有很大的距离。

（4）管理不足的公众参与

多主体合作缺少实际的组织者和衔接人、合作平台和规律的多方会议。信息传递和反馈都是单向的，缺乏驻地的规划师和切实管理的职能部门，这对自上而下的信息传递、自下而上的信息反馈、有效的多方互动、自主更新的实施都是不利的。再加上历史街区不同于其他街区的文化特性，需要专业的技术团队和工匠辅助留下的居民进行自主更新或申报，所以增加常驻的中间管理和衔接人非常必要。

---

1 杨柳溪. 引导公众参与北京历史文化街区更新的方法研究 [D]. 北京：北京建筑大学，2020.

7.3.2 引导公众参与的多元合作模式探究

（1）荷花塘历史街区的现状

荷花塘社区是南京历史街区名录中唯一的现在还未开发的空间较大程度维持原状的历史街区，但因其大部分历史建筑保护等级不高、人口混杂密度大、空间失落严重、产权复杂等原因，其保护和发展困难重重。在城市发展的进程中，荷花塘的社会结构从明清时权贵乡绅氏族聚集，到"文化大革命"时期大家族撤离、多阶层混居，到1980年后违建严重，形成现在贫困人群聚集、产权复杂的现状。荷花塘安全渡过了城南的大规模拆迁，2010年城南历史街区保护与复兴公司成立，2012年，《荷花塘历史文化街区保护规划》公布，但实际的保护与更新还未全面开展。本次研究除常规实地探勘与先导性研究之外，主要采用了问卷调查、不同季节和时段的走访调研以及多方会谈的方法。考虑到该历史街区居民年龄群60岁以上居民占比高达26%，40%为初中及以下文凭（根据高岗里社区居委会人口统计数据）[1]，调查和发放问卷方式采取一对一发放，发放问卷调查表110份，回收有效问卷101份，分不同时段和季节发放。问卷内容主要包括个人基本信息、住房信息、对基础设施的需求、对街区空间环境的需求和意见、邻里关系、社区满意度与长期居住意愿。在问卷基础上，对一些被调查户进行典型的回访调查，试图达到基本反映历史街区的真实情况的目标（图7-7）。

① 历史街区物质空间的失落

通过实地考察和问卷调查发现，荷花塘历史街区空间失落体现在以下几个方面：

a. 市政基础设施的失落

60.4%的调研人群在街区问题选项中勾选了基础设施差。71.29%的调研人群指出了街区雨水管理的问题，灰色基础设施具体表现为给排水设施无法满足排水要求，在梅雨天气，街道雨水经常往房屋倒灌；道路狭窄，无法满足天然气/煤气迁入要求（91.09%），机动车无法进入，停车堆积在街区边界，所以65.35%的居民渴求更多的停车场。

b. 公共服务设施的缺失

周边生活服务类的功能其实是齐全的，但因荷花塘历史街区老龄化严重，

---

[1] 华琳，王承慧．南京荷花塘历史街区社区特征及发展建议[C]// 中国城市规划学会．2016 中国城市规划年会论文集．北京：中国建筑工业出版社，2016：652-665．

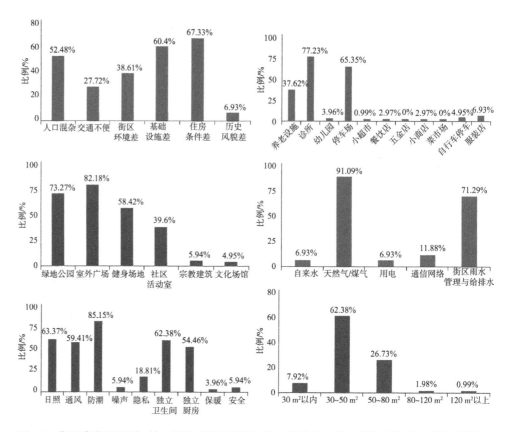

图 7-7 街区存在的问题：缺少的公共服务设施；缺少的公共空间；需要改善的市政基础设施；需要改善的房屋设施；居住房屋面积（资料来源：自绘）

居民指出了适老性设施的不足，37.62% 的居民渴求更多的养老设施，77.23% 的受调者渴求诊所等社会保障设施。

  c. 公共空间的失落

  虽然周围有滨河的绿廊与愚园，但因滨河绿廊的可达性较差，愚园尚未对公众开放，所以在调研数据中，82.18% 的居民提出了街区缺少室外广场，73.27% 的居民渴求更多的绿地公园，58.42% 的居民希望有健身场地，也是需求量较多的公共空间。可见荷花塘历史街区公共空间是严重不足的。

  d. 住房环境的失落

  在街区问题的调研与实际勘察中发现，该街区的住房问题相对严重，67.33% 的居民提出了住房条件差的问题。调查数据显示，家庭单位的居住面积仅 30~50 m² 的占 62.38% 之多，由于人员混杂，贫困率较高（57%）[1]，搭建现象严重，院落肌理逐渐模糊，很多居民提出了住房的诸多问题：日照不足（63.37%）、通风不佳（59.41%）、潮湿（85.15%）等等，加之产权复杂，管理权责不清，住房条件每况愈下，街区空间不断失落。

② 管理组织架构的冗杂与单薄

在查阅相关文献和与高岗里社区及磨盘街社区街道办的谈话中发现，现今荷花塘历史街区的管理模式主要还是遵循自上而下的政策推行和管理模式，但其管理组织架构冗杂且薄弱单一，权责不清，领域交叉混杂（图7-8），导致以下一些问题：

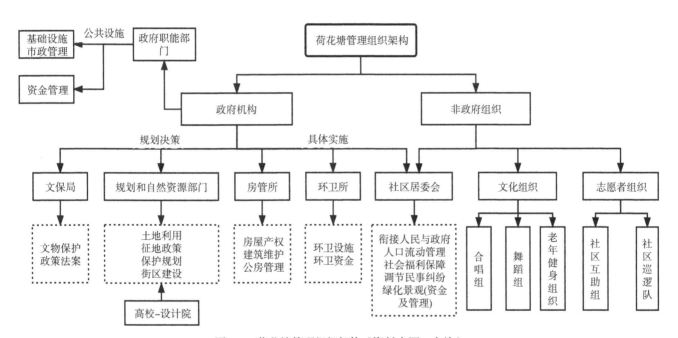

图 7-8　荷花塘管理组织架构（资料来源：自绘）

a. 历史保护和街区复杂产权的管理不协调

历史街区保护管理由三个平行机构负责：地区城建、规划和自然资源部门、文保部门。由于房产性质的不同，有公房、私房、单位房和商品房，所以房屋性质和产权的管理又涉及了规划和自然资源部门、房管所。各方管理

1　参考高岗里社区居委会人口统计数据。

机构权责单一无力，资金无法正确落实在街区本身的建筑维护和空间环境的保护上。

b. 衔接薄弱，服务单一

自上而下的街区管理和自下而上的公众参与只靠社区居委会作为衔接，而社区基层组织暂时只有社会补助、社会福利保障和组织社区活动等有限权力，没法做到上下一体的信息传递。

c. 历史街区保护与发展无法进行

荷花塘历史建筑保护等级不高，文保单位管理不太重视，申报程序冗长繁杂，管理制度不完善，导致历史遗存保护不足。文保单位权责与资金权力的不匹配，导致最终落实在历史街区保护的资金和权责都落空。

③ 人与物质空间的剥离

由于人口老龄化严重，原住民逐渐流失，外来混杂的人口搬入，打破了原来熟人社会的现状，邻里关系逐渐丧失。再加上街区贫困率很高，历史街区居住条件较差，街区空间失落严重，严重影响了居民生活质量。人与物质空间逐渐剥离，依赖度归属感变低，所以居民希望补偿合适就搬走的达到26.36%，已经计划搬走的达到了13.64%（图7-9）。

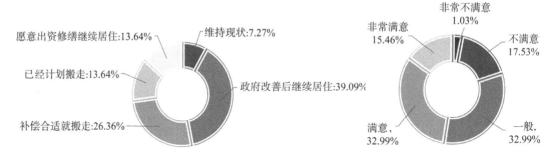

图 7-9　是否愿意继续住在街区里和街区满意度（资料来源：自绘）

（2）多元合作的社会基础

荷花塘历史街区物质空间逐渐失落，历史街区保护与发展无法落到实处，政策与公众参与衔接薄弱的现状，推动了荷花塘历史街区多元合作模式的产生与发展。同时，荷花塘历史街区因长久的时间传承，街区自身也内禀了社会生态的基础，为多元合作奠定了基石。

① 人与人的关系

根据调研数据分析，历史街区社会关系较稳定，53.47%的人居住时间超过10年。在社区邻里关系的认知中，82.17%的人互相认识，60.39%的居民表示相互比较熟悉或非常熟悉。该历史街区是一个社会结构相对稳定的熟人社会，这为历史街区多元合作模式的建立提供了"人"的基础（图7-10）。

图7-10 居住年限和邻里关系（资料来源：自绘）

② 人与街区空间的关系

通过交叉分析，取自变量 X 为年龄、因变量 Y 为搬迁意愿作为分析一，取自变量 X 为街区满意度、因变量 Y 为搬迁意愿作为分析二，探究人与历史街区空间的依赖关系，42.57%的人都希望政府改善后继续居住在街区。从分析一可见，年龄较大的人更多地希望政府改善后继续居住在街区，而年轻人更愿意离开街区去发展；从分析二看，对街区满意度较高的人（满意和非常满意）更希望街区更新后继续留在荷花塘，而满意度一般和较低的人则希望离开街区。所以现有的居民对历史街区是具有一定的依赖度和归属感的，他们只是希望寻求方式来改善街区（图7-11）。

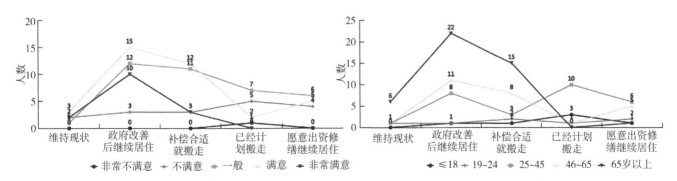

图7-11 年龄与搬迁意愿交叉分析及街区满意度与搬迁意愿交叉分析（资料来源：自绘）

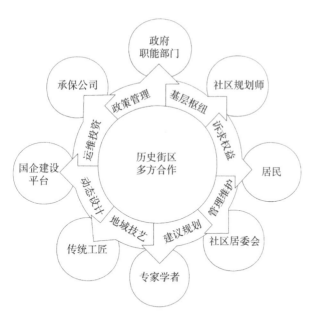

图 7-12　综合生态观下历史街区多方合作平台
（资料来源：自绘）

③ 多元合作模式探究

a. 建立八方合作平台，分阶段的定期例会

从荷花塘历史街区的现状问题出发，完善历史街区组织管理，为复杂的多方利益诉求构建多方协同平台。根据历史街区复杂主体现状，构建八方合作平台，让信息传递能在一个平等共享的平台上。八方平台组织包括政府职能部门、社区规划师、社区居委会、承保公司、国企建设平台、专家学者、传统工匠与居民（图 7-12）。

他们分别具有以下的职能与组织作用：第一，政府职能部门提供政策支持和经济激励，引导市场有序介入，帮助复兴街区。第二，社区规划师在历史街区复兴中有三个重要的作用。一是基层衔接，完善政府职能部门与社区基层组织的联系，如文保部门在街区的流动办事处，使历史街区复兴更加切实高效；二是自主更新推进。帮助愿意自主更新的居民提交更新申请审核、组织施工和竣工验收；三是成为设计单位、居民和政府部门的重要枢纽，若居委会是情理枢纽，社区规划师就是事理—情理—道理的黏合剂，推进其他几方力量共同合作和共鸣。第三，社区居委会一直作为最贴近居民生活、服务居民事务的机构支撑，在各方基层力量中成为重要的衔接。第四，承保公司是指参与历史街区保护与开发的企业，是可能存在的投资建设重要市场角色，为历史街区的建筑维护、环境更新提供资金、场地等帮助。第五，国企建设平台可提供资格认证的设计单位、专业技术人员等，提供整体动态的方案设计，编制更新方案和基础设施实施方案以便进入实施流程。第六，专家学者提出并编制历史街区的保护规划意见，研究非物质文化和物质文化，提出施工实施建议。第七，传统工匠作为特殊的施工方，是保证历史街区地域文化的重要传承人，在施工中特殊文化构建需有传统工匠支持。第八，居民是参与街区营建和提供诉求的主体，探究的目的就是营造综合生态观下多方合作模式的历史街区。因为八方合作平台参与人员众多，信息量较大，在综合生态观下历史街区复兴进程中，需开展定期的例会进行多方会谈和成果交流，以便于动态调整设计方案和施工进程。但因为八方效能的不同，除最终施工竣工验收需要全体参与外，其余的进程中可分阶段根据需要灵活调整参与多方会谈的主体，但作为主要受益人的居民可参与全部的流程会议。

b.综合生态观下历史街区多元协同模式

充分吸取南京老城南"小西湖"历史地段更新的成功工作经验，结合综合生态观下历史街区内禀的生态性，荷花塘历史街区应采用自愿、动态、小尺度、渐进式的生态复兴方法配合多元主体各个阶段的合作（图7-13）。

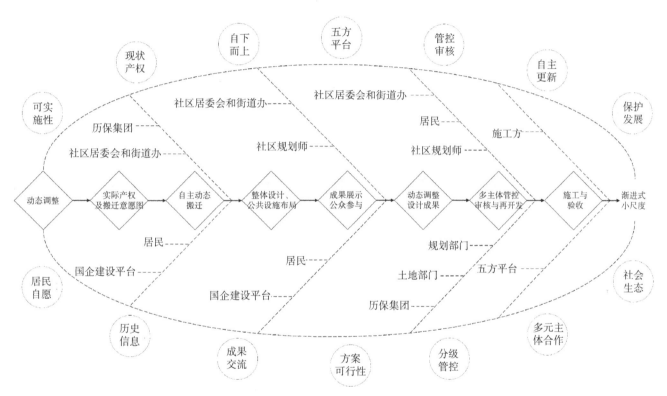

图7-13 综合生态观下历史街区多元合作模式（资料来源：自绘）

（a）征收阶段：按照荷花塘历史街区保护规划标准，荷花塘需要动迁7 800人才能达到人均居住建筑面积25 m²。征收阶段以自愿渐进的征收政策疏解街区居民，经过长时间的深入调研沟通，以类型学地图为基准叠加真实准确的房屋产权信息，通过居民、社区居委会、承保公司、国企建设平台共同合作沟通形成居民动迁意愿分布图。

（b）动态设计：设计院与社区规划师合作布局市政基础设施、街巷结构、公共空间等，在定期的多元合作例会中现场展示设计成果，与居民互动交流，整个设计阶段均为动态调整、整体设计，随时根据不同的诉求调整方案。这个阶段的多元合作主体主要是社区居委会、社区规划师、居民、国企建设平台（高校）。

（c）复兴图则：根据规划管控单元编制复兴图则，为各个实施单元提供具体的控制与指导要求。管控与引导要素包括土地利用、街区密度、街区绿量、街区形态、边界、交通组织、灰绿基础设施等等引导。

（d）复兴申请：产权人或承租人为基本单位，根据图则向社区规划师提出更新申请；自然资源和规划局向申请人提供规划指标、业态功能、市政基础设施等复兴技术条件；申请人根据技术条件委托社区规划师和有资质的设计单位编制设计方案和管理实施方案；召开七方会议审核形成书面意见，经相关部门备案后进入施工申请流程。

（e）复兴实施：在七方平台选择有资质的施工单位和传统工匠，并报区住建局批准后施工，社区规划师定期巡查，给予技术支持；施工完成后，由八方平台竣工验收。

综上所述，综合生态观下的历史街区多元主体协同模式是以居民为参与营建的主体，在政府职能部门、社区规划师、社区居委会、设计师的引导与协调下，形成由政府机构、承保公司、技术专家、专家学者、社区居委会、传统工匠与使用者等多元主体共同合作构成的生态历史街区共同体。

多元主体的合作模式应该是以可持续长时效为基准，结合动态调整、渐进、小尺度的历史街区复兴过程，建立完整的多元合作平台和历史街区生态复兴步骤；设立衔接政府、基层和群众的社区规划师，帮助街道办或社区居委会完成多项信息传递、组织、衔接和管理工作；开展定期的（周会）多方会谈或成果听证会，推进公众参与与公众教育相结合，在切实的公众参与改造自己的家园中，推进完成公众教育，形成良性的循环与反馈，从而形成综合生态观下的历史街区复兴。

7.3.3 多维多样的历史街区

历史街区的多元协同不仅是指"人"的多元主体的合作，也有另外三个方面的体现，即历史街区时间沉淀与空间叠层内禀属性的多层次多维度、历史街区空间在各生态维度上的多元协同和人与街区环境的多维多样的互动与对街区的多元性需求，以达到更加有活力、有识别性、有吸引力、有归属感的综合生态观下的历史街区。

（1）历史街区内禀的多元属性

列斐伏尔认为城市空间包含三重属性：实践性、精神性和社会性。①空间实践：围绕空间的生产和再生产活动，如基础设施建设、历史街区保护与改造、新城建设等等。②空间表征：精神性的空间，即概念化的空间，是语言描绘的空间，是人们对空间的想象。③表征的空间：社会关系的空间，其依托实践的空间，蕴含精神的空间，是各种权利与社会关系的存在。实践空间是其他空间属性的基础，精神空间依托实践空间，社会空间依托实践空间同时包含精神空间[1]。他指出了空间的历时性所塑造的文化空间，强调空间的社会性，并认为城市空间是生动的、流动的、鲜活的、丰富的。

历史街区的空间具有多重属性，包含三重属性的空间，自然空间、文化空间和社会空间一道构成了人们活动的现实框架。历史街区空间是历史文脉和社会发展的产物，也是历史运动和社会发展的备忘录。①自然空间是先在的存在，是事物、物体无规则的、无价值序列的呈现，是一切复兴实践赖以开展的场所，对人的活动具有限制和决定性。②文化是理解人的行为、人与他人交往行为的媒介。文化空间的内核有价值取向和思维方式两个方面。历史文脉，彰显着历史街区空间的另一个属性：历时性。③社会空间是指历史轨迹存在的社会空间，它是历史的横截面，而人类活动的历史空间是一个动态的轨迹。它提供了空间时间维度的轨迹。社会空间就是社会产品，每个时代的空间都受制于那个时代的社会生产方式。自然空间呈现一种基本稳定的状态；文化空间呈现一种历时性的过程，其依托自然空间；社会空间依托自然空间同时包含历时性的文化空间，社会关系依托人的主体多层次复杂性的呈现。历史街区空间多重属性、多维多样的丰富的实践、精神和社会形态，形成了其独特的内禀生态。

历史街区虽具有独特的自然、社会、文化空间属性，但应对复杂多变的城市环境及高速发展的生产生活时，历史街区空间本身已无法满足居民对街区的生活诉求。综合生态观下历史街区生活应发扬历史街区内禀属性，建立

---

1 Lefebvre H. The production of space[M]. Oxford: Blackwell，1991：11-12.

图 7-14 波特兰哈尔普森街区公园（love joy fountain park）和罗城公共空间活力
（资料来源：自摄）

多维多层次、多样的活力生活街区。

（2）多维度多样的历史街区

如何营造综合生态观下多维多样的历史街区？历史街区的历时性与空间演替循环决定了空间的延续性与稳定性，共时性的空间的多维多样决定了空间的承载力和包容性。历时性是历史街区内裹的生态性，综合生态观下多维多样的历史街区就是时间维度上创造包容多元活动的时空复合的空间，在共时性的空间营造中构筑生物多样、公平可达、文化多样的社会共同体。人与街区环境的多维多样的互动与对街区的多元性需求让我们确定了综合生态观下多维多样的历史街区营造的目标和策略：

① "有活力" 的历史街区

活力在历史街区中包含三个方面的内容：第一，街区活力的核心是参与活动的人，居民生活多样性决定了街区活力。第二，有活力的街区能满足人的多元需求。第三，有活力的街区对周边街区和城市空间有物质、能量、信息流动与循环的巨大吸引力。人对空间的需求和选择决定了空间的活力。所以人的生活需求、集体记忆形成的场所精神、文化的认同感、街区安全感等等都会影响人与街区空间的互动。一个 "有活力" 的历史街区空间应具备以下特征：街区功能综合完善，街道空间安全完整，街区形态肌理完整，公共空间公平可达，服务设施人性完备，绿地景观人文艺术，街区地域文化自信，街区自然环境生态（图 7-14）。

② "有识别性" 的历史街区

历史街区 "有识别性" 分为两个方向：对居民眼中的可识别性、对游客的可识别性。两者之间构建良好的平衡和相互依赖。

a. 均衡营造

历史街区作为一个相对独立的镶嵌体，为所有的历史街道定义发展方向和街道特色类型，以加强不同的街区功能和识别性，对内打造文化自信和集体记忆的生活街道（生活节点、生活广场、口袋公园），对外营造特色名片和环境品质（文化雕塑、历史建筑、庆典活动），两者相互均衡。

b. 多样连接

将城市中心区（历史街区与周边街区）看成一个营造整体，在街区空间营建中，强调街区镶嵌体间的连接性，街区与周边自然环境的可达性，斑块邻接性，功能多样性，零售业态与街区公园的结合，建筑形态、功能的适宜性使用。

c. 心动网络

对历史街区和周边街区（城市中心区）绘制对内和对外的心动地图，找出居民和游客心中的心动节点（Beating Hearts），这些心动点可形成居民和游客间的互动，增加心动点间的连接性，形成适宜步行的、建筑吸引有趣的、活力互动的、确保通勤效率和休憩需求的、公共交通多选择的、宜居活力的网络（图 7-15）。

③ "有吸引力"的历史街区

"有吸引力"是为了让综合生态观下的历史街区经济、政治、文化、社会、自然全面复兴，从以下几个方面建立"有吸引力"的历史街区（图 7-16）：

a. 经济

城市经济发展政策激励小企业，利于历史街区保护与发展的小商业入驻；鼓励多方资助以支持历史街区复兴；鼓励居民自主创业和外来业态竞争。

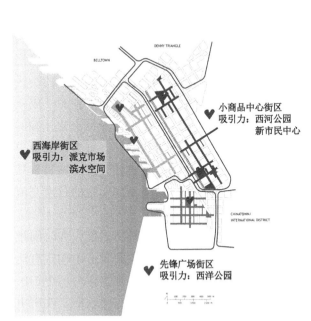

图 7-15 西雅图城市中心区心动网络
（资料来源：《西雅图市中心可持续生活发展计划》）

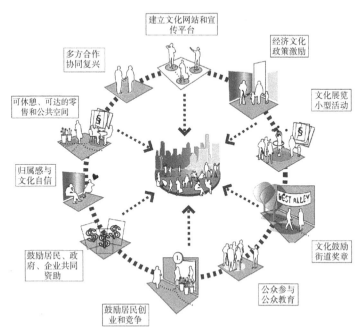

图 7-16 "有吸引力"的历史街区
（资料来源：自绘）

b. 政策

保护与发展政策保障多方合作，协同复兴。

c. 文化

为历史街区建立网站和宣传平台，让其成为城市重要的名片；培养居民文化自信，内禀的文化自信才是最大的竞争力；历史街区定期参与或举办小型的文化展览和城市生活展览。

d. 社会

鼓励公众参与，并在公众参与的时候进行公众教育；建立可用可达的公共服务设施；为餐饮、花店提供更灵活的可达的公共空间，可供行人休憩；社区给予特色街道奖章和给予自主更新的居民鼓励。

e. 自然

建立分层级尺度的公共空间网络，以满足不同人群的不同需求（宅前绿地、街区绿地、周边绿地）；文化艺术结合雨水设计和绿地公园。

④ "有归属感"的历史街区

简·雅各布斯在回答最喜欢波特兰哪一点时说道："波特兰的人们热爱波特兰，这是最重要的。"[1] 历史街区的"归属感"来自生物对"家域"的感知，主体是居民或享有同样地域文化的人，"归属感"由五种感知组成：街区空间或节点营造的"熟悉感"；开敞到私密的公共空间提供的"交流感"；设施完善、公平共享的街道提供的"安全感"；高效舒适的生活，文化自信，对街区的热爱形成的"认同感"；公众参与、众志成城、多元合作而得到的"成就感"。随着时间沉淀、空间叠层和文化强化而聚集了一批具有相同文化认知的人群，进行与之相符的活动，而对其他文化群体产生排斥。多维多样的历史街区空间在文化认知范畴上既具有文化上的多元性、容纳性，也能增强本社区历史文化认知上的归属感、认同感和文化自豪，促进不同文化的自由交流（图 7-17）。

综合生态观下多维多样的历史街区是汲取内禀生态的历时性，在时间维度上创造包容多元活动的时空复合的空间，在共时性的空间营造中构筑有活力、有识别性、有吸引力、有归属感的历史街区空间。多维多样为历史街区和现代城市空间的融合提供可能，有利于街区形成多元的有机秩序。在历史街区复兴中，以综合生态观理念为指导，多元化的街区能够协调既有环境与

图 7-17　波特兰珍珠区吉米森公园（Jamison Park）街区文化雕塑；北京大栅栏民居（资料来源：自摄）

---

1 贾培义，李春娇. 波特兰可持续发展的启示 [J]. 北京规划建设，2014（4）：68-72.

新建环境的关系，延续城市历史肌理，保证街区的可持续性。

7.4 人文化育与生态成境

城市是文化的容器，容器的生命比容器本身更重要。城市的根本功能在于文化的积累，文化创新在于传播文化和教育人民。从刘易斯·芒福德（Lewis Mumford）的角度来看，城市将最终成为人类转型的一个场所。城市记忆是在时间背景下的集体情感认同，是通过人群群体创造、增减、修饰，在共时性社会体系中逐步构建起来的。历史街区空间表征背后隐性的深层结构的主体是人，人与自然互为主体，相互成就完成了生命的创造，山水与人互育生命、化育人文，生态成境是综合生态观下生态智慧的最终目标。

7.4.1 山水脉络与人文化育

《黄帝内经》有云："夫自古通天者，生之本，本于阴阳，天地之间，六合之内，其气九州、九窍、五脏、十二节，皆通乎天气。其生五，其气三。"自古以来，人的生命活动与自然界的变化就是息息相通的，生命的根本在于阴阳。人的九窍、五脏、十二节都与自然之气相通，天之阴阳与地之五行相应相生[1]。人的建城活动是人对自然的开拓、适应、反馈和整合，在古代生态实践中，人与自然互为主体，相互成就完成了生命的创造，山水化育人文是综合生态观下古代生态智慧的目标。以古都南京山水人文的形成为指引，探究山水形胜与人文化育的整体成境。南京历史上的择址与营建皆以整体的山水形胜为依托。四方虎踞龙盘的山水脉络和风水形势与内外城市营建，将城市与外部山水交织成一个天、地、生、人的整体有机循环系统，加之各朝各代对内外城水系的梳理与改造，山水林城态势逐渐有序、连续和完整。古人以山水脉络延续为出发点营造城市环境，追求整体形胜，又以人文的兴盛为归宿，是一种自然与人文交融的生态实践模式。

（1）寄情山水，游目澄怀

山水作画如天地造物，天地以灵气生之，画家出于自然天地而后神，结合客体的生命气韵与肢体对天地生气的升华，从而达到主客统一的整体生态。流传下来的山水画的抽象提炼，使今人能领悟古人宜居山水之道法自然、无

---

1 于希贤，于涌. 中国古代风水的理论与实践: 对中国古代风水的再认识[M]. 北京: 光明日报出版社，2005.

为而治，体味其地域生态之轮回循环、山水形胜。

① 山水画的兴起

汉朝国运衰微后，三国鼎立，迎来了书画隆盛的六朝时期。自汉以来，因国家争乱，社会困惫，厌世思潮达到高峰，滋长了庄子超脱的学风。佛教东来也促进了文化的交融，北朝诸王皆非常保护佛教。在南方，自孙吴开始，历代诸王都非常保护佛教。从大肆修建的佛塔寺庙可见一斑。南朝梁都建康（南京）成为当时的佛教中心。同时，佛教带来的对佛像、佛画的需求也为中国本土绘画提供了新的素材。六朝兴起的艺术流派以美而享乐为风尚，也出现了自由艺术的萌芽。

自265年晋武帝统一三国，随即发生八王之乱，蛰居塞内的胡族逐渐强大，向南扩张，胡族入侵中原，汉族渐次南下，西晋不堪其迫，于317年灭亡。后来琅琊王司马睿即位，定都建康（南京），东晋时期，伴随晋室南下，中国文化的中心点也渐次南移。汉人"衣冠南渡"，从山瘠地广、自然稀少的黄河流域，迁徙到山明水秀、山水林城的扬子江流域，不同的南北文化差异，促成了山水画的形成。

当然，山水画的出现源于以下几个主要的原因：受庄子哲学和春秋战国自由思想影响；受老子自由、乐山好水爱自然的风尚影响；北方人接触到南方山水的自然美，启发了山水画的思想。最早山水画流传起源于老子的遵奉者顾恺之，在其《洛神赋图》中，人物、建筑物与山水交融在一起，以完整的场景呈现，和谐共生。之后山水画也逐渐从人物画的背景解脱出来形成独立山水写意。山水画由盛唐李思训父子而至大成。安史之乱后，王维等开创水墨、淡彩山水画派，这种流派兴盛一直延续至北宋末年。山水画也有很多写意和写实的表达方式，这里将所有可帮助人们构建山水生态图景的地图图绘和写意山水都看作山水画，如：历代互见图充分展现了先人动态保护旧城、发展新城的思路和建成过程；舆图真实地表达了山水林城的关系，虽然尺度和大小并不准确；城市方志地图则像是现代城市规划相关的历史图集。山水城市图绘表达了城市与山水的关系、古人对山水形胜的把控、绘图人对城市景观的认知乃至"外师造化，中得心源"的境界，因而具有特别的价值，是探索中国历史保护、设计理论和方法的一个重要方式方法。

② 城市胜景图

在描绘南京城市山水图景的画卷中，胜景图这类图绘，虽不是很精确，但在南京的城市胜景图中,绘者通过描绘南京及周边的代表性景观,表达他们对城市的理解,构建出他们记忆认知体察城市的心理地图,从而反映了南京的生态图景和人们向往的宜居生活。中国历史上这种心理图景传统源自北宋宋迪《潇湘八景》,至明清时期已成潮流。南京胜景图从明初的《金陵八景》开始,相继出现了《金陵十八景》《金陵胜景图卷》《金陵四十八景》等,在明末出现了最早将金陵山川秀色融于一卷的《金陵胜景图卷》,其以较高的艺术水平、绵长而延续的年代覆盖以及不断增加的胜景数量成为此类画卷的代表(表7-5)。

表7-5 城市胜景图(资料来源:自绘)

绘者	年代	作品	风格及影响
蒋乾	明初期	《金陵八景》	扇面,金陵设色。明初期绘者关注政治,内容囿于城内和近郊
郭存仁	明初期	《金陵八景》	绢本,设色。秃笔勾勒树石
文伯仁	明中期	《金陵十八景》	每图绘一景,明代中期绘者从关注政治转为更关注城市历史和文化
邹典	明末(1634年)	《金陵胜景图卷》	现存年代最早,能将金陵诸多山川秀色融于一幅画卷
朱之蕃	明晚期	自选"金陵四十景"	调和金陵王气与文人品位,顺应城市想象的惯性路径,追溯南京六朝文化,从而形塑记忆南京的范式
高岑	清初期	《金陵四十景》	沿用朱之蕃对城市想象的格局,浸润浓重的遗民情怀,表现清初南京郁结之气
长干里客、陈作仪	清晚期	《金陵四十八景》增选	清中期以后,南京盛景大体成型,缺乏新变,晚清创作凸显海派画风

古人对自然风景的客观理解和生态实践通过了"拓""适""馈""整"的生态学规律,完成了从认知自然、顺应自然到调适治理的漫长过程。国家的动荡、家园的迁徙,让人们寄情于山水,通过古诗词与山水画中对自然山水和生态的描摹、领悟和调理,在心境上达到与周边人文环境、社会环境、自然环境的气韵循环,从"客观描摹—主观感悟—内心成境—调理脉络—整体成境"的一个客主观交替的过程中,最后达到人—城—自然生态循环的整体胜境。

(2)《金陵胜景图卷》反映的整体生态构建方法

南京各个朝代中,文士的山水画卷传达着城市的山川景色、政治图貌、文化生态和民俗生活，以及在此脉络下的城市空间发展与演变。明朝初，文士画卷中对城市的理解强调城市的政治属性，其活动范围相对集中在城内或近郊，城市也并未形成成熟的游憩空间。明中期文士，如文伯仁的《金陵十八景》所描绘的政治属性淡化，开始关注城市本身的历史和文化，这与都城的迁徙和苏州文化复苏及蔓延相关。明晚期，朱之蕃的自选"金陵四十景"顺应金陵王气，顺序城市嬗变，追溯南京六朝文化，从而形塑了南京记忆。

明末画家邹典在《金陵胜景图卷》中，将写实与写意相结合，其所描绘的正是气势不凡的金陵山川秋色。徐徐展开该画卷，颇有一种可游、可居之感，在该图卷的创作中主要采取"平远法"和"深远法"构图，远近呼应，疏密有致，其中人物极少，显出乱世之中避世之意。金陵形胜分外妖娆，画家通过画面外师造化、中得心源地呈现心灵境界和山水造景，其视觉流线并非日常行走的流线，却覆盖了整体的城市记忆景观，心景交融，呈现出天地万物整体化一与生生不息的生态之境（表7-6，图7-18，图7-19）。

表7-6 《金陵胜景图卷》心景流线（资料来源：自绘）

心景流线	自然景观		人文景观				
	水系	山体	宗教	军事	生活	交通	政治
流线1	长江	幕府山 燕子矶 栖霞山 宝华山	岩山十二洞 千佛岩 栖霞寺 弘济寺	—	—	水路运输	—
流线2	玄武湖	青龙山 富贵山 紫金山	灵谷寺	明城墙	—	—	明孝陵 明故宫
流线3	秦淮河（内）	冶山 凤凰台	—	聚宝门	城南民居（官民相生）	水路运输	—
流线4	秦淮河（外）	牛首山 雨花台 将军山	大报恩寺 弘觉寺 幽栖寺	—	—	水路运输	—
流线5	长江	清凉山 老山	—	石头城	—	水路运输	—

心景流线1：长江南岸幕府山、燕子矶畔的山体崔巍，石形嶙峋。山林佛寺择吉而建，为清绝之境，成世间奇观。弘济寺侧立江边，"岩山十二洞"风光在望。南朝梁代，相传佛教天竺高僧菩提达摩与梁武帝萧衍论佛始终难投缘，

第 7 章　生态支撑——多元协作下的历史街区文化保护与整体风貌营造 | 349

图 7-18　《金陵胜景图卷》中的视线流线分区（资料来源：《金陵胜景图卷》藏于故宫博物院，流线与文字自绘）

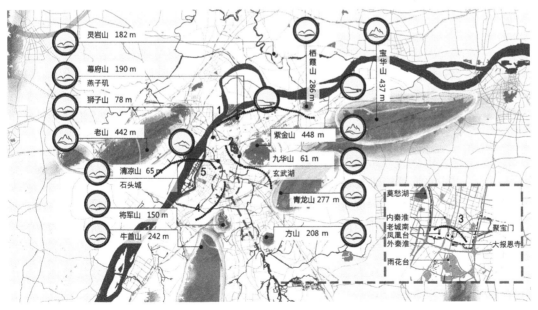

图 7-19　《金陵胜景图卷》中的视觉流线图（资料来源：根据南京市总体城市设计改绘）

于此"一苇渡江",前往北魏都城洛阳。徜徉过金陵野趣山峦,迎来佛教圣地栖霞山。南朝时期开凿的"千佛岩"遗迹,山下的南朝名刹"三论宗"祖庭栖霞寺和耸立其中的南唐舍利塔在苍翠葱郁的山间依稀可见。

心景流线2:取景宏大,山势雄伟壮丽的"金陵山"——钟山,若蟠龙盘亘于金陵,与石头城交相辉映,形成"虎踞龙盘"之势。山中树木苍秀,幽谷山涧。钟山东有禅林梵宇的明代灵谷寺,西有庄重肃穆的明孝陵。神游向西,明城墙隐约蜿蜒其间。步移景异,富贵山的南麓,明故宫金碧辉煌,蔚然呈现。烟雾缥缈中,风光旖旎的玄武湖渲染着静谧清旷的气氛。

心景流线3:画卷似表现古都秋景,进入金陵城南,民居肌理鳞次栉比,人口稠密,市井繁华,地域文化浓厚。南京文明的摇篮、母亲河——秦淮河,穿行流淌其间,楼台榭阁舒展,舟子荡桨,画舫泛游。周遭的冶山、凤凰台以及聚宝门也跃然画中。

心景流线4:供人春日踏青、游览登高的雨花台之巅端坐二人,寄情山水,游目骋怀,颇见意趣天成的雅致。"南朝四百八十寺,多少楼台烟雨中。"出聚宝门见寺,秦淮河南岸"奇迹建筑"明代大报恩寺琉璃塔巍然屹立于雨花台西麓。突兀挺拔的南郊牛首、将军山为除明代以外各朝代宫城的布局和选址提供了"双阙格局",古朴秀美的幽栖寺、弘觉寺等,为南京文化底蕴添砖加瓦。

心景流线5:画卷最末呈现的是沿江而下的峰峦叠翠、远近高低的旷野景色,城西一带的清凉山、石头城与钟山铸成了"虎踞龙蟠"的雄姿风采,老山、狮子山成为画中远景,绵延而北。画中落帆停舟,依稀人家,为空渺旷野增添生机。万里长江烟波浩渺,滚滚江水浪淘去,青山隐隐水迢迢,宛若人间仙境,形成整体胜境[1]。

山水与人互育生命、化育人文是综合生态观下古代生态智慧的基本目标,以山水形胜构建宜居环境,人居其中,通过体验山水,知生命起源、宇宙轮回,以山水为背景形成人文兴盛的文化生态环境,成为人文山水耦合的生境,从画卷诗词到物质空间,不论多大尺度的地域山水格局,从建筑尺度的亭台楼阁雕梁画栋,到街区尺度的巷院深深、观景眺境,再到城市尺度的山水格局,生境的塑造重在人与自然的"反馈循环""生生不息",通过营建整体有机的

---

1 周安庆.千古金陵,锦绣山川:明末画家邹典和他的《金陵胜景图卷》[J].紫禁城,2011(10):90-96.

自然与城市格局，推理酌情的街区治理、多元协同的街区与城市复兴，最终达到生命精神与天地一体的整体胜境。

7.4.2 整体胜境与生命秩序

（1）生活之境

生活之境与历史街区居民的日常生活息息相关，是人与自然关系"借景""造景""观游"之写照。再者，在人与自然的协调下，人与人的关系和人与自然的关系交织起来形成"居住""化育""反哺"之场所，体现了人与自然山水织起了互育生命、化育人文、反哺自然的协调均和、整合循环的"生生不息"之格局。

从自然"借景"形成顺应地势，择吉择宜，以象天法地、万物相生的时空观纳山水于人居，以街区生态营造之生态工夫论"造景"。如荷花塘历史街区西侧的愚园，被誉为"金陵狮子林"，是南京最大的私家园林，取"大智若愚"之意（图7-20）。清光绪年间，胡恩燮建园时，"北部叠石为山，嵌空玲珑，回环曲折"，形成南水北山林格局，水石极一时之胜，仿若真山入园，形成层峦的造景之势。"叠石空洞，曲道宛转，忽升以高，忽降以下。"[1] 石山占地咫尺，游线垂直展开，曲折弯曲。山体绿植密布，山上筑二亭，可容二三人，此中消永夏，让人观游驻足。愚园以五色相间，四季园林景观造景，加之飞鸟游鱼营造活力生气，以仙鹤鹿禽表征祥瑞长寿，作"奉母游憩"的场所与吉祥寓意[2]。愚园从私家园林，到现将向民众开放，融入诗意山水的空间将教化现代城市的人们，体验寄情山水、诗意栖居的生活之境。

《易经·贲卦》曰："观乎天文以察时变，观乎人文以化成天下。"人们将诗词与山水画中融入了山水、人、民居、寺庙、交通、宫殿、军事防御。从诗词山水画可窥见居住环境营造与地域山水的关系，以及居住环境的营造对山水环境的反哺，新的共生循环关系建立。《周易》确立"天人相参"的观念，发展出人具有"参与天地化育"的主观能动性。《周易》的人文意识、人道思想已不局限于对外部世界的模拟和认知，更着眼于人与天地并立为三，当积极参与天地化育，以发挥规范和改造世界的功能[3]。人们造景，喻景于画，化育人文，人与自然互动共生，天、地、人、生构成新的循环共生系统，生活之

---

1 胡恩燮，胡光国，等. 南京愚园文献十一种[M]. 南京：南京出版社，2015.
2 张清海，周格至，丛昕. 南京愚园空间布局特征考证[J]. 建筑与文化，2021（3）：256-259.
3 施炎平. 再论《周易》与中华文化的人文精神[J]. 周易研究，2018（6）：26-33.

境依托现在的物质环境而形胜。

图 7-20　愚园鸟瞰图（资料来源：《白下愚园集》）

（2）宇宙之境

人与自然的关系从应序到制序，应序的山水格局是对山水城林背景下的整体塑造。而制序是不断突破原有的生态格局拓展、适应、反馈、整合而重新形成新的生态平衡，从小尺度街区到大尺度城市，人类社会活动在时间轴上的轨迹与城市脉络和发展演变进程在空间轴上的物化最终显像成动态有机的镶嵌体集合。人类的繁衍和发展在地理空间上达到全景全域的生态境界，古人基于地域山水全景观，加之古代生态智慧对天地始源、空间结构、时空关系等世界观知识体系的探究，形成"观象授时"的宇宙观、"象天法地"的择址观、"天人合一"的自然观和"万物相生"的整体观。

在深层次地探究"存在"和"客观世界是什么"的问题时，中国古代宇宙观在心灵中构建了人与山水的情感秩序，将世界分为天界—仙界—人界的纵向彼此沟通的空间构型。在山水画中，远山、云、水象征着天界，宗教圣山象征仙界，人与民居、城墙所在象征人界，佛教中有七重塔与须弥山等登临的意向，所以山水画中的桥、寺庙与塔表达对更高层次世界的向往与追寻。

中国古人在空间实践中具备超大尺度视野，城市的择址与轴线都是根据超大尺度的风水卜相、山水整体环境观，形成一套宏观—中观—微观的全尺度领域、全生命周期、以寻找生气为目标的多方面综合过程。根据张衡《算罔论》"网络天地"的坐标网理论，专家推测秦汉时代我国就掌握了长距离的方位测量技术，并初步具备了建立大面积地理坐标的能力。秦汉都城的超长基线，将天、地、山川、陵墓、都城一以贯之，使之协调为一整体；自北而南，以天、仙、王、地为序的纵向世界架构排列；其间充满观象授时、象天法地的意识，使这一庞大的城市体系表现出天地、阴阳、生死、子午等多种对应关系，从不同层次物质空间上连接天地，营造宇宙之境（图7-21）[1]。

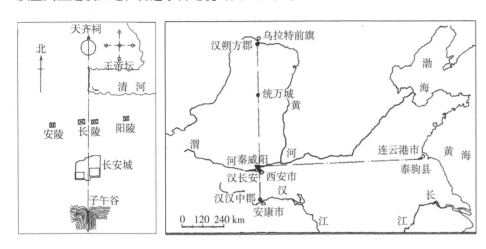

图7-21 秦汉时期都城超长时空基线
[资料来源：秦建明,张在明,杨政.陕西发现以汉长安城为中心的西汉南北向超长建筑基线[J].文物,1995（3）：4-15.]

（3）出世之境

在出世之境的营造中，我们需要回答"存在"与"价值"问题的关联，从而引出工夫论和境界论的观点。人在自我的修炼、修行与修养中达到内心修得自我、真我、超我，心灵达到内在—物化—自在—空性—渡化的境界，成为圣人、真人、佛。同样，生态空间进行物质空间的修炼、修行和修养以达到物性生态空间境界—神性生态空间境界—理性生态空间境界—自性生态空间境界—空性生态空间境界的层级转变。

古人以儒家思想正身、治国、明理，营建理性生态空间境界，使城市有秩序，使人类可以发展和繁衍。以道家思想体悟山水宜居，因借体宜，万物相生，无为而治，生成自性生态空间境界，使自然生态成为文化生态和社会生态的基础，文化生态和社会生态成为自然生态一种"生生"的延伸。以佛家思想

---

1 秦建明,张在明,杨政.陕西发现以汉长安城为中心的西汉南北向超长建筑基线[J].文物,1995（3）：4-15.

断舍欲望、上证佛道、下化众生，渡化出空性生态空间境界。金陵四百八十寺，从城市建寺历史和对佛教历代无限追求历程中，足见先人追求长生、自渡、登临的渴望，但一切苦难都来自欲望，众生心生灭相而形成现象世界。古人以山水为核心，搭建三千小世界作佛教宇宙空间结构，以"须弥山"为现象世界的空间枢纽架构天地万物。须弥世界的图腾和结构常见于佛塔或坛城的平面布局。古代国家—城市—街区的发展以儒家生态空间哲学为本体，以道家和佛家的空间哲学为社会文化和精神文化的引导。空性生态空间境界不同于经验现实世界，它是空间上永恒存在而不入生死轮回的生命形态，它是时间上轮回循环、缘起缘灭、生命无常的整个历程，唯有绝对的无念、无住、无修、无证，可以超越轮回，达到真正意义上的永恒，从而达到出世之境。出世之境是一种人人向往憧憬的生态境界，文化生态和社会生态也可看作是一种与现实世界的关系耦合，所以出世之境是生态境界观的终极状态，人无法脱离社会关系的束缚，却永远在追求出世之境的路上。

7.5 本章总结

在历史街区中，为了保护良好的文脉环境、社会关系、自然环境，除了营造显性的物质空间结构和镶嵌体的生态格局及镶嵌体间的流动循环与反馈之外，不能忽视历史街区空间表征背后隐性的深层结构，而这些支撑体系的主体是人的需求。本章主要阐述综合生态观下的历史街区营建的深层支撑结构。

① 整体协调的自然与城市管理：综合生态观下的历史街区复兴，是把历史街区镶嵌体放在更大的城市尺度中，以城市山水林城脉络关系，以及城市历史上的人工自然的系统管理方法和自然与城市的整体调适实践引导历时性的历史街区多元协同、时空复合地发展。

② 推理酌情的街区治理：以国家生态文明建设、城市更新、经济政策、保护规划和保护政策自上而下地推进综合生态观下的历史街区复兴，通过四个案例探究历史街区复兴的保护政策和行动如何与城市发展政策、城市经济、城市生态行动相契合。

③ 多元协同的渐进复兴：从居住型历史街区公众参与现状问题出发，在人与人的多元合作、历史街区的多重属性、人与街区环境的多维多样的互动

与对街区的多元性需求中以开拓、适应、反馈、整合的控制机制营造历时性上包容多元活动的时空复合的空间，共时性上生物多样、公平可达、文化多样的社会共同体，以达到历史街区的多元协同渐进复兴。

④ 人文化育的生态成境：以山水画为切入点，以南京山水人文的形成为指引，探究山水形胜与人文化育的深层关系，并以《金陵胜景图卷》呈现的心境交融反映对人文山水形胜的生态构建。在探究形成整体胜境和生命秩序的空间图景中，人与自然的互育通过"借景""观游""化育""居住"来呈现生生不息的生活之境。宇宙之境中"天—仙—人"的纵向层次和全景全域全尺度整体环境观规划连接了天、地、山、水、生、人，形成整体有机循环的生命共同体。在出世之境中，呈现了人和空间经过儒道佛家的修炼、修行和修养，人和生态空间境界物性—理性—空性的层级转变，出世之境是人和空间的终极状态。

第8章 | 基于综合生态制序的历史街区再生

8.1 研究成果与结论
8.2 研究主要创新点
8.3 研究不足与展望

8.1 研究成果与结论

中国城市快速发展三十年，城市逐渐背离了人文和自然生态的本质，成为一个不断扩张的增长机器。中国的城镇化进程经历了经济快速增长、社会快速发展、城市更新转型等阶段。现如今，城市发展方向已从最初的"拆旧建新"发展到强调通盘考虑就业、教育、社会公平等社会因素的综合性规划。城市更新运动也不再一味地拆除重建，而是注重对其存量建筑质量、环境质量及人民生活质量的提升。虽然前期的快速城镇化进程带来了经济和社会的大发展，但城市人口膨胀及大量的城市建设和新区拓展还是对城市生态环境和基础设施造成了压力，也对城市的文化结构的稳定性造成了一定的威胁，历史街区的保护工作也陷入了困境。

国家文化自信的建立，生态文明建设政策、城市双修、碳中和等生态政策与文件的出台要求城市发展必须回归本源，城市工作的价值导向应该是使城市成为市民生活的幸福家园，成为人类文明的恒久载体，要把创造优良人居环境作为城市发展的中心目标。这种回归不仅是价值观的回归，更是地域性的回归。

生态理论在中国的兴起，国家生态政策的激励，生态城市与生态街区实践对历史城市与历史街区保护发展的反馈与整体系统性发展的诉求，人们对宜居环境的向往，都推进了历史街区生态复兴的步伐，以生态视角重新审视与探究历史街区复兴所面临的现实问题。历史街区现实问题包含了文化、社会、经济、自然、宜居方面，由三个层面提出：①历史街区综合空间环境的失落，包括内禀生态性的失落、街区形态与功能的失落、公平共享的失落、交通系统不完整、密度与绿量的失落、边界的失落。②历史街区与历史城市文脉的断裂，包括保护与发展过程中整体性缺失的困境、价值观的改变导致历史街区保护话语的改变、山水脉络的断裂、地域性文脉的断裂。③历史街区与现代城市生态发展的割裂，包括古代生态理念与现代生态理论不够契合而导致的空间割裂、历史街区保护与城市生态发展的割裂、城市基础设施在历史街区中的进退两难。每一个研究问题都可触发综合生态观下历史街区复兴策略的方向。

（1）中国古代生态智慧与现代生态智慧的耦合

中国生态空间哲学观与传统营建理念及方法直接影响了历史城市和历史街区的形成与发展。中国传统生态理念与营建方式和现代生态理念及技术的结合方式通过中国生态哲学空间观的四个基本问题"生态时空论""生态本体论""生态工夫论""生态境界论"来阐释。历史街区生态营建的追本溯源，不仅可融合传统的生态智慧与现代生态思想，也可创造中国古代生态空间观与现代生态空间观在知识体系、目标体系、价值体系与操作体系上耦合的契机。最终历史街区生态复兴的营建策略，通过生态工夫论所呈现的物质空间与现代生态理念和操作体系相结合，以探究现代城市政策、经济社会背景下的综合生态观的形成，以及对历史街区空间复兴的启示（表 8-1）。

表 8-1　古代生态智慧与现代生态智慧的结合（资料来源：自绘）

分类		生态时空论	生态本体论	生态工夫论	生态境界论
古代生态智慧	巫	观象授时，天圆地方	顺应天意 原始生命意义	择址卜宅，规矩测天	神性生态空间 原始生态空间
	儒	天人合一，天人感应，天地生人整体循环	正身、治国、明理	阴阳、五行，象天法地，度地卜食，体国经野	内化生态空间
	道	道生万物，万物相生，冲气为和	因借体宜，道法自然，无为而治，上善若水	因地制宜，节材节度	自性生态空间
	佛	轮回，仁及草木	般若无相，空性	形胜，武备，防灾防盗	渡性生态空间
现代生态智慧	城市	整体论 系统论	生态，宜居，集约	开源节流，自有的历史能源	山水城市
		以资源利用的生命周期循环再生，生命共同体	自我更新与再生，生态演替，流动、循环、反馈	复合生态学、城市生态学、景观生态学	生态城市 宜居城市 绿色城市
	街区	生物多样性 社会公平，共享均好	生态绿色，自组织，自主更新	GSI、GI、EI 技术， 多元合作管理	生态街区 绿色街区 完整街区
	建筑	闭路的生命周期	与外界能量零交换	适宜的建筑节能减排技术	生态建筑 绿色建筑

（2）以历史街区为研究本体的"综合生态观"理论的构建

历史街区跨时间维度的整体系统观与其自身的不可再生性、历史街区保护与发展的宪章、理念与实践中蕴含的内禀生态性，为历史街区生态复兴奠定了基础。本书从历史街区复兴与城市生态系统原则与特性耦合、历史街区在生态城市规划中所占的生态位、不同尺度的生态评价指标体系对历史街区的指导（评价指标的弥合）三个方面分析了综合生态观构建的可行性，并阐释了综合生态观的构建原则，为以历史街区为研究本体的"综合生态观"的构建奠定理论与实践基础。

综合生态观是一门基于多尺度不同时期生态理念的，以多学科交叉、多时空维度综合研究历史街区复兴的理论与方法。综合生态观的构架就是一个系统整合的过程，以营造内禀生态历久弥新的、生态整合格局与功能的、生态宜居空间形态与容量的、生态弥合灰绿基础设施的、完整道路网络与慢行系统的、生态公平多元协作的、生态城市政策管理与经济激励的、生态成境人文化育的历史街区为目的（图8-1）。基于综合生态观，历史街区在时空演替过程中构建一种耦合国家政策的，符合城市发展方向的，整合自然、文化、社会、宜居和经济五位一体的新秩序。

综合生态观理论体系的构建通过现状问题、整体构架、组织要素、研究框架、目标体系、组织动力、技术支撑等七个部分，结合历史街区为研究对象，将已

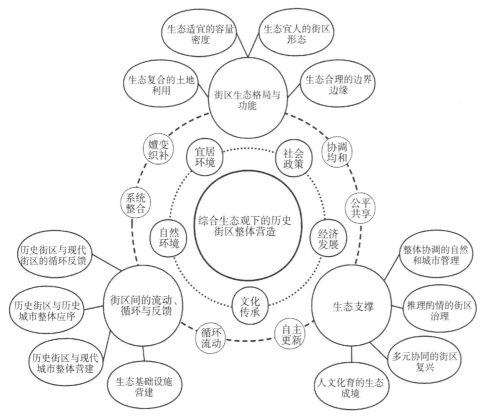

图8-1 综合生态观理论构架（资料来源：自绘）

有的理念与实践整合发展、全面营建。综合生态观下的历史街区营造的动力机制及影响通过五个要素体现：文脉传承，地域性要素；宜居环境，核心价值要素；经济发展，效率性要素；社会政策，公平性要素；自然环境、支撑性要素。综合生态观下的历史文化街区整体营造的基本规律为：整体系统，有机复合；自主更新，共同生长；循环流动，生生不息；协调均和，公平共享；嬗变织补，生态整合。动力机制与基本规律将全面指导整体营造的复兴策略。应用综合生态观下的历史街区整体营造的时空维度的五种法则分析指导现有的实证案例，并构建整体营造的理论构架与支撑构架全面图景，以指导综合生态观下历史街区的复兴策略。全面的图景贯穿时间轴和空间轴，跨越城市、街区和建筑尺度。

（3）综合生态观下历史街区的复兴策略

从历史街区镶嵌体的生态格局与功能（生态格局），镶嵌体间的流动、循环与反馈（生态循环），多元协同下的历史街区文化保护与整体风貌营造（生态支撑）三个方面全面构建综合生态观下历史街区复兴策略。历史街区镶嵌体格局和功能通过定性、定容、定形、定围实现。镶嵌体间的流动、循环与反馈通过应序到制序的时间和空间法则实现。生态支撑阐释了历史街区空间表征背后的街区治理、政治政策、经济激励、多元协同、人文化育等深层结构，而这些支撑体系的主体是人的需求（表8-2）。

表8-2 综合生态观下历史街区复兴策略主要的结论（资料来源：自绘）

分层与分项			结论
生态格局与功能	定性		将历史街区从内在特性、生态格局、功能和结构特性转译成一个基于空间异质性的镶嵌体。营建生态复合的土地利用，从格局、功能和过程上将历史街区转译成由斑块、廊道和基质组成的镶嵌体格局。通过构建多层次多维度的历史层次和空间层次来构建完善的土地利用开放体系，以营造宜居生态的历史街区
	定容	人口密度	通过古代历史都城与历史街区内禀生态性的密度建立合理的人口容量。合理人口密度为150~300人/ha，街区居民保有率应为60%左右
		建筑密度	历史街区内禀密度生态性由院落形态表征，相同地块中同样进深的院落建筑密度能达到点式建筑的三倍。通过空间伴侣（spacemate）指标形成空间矩阵（spacematrix），分析国内外案例历史街区，高密度紧凑有序的街区形态为综合生态观下的历史街区奠定基础
		三维绿量	研究综合生态观下历史街区绿地功能和绿地分类。通过案例数据对比分析二维和三维绿量评价标准对历史街区的适宜性，确定表征生态效益的三维绿量测算方法更能真实反映历史街区的绿量。通过样地实际数据调研和测量做实证比较分析，通过数据分析和生态效益效率的计算得到重要的结论，历史街区比生态街区在单位绿地面积可创造更多的生态效益。结论分析通过多样性、乔木占比、生长时间和空间、立体绿化、优势种分析阐明原因，最后提出历史街区绿地设计策略

（续表）

分层与分项			结论
生态格局与功能	定形	内禀生态的街区形态	高度复杂性中度连接性的历史街区半格结构奠定了其稳定性和生态效率。人口密度和街区的选址、结构、朝向、轴线、单双数分形的变化、家庭居住关系构成了整体循环、阴阳协调、动静相生的居住空间形态。通过中外案例对比分析，发现更生态的形态特点，提出综合生态观下历史街区空间形态构建建议
		适宜微气候的街区形态	通过现有的研究探讨历史街区空间形态与街区微气候的关系和可用指标，从整体控制、平面布局、层峡特征、公共空间、建筑设计和界面控制上提出综合生态观下街区形态上的微气候环境的优化建议
		弹性宜人的小尺度街区	突出弹性小尺度街区（100 m × 100 m）和宜人的街区空间尺度（$D/H \approx 1$）对综合生态观下历史街区空间形态构建在社会生态、文化生态、自然生态构件上的重要性
	定围		追溯历史城市和历史街区边界的产生和发展及现有的生态实践，从历史街区边界现有问题出发，从生态角度重新诠释历史街区镶嵌中边界的功能、分类、形状、剖面结构等等。以营建案例为佐证，基于综合生态观提出历史街区边界营建建议
生态流动、循环与反馈	应序		从应序到制序的过程，宏观尺度上通过两个城市的对比研究阐释整体营造的城市择址与轴线、城市营建与山水形胜的关系。通过南京的历时性研究，阐释城市嬗变与生态格局的关系以及历史城市发展进程中的生态调适
	制序	生态基础设施营建	阐释现代生态智慧与古代生态智慧的交融对历史街区复兴营建的理念指导与实践规划。历史街区从灰色基础设施的创新性改造到灰绿基础设施的结合运用，综合生态观下的历史城市生态基础设施奠定整体规划与历史街区建设的实践基础
		理水	分析城市水网营建中顺应自然—调适治理—生态成境的过程。除了运输作用的水网廊道，还有与土地、生物、人类生活交融的雨水、污水等等。研究综合生态观下海绵城市技术、绿色基础设施技术在历史城市与历史街区中的应用，并结合其文化社会特殊性提出具体的实践方式和案例研究
		理韵	结合现代生态理念和技术解决历史街区道路交通与街道网络和公共空间的现实问题，并且通过其流动、循环与变化的调适营造宜居友好的步行体系、步行友好的街区空间、安全舒适的自行车网络、复兴发展的公共交通、生态可达的公共空间
		理气	探究历史文化街区的节能系统和微气候环境营造要素以达到综合生态观下的历史文化街区复兴
生态支撑	整体协调的自然与城市管理		以城市山水林城脉络关系和历史上的人工自然的系统管理方法和自然与城市的整体调适实践引导历时性的历史街区多元协同、时空复合的发展
	推理酌情的街区治理		以国家生态发展、经济政策和保护政策自上而下地推进历史街区复兴，通过案例探究历史街区保护行动如何与城市发展政策、城市经济、城市生态行动相契合
	多元协同的渐进复兴		从居住型历史街区公众参与现状问题出发，在人与人的多元合作、历史街区的多重属性、人与街区环境的多维多样的互动与对街区的多元性需求中以开拓、适应、反馈、整合的控制机制营造历时性上包容多元活动的时空复合的空间，共时性上生物多样、公平可达、文化多样的社会共同体，以达到历史街区多元协同渐进复兴
	人文化育的生态成境		以山水画为切入点，探究山水形胜与人文化育的深层关系，并以《金陵胜景图卷》中呈现的心境交融反映对人文山水形胜的生态构建。探究形成整体胜境和生命秩序的空间图景

8.2 研究主要创新点

（1）构建了"综合生态观"理论

综合生态观的理论构建是为整合中国古代生态智慧与营造技法和现代生态理念与科学技术，从多学科支撑、多尺度建构、更系统整体的视角来认知历史街区复兴的理论。再结合已有的理念、规划与实践协调发展，全面营建。综合生态观理论体系通过七个支撑要素：现状问题、整体构架、组织要素、研究框架、目标体系、组织动力和技术支撑构建以历史街区为研究本体的综合生态观（图4-3）。其理论构架阐明了建筑学、城市规划、城市生态学等多个学科对综合生态观构建的支撑，涵盖了宏观、中观与微观尺度的生态学理论、现代生态技术与实践和跨时空的生态智慧，基于历史街区本体的保护规划、基本理论与研究实践，以生态境界论为发展目标，整合发展，全面营建。

（2）提出了多时空维度的空间研究新方法

多时间维度的空间研究方法是基于历史街区本体多层次的时间属性。本书中的溯本回源，不仅是对中国古代生态智慧的溯源，也是对现代生态理念与技术的溯源。古代生态智慧造就了古代城市，古代城市演化形成了现在的城市，古代城市与现代城市一脉相承，现代的生态智慧和技术在城市化进程中大大助力了现代生态城市和生态街区的形成。历时性研究，从古代生态智慧作用于城市择址起始，人类活动与城市嬗变经历了长期拓适馈展的生态调适过程，从应序的被动的顺应自然，到制序的主动的生态调适，使城市与自然系统达到平衡态，再到建立多维多样多尺度的新制序空间法则和空间秩序，形成理水—理韵—理气的人、城、自然和基础设施的和谐共生及循环流动的历史街区——城市系统。生态智慧的演变发展始终支撑着城市这个动态有机的镶嵌体群落整合。

多空间尺度的空间研究方法是基于历史街区本体的形成与发展的空间属性，从宏观整体系统营造—中观镶嵌体间循环流动变化—微观生态措施的实践运用和落实三个层次来阐释影响历史街区与历史城市系统，历史街区与邻近镶嵌体间进行物质循环、能量流动、信息传递的决定要素、技术手段和实践运用。除聚焦历史街区镶嵌体本身的格局与功能，更需要从不同空间尺度探究历史街区与历史城市和现代城市的关系来表征三种重要的结合：中国古代生态智慧与现代生态智慧的耦合；城市生态发展方向引导历史街区生态复兴，历史街区生态复兴反馈城市发展策略和新建的生态城市，引导历史街区与生态街区的联动发展，从而引发新旧城联动发展；中国历史街区的保护与发展借鉴已完成生态实践的外国历史街区的经验与教训，以中国历史街区为本体，结合外国普遍使用和不断动态更新的街区生态理念及实践，从而发展出适宜中国历史街区复兴的生态理念。

（3）对历史街区保护与发展的新途径提出了建议

为何顺应历史环境发展而来的居住型历史街区会变成城市中很不宜居和不生态的区域？是否历史街区本身就是不生态的？本书重视最初提出的问题，在研究中做到了去除糟粕，继承精华。基于综合生态观，探究历史街区保护与发展的新途径与历史街区中新秩序的建立。中微观层面上，历史街区在综合生态观的时空演替过程中构建一种耦合国家政策的，切合城市生态发展方向的，符合居民现代宜居生态生活需求，整合自然、文化、社会、宜居和经济五位一体的新秩序。宏观层面上，在历史街区—历史城市—现代城市之间建立中国古代生态秩序契合人类命运共同体发展愿望的新秩序。

内禀生态性的探究是对历史街区不同时空尺度和维度的全面诠释与精华提取，历史街区跨时间维度的整体系统观与其自身的不可再生性、历史街区保护与发展的宪章、理念与实践中蕴含的内禀生态性、历史街区经过时空演替进化的归属感及格局多样性、历史街区窄路密网的形态特征及其半格形态的内禀的复杂性与稳定性，为综合生态观下的历史街区复兴奠定了基础。本书从历史街区复兴与城市生态系统原则和特性耦合、历史街区在生态城市规划中所占的生态位、不同尺度的生态评价指标体系对历史街区的指导并建立历史街区复兴导向的生态评价指标三个方面构建综合生态观的可行性，结合多层次多维度适宜性的现代生态理念、实践及技术，发掘传统营建中的生态智慧与经验，运用多学科的集成成果加以控制，从时间与空间层面上，在不同层级建构以历史街区复兴为对象的综合生态观，并在此基础上探究一个系统整体、循环协调、自主更新的历史街区生态复兴原则、实践与操作策略。

8.3 研究不足与展望

① 历史街区与生态理念特性的协调和评价指标与要素的弥合在本书中的综合生态观理论构建可行性分析中阐释，以目标导向的"评价指标—要素"层面的弥合和"评价指标—空间层级—复兴策略"层面的弥合，表征为定性

的目标指向的和空间策略方向指导，但未建立具体的综合生态观下的历史街区的评价指标体系。这或许会成为未来重要的和深入研究的方向。

② 本书是探索历史街区生态复兴的第一步，旨在构建一种结合多种时间维度，多种空间层级和地域性的历史街区与生态理念结合的理论框架与研究方法。后续的技术层面的操作方案与尺度控制虽有涉及，但不够全面和深入。若能进一步加入更多的实践案例和实证理论框架，理论会更加有说服力。

③ 在中外实证案例的选用中，西方更多地选择美国实际调研过的已开始进行生态复兴的案例作为目标案例进行阐述，但对其他国家的案例涉猎较少。中国案例则更多是依据良好的山水关系和自身内禀的生态性潜质作为备选条件，较深入的社会问卷调研则集中在少量的历史街区中。在中外案例的结合研究中，因街区形成原因和历时性时空差距较大，所以结合研究仍略显生硬。若能更加丰富案例实践的广度和深度，以大量的调研数据和大数据作为分析支撑，则会使结论更加饱满和丰富。

④ 在现阶段的研究中，对历史街区的复杂产权问题和多方利益无法协调的问题仅研究了实际案例问卷调查的现状及其理论和方法上的多元协调合作的解决方案，在后续的研究中应深入探究更多的切实的实践案例，通过长期的调研、协调、动态设计等推进实践的进行。

综上所述，今后应进行以下几个方向的深入研究：第一，创建综合生态观下历史街区复兴的评价指标体系，并用评价指标分析国内外历史街区的保护规划与实践，进而优化评价指标；第二，对已有的生态复兴的历史街区案例进行下一步的空间生态效益评价研究；第三，应用大数据工具及更多的案例调研和分析数据进行实证研究，以完善和深入研究理论构架；第四，应对历史街区复杂产权等社会生态问题结合更多的长期动态深入的实践；第五，应用更具体和更生态的技术手段实践综合生态观下的历史街区复兴，例如更适宜的生态基础设施实践并测算具体的雨洪管理数据，构建风环境的历史街区模拟实验室，详细测算历史街区的尺度对城市热环境的改善作用等等。

人类秉持着同样一颗生态共和的初心，从世界"人类命运共同体"宏愿到国家"生态文明"的必然趋势，到"城市双修"和生态城市发展政策，再到城市修补旧城更新，应将历史街区的保护与发展串联到整个综合生态观目标体系中。自上而下，自下而上，由国家—城市—街区—历史街区—历史城市—中国—世界形成一个闭合循环共生、自主更新的生态共同体。

参考文献

一、学术专著

1. 齐康. 思路与反思：齐康规划建筑文选 [M]. 北京：科学出版社，2012.
2. 齐康. 宜居环境整体建筑学构架研究 [M]. 南京：东南大学出版社，2013.
3. 齐康. 大城市的生机与矛盾 [M]. 南京：东南大学出版社，2014.
4. 齐康. 城市绿地生态技术 [M]. 南京：东南大学出版社，2013.
5. 张松. 当代中国历史保护读本 [M]. 北京：中国建筑工业出版社，2016.
6. 张松. 城市文化遗产保护国际宪章与国内法规选编 [M]. 上海：同济大学出版社，2007.
7. 张松. 历史城市保护学导论：文化遗产和历史环境保护的一种整体性方法 [M]. 2版. 上海：同济大学出版社，2008.
8. 福曼. 土地镶嵌体：景观与区域生态学 [M]. 朱强，黄丽玲，李春波，等译. 北京：中国建筑工业出版社，2018.
9. 福曼. 城市生态学：城市之科学 [M]. 邬建国，刘志锋，黄甘霖，等译. 北京：高等教育出版社，2017.
10. 盖尔，斯娃若. 公共生活研究方法 [M]. 赵春丽，蒙小英，译. 北京：中国建筑工业出版社，2016.
11. 盖尔. 人性化的城市 [M]. 欧阳文，徐哲文，译. 北京：中国建筑工业出版社，2010.
12. 黑川纪章. 新共生思想 [M]. 覃力，译. 北京：中国建筑工业出版社，2009.
13. 童寯. 新建筑与流派 [M]. 北京：中国建筑工业出版社，1980.
14. 罗西. 城市建筑学 [M]. 黄士钧，译. 北京：中国建筑工业出版社，2006.
15. 张杰. 中国古代空间文化溯源 [M]. 2版. 北京：清华大学出版社，2016.
16. 王金岩. 空间规划体系论：模式解析与框架重构 [M]. 南京：东南大学出版社，2011.

17. 佩珀. 现代环境主义导论 [M]. 宋玉波，朱丹琼，译. 上海：格致出版社，2011.

18. 刘道超. 择吉与中国文化 [M]. 北京：人民出版社，2004.

19. 鲍世行，顾孟潮. 杰出科学家钱学森论山水城市与建筑科学 [M]. 北京：中国建筑工业出版社，1999.

20. 刘胜利. 尚书 [M]. 慕平，译注. 北京：中华书局，2007.

21. 申茨. 幻方：中国古代的城市 [M]. 梅青，译. 北京：中国建筑工业出版社，2009.

22. 斯图尔德. 文化变迁的理论 [M]. 张功启，译. 台北：远流出版事业股份有限公司，1989.

23. 柯林，弗瑞德. 拼贴城市 [M]. 童明，译. 北京：中国建筑工业出版社，2003.

24. 阮仪三. 城市遗产保护论 [M]. 上海：上海科学技术出版社，2005.

25. 赵景柱，欧阳志云，吴刚. 社会 - 经济 - 自然复合生态系统可持续发展研究 [M]. 北京：中国环境科学出版社，1999.

26. 王如松. 高效·和谐：城市生态调控原则与方法 [M]. 长沙：湖南教育出版社，1988.

27. 国际古迹遗址理事会中国国家委员会. 中国文物古迹保护准则 [M]. 北京：文物出版社，2015.

28. 浅见泰司. 居住环境：评价方法与理论 [M]. 高晓路，张文忠，李旭，等译. 北京：清华大学出版社，2006.

29. 蒂耶斯德尔，希思，厄奇. 城市历史街区的复兴 [M]. 张玫英，董卫，译. 北京：中国建筑工业出版社，2006.

30. 托波尔斯基. 历史学方法论 [M]. 张家哲，译. 北京：华夏出版社，1990.

31. 吴良镛. 人居环境科学导论 [M]. 北京：中国建筑工业出版社，2001.

32. 于希贤，于涌. 中国古代风水的理论与实践：对中国古代风水的再认识 [M]. 北京：光明日报出版社，2005.

33. 沈清基. 城市生态环境：原理、方法与优化 [M]. 北京：中国建筑工业出版社，2011.

34. 段进. 城市空间发展论 [M]. 2版. 南京：江苏科学技术出版社，2006.

35. 邬建国. 景观生态学：格局、过程、尺度与等级 [M]. 2 版. 北京：高等教育出版社，2007.

36. Salat S. 城市与形态：关于可持续城市化的研究 [M]. 陆阳，张艳，译. 北京：中国建筑工业出版社，2012.

37. 法尔. 可持续城市化：城市设计结合自然 [M]. 黄靖，徐燊，译. 北京：中国建筑工业出版社，2013.

38. 芒福汀. 街道与广场 [M]. 张永刚，陆卫东，译. 北京：中国建筑工业出版社，2004.

39. 芦原义信. 街道的美学 [M]. 尹培桐，译. 天津：百花文艺出版社，2006.

40. 亚历山大. 建筑模式语言：城镇·建筑·构造 [M]. 王听度，周序鸿，译. 北京：知识产权出版社，2002.

41. 薛冰. 南京城市史 [M]. 南京：东南大学出版社，2015.

42. 李玉文，程怀文. 中国城市规划中的山水文化解读 [M]. 杭州：浙江工商大学出版社，2015.

43. 吕不韦. 吕氏春秋新校释：上册 [M]. 陈奇猷，校释. 上海：上海古籍出版社，2002.

44. 钱锺书. 管锥编：第四册 [M]. 北京：中华书局，1979.

45. 朱偰. 金陵古迹图考 [M]. 南京：南京出版社，2019.

46. 俞孔坚，李迪华，刘海龙. "反规划"途径 [M]. 北京：中国建筑工业出版社，2005.

47. 宫聪，胡长涓. 绿色基础设施导向的生态城市公共空间 [M]. 南京：东南大学出版社，2019.

48. 格林，凯利特. 小街道与绿色社区：社区与环境设计 [M]. 范锐星，梁蕾，译. 北京：中国建筑工业出版社，2010.

49. 郭璞. 葬书 [M]. 郭同，校. 北京：九州出版社，2000.

50. 刘念雄，秦佑国. 建筑热环境 [M]. 北京：清华大学出版社，2005.

51. 埃雷尔，珀尔穆特，威廉森. 城市小气候建筑之间的空间设计 [M]. 叶齐茂，倪晓晖，译. 北京：中国建筑工业出版社，2014.

52. 魏秦. 地区人居环境营建体系的理论方法与实践 [M]. 北京：中国建筑工业出版社，2013.

53. 索斯沃斯，本-约瑟夫. 街道与城镇的形成 [M]. 李凌虹，译. 北京：中国建筑工业出版社，2006.

54. 毕凌岚. 城市生态系统空间形态与规划 [M]. 北京：中国建筑工业出版社，2007.

55. 赵杏根. 中国古代生态思想史 [M]. 南京：东南大学出版社，2014.

56. 赫治清. 中国古代灾害史研究 [M]. 北京：中国社会科学出版社，2007.

57. 胡恩燮，胡光国，等. 南京愚园文献十一种 [M]. 南京：南京出版社，2015.

58. 孔子. 论语·雍也 [M]. 北京：中国书店出版社，1985.

59. 王弼. 老子道德经注校释 [M]. 楼宇烈，校. 北京：中华书局，2008.

60. 赵君卿. 周髀算经 [M]. 程贞一，闻人军，译注. 上海：上海古籍出版社，2012.

61. 郑谧，缪希雍，萧克. 刘江东家藏善本葬书、葬经翼、山水忠肝集摘要 [M]. 台北：新文丰出版公司，1984.

62. 班固. 汉书 [M]. 颜师古，注. 北京：中华书局，1962.

63. 周应合. 景定建康志 [M]. 南京：南京出版社，2009.

64. 司马迁. 史记 [M]. 北京：中华书局，1982.

65. 司马光. 资治通鉴 [M]. 胡三省，音注. 北京：中华书局，1956.

66. 唐岱. 绘事发微 [M]. 上海：上海人民美术出版社，1987.

67. 刘建国，马世骏. 扩展的生态位理论 [M]// 刘建国. 生态学进展. 北京：科技出版社，1990：72-75.

68. GEHL Architects. Seattle public spaces and public life[M]. Seattle：Downtown Seattle，2018.

69. Frey H. Designing the city：towards a more sustainable urban form [M]. London：Routledge，1999.

70. Dessein J, Battaglini E, Horlings L. Cultural sustainability and regional development: theories and practices of territorialisation [M]. London：Routledge，2015.

71. Alberti M. Advances in urban ecology: integrating humans and ecological processes in urban ecosystems[M]. New York：Springer，2008.

72. Mumford L. The myth of the machine I: technics and human development

[M]. New York: Harcourt and World, 1967.

73. Corner J. Recovering landscape：essays in contemporary landscape architecture [M]. New York：Princeton Architectural Press，1999.

74. Platt R H, Rowan R A, Muick P C. The ecological city: preserving and restoring urban biodiversity[M]. [S.l.]：University of Massachusetts Press, 1994.

75. Echols S，Pennypacker E. Artful rainwater design：creative ways to manage stormwater[M]. Washington, DC：Island Press，2015.

76. Forman R T T. Road ecology: science and solutions[M]. Washington, DC: Island Press, 2003.

77. Moneo R. Remarks on 21 Works[M]. [S.l.]：Thames & Hudson，2011：168-181.

78. Doxiadis C A. Action for human settlements[M]. Athens：Athens Publishing Center, 1975：6.

79. Lefebvre H. The production of space[M]. Oxford：Blackwell，1991

80. Collins G R，Collins C C. Camillo Sitte：the birth of modern city planning [M]. London：Dover Publications，2006.

81. Berghauser P M，Haupt P. Space-matrix：space，density and urban form[M]. Rotterdam：NAI Publishers，2010.

82. Smith L G. Pioneer Square 2020 Neighborhood Plan Update[M]. [S.l.]: The Alliance for Pioneer Square, 2015.

83. Nacto. Urban street design guide[M]. Washington, DC：Island Press，2013.

二、学术期刊

1. 王如松,李锋,韩宝龙,等. 城市复合生态及生态空间管理 [J]. 生态学报，2014，34（1）：1-11.

2. 王如松 . 生态整合与文明发展 [J]. 生态学报，2013，33（1）：1-11

3. 王如松 . 小康大智 生态中和 [J]. 前线，2013（2）：41-43.

4. 阳建强 . 新型城镇化背景下的南京历史文化名城保护 [J]. 西部人居环境学刊，2015，30（1）：7-10.

5. 阳建强 . 走向持续的城市更新 : 基于价值取向与复杂系统的理性思考 [J].

城市规划, 2018, 42 (6): 68-78

6. 阳建强. 中国城市更新的现况、特征及趋向 [J]. 城市规划, 2000, 24 (4): 53-55+63-64.

7. 阳建强. 基于文化生态及复杂系统的城乡文化遗产保护 [J]. 城市规划, 2016, 40 (4): 103-109.

8. 吴良镛. 北京旧城保护研究（上篇）[J]. 北京规划建设, 2005 (1): 18-28.

9. 吴良镛. 从"有机更新"走向新的"有机秩序"：北京旧城居住区整治途径（二）[J]. 建筑学报, 1991 (2): 7-13.

10. 胡长涓, 宫聪. 基于"完整街区"理念的历史街区生态更新研究：以美国四个历史街区为例 [J]. 中国园林, 2019, 35 (1): 62-67

11. 韩冬青, 宋亚程, 葛欣. 集约型城市街区形态结构的认知与设计 [J]. 建筑学报, 2020 (11): 79-85.

12. 韩冬青, 顾震弘, 吴国栋. 以空间形态为核心的公共建筑气候适应性设计方法研究 [J]. 建筑学报, 2019 (4): 78-84.

13. 陈薇. 历史城市保护方法一探：从古代城市地图发见：以南京明城墙保护总体规划的核心问题为例 [J]. 建筑师, 2013 (3): 75-85.

14. 陈薇, 杨俊. "围"与"穿"：南京明城墙保护与相关城市交通发展的探讨 [J]. 建筑学报, 2009 (9): 64-68.

15. 马世骏, 王如松. 社会—经济—自然复合生态系统 [J]. 生态学报, 1984 (3): 1-9.

16. 沈清基, 安超, 刘昌寿. 低碳生态城市的内涵、特征及规划建设的基本原理探讨 [J]. 城市规划学刊, 2010 (5): 48-57.

17. 匡卫红. 我国城市生态学的发展趋势 [J]. 城市学刊, 2015, 36 (4): 95-100.

18. 黄光宇. 生态城市研究回顾与展望 [J]. 城市发展研究, 2004, 11 (6): 41-48.

19. 王凌曦. 中国城市更新的现状、特征及问题分析 [J]. 理论导报, 2009 (9): 32-35.

20. 赵勇, 唐渭荣, 龙丽民, 等. 我国历史文化名城名镇名村保护的回顾和展望 [J]. 建筑学报, 2012 (6): 12-17.

21. 袁磊. 解读生态原则与城市景观的关系 [J]. 铜陵学院学报，2015，14（2）：82-84.

22. 张能，武廷海，王学荣，等. 中国历史文化空间重要性评价与保护研究 [J]. 城市与区域规划研究，2020（1）：1-17.

23. 杜保瑞. 中国哲学的基本哲学问题与概念范畴 [J]. 文史哲，2009（4）：49-58.

24. 钱穆. 中国文化对人类未来可有的贡献 [J]. 中国文化，1991（1）：93-96.

25. 单士元. 宫廷建筑巧匠："样式雷" [J]. 建筑学报，1963.

26. 谢鹏飞，周兰兰，刘琰，等. 生态城市指标体系构建与生态城市示范评价 [J]. 城市发展研究，2010，17（7）：12-18.

27. 刘湘溶. 文化生态学与生态学思维方式 [J]. 求索，2016（3）：4-9.

28. 陈天，臧鑫宇，王峤. 生态城绿色街区城市设计策略研究 [J]. 城市规划，2015，39（7）：63-69+76.

29. 田达睿. 法国生态街区建设的最新实践经验与借鉴：以巴黎克里希街区和里昂汇流区项目为例 [J]. 城市规划，2014，38（9）：57-63.

30. 颜文涛，象伟宁，袁琳. 探索传统人类聚居的生态智慧：以世界文化遗产区都江堰灌区为例 [J]. 国际城市规划，2017，32（4）：1-9.

31. 张松. 历史城区的整体性保护：在"历史性城市景观"国际建议下的再思考 [J]. 北京规划建设，2012（6）：27-30.

32. 姚轶峰，苏建明，那子晔. 以居民为核心的人居型历史街区社会变迁及其整体性保护探讨：以平遥古城范家街的实证研究为例 [J]. 城市规划学刊，2018（4）：112-119.

33. 韩润成. 可持续发展理念下的历史街区保护与更新探析 [J]. 城市住宅，2020，27（2）：186-188.

34. 贾鑫，刘今. 北关街历史街区风貌保护整治规划与实施初探 [J]. 科技创新导报，2010，7（28）：138.

35. 于红霞，栾晓辉. 青岛历史文化街区价值评价与可持续发展对策研究 [J]. 城市规划，2014，38（3）：65-69.

36. 王颖，阳建强. "基因·句法"方法在历史风貌区保护规划中的运用 [J]. 规划师，2013，29（1）：24-28.

37. 段进，邵润青，兰文龙，等．空间基因 [J]．城市规划，2019，43（2）：14-21．

38. 郑承曦．历史街区民居生态化保护的实现及意义探索 [J]．中外建筑，2016（9）：93-95．

39. 姜妍．历史街区民居生态化保护策略研究 [J]．现代城市研究，2011，26（1）：28-38．

40. 阮仪三，孙萌．我国历史街区保护与规划的若干问题研究 [J]．城市规划，2001，25（10）：25-32．

41. 王竹，魏秦．多维视野下地区建筑营建体系的认知与诠释 [J]．西部人居环境学刊，2015，30（3）：1-5．

42. 成实，成玉宁．生态与生存智慧思辨：兼论海绵城市的生态智慧 [J]．中国园林，2020，36（6）：13-16．

43. 刘颂，杨莹．生态系统服务供需平衡视角下的城市绿地系统规划策略探讨 [J]．中国城市林业，2018，16（2）：1-4．

44. 阎水玉，王祥荣．生态系统服务研究进展 [J]．生态学杂志，2002，21（5）：61-68．

45. 何荣晓，张宏巍，闫蓬勃，等．多属性视角下的新版《城市绿地分类标准》分析 [J]．林业资源管理，2018（5）：29-34+98．

46. 谭瑛，刘思，郭苏明．城市历史文化街区的绿量测算方法研究 [J]．现代城市研究，2018，33（9）：115-124．

47. 李同予，薛滨夏，王梓懿，等．基于绿量产出效益的城市绿地降温设计策略 [J]．城市建筑，2017（29）：42-45．

48. 徐冰．绿化植物在历史文化街区景观重塑中的作用研究 [J]．居舍，2021（22）：106-107．

49. 胡兴，魏迪，李保峰，等．城市空间形态指标与街区风环境相关性研究 [J]．新建筑，2020（5）：139-143．

50. 王振，李保峰，黄媛．从街道峡谷到街区层峡：城市形态与微气候的相关性分析 [J]．南方建筑，2016（3）：5-10．

51. 邢忠，郑尧，刘玉龙．边缘效应下的烟台历史文化核心地段更新设计方法 [J]．规划师，2020，36（3）：39-43．

52. 王巍巍，贺达汉．生态景观边缘效应研究进展 [J]．农业科学研究，

2012, 33（3）: 62-66.

53. 饶龙隼.《明太祖文集》阙文轶事 [J]. 古典文学知识, 2000（4）: 106-108.

54. 周艳华. 南京城市二元论: 南京古今山水格局的传承与延续 [J]. 城建档案, 2008（1）: 37-40.

55. 董亦楠, 韩冬青, 黄洁. 从南京小西湖历史地段小尺度、渐进式保护再生看城市设计的过程性和参与性 [J]. 时代建筑, 2021（1）: 51-55.

56. 周天星, 魏德辉, 杨翌朝. 美国波特兰市有轨电车发展经验及启示 [J]. 综合运输, 2014, 36（10）: 71-75.

57. 江乃川, 杨婷婷. 基于景观需求调查的适老性公共空间景观设计要素调查研究 [J]. 住区, 2019（2）: 102-107.

58. 王博嫔, 徐皓. 老旧社区邻里交往空间的适老化改造研究 [J]. 城市建筑, 2019（24）: 15-16.

59. 袁琳. 生态基础设施建设中的地区协作: 古代都江堰灌区水系管治的启示 [J]. 城市规划, 2016, 40（8）: 36-43.

60. 徐小东, 王建国. 基于生物气候条件的城市设计生态策略研究: 以湿热地区城市设计为例 [J]. 建筑学报, 2007（3）: 64-67.

61. 张伟, 郜志, 丁沃沃. 室外热舒适性指标的研究进展 [J]. 环境与健康杂志, 2015, 32（9）: 836-841.

62. 贾培义, 李春娇. 波特兰可持续发展的启示 [J]. 北京规划建设, 2014（4）: 68-72.

63. 胡天新. 美国波特兰发展绿色建筑的政策历程与借鉴 [J]. 动感（生态城市与绿色建筑）, 2010（3）: 36-39.

64. 李和平, 王敏. 美国历史街区保护的推动模式 [J]. 新建筑, 2009（2）: 31-35.

65. 赵紫辰, 王伟. 美国历史遗产保护与精明增长理论实例研究 [J]. 建筑与文化, 2020（1）: 53-55.

66. 周安庆. 千古金陵, 锦绣山川: 明末画家邹典和他的《金陵胜景图卷》[J]. 紫禁城, 2011（10）: 90-96.

67. 张清海, 周格至, 丛昕. 南京愚园空间布局特征考证 [J]. 建筑与文化, 2021（3）: 256-259.

68. 施炎平. 再论《周易》与中华文化的人文精神 [J]. 周易研究, 2018（6）: 26-33.

69. 秦建明, 张在明, 杨政. 陕西发现以汉长安城为中心的西汉南北向超长建筑基线 [J]. 文物, 1995（3）: 4-15.

70. Forman R T T. An ecology of the landscape[J]. BioScience, 1983, 33（9）: 535.

71. Doxiadis C A. Ekistics, the science of human settlements[J]. Science, 1970, 10: 393-404.

三、学位论文

1. 赵茜. 自然的应答, 文化的重构: 当代中国风景建筑的地域性研究 [D]. 南京: 东南大学, 2015.

2. 蔡志昶. 基于环境系统思维的生态城市整体规划设计研究 [D]. 南京: 东南大学, 2011.

3. 宫聪. 绿色基础设施导向的城市公共空间系统规划研究 [D]. 南京: 东南大学, 2018.

4. 杨柳. 风水思想与古代山水城市营建研究 [D]. 重庆: 重庆大学, 2005.

5. 陈彩虹. 生态城市空间生长机理研究 [D]. 南京: 中国科学院南京地理与湖泊研究所, 2005.

6. 吴苗苗. 生态城市建设的哲学思考 [D]. 徐州: 中国矿业大学, 2017.

7. 毕凌岚. 生态城市物质空间系统结构模式研究 [D]. 重庆: 重庆大学, 2004.

8. 董艺. 北京老城历史文化街区建筑风貌控制规划设计研究 [D]. 北京: 北京工业大学, 2018.

9. 李新建. 历史街区保护中的市政工程技术研究 [D]. 南京: 东南大学, 2008.

10. 蔡瑞雪. 冯友兰对"哲学"的理解 [D]. 上海: 华东师范大学, 2017.

11. 蔺彩娜. 中国传统哲学整体观及其当代价值 [D]. 哈尔滨: 哈尔滨工业大学, 2012.

12. 杨欣. 山地人居环境传统空间哲学认知 [D]. 重庆: 重庆大学, 2016.

13. 苏毅. 结合数字化技术的自然形态城市设计方法研究 [D]. 天津: 天津大学, 2010.

14. 包海斌.《鲁班经匠家镜》研究 [D]. 上海：同济大学，2004.

15. 臧鑫宇. 绿色街区城市设计策略与方法研究 [D]. 天津：天津大学，2014.

16. 张邹. 文化生态学视角下重庆滨江历史地段保护更新研究 [D]. 重庆：重庆大学，2011.

17. 李超先. 基于文化生态理念的建筑设计方法研究 [D]. 大连：大连理工大学，2019.

18. 陈艾. 基于可持续发展视角的历史文化街区价值评估研究：以重庆磁器口历史文化街区为例 [D]. 重庆：重庆大学，2015.

19. 陈郁. 城市生态学理论下的历史街区保护与利用研究：以长春南广场历史文化街区为例 [D]. 长春：东北师范大学，2011.

20. 易雷紫薇. 城市密度演变中的常态与分异现象研究 [D]. 广州：华南理工大学，2018.

21. 邓生文. 基于生态功能的城乡绿地分类研究 [D]. 成都：西南交通大学，2009.

22. 郭雪艳. 南京市常见园林植物的绿量研究 [D]. 南京：南京林业大学，2009.

23. 姚枚妗. 杭州市历史文化街区植物景观研究：以五柳巷、清河坊、拱宸桥桥西历史文化街区为例 [D]. 杭州：浙江农林大学，2021.

24. 赵倩. 走向可持续的城市空间组织与量化方法研究：从起源到嬗变 [D]. 南京：东南大学，2017.

25. 王振. 夏热冬冷地区基于城市微气候的街区层峡气候适应性设计策略研究 [D]. 武汉：华中科技大学，2008.

26. 栾昭琦. 基于时空视角的城市山水形胜空间营造模式研究：以南京为例 [D]. 南京：东南大学，2018.

27. 陈炜. 风水理论在人居环境水景营建中的运用研究 [D]. 上海：上海交通大学，2009.

28. 王芳. 城市生态基础设施安全研究 [D]. 武汉：华中科技大学，2005.

29. 陈星. 基于非物质文化遗产保护视野下的江苏地区历史文化街区复兴与发展研究 [D]. 西安：西安建筑科技大学，2016.

30. 李航. 税收递延型养老保险的方案设计：以南京市为例 [D]. 南京：南

京农业大学，2016.

31. 王凯. 基于老年人行为模式的养老社区景观设计研究 [D]. 南京：东南大学，2018.

32. 谷雨丝. 南京城市社区公园适老交往空间评价与优化研究 [D]. 南京：南京林业大学，2019.

33. 李泉葆. 南京市老年人口日常活动的时空特征探析：以购物和休闲活动为重点 [D]. 南京：东南大学，2015.

34. 吴岩. 重庆城市社区适老公共空间环境研究 [D]. 重庆：重庆大学，2015.

35. 顾晶. 城市水利基础设施的景观化研究与实践 [D]. 杭州：浙江农林大学，2014.

36. 徐小东. 基于生物气候条件的绿色城市设计生态策略研究 [D]. 南京：东南大学，2005.

37. 张玺. 历史街区街道空间夏季热环境分析及优化：以济南芙蓉街 - 百花洲历史文化街区为例 [D]. 济南：山东建筑大学，2019.

38. 杨柳溪. 引导公众参与北京历史文化街区更新的方法研究 [D]. 北京：北京建筑大学，2020.

39. 王佳琪. "柔性边界"在北京老城历史文化街区规划设计中的应用 [D]. 北京：北京建筑大学，2020.

四、会议论文与报告

1. 曹双全，朱俊峰. 20 世纪后城市规划理论中自然生态概念演进 [C]// 中国城市规划学会. 2021 中国城市规划年会论文集. 北京：中国建筑工业出版社，2021:14-23.

2. 华琳，王承慧. 南京荷花塘历史街区社区特征及发展建议 [C]// 中国城市规划学会. 2016 中国城市规划年会论文集. 北京：中国建筑工业出版社，2016:652-665.

3. 李翅，邢晓娟，金吉利. 基于生态都市主义的城市绿色开放空间规划：以常德市北部新城为例 [C]// 中国城市规划学会. 2013 中国城市规划年会论文集. 青岛：青岛出版社，2013：12.

4. 华炜，祝菁. 历史街区的城市空间关系研究 [C]// 中国城市规划学会. 2013 中国城市规划年会论文集. 青岛：青岛出版社，2013：9.

5. United Nations Conference on Housing and Sustainable Urban Development. HABITAT Ⅲ [R]. New York：[s.n.]，2016.

6. City of Portland Portland bureau of Planning. North Pearl District Plan[R]. Portland：Portland City Council，2008.

7. Walsh M M J. Vision Zero Boston Action Plan[R]. Boston：City of Boston Transportation Department，2016.

五 网络资料

1. https://www.un.org/sustainabledevelopment/cities

2. http://www.gov.cn/

3. https://ecodistricts.org/handbook

4. https://www.undp.org/

5. https://smartgrowthamerica.org/

6. https://www.seattleolmsted.org/

7. http://www.greenrooftechnology.com/

六 宪章、法规、文件部分

1.《历史文化名城保护规划标准》（GB/T 50357—2018）

2.《中华人民共和国文物保护法》（2017年）

3.《国际古迹保护与修复宪章》(《威尼斯宪章》)（1964年）

4.《奈良真实性文件》(《奈良文件》)（1994年）

5.《关于建筑遗产的欧洲宪章》（1975年）

6.《阿姆斯特丹宣言》（1975年）

7.《会安草案》（2003年）

8.《雅典宪章》（1933年）

9.《内罗毕建议》(《关于历史地区的保护及其当代作用的建议》)（1976年）

10.《马丘比丘宪章》（1977年）

11.《佛罗伦萨宪章》（后登记为《威尼斯宪章》附件）（1981年）

12.《华盛顿宪章》(《保护历史城镇与城区宪章》)（1987年）

13.《保护世界文化和自然遗产公约》（1972年）

14.《西安宣言》(《关于历史建筑、古遗址和历史地区周边环境保护的西

安宣言》)（2005 年）
    15.《有关产业遗产的下塔吉尔宪章》（2003 年）
    16.《城市居住区规划设计标准》（GB 50180—2018）
    17.《扬州东关街历史文化街区保护规划》（2009 年）
    18.《荷花塘历史文化街区保护规划》（2010 年）
    19.《青果巷历史文化街区保护规划》（2010 年）
    20.《苏州平江历史文化街区保护规划》（2014 年）
    21.《磁器口历史文化街区保护规划修编（2020—2035 年）》（2020 年）

附录1 历史街区问卷调查

①调查问卷表格

社会调查问卷

居民同志：

您好！本次问卷是为了了解居民对社区发展的满意度，问卷匿名填写，仅用于学术研究，请您放心！

一、基础信息

性别	A. 男	B. 女			
年龄	A. ≤18岁	B. 19~24岁	C. 25~45岁	D. 46~65岁	E. 65岁以上
户口	A. 本地	B. 外地			
家庭人数	A. 1人	B. 2人	C. 3人	D. 4人	E. 5人及以上
居住时间	A. $t>10$年以上	B. 5年$<t≤10$年	C. 3年$<t≤5$年	D. 1年$<t≤3$年	E. ≤1年
房屋性质	A. 房产公司	B. 私房	C. 单位房	D. 政府管理用房	
房屋面积	A. 30 m² 以内	B. 30~50 m²	C. 51~80 m²	D. 81~120 m²	E. 120 m² 以上
收入来源	A. 个体经营	B. 工作收入	C. 社保养老退休金	D. 政府补贴	E. 出租金
收入水平	A. <750元	B. 750~1 800元	C. 1 801~3 000元	D. 3 001~5 000元	E. 5 000元以上
交通出行	A. 步行为主	B. 自行车	C. 电动车	D. 汽车	E. 公交

二、居民需求与建议（可多选、可打分）

1.您觉得街区存在的问题（多选）	人口混杂	交通不便	街区环境差	基础设施差	住房条件差
	历史风貌差	其他_____			
2.您觉得附近最缺什么设施（多选）	养老设施	诊所	幼儿园	停车场	小超市
	餐饮店	五金店	小商店	菜市场	自行车停车
	服装店	其他_____			
3.您觉得附近最缺什么场地（多选）	绿地公园	室外广场	健身场地	社区活动室	宗教建筑
	文化场馆	其他_____			
4.您觉得街区基础设施哪些需要改善（多选）	自来水	天然气/煤气	用电	通信网络	街区雨水管理与给排水
5.您觉得住房条件哪些需要改善（多选）	日照	通风	防潮	噪声	隐私
	独立卫生间	独立厨房	保暖	安全	其他_____
6.您觉得街区及周边的道路状况（多选）	A. 道路太窄，需要拓宽；		B. 应保持现状，慢行交通；		
	C. 应增加南北向道路；		D. 希望开辟可进入街区的机动车道路		

（续表）

7. 您和邻居熟悉吗	A. 非常熟悉　B. 比较熟悉　C. 一般熟悉　D. 不熟悉　E. 关系很差
8. 您希望继续住在街区内吗	A. 维持现状　B. 政府改善后继续居住　C. 补偿合适就搬走　D. 已经计划搬走 E. 愿意出资修缮继续居住
9. 您对荷花塘满意的地方（多选）	A. 滨河公园提供的山水环境；B. 南京门西历史文化底蕴（城墙）；C. 便利的生活环境； D. 高性价比的生活成本；E. 社区氛围和邻里关系；F. 交通安全性
10. 您觉得提升居住环境应首先改善什么（多选）	A. 增加文娱室内外场地、健身场地；B. 增加绿地公园，结合艺术化雨水设施；C. 拆除违章搭建，修缮危房，改善外观；D. 梳理动静交通，拓宽街巷，改善交通环境；E. 改善街区基础设施，提升给排水系统，提高卫生程度；F. 恢复南京门西历史上的风貌，弘扬和展示南京历史文化底蕴
11. 荷花塘满意度	A. 非常不满意　B. 不满意　C. 一般　D. 满意　E. 非常满意

您已经完成了问卷。衷心感谢您的帮助！

② 问卷调查结果

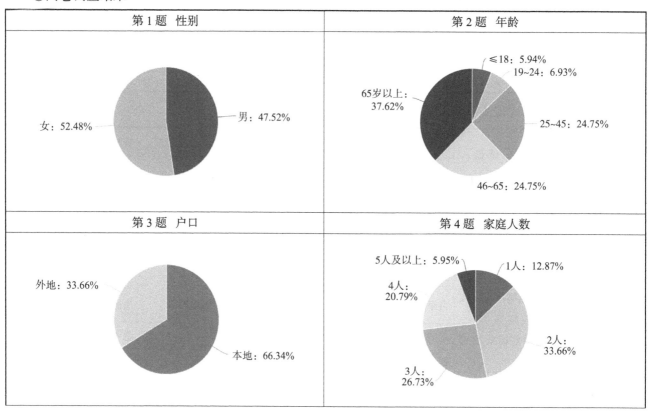

（续表）

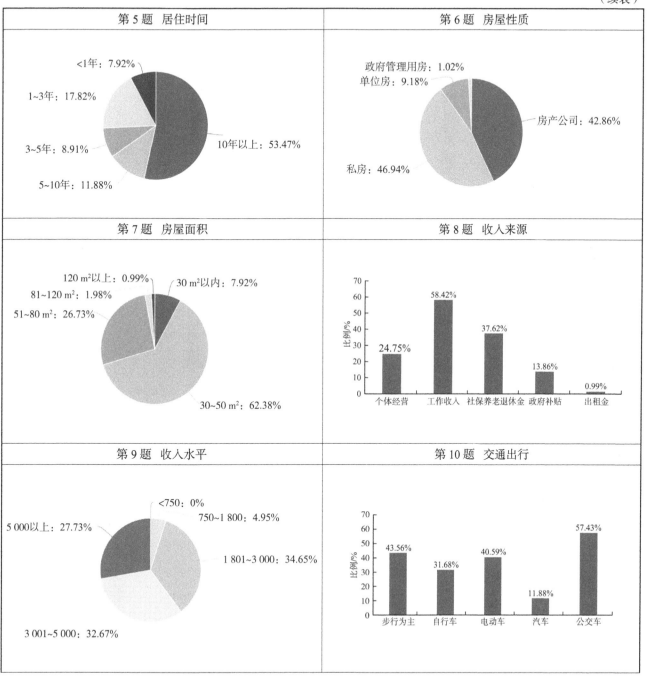

（续表）

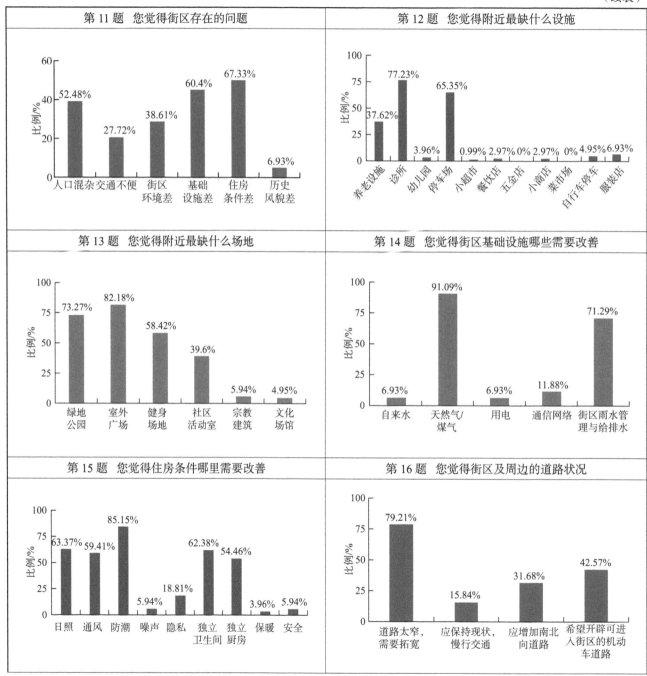

(续表)

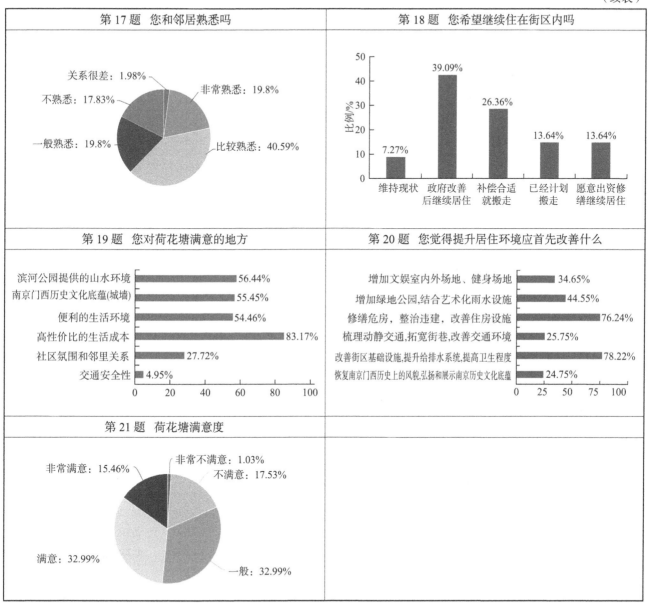

附录2 历史街区与生态街区绿量计算与数据汇总

表1 荷花塘历史街区绿量调研数据及绿量计算汇总（资料来源：自绘）

群落结构	树种	冠幅 G/m	胸径 D/cm	灌木冠径 g/cm	面积 M/m²	高度 H/m	体积 V/m³	冠厚 y/m	叶面积指数（6月）/（m²·m⁻³）	平均叶面积指数/（m²·m⁻³）	叶面积/m²	个数
乔木	白蜡树	9	27				143.075		0.984	1.024	563.142	4
	玉兰	3					13.258		0.984	0.559	234.820	18
	美国山核桃	10	65				1 182.48		0.342	0.202	1 617.635	4
	石楠	3					9.458		23.092	25.928	1 091.993	5
	杜英	5	20				4.348		3.183	4.525	138.394	10
	枫杨	15	70				2 063.28		0.303	0.205	1 250.352	2
	构	10			0.2		575.667	11	1.403	0.644	8 076.603	10
	木樨	3					9.458		4.06	3.494	1 535.940	40
	槐	10			0.2		549.645		0.853	0.445	8 439.251	18
	垂丝海棠	2					6.269		1.762	1.024	11.045	1
	鸡爪槭	1.5					0.767		11.813	7.168	63.396	7
	东京樱花	6	20				83.965		0.147	0.057	12.343	1
	榉树	5					69.211		0.658	0.338	136.622	3
	楝	12					5.616		0.659	0.477	25.909	7
	蜡梅*	3			0.2		65.438		7.936	6.698	519.316	1
	榔榆	9					323.031		4.06	3.494	1 311.505	1
木	龙爪槐	1.2				0.9	0.763		0.853	0.445	1.302	2
	梅	4					38.563		1.762	1.024	67.948	1
	女贞	6	20				163.441		0.624	0.704	611.922	6
	毛泡桐	8			0.2		297.877		1.096	0.548	3 917.679	12
	枇杷	4					39.607		2.193	2.239	2 866.302	33
	朴树	5					69.211		0.658	0.338	45.541	1
	梧桐	6	20				5.518		1.096	0.548	241.905	40
	桑	10	35				575.667	11	1.403	0.644	807.660	1
	石榴	3	18				1.075		3.786	2.818	179.082	44
	水杉	4	30				61.176		0.817	0.602	499.805	10
	桃	3					8.490		1.839	1.061	31.226	2

（续表）

群落结构	树种	冠幅 G/m	胸径 D/cm	灌木冠径 g/cm	面积 M/m²	高度 H/m	体积 V/m³	冠厚 y/m	叶面积指数（6月）/(m²·m⁻³)	平均叶面积指数/(m²·m⁻³)	叶面积/m²	个数
乔木	乌桕	7	20				190.015		0.76	0.49	433.234	3
	西府海棠	2					6.269		1.762	1.024	33.136	3
	香椿	12					1 182.48		0.342	0.202	1 617.635	4
	香橼	2.5					9.813	3	4.06	3.494	39.839	1
	樟	8	25				6.023		3.183	4.525	268.412	14
	杏	6					122.383		0.76	0.49	93.011	1
	二球悬铃木	10	30				575.667	11	1.403	0.644	17 768.527	22
	雪松	6					89.663		60.026	62.410	10 764.176	2
	银杏	9	50				255.845		0.800	0.466	1 228.055	6
	樱桃	5					51.351		0.147	0.057	7.549	1
	榆树	8					237.232		0.658	0.338	624.394	4
	皂荚	7	25				147.271		0.853	0.445	125.622	1
	紫薇	1.5					1.294		3.308	1.726	4.280	1
	紫叶李	2					6.269		1.762	1.024	33.136	3
	棕榈	2.5			0.2		7.327	2	6.275	7.71	275.849	6
灌木	大叶黄杨				15	0.6	9.000		62.713	76.695	1 128.834	2
	枸骨			1.2			0.502		23.092	25.928	23.173	2
	龟甲冬青			80		0.6	48.000		83.685	84.665	4 016.880	1
	木槿			2.5		1.6	6.775		4.06	3.494	165.047	6
	海桐			30		0.8	24.000		36.555	75.099	8 773.200	10
	红花檵木				15	0.6	9.000		94.633	141.77	1 703.394	2
	黄杨				12	1.2	14.400		89.471	107.008	2 576.765	
	蜡梅			4		2.2	14.310		7.936	6.698	794.949	7
	罗汉松			1.5		1.8	0.946		7.936	6.698	7.509	1
	锦绣杜鹃				70	0.4	14.000		16.583	23.691	464.324	2
	南天竹			2.5		0.8	2.000		83.685	84.665	669.480	4
	女贞*			2.5		2.5	1.776		0.624	0.704	1.108	1

（续表）

群落结构	树种	冠幅 G/m	胸径 D/cm	灌木冠径 g/cm	面积 M/m²	高度 H/m	体积 V/m³	冠厚 y/m	叶面积指数（6月）/(m²·m⁻³)	平均叶面积指数/(m²·m⁻³)	叶面积/m²	个数
灌	花叶青木				10	0.5	5.000		17.462	20.465	87.310	1
	石楠			1.5		1	3.462		23.092	25.928	159.911	2
	小叶女贞				10	0.6	6.000		833	84.665	9 996.000	2
	圆叶枸骨			1			2.472		23.092	25.928	228.322	4
木	紫薇			1.5			1.294		3.308	1.726	12.840	3
地被					15	0.1	1.500		1.5	1	2.250	
					452	0.1	45.200		10	1	452.000	
藤	爬山虎				740	0.2	148.000		17.388	11.885	2 573.424	
	葡萄藤				30	0.2	0.600		17.388	11.885	10.433	
	蔷薇				2	0.3	0.600		13.242	9.711	7.945	
本	紫藤				39	0.8	31.200		6.797	6.296	212.066	
					6	0.2	1.200		10	10	12.000	
盆栽					153	1	153.000		20	2	3 060.000	
					35	0.5	17.500		20	2	350.000	
总叶面积	103 396.509 m²											
总用地面积	125 660.150 m²											
绿容率	0.823											
绿地率	0.71%											
乔木占比	76.1%											

* 表示该物种既属于乔木又属于灌木。

表 2　朗诗国际生态街区绿量调研数据及绿量计算汇总（资料来源：自绘）

群落结构	树种	冠幅 G/m	胸径 D/cm	灌木冠径 g/cm	面积 M/m²	高度 H/m	体积 V/m³	冠厚 y/m	叶面积指数（6月）/(m²·m⁻³)	平均叶面积指数/(m²·m⁻³)	叶面积/m²	个数	真实冠幅比例
乔木	玉兰	4	10				33.915		0.984	0.559	33.039	3	0.33
	垂柳	6	20				101.218		0.172	0.121	139.276	8	1.00
	杜英	4	15			—	39.607		3.183	4.525	4 243.485	51	0.66
	枫杨	6	18				269.931		0.303	0.205	81.789	1	1.00
	构	8	40				301.440	9	1.403	0.644	422.920	1	1.00
	广玉兰	5	12				86.091		2.193	2.239	12 098.14	89	0.72
	木樨	3				4.5	340.479		4.060	3.494	15 2057.9	220	0.50
	合欢	5	20				226.274		0.817	0.602	183.017	3	0.33
	鸡爪槭	2	6			—	1.758		11.813	7.168	207.673	10	1.00
	榉树	5	16				69.211		0.658	0.338	3 313.096	97	0.75
	乐昌含笑	5	18				5.837		1.459	0.814	68.129	16	0.50
	罗汉松	2				2.0	9.794		7.936	6.698	77.725	5	0.20
	木槿	1.5	8		—		0.904		3.183	4.525	1.439	1	0.50
	女贞	5	20				3.912		0.624	0.704	18.308	15	0.50
	枇杷	4	12				39.607		2.193	2.239	668.808	14	0.55
	朴树	5	18				69.211		0.658	0.338	465.883	31	0.33
	乌桕	5	14			—	72.734		0.760	0.490	124.375	9	0.25
	无患子	5.5	18				121.555		0.342	0.202	374.146	18	0.25
	五角槭	2.5	6				3.347		11.813	7.168	39.536	4	0.25
	香樟	6	25				123.082		3.183	4.525	29 970.41	153	0.50
	雪松	4	18				28.532		60.026	62.410	4 709.820	11	0.25
	银杏	2.5	12				8.820		0.800	0.466	232.848	33	1.00
	东京樱花	3				3.0	12.949		0.147	0.057	8.566	9	0.50
	紫叶李	3	6				2.337		1.762	1.024	24.707	6	1.00
	棕榈	3	20			—	13.083	2.5	6.275	7.710	164.196	2	1.00
灌木	八角金盘				625.1	0.8	500.100		6.275	7.710	3 138.128	1	1.00
	日本珊瑚树				48.0	1.8	86.400		17.462	20.465	1 508.717	1	1.00
	木樨（1）	3.5	10		9.6	3.5	197.607		4.060	3.494	6 017.140	15	0.50
	龟甲冬青				43.3	0.6	26.000		83.685	84.665	2 175.810	1	1.00
	木樨（2）	2			3.1	2.0	82.385	3.2	4.060	3.494	4 013.797	24	0.50
	海桐	1.5		150	1.8	1.2	0.669		36.555	75.099	3 692.750	151	1.00

（续表）

群落结构	树种	冠幅 G/m	胸径 D/cm	灌木冠径 g/cm	面积 M/m²	高度 H/m	体积 V/m³	冠厚 y/m	叶面积指数（6月）/(m²·m³)	平均叶面积指数/(m²·m³)	叶面积/m²	个数	真实冠幅比例
灌木	红花檵木				356.0	0.7	249.200		94.633	141.770	31 128.95	2	0.66
	黄杨（1）				31.0	0.6	18.600		62.713	76.695	1 166.462	1	1.00
	鸡爪槭（小苗）	1.2	5		1.1	1.5	2.829		11.813	7.168	77.198	7	0.33
	大叶黄杨（1）				30.0	0.4	12.000		62.713	76.695	1 083.681	2	0.72
	大叶黄杨（2）				30.0	0.7	21.000		62.713	76.695	1 738.404	2	0.66
	金森女贞				30.0	0.8	24.000		62.713	76.695	1 505.112	1	1.00
	蜡梅	3			7.0	2.5	65.438		7.936	6.698	1 038.632	2	1.00
	贵州石楠			1.5	2.3	1.5	3.375		23.092	25.928	1 091.097	14	1.00
	锦绣杜鹃				255.0	0.7	178.500		16.583	23.691	3 256.072	2	0.55
	南天竹				43.0	0.6	25.800		83.685	84.665	4 318.146	2	1.00
	花叶青木				58.0	0.8	46.400		17.462	20.465	2 430.710	3	1.00
	山茶	0.9			0.6	1.2	2.311		23.092	25.928	320.194	6	1.00
	石榴	1.5			1.8	2.0	0.768		3.786	2.818	7.271	5	0.50
	十大功劳				35.0	0.6	21.000		36.555	75.099	767.655	1	1.00
	黄杨（2）				42.0	0.8	33.600		89.471	107.008	3 968.218	2	0.66
	小叶女贞				99.0	0.6	59.400		83.685	84.665	10 737.12	3	0.72
	野迎春				22.0	1.2	26.400		29.280		927.590	2	0.60
	白蟾				31.0	0.8	24.800		25.100		622.480	1	1.00
	早园竹				18.0	6.0	108.000		13.020		4 218.480	4	0.75
	紫荆	2				2.0	1.203		0.317	0.198	9.152	24	1.00
地被	吉祥草				3 804.0	0.1	380.400		66.180		18 881.15	1	0.75
	细叶麦冬				10 248.0	0.2	1439.85		66.180	73.198	51 456.20	1	0.54
藤本	紫藤				40.0	0.8	32.000		6.797	6.296	217.504	1	1.00
绿篱	法青				32.0	1.5	48.000		17.462	1 480.778	838.176	1	1.00
	细叶麦冬					0.2			66.180	73.198		1	0.50
总叶面积							367 214.7						
场地总面积							37 115.00						
绿容率							9.893						
绿地率							47.9%						
乔木占比							57.2%						